淘宝、天猫
电商运营百科全书
（第3版）

刘涛 编著

电子工业出版社
Publishing House of Electronics Industry
北京·BEIJING

内 容 简 介

时代在发展，行业在转型升级，淘系平台用户已经进入存量时代。平台环境变了，商家也要跟着变化，如果还在用原来的老方法，自然事倍功半，收效甚微。以前研究好搜索规则，生意就会不错，后来谁能更好地利用付费推广，谁的生意就会火爆。再后来谁能创作出更好的内容，或者能做好直播，就会有立足之地。所以商家要学习应对变化，做正确的事，要比正确地做事更重要。

必须要专业，是现在对商家的要求，这是一场"打怪升级"的游戏，需要不断升级装备和研究攻略。本书从搜索规则的流量分配机制开始，围绕单品爆款打造、店铺规划、客服管理、直通车、引力魔方、淘宝客等推广工具的使用，结合数据分析及短视频与直播带货等新玩法，深度讲解运营流程，内容环环相扣，并配有操作演示截图，非常有利于读者阅读并进行实操。

本书针对的读者人群，主要是中小商家老板、电商运营从业者、淘宝客服或推广人员、电子商务大专院校学生等。

未经许可，不得以任何方式复制或抄袭本书之部分或全部内容。
版权所有，侵权必究。

图书在版编目（CIP）数据

淘宝、天猫电商运营百科全书／刘涛编著.—3 版. —北京：电子工业出版社，2022.10
ISBN 978-7-121-44268-1

Ⅰ．①淘… Ⅱ．①刘… Ⅲ．①网店－运营管理 Ⅳ．①F713.365.2

中国版本图书馆 CIP 数据核字（2022）第 162698 号

责任编辑：张月萍
文字编辑：梁卫红
印　　刷：三河市君旺印务有限公司
装　　订：三河市君旺印务有限公司
出版发行：电子工业出版社
　　　　　北京市海淀区万寿路 173 信箱　　邮编：100036
开　　本：787×1092　1/16　　印张：19.5　　字数：468 千字
版　　次：2016 年 7 月第 1 版
　　　　　2022 年 10 月第 3 版
印　　次：2025 年 7 月第 8 次印刷
定　　价：79.00 元

凡所购买电子工业出版社图书有缺损问题，请向购买书店调换。若书店售缺，请与本社发行部联系，联系及邮购电话：（010）88254888，88258888。
质量投诉请发邮件至 zlts@phei.com.cn，盗版侵权举报请发邮件至 dbqq@phei.com.cn。
本书咨询联系方式：010-51260888-819　faq@phei.com.cn。

前言

淘宝、天猫现已被称为"传统电商",曾经我们自认为是站在互联网前沿的人,如今却成了"传统电商"。仔细思考好像也是,淘系平台可以追溯到最早的 B2C 或 C2C 模式,与后来的社交电商、社群电商、兴趣电商、短视频电商、直播电商、跨境电商等一比较,确实显得有点"传统"了。

可无论再怎么"传统",它的市场规模与交易额,在短期内仍是其他平台无法撼动的。互联网从不缺少新概念,可是商业运营不能单靠概念来支撑,更多的是供应链的整合及相关配套的支持。虽然淘宝天猫平台增长放缓,但是与其他平台相比,还是相对成熟稳定的。

如今在淘宝天猫上开店运营,大的赛道已经高手如云,除非真有超强的实力,否则建议慎重。至于众多中小商家,也不要灰心,有两方面的机会,是可以抓住的。

一是主流消费人群发生变化,Z 时代有属于自己的购物习惯,喜欢新奇特、个性化,很多商品的选购,带有社交属性,容易形成圈内共同话题。

二是选择细分领域或冷门行业,避开红海赛道,找到弱竞争环境。

说到竞争,十几年来无数想进入这个领域的创业者,都在询问"淘宝还好做吗?"经常会得到这样的回复"今年确实不好做。"但也常听闻"要是抓住前两年的好时候就好了。"放眼未来,当下就是最好的机会。

《淘宝、天猫电商运营百科全书》从早期的《深度解析淘宝运营》迭代而来,后来又更新推出第 2 版,如今又迎来了第 3 版。图书上市至今,常年占据电子商务类图书的销售榜单前列,且好评率一直保持在 99% 左右。

承蒙各位读者的喜爱,在此致谢!

本书针对的读者人群,主要是中小商家老板、电商运营从业者、淘宝客服或推广人员、电子商务大专院校学生等。重点介绍了平台运营的基础规则,全面剖析,并且梳理成较为成熟的知识体系,配有大量操作演示截图,最终将落实在如何执行上。

本书内容贴近实际问题，围绕搜索规则底层逻辑、单品爆款的玩法思路、直通车推广应用、分析数据、客服管理等来讲解，还加了最新的引力魔方玩法、短视频内容化运营、直播带货、达人合作、热浪引擎等内容。

本书写作背景

通过沟通发现，中小商家做电商的最大诉求，不是要做出多知名的品牌。通俗点说，就是想用什么方法通过电商平台把商品卖出去，有的可能还是兼职，希望通过淘宝赚点钱，补贴家用，改善家人生活质量，或者是想有个不错的副业收入。

这种诉求真实且贴近现实生活，他们想通过自己的努力，来改善生活甚至是改变命运。蓦然惊醒，他们才是最应该帮助的人。

而这些最应该帮助的人，前期最紧缺的不是战略布局，也不是品牌打造，更谈不上供应链维护。摆在他们眼前最实际的问题是，平台规则是什么？怎样让平台分配更多流量？如何提升转化率？如何策划促销活动？第一步要学会卖货，然后再谈其他，因为"皮之不存，毛将焉附"。

我自己也是亲身经历者，初期很迷茫，也走了很多弯路，这就是我写作本书的出发点，把我所走过的弯路，获得的经验，分享给众多中小商家。

第 3 版修订说明

1. 随着行业发展，运营规则和工具玩法都有相应的升级更新，鉴于此，将部分过时的知识点予以删除。

2. 对原有内容的逻辑顺序做了优化，使阅读体验更好，并对部分知识点进行更深层次的介绍与延伸，比如数据分析章节。

3. 平台对推广工具进行了整合升级，钻展与超级推荐被整合成了一个全新的工具，即引力魔方。其他推广工具的操作界面、功能也有较大的变动，本版对书中的相关操作截图进行了替换。

4. 删除了关于"钻展"的全部章节，在第 6 章新增了"引力魔方"的内容。

5. "微淘"升级为"订阅"，并且官方推出"逛逛"功能，针对升级更新，在第 9 章的"短视频内容化运营"章节中做了详细介绍。

6. 新增第 10 章"直播运营"，内容包括商家直播工具的使用，以及商家如何寻找达人主播带货。同时对热浪引擎这个新平台做了详细介绍。

本书优势

1. **运营思路**：以运营思路为主线，结合当前市场最常用的单品爆款思路，全面阐述了店铺规划、直通车推广、引力魔方等推广工具的使用技巧。

2. **内容新增**：短视频直播带货很火，故新增了短视频内容化运营的内容，包括发布订阅、发布逛逛内容、商家直播操作、达人主播带货、热浪引擎与热浪联盟的玩法介绍。

3. **内容全面**：内容涵盖淘宝运营的多个环节，从搜索规则开始切入，到店铺规划、促销活动策划，再到推广工具使用，最后讲解了内容化运营与直播带货，循序渐进，非常有利于读者阅读学习。

4. **操作性强**：书中有大量的图示案例，每讲到一种推广设置方法，都有具体的操作步骤演示，可直接对照后台操作设置。

5. **视角独特**：作者本人有大型电商项目操盘经验，书中内容以商家为视角，贴近实际问题，并且作者有电商教学经验，非常清楚中小商家的现状与困惑。

6. **定期更新**：电商发展迅速，行业更新较快，我们会不定时更新内容并将更新内容发布到公众号上，便于大家学习。读者可关注微信公众号"二维码"与作者联系互动。

7. **互动社群**：为了更好地服务读者，我们搭建了学习型社群，帮助大家及时获取最新的运营技巧，解答大家的运营困惑，抱团学习，一起成长。

若个人创业时机不成熟，可以选择先就业，再创业。电商行业运营人才需求量大，只要脚踏实地做，必有所收获。梦想与面包同样重要，"诗和远方"每个人都很向往，但是眼前的"苟且"仍旧需要我们努力跨越。电商不是改变生活与命运的唯一选择，但电商已经成功地改变了无数人的生活与命运，只要我们放下那颗浮躁的心，学习一技之长，路虽远行则将至。

适合读者

- 淘宝天猫运营从业人员
- 想开展电商渠道的企业
- 中小商家老板或负责人
- 电子商务相关培训学校
- 大中院校的电商专业学生

目录

第1章 搜索规则：流量分配逻辑 1
  1.1 淘宝搜索的重要性 1
    1.1.1 什么是淘宝 SEO 2
    1.1.2 淘宝搜索与其他搜索的区别 2
    1.1.3 广义的淘宝 SEO 概念 3
    1.1.4 淘宝搜索发展的三个阶段 3
    1.1.5 为什么要做好搜索优化 4
    1.1.6 搜索规则趋势解读 5
  1.2 淘宝搜索的三大误区 5
    1.2.1 价格越低排名越靠前 6
    1.2.2 信誉越高卖得越好 6
    1.2.3 销量越高排名越靠前 7
  1.3 淘宝搜索的十大处罚重点 8
    1.3.1 虚假交易 8
    1.3.2 偷换宝贝 10
    1.3.3 重复铺货 10
    1.3.4 错放类目与属性 10
    1.3.5 SKU 作弊 11
    1.3.6 滥用标题关键词 12
    1.3.7 广告商品 12
    1.3.8 价格不符 12
    1.3.9 邮费不符 13
    1.3.10 商品信息一致性 13
  1.4 淘宝的搜索模型 14
    1.4.1 搜索模型的三个等级 14
    1.4.2 什么是权重与千人千面 15

目录

- 1.4.3 揭开"隐形降权"的神秘面纱 ... 16
- 1.4.4 流量突然下滑的原因 ... 16
- 1.4.5 类目模型与反作弊模型 ... 17
- 1.4.6 文本模型 ... 18
- 1.4.7 商家模型 ... 18
- 1.4.8 服务模型 ... 18
- 1.4.9 人气模型 ... 19
- 1.4.10 商业模型 ... 20

1.5 淘宝搜索的核心因素解读 ... 20
- 1.5.1 关键词相关性 ... 20
- 1.5.2 销量权重解读 ... 20
- 1.5.3 付款人数解读 ... 20
- 1.5.4 宝贝转化率 ... 21
- 1.5.5 如何优化 DSR 评分 ... 22
- 1.5.6 失效的宝贝上下架时间 ... 23
- 1.5.7 宝贝主图 ... 23

1.6 如何书写优秀的宝贝标题 ... 24
- 1.6.1 淘宝搜索切词技术 ... 24
- 1.6.2 该不该选择蓝海关键词 ... 27
- 1.6.3 如何挖掘关键词 ... 27
- 1.6.4 如何将关键词组合成标题 ... 32

1.7 搜索规则的执行步骤 ... 35
- 1.7.1 学会独立思考及换位思考 ... 36
- 1.7.2 搜索执行第一步：切词扩展 ... 37
- 1.7.3 搜索执行第二步：锁定商品 ... 37
- 1.7.4 搜索执行第三步：算法排序 ... 37
- 1.7.5 搜索执行第四步：反馈数据 ... 37

1.8 打造高点击率主图 ... 38
- 1.8.1 宝贝主图及其重要性 ... 38
- 1.8.2 优化主图的注意事项 ... 39
- 1.8.3 优化主图的常用招数 ... 40

1.9 淘宝搜索常见问题解答 ... 42

第 2 章 打造爆款：极致单品策略 ... 45

2.1 一个低价爆款卖家的反思 ... 45

2.2 什么是爆款 ... 46
- 2.2.1 爆款的定义及打造爆款的目的 ... 47
- 2.2.2 挖掘爆款背后的秘密 ... 48
- 2.2.3 爆款的利润从何而来 ... 50

2.3 打造爆款前的准备工作 ... 51
- 2.3.1 分析行业类目的三种方法 ... 51
- 2.3.2 分析爆款特征 ... 56
- 2.3.3 分析爆款的销售周期：导入期 ... 58
- 2.3.4 分析爆款的销售周期：爆发期 ... 59
- 2.3.5 分析爆款的销售周期：成熟期 ... 59
- 2.3.6 分析爆款的销售周期：衰退期 ... 60
- 2.3.7 挑选爆款单品的注意事项 ... 60

2.4 打造爆款的步骤 ... 61
- 2.4.1 导入期：排兵布阵，步步为营 ... 62
- 2.4.2 爆发期：快速冲量，速战速决 ... 62
- 2.4.3 成熟期：稳定销量，追求利润 ... 63
- 2.4.4 衰退期：回流资金，爆款衔接 ... 63

2.5 店铺常见经营思路 ... 63

第3章 店铺规划：让转化率飙升 ... 66

3.1 店铺商品规划 ... 66
- 3.1.1 规划商品时的类别标准 ... 67
- 3.1.2 店铺商品规划之引流款 ... 68
- 3.1.3 店铺商品规划之利润款 ... 68
- 3.1.4 店铺商品规划之高价款 ... 69
- 3.1.5 店铺商品规划之超高价款 ... 69

3.2 店铺页面规划 ... 70
- 3.2.1 手淘首页·买家的购物导图 ... 70
- 3.2.2 详情页设计之展示商品 ... 71
- 3.2.3 引导转化 ... 72
- 3.2.4 详情页文案写作 ... 77
- 3.2.5 写作淘宝文案时的两大注意事项 ... 77
- 3.2.6 详情页的设计组件 ... 79

3.3 店铺促销管理 ... 82
- 3.3.1 什么是促销及促销的目的 ... 82
- 3.3.2 不同阶段店铺促销的目的 ... 82
- 3.3.3 给促销找个"借口" ... 83
- 3.3.4 常见的促销形式 ... 84
- 3.3.5 满赠、满减、满返 ... 86
- 3.3.6 秒杀 ... 88

第4章 客服管理：提升询单转化 ... 91

4.1 做好客服工作需要正确的思路 ... 91

	4.1.1	客服应具备的基本素质	91
	4.1.2	客服应具备的基本知识	92
	4.1.3	客户没有问题就是最大的问题	93
	4.1.4	一段简单的对话	93
	4.1.5	优秀客服第一步：礼貌欢迎，解答产品属性问题	95
	4.1.6	优秀客服第二步：换位思考，帮助客户选择商品	95
	4.1.7	优秀客服第三步：选择快递，解答物流配送问题	96
	4.1.8	优秀客服第四步：服务保障，解答店铺服务承诺	96
	4.1.9	优秀客服第五步：限时优惠营造下单紧迫感	96
	4.1.10	优秀客服第六步：客户下单，核对订单信息无误	96
4.2	售前客服解答全攻略		97
	4.2.1	店铺商品知识解答	97
	4.2.2	店铺促销优惠解答	97
	4.2.3	店铺服务承诺解答	98
	4.2.4	店铺物流配送解答	98
	4.2.5	客户订单核对及修改	99
	4.2.6	快捷回复的创建与使用	99
	4.2.7	未下单客户的订单催付	100
4.3	售后问题处理流程		102
	4.3.1	退货问题处理流程	102
	4.3.2	换货问题处理流程	103
	4.3.3	物流信息异常处理流程	104
	4.3.4	差价与缺货问题处理办法	105
4.4	咨询中的常见问题		106
	4.4.1	发票问题	106
	4.4.2	信用卡支付问题	107
	4.4.3	包邮问题	108

第5章 直通车：引爆店铺流量 110

5.1	直通车大致介绍		110
5.2	直通车概念及推广展示位介绍		110
	5.2.1	什么是直通车	111
	5.2.2	直通车的推广原理	111
	5.2.3	直通车扣费原理与排名规则	111
	5.2.4	关键词推广展示位	112
	5.2.5	手淘端直通车展示位	114
	5.2.6	精选人群展示位	114
5.3	直通车推广实操		117
	5.3.1	直通车后台简介	117

- 5.3.2 设置标准推广计划 … 119
- 5.3.3 合理设置日限额 … 120
- 5.3.4 如何预估计算广告花费 … 121
- 5.3.5 如何设置投放位置 … 122
- 5.3.6 如何设置投放时间 … 122
- 5.3.7 设置分时折扣的注意事项 … 124
- 5.3.8 如何设置投放地域 … 125
- 5.3.9 选择添加推广宝贝 … 126
- 5.3.10 添加推广关键词 … 127
- 5.3.11 优化直通车推广创意图 … 129
- 5.3.12 添加推广创意图的注意事项 … 131
- 5.3.13 如何利用直通车测图 … 131
- 5.3.14 直通车系统推荐词 … 132
- 5.3.15 搜索下拉框选词 … 133
- 5.3.16 参考宝贝属性词 … 134
- 5.3.17 生意参谋—市场洞察 … 135
- 5.3.18 关键词的匹配方式 … 136
- 5.3.19 在不同阶段添加关键词的策略 … 137
- 5.3.20 设置首次关键词出价 … 138
- 5.3.21 直通车数据概念解读 … 138
- 5.3.22 关键词的调整优化 … 139
- 5.3.23 关键词展现量低的解决办法 … 140
- 5.3.24 点击率低的解决办法 … 141
- 5.3.25 三种直通车后续维护 … 142
- 5.3.26 深度剖析质量得分 … 143
- 5.3.27 提升质量得分的两种思路 … 144
- 5.3.28 推广常见问题与误区 … 144

5.4 如何做好精选人群 … 145
- 5.4.1 什么是精选人群 … 145
- 5.4.2 关键词与精选人群的关系 … 146
- 5.4.3 如何添加精选人群 … 146

5.5 看透直通车的本质 … 148

5.6 直通车运营策略 … 149
- 5.6.1 利用直通车选品测款的方法 … 149
- 5.6.2 账户权重与计划权重的影响 … 150
- 5.6.3 "围攻堵截"推广计划布局 … 151
- 5.6.4 优化提升创意图点击率 … 152

5.7 直通车常见问题解答 … 154

第 6 章　引力魔方：定向精准人群 ... 157

6.1　引力魔方概述 ... 158
6.1.1　什么是引力魔方 ... 158
6.1.2　什么是通投与定向 ... 158
6.1.3　引力魔方与直通车的区别 ... 158

6.2　引力魔方基础简介 ... 159
6.2.1　引力魔方的后台首页介绍 ... 159
6.2.2　引力魔方的两种计划组 ... 160

6.3　引力魔方的推广操作 ... 161
6.3.1　新建推广计划 ... 162
6.3.2　设置投放主体 ... 163
6.3.3　设置定向人群 ... 164
6.3.4　常用人群的四种类型 ... 165
6.3.5　添加关键词兴趣人群 ... 166
6.3.6　添加店铺相关人群 ... 167
6.3.7　添加宝贝相关人群与小二推荐人群 ... 168
6.3.8　添加更多人群 ... 170
6.3.9　目标人群扩展设置 ... 173
6.3.10　屏蔽人群设置 ... 174
6.3.11　资源位的选择与设置 ... 174
6.3.12　常见的四种优化目标 ... 176
6.3.13　优化目标促进曝光的出价方式 ... 176
6.3.14　优化目标促进点击的出价方式 ... 177
6.3.15　优化目标促进加购的出价方式 ... 178
6.3.16　优化目标促进成交的出价方式 ... 179
6.3.17　设置计划预算 ... 180
6.3.18　设置投放日期 ... 180
6.3.19　设置投放地域 ... 181
6.3.20　设置投放时段 ... 181
6.3.21　设置创意 ... 182

第 7 章　淘宝客：寻找卖货帮手 ... 184

7.1　淘宝客基本介绍 ... 184
7.1.1　什么是淘宝客推广 ... 184
7.1.2　淘宝客推广的优势 ... 184
7.1.3　商家对淘宝客的四大错误认识 ... 185
7.1.4　淘宝客佣金计算规则 ... 186
7.1.5　类目佣金与主推佣金的区别 ... 186
7.1.6　不同计划佣金规则 ... 186

7.1.7 淘宝客的跟踪逻辑 186
7.1.8 淘宝客成交金额计算 186
7.1.9 退款订单佣金结算规则 187
7.2 淘宝客推广设置 187
7.2.1 淘宝客后台操作界面说明 188
7.2.2 淘宝客计划管理 189
7.2.3 营销计划设置 190
7.2.4 定向计划设置 191
7.2.5 自选计划设置 194
7.2.6 淘花计划设置 196
7.2.7 通用计划设置 198
7.2.8 分享+管理设置 199
7.2.9 联盟精选设置 199
7.2.10 返利管理设置 200
7.3 招商团长 201
7.3.1 什么是团长广场 201
7.3.2 团长筛选维度说明 202
7.3.3 查看团长筛选结果 203
7.3.4 报名普通招商活动 204
7.3.5 报名前 N 件高佣招商活动 205
7.4 渠道专享 206
7.4.1 一淘招商 206
7.4.2 内容招商 209
7.4.3 私域招商 210
7.5 淘宝客运营 211
7.5.1 新店铺如何选择淘宝客 211
7.5.2 不同商品宝贝不同定位 211

第 8 章 淘宝数据化运营 213

8.1 数据分析的重要性 213
8.2 三种常见的数据分析方法 214
8.3 店铺成交数据分析 216
8.3.1 提高营业额的两大关键三大重点 216
8.3.2 根据数据分析问题 218
8.4 店铺数据分析概况 218
8.4.1 常见的数据概念 218
8.4.2 生意参谋的使用 219
8.4.3 提取数据并分析 220
8.5 店铺数据分析实操 221

- 8.5.1 分析数据的4个核心方向 ... 221
- 8.5.2 统计分析店铺经营数据 ... 222
- 8.5.3 分析单品爆款流量数据 ... 223
- 8.5.4 分析行业类目数据 ... 223
- 8.5.5 跟大商家学什么 ... 225
- 8.5.6 添加设置监控店铺 ... 225
- 8.5.7 竞争店铺分析 ... 226
- 8.5.8 添加设置监控宝贝 ... 228
- 8.5.9 竞品宝贝分析 ... 228
- 8.5.10 引流关键词与成交关键词分析 ... 230
- 8.5.11 入店来源分析 ... 231

第9章 短视频内容化运营 ... 234

9.1 什么是内容化运营 ... 234
- 9.1.1 平台为何要做内容化转型 ... 234
- 9.1.2 什么是淘宝达人 ... 235
- 9.1.3 如何成为淘宝达人 ... 235
- 9.1.4 手淘—订阅 ... 236
- 9.1.5 如何发布订阅 ... 236
- 9.1.6 手淘—逛逛 ... 237

9.2 内容化运营实操 ... 238
- 9.2.1 熟悉光合平台 ... 238
- 9.2.2 光合平台三大功能 ... 239
- 9.2.3 热门作品榜与热门达人榜 ... 240
- 9.2.4 如何发布逛逛短视频 ... 242
- 9.2.5 视频文案写作的三个要点 ... 243
- 9.2.6 如何发布逛逛图文 ... 244
- 9.2.7 如何发布猜你喜欢视频 ... 245
- 9.2.8 基础权益 ... 247
- 9.2.9 内容动态激励 ... 248
- 9.2.10 商品推广 ... 248
- 9.2.11 种草任务 ... 249
- 9.2.12 逛逛发布与猜你喜欢发布 ... 250
- 9.2.13 逛逛运营的内容规划 ... 250

第10章 直播运营 ... 252

10.1 直播概述 ... 252
- 10.1.1 淘宝直播的三个平台 ... 252
- 10.1.2 如何入驻开通淘宝直播 ... 253

10.1.3 如何在手机端开直播 253
10.2 直播安全带货规则 256
10.2.1 淘宝直播三种违规介绍 256
10.2.2 淘宝直播封面图规范 256
10.3 新主播中控台 257
10.3.1 主播中控台简介 257
10.3.2 主播中控台功能介绍 258
10.3.3 创建直播与直播管理 260
10.3.4 直播讲解 263
10.3.5 直播装修 265
10.3.6 直播互动 266
10.3.7 直播体检 268
10.3.8 商品预检和脚本预检 268
10.3.9 智能主播 270
10.3.10 管理代播主播 271
10.3.11 如何分析代播主播数据 273
10.4 热浪引擎 273
10.4.1 热浪引擎的操作入口 273
10.4.2 热浪引擎功能介绍 274
10.4.3 什么是TCP佣金 275
10.5 达人·合作 275
10.5.1 主播广场 275
10.5.2 招商活动 278
10.5.3 官方活动 280
10.5.4 图文/短视频达人合作 281
10.5.5 任务管理与货品管理 283
10.5.6 合作数据 284
10.5.7 淘榜单 284
10.6 热浪联盟 286
10.6.1 全店推广计划 286
10.6.2 商品推广计划 287
10.6.3 主播定向推广计划 289
10.6.4 代播服务推广计划 293
10.6.5 推广效果分析 294
10.6.6 商家自播与达人代播如何选 296

后　　记 298

第 1 章　搜索规则：流量分配逻辑

Chapter One

搜索规则，一直以来都是商家们关注的重点，平台每一次的规则改动，都牵动着无数商家的神经。想要做好店铺，掌握搜索规则是基础也是重点，有时还可以通过搜索规则的改动，来判断淘宝下一步的战略发展方向。随着竞争的加剧，店铺分到的流量越来越少，竞争越来越激烈，商品越来越多样化，现如今仅仅懂搜索规则，还能做好店铺运营，实现盈利吗？很多商家潜心钻研淘宝搜索规则，试图多获得一些流量，从而突破店铺运营的瓶颈。可是换一个角度思考，怎样才能让淘宝愿意多分给我们一些流量呢？多数商家都忽略了这一点。

平台与商家是合作的关系，我们应该多思考，如何做才能让这位超级"合作伙伴"愿意扶持你。这才是问题的核心。当然我并不是说搜索规则已经不重要了，掌握搜索规则仍然是运营店铺的基本要求。

1.1　淘宝搜索的重要性

搜索规则的出现使得淘宝官方、商家、买家三方面建立起联系，如图 1.1 所示。搜索规则是连接商家和买家的桥梁，它能帮助买家找到优质商品，帮助商家找到潜在需求买家。

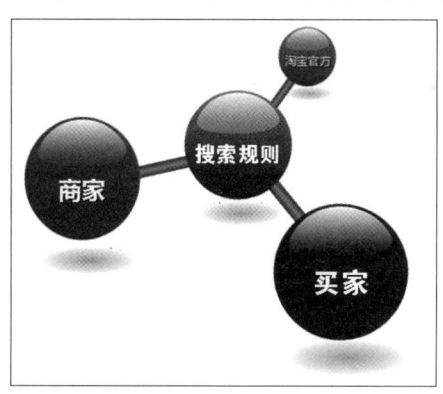

图 1.1　三方示意图

搜索规则由淘宝官方推出，它起到一个纽带连接的作用。

1. 针对商家而言

淘宝天猫本身不销售商品，只起到一个平台的作用，为买卖双方建立交易服务体系。商家作为平台上的商品供应者，其入驻平台的实际诉求是实现商品销售，获得销售利润。所以平台要考虑并且照顾到每位商家，合理划分平台的流量资源（买家）给每位商家，让其店铺有流量，有购买成交。如果平台划分资源的机制不公平，使得一部分商家销售火爆，一部分商家生意惨淡，赚不到利润，这样长此以往，生意不好的商家就会选择离开平台。

2. 针对买家而言

买家选择在平台购物，是出于对平台的信任，买家希望在平台找到质优价廉的商品，以满足自身需求。如果让买家在购物时的选择成本过大，比如无法快速找到自己喜欢的商品，势必会影响购买体验，那么该买家就会对平台失去耐心，选择转向其他购买平台消费，这样一来平台就损失一个用户。所以对买家而言，平台要通过大数据分析，帮助其找到想要的商品。

我们只有理解了搜索规则在整个环节中所扮演的角色，才能更好地理解搜索规则。这里所说的搜索规则，都是针对商家或者买家中的某一方所设定的，所以我们要站在搜索规则之上，用"上帝视角"来看待并理解这些搜索规则。

1.1.1 什么是淘宝 SEO

淘宝 SEO 全称为"淘宝搜索引擎优化"，当然现在很少听到 SEO 这个说法了，它是指按照淘宝搜索规则，来设置优化商品宝贝，从而使得商品宝贝排名靠前，让商家获取更多流量。

1.1.2 淘宝搜索与其他搜索的区别

搜索引擎的概念最早源于谷歌、百度等平台，其目的是帮助用户寻找"答案"。那么，用户利用百度、谷歌等搜索引擎搜索问题答案，与在淘宝上搜索商品有哪些区别呢？

区别一：搜索主体不同

首先是搜索面向的主体不同，百度、谷歌等搜索引擎搜索的主体是"文本信息"，而淘宝搜索引擎搜索的主体则是"商品"。

区别二：时效性不同

以文本为主的搜索结果，在不同时段下变化较小，相对固定，因为某一问题的答案相对来说是固定的。

例如，搜索问题"打印机指示灯为何不亮？"，搜索结果与用户在家里还是在公司，在冬天还是在夏天搜索没有关系，并且与用户的消费水平、消费习惯也没关系，用户想要解决的问题相对固定，就是找到打印机指示灯不亮的原因，且找到问题的解决办法。

对于以商品为主的搜索，要考虑当前季节、特定时期的流行度、搜索用户的消费水平以及购买习惯等多种因素，这些因素都会随着时间的推移而发生或多或少的变化，所以搜索结果变化较大。

区别三：搜索维度不同

百度、谷歌等搜索引擎在搜索时，主要考虑关键词与文本标题的匹配程度，当前页面的关键词密度，以及当前页面的"外链"数量等因素来计算排名权重。

而淘宝搜索是基于商品的搜索，因此要考虑两方面因素：一是宝贝本身的情况，例如商品宝贝外观、价格、评分、好评数等；二是时间季节、宝贝销量、人气指数、消费水平等因素。淘宝搜索考虑的因素与维度相对较多。

1.1.3 广义的淘宝 SEO 概念

随着行业的发展，人们赋予淘宝 SEO 新的解释，现在只要是能获得淘宝站内免费流量的方法，都归类于淘宝 SEO 的范畴，这就是广义的淘宝 SEO 概念。在淘宝站内主要包括：手淘搜索流量（综合排名、人气排名、销量排名等不同维度）、手淘推荐、我的淘宝，以及淘宝官方活动等其他相关流量。

1.1.4 淘宝搜索发展的三个阶段

淘宝搜索系统自推出以来，随着市场需求的多样化，也在不断地更新调整搜索规则，主要是搜索理念的变化。整体上调整分为三个阶段。

第一阶段，大概在 2010 年以前，主要以商品宝贝上下架时间和店铺宝贝橱窗推荐为排序的重要依据。那时只要把店铺宝贝上下架时间安排合理，将商品宝贝平均分布在每一天的热点时间段，再把店铺主推的宝贝设置为橱窗推荐即可，参考的权重因素较少也相对简单。彼时淘宝还处在流量红利期，商家整体获得的流量较多。

第二阶段，大概在 2010—2012 年。开始引入"服务模型"，在搜索时重点推荐那些服务好、评价高、质量优的宝贝。此次调整影响较大，很多服务欠佳、产品质量较差的商家店铺流量骤减，销量受到很大影响。

第三阶段，在 2012 年以后，淘宝系统开始引入"个性化"搜索，主要根据买家的浏览习惯、购物习惯、消费能力进行精准定向。例如，一个经常购买低价商品的买家 A，和一个经常购买高价商品的买家 B，在搜索同一关键词时，得到的搜索结果并不相同。也就是"千人千面"，这样可以帮助买家更快捷地找到满意的商品。

举例：某买家最近想要购买运动卫衣，在淘宝上做出了搜索、浏览、收藏、加入购物车、购买等行为，系统会据此将该买家锁定为运动卫衣的意向买家，然后在相应的地方展示与其浏览过的宝贝款式相似、价格区间相近的宝贝，并且优先展示其之前收藏过的店铺或宝贝，如图1.2所示。

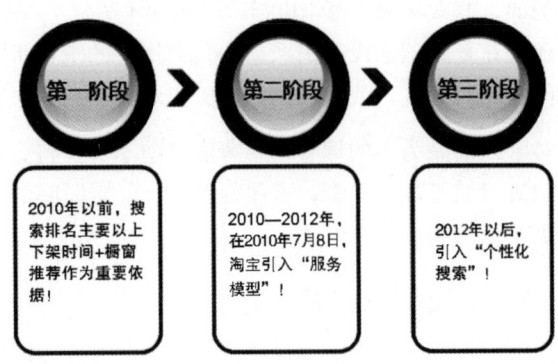

图1.2 淘宝搜索发展的三个阶段

⚠ **提示：**

第一阶段以平均分配流量为主；

第二阶段在第一阶段的基础上，开始优先推荐质量好、服务好的店铺宝贝；

第三阶段在前两个阶段的基础上，根据买家的购买习惯、消费水平等因素，开始分析猜测买家的喜好，从而为其推荐商品。

1.1.5 为什么要做好搜索优化

随着流量红利的消失、竞争的加剧，在流量日渐匮乏的今天，流量显得弥足珍贵。付费推广迫使商家承受着巨大的推广支出压力，商品利润空间狭小，店铺实现盈利的难度越来越大，做好搜索优化就显得尤为重要。

1. 平台商家越来越多

据不完全统计，淘宝天猫中的店铺接近1000万家，其中真正活跃的在600万家左右。淘宝每天大概有几千万个访客。在相对公平的竞争环境下，每一家店铺每天能分到的访客屈指可数。在资源有限的情况下，就需要通过一些规则来分配资源，如果店铺宝贝符合"规则要求"，那么就可能获得更多的资源分配，产生更多销售。

2. 竞争越来越激烈

由于商家越来越多，导致竞争越来越激烈，无休止的价格战，天天清仓甩货，价格一家比一家低，从而消耗了许多刚需买家，造成商品没有利润空间。商品质量与服务跟不上，使商家陷入了低价竞争的泥潭。

3. 广告费水涨船高

早期淘宝商家较少，靠自然搜索就能卖得很好，无须做付费推广，运营成本相对较少，实现盈利也相对容易一些，我们称那个时代叫"流量红利"时代。可现如今流量红利时代早已过去，购买流量的成本越来越高，从最初一个点击几分钱、几毛钱，到现在一个点击几块钱甚至更高。

 提示：

做好店铺宝贝搜索优化工作，多获得一些搜索流量，就意味着节省一笔广告费用。

1.1.6 搜索规则趋势解读

不管是新手商家还是有运营经验的商家，都会感叹现在规则变化太快，曾经也有不少读者，通过本书联系我本人，说现在变化这么快，书中内容还有用吗？

首先大家要知道规则是怎么变化的，平台的规则，是在原来的基础上，变得更加细化，并非对之前规则的颠覆，一切都是为了平台流量的价值最大化，一切都是围绕将商品进行全链路的营销，让买家快速找到自己喜欢的商品。

现在的搜索规则的权重体系，分得越来越细，原先只要抓住一个核心权重，就可以获得不错的排名，而现在好像无论怎么优化，流量变化也不大。目前淘宝搜索规则主要有 3 个变化：

（1）流量倾向于品牌商家与 KA 商家。也就是类目 TOP 级别的大商家，其中不乏线下大品牌进驻平台，由于有品牌溢价，有完善的供应体系，使得平台不得不向他们倾斜资源。

（2）广告流量与买家体验权重增加。目前经营店铺多数都需要进行付费推广，付费流量带来的成交销量与该部分销量带来的评价，是判断宝贝权重高低的依据，评价越高宝贝权重越高，排名就越好。通过这一变化可以看出，商品质量与店铺服务对商品宝贝排名影响越来越大。

（3）手淘端的搜索越来越个性化。有两个核心：权重和标签化，权重决定排名顺序，标签化决定是否能进行个性化匹配。什么是标签化？下文会详细解释。这里简单说一下，就是系统利用大数据分析，搜索某一关键词的人群，其背后的精准购物意向。有些读者可能会问，难道搜索同一个关键词的买家，想买的不是一样的商品吗？

如果我们把商品再进行细分的话，同一类型的商品有很多种风格、款式，价格上有高中低档等差别，那么系统会利用大数据来分析买家深层次的需求，搜索与其购买意向匹配的商品，然后再排序展现。

1.2 淘宝搜索的三大误区

很多初涉电商的新手商家，存在一些认识误区（运营老手请自动略过该部分内容）。比如新发布的宝贝为什么没有流量？为什么前几天有访客，最近又没有了？既然转化率影响权重，那么把价格标到超低，是不是就会卖得好？

1.2.1 价格越低排名越靠前

大部分新手都有这样的错误认识，因为在多数人的认知里，买家会在平台上比价图便宜，所以商品价格越低，买家就越容易找到我们的宝贝。

可事实真的如此吗？早先买家为了能在淘宝上筛选到价格更低的宝贝，喜欢将价格从低到高排序，可现如今很少有人使用该筛选条件。不仅如此，平台上的买家开始不再对价格敏感了，而是更注重商品的品质或性价比。我们经常看到一些商品，价格卖得很高，销量却比价格低的商品大，所以只要商品有竞争力，价格不再是最大的购买参考因素。

> ⚠️ **提示：**
> 很多商家总是在钻研淘宝规则的变化，而忽略其他的东西。不是说规则不重要，但是请不要忘记，平台是按照买家的购买心理来制定的规则，只有换位思考站在淘宝自身的视角去看待搜索规则的变化，才能看懂整个大的变化趋势。

试想一下，假如你作为淘宝系统的规则制定者，一个买家经常浏览高价商品，当其搜索某一关键词时，你会给其展示9块9的商品吗？先不考虑该买家是否会购买，假设真的买了，收到货以后发现质量极差，与预期的差距很大，其心里就会产生一种淘宝上的商品不靠谱的想法。由此产生的退货，让买家付出很多时间与精力，这对购物体验来说是非常不好的。

这也是为什么平台一直以来压制或者不推荐低价商品的原因，商品的价格低于常规销售价格，走低价爆款路线，一天几千单的发货，但是促销活动一结束，大量的投诉、退换货、纠纷、退款等售后问题都会随之而来。活动过后店铺又和往常一样，亏本销售不赚钱，高价没人买，整个店铺陷入了一个恶性循环。

意识到问题的商家，改变运营策略，开始着重提高店铺的溢价销售能力。没有意识到的商家，又开启了无休止的刷单，在淘宝、天猫经营店铺的道路上，看不到一点前途与光明，然后很忧伤、很无奈地说一句："现在淘宝越来越不好做了，赚钱越来越难。"殊不知，是我们自身的行为导致了今天的结果。

1.2.2 信誉越高卖得越好

很多新手商家，开店后的"第一大心事"就是信誉等级问题，在多数人的想法中，信誉越高，宝贝就越好卖。经常看到有人在寻找专门刷信誉的机构。不可否认，在早些年网购刚兴起的时候，各项管控机制不成熟，买家判断商品宝贝好坏的标准就是看店铺信誉。但是随着市场的发展，现如今很少有人在意信誉，即使店铺信誉较低，只要商品宝贝不错，买家也会下单，因为其知道，即便商品不好大不了退款，有问题可以投诉找客服，不再担心被骗等问题。

店铺信誉在当下的搜索权重体系中，稍微有一点点影响，即在其他条件相同的情况下，信誉等级高的店铺宝贝,排名展现会靠前一些,但其所占比重不高,最终的搜索结果排序,是将多种权重叠加在一起计算出来的,而非单一因素能直接决定的,没必要非得去买一个有信誉的店铺,或者去有针对性地刷店铺信誉。

 提示:

> 宝贝卖得好坏和店铺信誉没有直接的联系,店铺信誉等级高,往往积累的老顾客比较多,有老顾客成交额为基础,自然比店铺信誉低的商家从零开始销售要好,但单纯地认为店铺信誉与销售好坏有直接关系是不对的。

如果商家想运营好店铺,就踏踏实实地从基础做起,任何刷单作弊行为,都尽量不要去做,不然就会陷入思维陷阱中,刷 10 单没效果,就认为刷得不够,然后继续刷,刷到 100 单,还没效果,接着刷,然后店铺被处罚了。最终的真实销售却寥寥无几,倒不如把心思放在如何专心做好商品销售与服务上。

1.2.3 销量越高排名越靠前

不可否认,销量的多少对于排名确实有着很高的权重影响。早期店铺打造爆款,只要宝贝销量冲起来,排进搜索前几位,基本就可以养活整个店。

因为人都有从众心理,一个商品宝贝卖得越好,销量越高,就说明这个商品越受欢迎,质量经得住考验,系统应当给予更多的自然流量,这种理解无可厚非,所以大家开始频繁地低价出售,有的商家更是 1 笔订单拍一二百件。

后来淘宝系统规则逐步完善,细心的朋友可以发现,在搜索结果展示页面中,出现了"成交笔数"数据,开始遏制一笔订单拍几百件的情况,但是系统仍旧存在漏洞。人们纷纷用同一个账号,多次购买单个宝贝,直到后来我们看到"××人收货",按成交人数来统计,并且引入了价格、转化率、评分等因素。价格太低的权重下降;转化率低的权重下降;评分低的权重下降。系统开始削减单一销量因素对排名的影响。

 提示:

销量的确对宝贝权重有很大的影响,但是要搞清楚,这个"销量"指的是什么,在优化时要有针对性地优化,而不是盲目地优化,不然最后事倍功半。

平台还有一个关于销量的规则,暂且称之为"销量路径"规则,因为店铺流量分很多种类型:自然搜索流量、直通车等付费工具带来的流量、淘宝客流量等。每一种流量都可能带来成交,不同类型的流量所带来的销量,在计算宝贝排名时权重是不一样的。

不同销量的累计权重		
自然搜索流量	自然搜索成交销量	累计权重最大
付费广告流量	付费广告成交销量	累计权重次之
淘宝客或站外流量	淘宝客或站外成交销量	累计权重相对较低

> **提示：**
>
> 自然搜索所产生的销量权重最高，付费成交销量权重次之，淘宝客或站外流量所产生的销量权重最低。这里需要注意的是，在之前的规则中，是不累计淘宝客或站外流量所产生的销量的权重的，后来规则改动，官方称又计算了其权重。
>
> 另外，据说现在平台开始提升付费流量的权重，这意味着付费推广的效果，可能会比之前好了。该消息暂未证实，商家可以在运营时稍加留意！

1.3 淘宝搜索的十大处罚重点

商家在平台上开店销售商品，必须要懂平台的规则，因为平台的一个规则改动可以让店铺订单暴涨，也可以让你生意惨淡，所以清楚掌握平台的规则是非常重要的，尤其是处罚规则，更应该仔细研读，避免自己在运营过程中犯类似的错误，因小失大。

经常看到有人说，宝贝存在隐形降权，还经常用一些软件去检测宝贝。我曾经遇到一次，一个代运营公司的业务员，让我把店铺主推宝贝链接给他，不一会儿给我发了一张截图，说我的宝贝存在隐形降权。说真的，当时我看了以后，心里"咯噔"一下，还仔细排查了一番。可是没过多久，我心里冒出一个疑问，他是用什么工具检测的？后来才知道根本就是些没有用的工具软件，甚至是他们自己开发的，目的是唬住你，达成代运营合作。

> **提示：**
>
> 关于隐形降权，淘宝已经在官方帮派中声明，没有隐形降权这种说法。但是淘宝对搜索优化十大违规行为是有详细说明的，在优化时尽量不要触犯，否则将会被处罚。

1.3.1 虚假交易

虚假交易，也就是人们熟知的"刷单"，把它排在第一位可见平台对它的重视程度，其也是一直以来被重点打击的违规行为。对于大商家而言，如果存在该行为，被查的概率要比小商家小，这并不是说淘宝对大商家有什么政策优惠或者对他们监管力度小，而是因为大商家店铺有流量基础，只要数量不是特别多，在其他条件合理的情况下，系统检测到的概率较小，因为有流量支撑，数据波动不大。

举例：某店铺每天大约有 1 万个访客，即使刷二三十单，店铺数据也不会出现大的异常波动。假如现在店铺平均转化率在 4%，刷销量以后，把转化率刷到了 4.5%或者 5%，数据波动相对较小。

但是对于小商家来说就有风险，假设店铺现在每天有 100~200 个访客，平均每天能卖 20 单货，突然有一天多刷了 20 单，在流量没有任何明显增大的情况下，一下就莫名其妙地多卖 20 单，在没做任何付费推广的情况下，试问这合理吗？

> ⚠️ **提示：**
> 我们不提倡刷单，希望各位商家把电商当作一个长久的生意来对待，任何投机取巧违背规则的方法，都不会让你的店铺经营长久。多从商品出发，多去思考，为买家提供更多的优质商品，完善商品线，优化视觉呈现，把商品图片或视频拍得更美观真实，提升客服的咨询接待能力。在提升服务这件事上，做得再多都不为过。

目前行业内仍然有刷单现象存在，一般刷单，有以下几种目的。

1. 维护直通车，提升质量得分

首先，搜索直通车关键词，然后找到自己的宝贝，点击直通车图片链接，提升图片点击率，然后下单成交，提升转化率，从而提升 ROI 投产比。所以通过这些数据，系统就能判断，这个商品宝贝可能就是潜在买家所需要的，应当给予更高的权重，这样质量得分就会提高，整个直通车账户权重就会提升。因为直通车的核心思想是：精准营销。刷单是为营造"精准的氛围"。

但是这种行为有点"自我欺骗"的意思，如果你的创意图点击率不高，转化率也不高，即使通过刷单的方式把数据做得很漂亮，也没从根本上解决问题，真实买家看到商品，依然不会购买，同时你还会把自己的广告费花掉。一个口味不好的奶茶店，每天找气氛组来排队，是没办法长久把生意经营好的。

2. 维持爆款排名

销量在搜索规则排序中的重要性不言而喻，但是销量也分多种：自然搜索销量、直通车销量、淘宝客销量与其他销量。一般在搜索排名中，自然搜索的销量占的权重较大，商家为了更好地保持销量，会抢占流量入口，通常会选择刷一些自然搜索销量和直通车销量。

3. 消灭掉 0 销量宝贝

先说两个概念：一个叫"动销率"，与之相对应的叫"滞销率"。

假设某店铺有 100 款宝贝，有 60 款宝贝产生了销售，那么动销率就是 60%，剩下的 40 款宝贝，未产生销售，那么滞销率就是 40%。动销率越高，滞销率越低，这意味着店铺经营能力比较强，整体商品线比较受欢迎，这两个数据是平台在横向对比同类型店铺的时候，所参考的因素之一。

在搜索排序时，抛开其他搜索因素的影响，如果想让商品宝贝被搜索到，最低也要有 1 个销量，0 销量大概率是不会被搜索到的。

如果店铺中存在 0 销量宝贝，且持续时间超过 30 天，那么系统在搜索过程中会屏蔽该宝贝，不再给予展现机会，所以商家一定要定期检查店铺 0 销量的滞销宝贝，通过正确的方法来突破 0 销量。

1.3.2 偷换宝贝

偷换宝贝多出现在单品爆款上。何为"偷换宝贝"？

假设店铺里有一个爆款A，累计销量达到3000，每天可以带来不少搜索流量，但是由于货源供应、季节等客观原因，导致无法继续销售或者销售趋势严重下滑，商家还不舍得放弃这个链接，于是就想到换另外一个宝贝B继续销售。

就是把原来A商品宝贝链接中的主图、SKU选项图、描述图、宝贝属性等进行修改更换，链接还是原来的链接，但里边所显示的商品信息，已经是B这个新商品的了。简单来说就是，以前打开这个链接看到的是A商品，现在却是B商品。这样就可以利用这个链接继续销售。这种偷换宝贝的行为，一旦被系统检测到，将会受到相应的处罚。

1.3.3 重复铺货

重复铺货指的是同一个商品，发布了2个或2个以上的宝贝链接，目的是增大搜索时被展现的概率。因为在淘宝上发布商品是免费的，所以在有的商家店铺中，同一类型的商品宝贝可能有N个链接，看起来店铺里商品很丰富，但大多是同类型甚至是同一款，买家看来看去就那几个商品，从而造成了非常不好的购买体验。

如果是单品重复铺货，想避开系统的稽查，只有让系统觉得这是两个不一样的商品宝贝才行，所以在发布宝贝的时候，每个商品宝贝的标题切勿统一复制，如果标题都一样，即使不是重复铺货，也可能会触发系统稽查。另外，宝贝的属性、一口价、实际销售价、主图也最好不完全相同，这样就不容易被发现了，但仍建议各位商家不要这么做。

另外还有重复铺货式开店，比如已经开通了店铺A，现在又重新注册开通一个店铺B，还是销售A店铺中那些商品，A与B两个店铺中的宝贝图片和描述都完全一致，这就是重复铺货式开店，也是官方明令禁止的，一旦发现轻则被限制展现，重则可能会被封掉，所以商家务必重视。

1.3.4 错放类目与属性

什么是类目？淘宝上销售的商品很丰富，如何来管理这些商品？划分归类是一个很好的办法。

有人是卖手机配件的，那就归类到3C类目；

有人是卖连衣裙的，那就归类到女装类目；

有人是卖男士西装的，就归类到男装类目。类目更像一本书的目录。

错放类目，指的是在发布宝贝的时候，错选了宝贝类目，因为淘宝的搜索规则，在关键词检索的时候，首先锁定的是类目。

例如，买家搜索"连衣裙"时，系统首先锁定在"女装/女士精品"类目，假设某商品宝贝本身属于女装类目，但是却把它错放到男装的类目下，那么不管你的标题优化得多好，销量如何高，转化率如何好，这个宝贝都不会被搜索到。

就好比我们在查字典的时候，淘宝的"淘"字，应该放在字母索引 T 下边，结果不小心给放到 L 字母下了，那我们在 T 字母索引下是无法找到的，错放类目是一样的道理。

> ⚠️ **提示：**
> 在淘宝天猫中有些商品是不允许进行付费推广的，比如减肥类商品，有的商家为了能进行付费推广，就将宝贝发布到其他类目，比如"食品"类目，这样一来就可以进行付费推广。这种行为一旦被查，也会受到处罚。

属性，指的是商品的型号和参数。比如一件衣服，面料厚薄、款式细节、成分含量等都叫属性。在填写宝贝属性的时候，一定要填写宝贝真实情况，如果写错属性，即使被买家搜索到，但如果不是买家想要的，最终成交的概率也不会太高。

还有一点值得注意，在书写标题关键词的时候，要与属性描述一致。例如宝贝标题中有"纯棉"字样，结果属性描述含棉量只有 10%，标题中有"包邮"字样，但在购买时却需要支付邮费，这样的宝贝都将受到处罚或者降权。

1.3.5 SKU 作弊

SKU=Stock Keeping Unit（库存量单位）

即库存进出计量的单位，可以以件、盒、托盘等为单位。SKU 是对大型连锁超市配送中心进行物流管理的一种方法。现在已被引申为商品统一编号的简称。

每种商品均对应唯一的 SKU 号。

什么是单品？是指对一种商品而言，其品牌、型号、配置、等级、花色、包装容量、单位、生产日期、保质期、用途、价格、产地等属性与其他商品不同，就称其为一个单品。

例如，假设苹果公司发布一款新的手机产品，总共有三个颜色，分别是"土壕金""银色""白色"。手机存储空间同样有三种类型，分别是"32GB""64GB""128GB"，那么这款产品有多少个 SKU 呢？答案是 9 个，因为每个颜色都会对应一个存储空间，该产品一共有 9 个 SKU。

SKU 作弊，指利用商品属性（如套餐）设置过低或者不真实的一口价，从而使商品排序靠前（如价格排序）。在搜索规则中，将这种商品宝贝判定为 SKU 作弊商品。

SKU 作弊案例分析，如图 1.3 所示。

案例解释：在图 1.3 中，可以看到最上方有"尾货配置"字样，并且无售后，售价为 198 元。这个单一 SKU 与其他正常的商品，被放到了一起销售，并且商家把 198 元设置成了一口价，这就是利用单一 SKU 进行价格作弊。将常规商品和瑕疵品、单机、样机、模型、二手机等非常规商品放在一个宝贝链接里出售，且一口价为非常规商品的价格，即为 SKU 作弊。

```
尾货配置：尾货机身有刮伤，无售后，198元
配置1：两电一充/耳机/数据线，无卡，368元
配置2：两电一充/耳机/数据线，256卡，388元
配置3：两电一充/耳机/数据线，512卡，408元
配置4：两电一充/耳机/数据线，1G卡，428元
配置5：两电一充/耳机/数据线，2G卡，458元
```

图 1.3　SKU 作弊案例分析

1.3.6　滥用标题关键词

滥用标题关键词指的是使用与商品不相符的关键词进行描述，尤其是一些小的品牌商家去蹭大品牌的热度，在写标题的时候，用了一些不符合商品实际情况的关键词。

关键词对买家来说，代表的是购买意向，如果某个关键词不符合你的商品属性，即使被搜索到也不是买家真正需要的，最终的成交概率也不大，还会拉低转化率从而影响权重。

例如，有一款单层玻璃普通水杯，标题中却写着"双层中空玻璃 保温杯"，这就是标题中的关键词与商品实际情况不相符。这种情况一旦被淘宝系统发现就会被处罚，严重的话还会被删除链接。

1.3.7　广告商品

广告商品，通常指上传很多商品宝贝，销售价格设置得超低，并且在描述中直接给某一款商品宝贝集中导流的行为。简单来说就是，发布了很多链接，销售价格设置得较低，比如 9 块 9，买家为贪图便宜，就会点击进来浏览，然后看到描述中写着"点击某个链接再进行购买"，这就是广告商品，该行为一旦被发现就会被平台处罚。

广告商品案例分析，如图 1.4 所示。

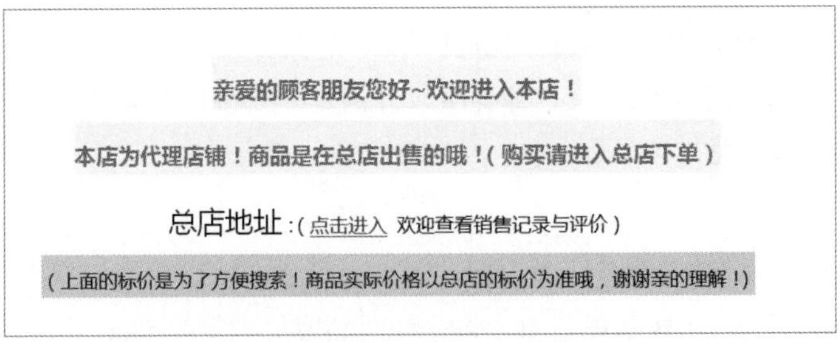

```
亲爱的顾客朋友您好~欢迎进入本店！

本店为代理店铺！商品是在总店出售的哦！（购买请进入总店下单）

总店地址：点击进入 欢迎查看销售记录与评价）

（上面的标价是为了方便搜索！商品实际价格以总店的标价为准哦，谢谢亲的理解！）
```

图 1.4　广告商品案例分析

1.3.8　价格不符

价格不符，主要指的是，为商品宝贝设置的一口价不符合市场的基本规律，例如一部手机 10 元，一条牛仔裤 1 元，或者描述中写的价格与售价不一致，各位商家注意就好。

价格不符案例分析，如图 1.5 所示。

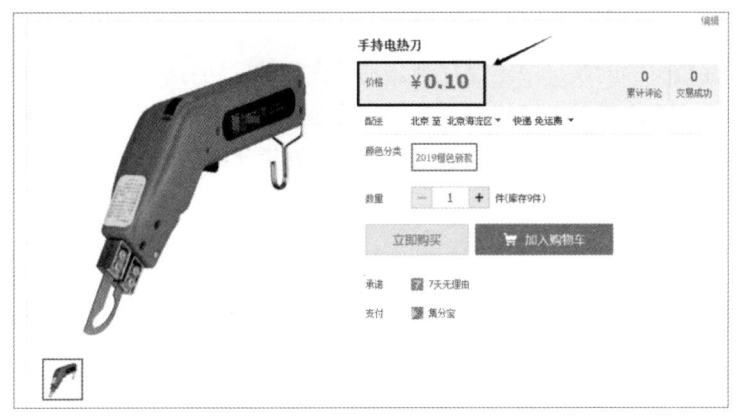

图 1.5　价格不符案例

在图 1.5 中，商品宝贝的一口价是 0.10 元，并且还是"包邮"状态，该情况严重不符合市场规律和大众认知，这属于宝贝价格不符。该类型商品宝贝会被限制展现或被搜索屏蔽。

1.3.9　邮费不符

邮费不符也是一种价格作弊常见的手段，比如一个宝贝卖 9.90 元，运费却设置了 30 元或者 50 元，利用低价来吸引点击，其实最终的销售价是很高的。本质上这属于欺骗行为，目前该情况已很少见。

邮费不符案例分析，如图 1.6 所示。

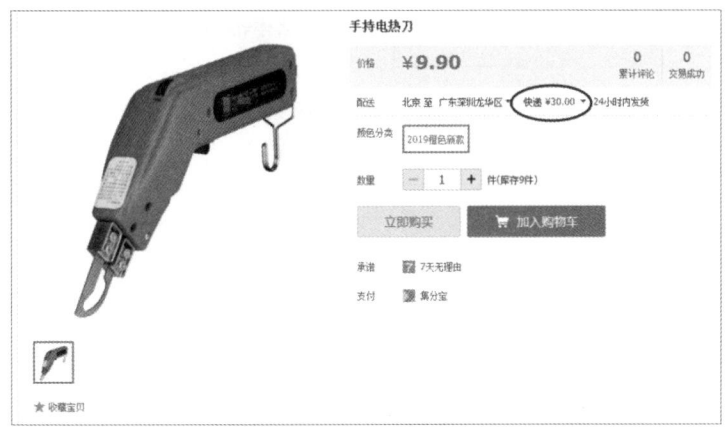

图 1.6　邮费不符案例

1.3.10　商品信息一致性

这一条是对前几条的总结，如属性类目不符，价格信息不符。如果自己发布的宝贝存在这样的错误，系统会判定为标题、图片、价格、描述信息不一致。价格写100元，描述中写最低200元，标题中写包邮，结果运费设置为10元，这些都是比较初级的错误。

在设置商品宝贝的时候，一定要仔细认真，我经常看到有些商家或运营商，不小心把价格设置错，少一个小数点，价格天差地别。曾经就有一个商家，将价格设置错了，一晚上被拍下了几千单，价值高达千万，不发货违规，发货就破产，所以要认真设置。

> ⚠ **提示：**
> 在发布宝贝的时候，一定要仔细检查类目、标题、属性、描述信息等前后是否一致，避免造成不必要的麻烦。

1.4 淘宝的搜索模型

搜索规则的重要性不言而喻，那么在搜索规则中影响展现的因素是如何划分等级的呢？基础因素与核心因素在搜索展现中的影响又是怎样的呢？带着这些问题，我们一同来看一下平台的搜索模型，如图1.7所示。最后一列的占比数值，并非官方公布，而是根据个人经验得来的，仅作为该数据维度的重要性参考指标。

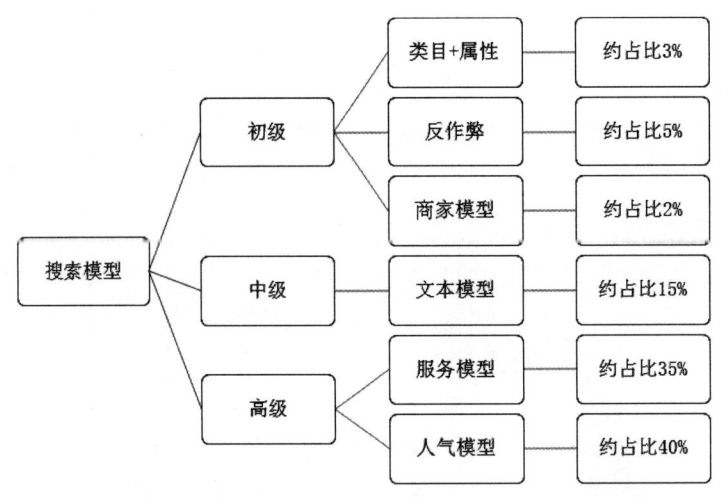

图1.7 搜索模型

1.4.1 搜索模型的三个等级

搜索模型大致分三个等级，分别是初级、中级和高级。它们对权重影响是不同的，就好比学生时期参加考试，判断题每题1分，选择题每题2分，计算题每题10分，答对一个判断题和答对一个计算题，所得分值差距很大，在总分上也容易拉开差距。

很多商家在做搜索优化的时候，经常遇到一个问题，就是做了某项优化，但感觉流量并没有增加多少，那可能是权重的问题。权重是一个受多方面因素影响的数值，所以做了某一项优化流量不见得就爆涨。

- **初级**：包含类目+属性、反作弊、卖家模型，这三个搜索模型整体影响都不大，同行店铺之间也很难拉开差距，都是一些固定要求类操作，只要确保宝贝类目与属性信息填写正确，宝贝没有作弊违规处罚就可以。在优化该部分操作时，无须花费太多精力，了解这些规则的具体影响即可。
- **中级**：中级阶段原本包含两部分，宝贝上下架和标题写作，现阶段手淘搜索占据主导，宝贝上下架的影响几乎弱化到可以忽略不计，所以暂且把它看作已经失效。宝贝标题的影响还是很大的，商家务必仔细研读，在后文中会专门为大家详细介绍如何写出一个搜索覆盖量大的标题。
- **高级**：这一阶段非常重要，同行之间的竞争也多集中在这个阶段，也是宝贝与宝贝之间拉开差距的关键阶段，比如坑产、UV 价值、销量、转化率、收藏、加购等，都是关键指标。

给大家分析这三点，主要的目的是想说明，当我们在做优化工作的时候，要有侧重点，知道哪些工作做到什么地步就可以了。之前我见过有些商家，一个劲地研究标题，却忽略了其他运营工作，这是不对的。合理地规划，把精力放到真正能与同类目商家拉开差距的运营工作中。

1.4.2 什么是权重与千人千面

搜索规则在给商品宝贝进行排序的时候，会给每个宝贝进行"打分"，然后按照分数高低进行排序展现。

比如有 A、B、C 三个宝贝，分数分别是 90、80、70，排序结果就是 A 排第一，B 排第二，C 排第三。

那么系统是如何给商品宝贝进行"打分"的呢？系统有一套复杂的算法，通过各个维度对商品宝贝进行"考核"，就像参加考试一样。然后每项规则都会得出相应的"分数"，将它们累加到一起，就是商品宝贝的"总分"。这里所说的"总分"就是宝贝的"总权重"，而每一项规则的考核得分，是宝贝的"单项权重"。

由此衍生出两个概念："降权"与"加权"。简单来说就是，如果你的宝贝符合这条规则要求，则增加权重，不符合就降低权重。

再举个通俗点儿的例子，在上学期间，每个人都要参加考试，学校在排名的时候，按照总分从高到低来排，考试题是判断我们学习好坏的标准。

淘宝的搜索模型，就像这套考试题，而不同的搜索模型，就好比不同类型的题目。在考试题中，会有选择题、判断题、计算题、简答题、论述题等，每一种题目类型都对应一个得分，将不同题目类型的得分加起来就是总分。

权重就是宝贝在"考试"时所得的分数。只有每一个题目类型得分都高了，宝贝的总分才会高，才有可能被排在前边。切勿出现"偏科"的情况，影响"总分"排名。

千人千面，是系统开启个性化搜索的直观表现，也是标签化的最终展现结果。简单来说就是，不同消费者搜索同一关键词，所得出的搜索结果不完全相同。

1.4.3 揭开"隐形降权"的神秘面纱

在实际的运营过程中，我们经常会遇到某天突然流量下滑的情况，而后台也没提示有违规处罚，很多人就开始各种猜测，于是出现了一个概念，"隐形降权"。据说这个概念最早出现在一些第三方检测软件上，商家都用它来检测自己的店铺宝贝，很多宝贝都被提示处于"重要宝贝隐形降权"状态，但无论怎么排查都找不到降权的原因。

下面来说一下它的大致算法情况，并不完全准确，仅为了说明问题。

假设某店铺中有 A、B、C 三款宝贝。

软件算法按照"销量"进行排序的话，顺序是：A、B、C。

软件算法按照"人气"进行排序的话，顺序是：A、C、B。

软件就会比较宝贝在两种排序下的位置，只要人气排名的位置比销量排名的位置靠后，软件就认为该宝贝被"隐形降权"。在上边的例子中，B 宝贝就会被提示存在"隐形降权"的情况。

通过这个现象，我们会得出什么结论呢？

（1）人气排名与单个维度的销量排名这两者之间的排序维度不同。销量、转化率、收藏等都是人气排名的重要因素。而单维度的销量排名，仅仅参考销量（界面显示"收货人数"）这一个指标。

（2）对于不同的宝贝，市场的认可度不同，故宝贝的转化率与收藏等指标不可能完全相同，你不可能保证所有宝贝的转化率都相同，那是有违常理的。所以软件显示的隐形降权，多半没有任何参考意义。

看到这里，疑问还是存在，就是隐形降权到底存在不存在呢？有很多种说法，淘宝官方明确指出，不存在所谓的隐形降权。

1.4.4 流量突然下滑的原因

很多商家可能会遇到这样的情况，比如店铺的某商品，前一天所获得的自然搜索流量还挺正常，可是第二天突然就下滑了，后台并未提示有违规处罚，如果不存在隐形降权，那这种情况该如何解释呢？

这里给各位商家提供几个分析方向：

（1）去看下自己店铺的 DSR 评分，是不是连续一周都在下降，有商家可能说并没有，一直都是 4.8 分。这里需要注意的是，DSR 动态评分是一个小数点后有 5 位数的数值，4.8 可能没变，但是后边的数值呢，需要去查一下，如图 1.8 所示。

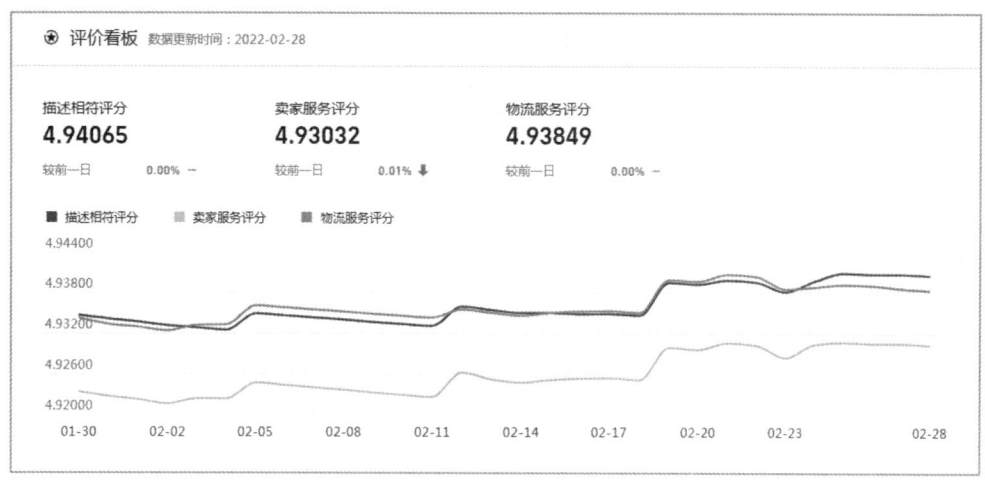

图 1.8　DSR 动态评分

（2）去看下同行店铺，尤其是所销售的商品价格与你的店铺商品价格相近的店铺，是不是其参加了官方活动，或者在搞店铺促销，折扣力度很大，导致买家被吸引走了。

（3）去看下转化率指标，通常转化率对流量的变化相对比较敏感。转化率低说明商品宝贝承接流量的能力在下降，此时平台会把更多流量给与同行竞品店铺。

1.4.5　类目模型与反作弊模型

类目模型与反作弊模型属于搜索中比较基础的模型，系统会检查类目与属性填写是否正确，再排查该宝贝是否有作弊行为，若该模型下宝贝并无异常，就会进入下一个搜索模型的评估。

（1）检查商品的发布类目是否正确。

（2）作弊程度。这个不难理解，作弊被处罚，就是被降权。无作弊行为的店铺往前排。

（3）违规扣分程度。按违规程度排序，无扣分排名靠前，扣分越多排名越靠后。

（4）店铺的违规类型分为：一般违规和严重违规。当店铺扣分达到 48 分时，店铺将会被封，未达到 48 分的，会对其采取相应的处罚措施。

 提示：

淘宝规则学习链接：

http://rule.taobao.com/detail-14.htm?spm=a2177.7231205.0.0.hHCRh1&tag= self#200

也可以进入淘宝规则中心查看详细信息。

1.4.6　文本模型

文本模型，主要关注的是搜索关键词与宝贝标题中关键词的匹配度。文本主要指关键词，在电商领域关键词就是渠道，如果我们的标题可以覆盖更多关键词，也就意味着商品宝贝拥有更多渠道，所以关键词非常重要。对买家来说，关键词是购物需求；对商家来说，关键词就是渠道。商家务必牢记这一点。至于如何书写多搜索覆盖的标题，在后续的章节中会专门讲解。

1.4.7　商家模型

搜索规则在排序时，同样会评估店铺类型与经营情况，在其他条件相同的情况下，天猫优先，而对于淘宝店铺，缴纳消保的排其次，无消保的排最后。店铺信誉级别高的优先于店铺信誉级别低的，但现在店铺信誉对排名的影响已经非常小了。

这里需要注意一个前提，就是在其他影响因素相同的情况下，该影响因素占比非常小，并不是说天猫更容易做起来，淘宝店就不行。商家也不是必须要注册开通天猫店，天猫店也好淘宝店也罢，只不过是一个店铺类型，结合自己实际情况来选择就好，有能力的就开天猫店，感觉开天猫店投入太大，那就选择淘宝店，最终能不能做起来，主要看商品竞争力以及商家的运营能力，此二者乃核心。

1.4.8　服务模型

服务模型也是平台重点考核的方面，服务好获得的口碑评价就好，同时还能带来二次消费，所以平台很重视服务模型。关于服务模型，到底有哪些影响因素呢？主要包括以下几点（但不限于）：

（1）平均每天千牛在线时间。这就好比线下商店的营业时间，营业时间越长的店铺，就意味着服务越好。

（2）千牛咨询的平均第一响应时间。假设有买家咨询问题，我们能立刻予以解答，而不是过了5分钟再回复，第一响应时间越短，说明服务越好。

（3）发货速度，一方面指商家发出的速度，一方面指快递公司的配送速度。商家只能加快发出的速度，并不断督促快递公司，如果快递公司经常配送不及时，并有丢件、破损等问题，则可以考虑更换其他快递公司。

（4）投诉率。一般都是买家找不到客服来解决问题时才会投诉，如果不是什么大问题的话，建议商家大气一些，该解决就解决。

（5）举报无货次数。如果买家下订单，商家迟迟不发货，超出规定时间，则买家可以申请"缺货"，此时不仅要将货款退给买家，还要额外赔付一笔费用作为对买家的补偿。

（6）店铺 DSR 评分。看一个店铺服务好坏最直观的数据就是店铺 DSR 评分。

（7）减少交易关闭次数。在商家后台，可以看到很多拍下未付款的订单，商家切记不要关闭买家的订单，如果被买家投诉则直接会受到处罚。

（8）商品属性正确率。

（9）买家好评率。

（10）退款率。按退款百分比排序。

（11）其他……

在以上因素中，DSR 评分、投诉率、买家好评率、退款率、重复购买率等影响较大。

1.4.9 人气模型

人气模型是平台分配流量规则的核心，很多宝贝之间的竞争都是在竞争这个模型。人气模型考察宝贝被喜欢的程度，其中转化率与销量最为重要。此外，销量的增长权重占比也比较大。

举例：A、B 两款宝贝，A 月销量 2 千笔，每天大概销售 150 笔左右；B 月销量 1 千笔，每天大概销售 300 笔左右，虽然在总销量上 B 小于 A，但是 B 的每天销量要高于 A，按照这个销售速度，用不了几天 B 的总销量就会超过 A。总销量代表着现在，销售速度代表着未来。

> ⚠ 提示：
>
> 1. 人气模型主要考核宝贝被喜欢的程度，销量、销量增长、转化率这三者相对比较重要，该模型也是目前竞争最激烈的一个模型。
>
> 2. 在推爆款阶段，分析谁是潜在竞争对手时，不要看现有总销量是多少，要看谁的销售势头更猛，因为那才是真正的竞争对手。这有点像物理学中的"速度"与"加速度"的关系。

主要影响因素包括（但不限于）：

（1）销量

（2）销量增长

（3）转化率

（4）单品宝贝的收藏量。正常收藏量靠前，无收藏量靠后，非正常收藏量最后。所以不要找人去刷收藏量。在这里分享一个获取收藏量的方法，可以在店铺搞一个活动，把一个单品价格标高，然后告诉买家，每增加 100 个收藏，该单品降 10 元，这样可以让买家也有一个参与感，做好互动。分享思路，仅供参考。

（5）单个宝贝浏览量。

（6）近30天宝贝好评率。

（7）回头客占比。在店铺运营过程中，要定期做一些面向老客户的优惠活动，唤醒沉睡客户，保持老客户回购比例。

（8）开通付费推广对权重也有一定的提升。

（9）其他……

1.4.10　商业模型

商业模型主要考察品牌，同一类目同类型商品，在其他因素相同的情况下，品牌的权重高，非品牌的权重稍低。在当下商业环境下，更要品牌化运作，即使是中小商家，也要思考自己的品牌出路，单纯以卖货思路经营店铺，生存空间会越来越窄。

1.5　淘宝搜索的核心因素解读

在了解了搜索模型后，本节我们对各大搜索模型下比较核心的影响因素进行讲解，这些因素也是目前搜索优化的核心点。

1.5.1　关键词相关性

在书写宝贝标题的时候，一定要符合宝贝真实情况，你是啥，你有啥，就写啥。切勿胡乱堆砌关键词，讲求实事求是。标题中包含的关键词，一定是商品自身真实具有的属性。

1.5.2　销量权重解读

如何判断一个商品的质量好坏？商品是否受欢迎？买的人多，意味着该商品受欢迎，所以商品宝贝的销量所占权重相对较高。但是市场会出现低价恶性竞争的情况，这严重扰乱正常的市场环境，所以淘宝后来加大了其他因素权重占比，以分散对销量的依赖性。一般分为7天销量、15天销量和30天销量。

1.5.3　付款人数解读

付款人数跟销量有直接关系，商家不要一味地去搞销量。在进行关键词搜索综合排名时，系统是按照"付款人数"来进行排名的。例如一个人买了10件商品，付款人数是1，则排名的时候，按1计算而不是10。在搜索结果列表页，按照"综合"排序查看搜索结果（如图1.9所示）时，可以看到是按照"×××人付款"来排序的。

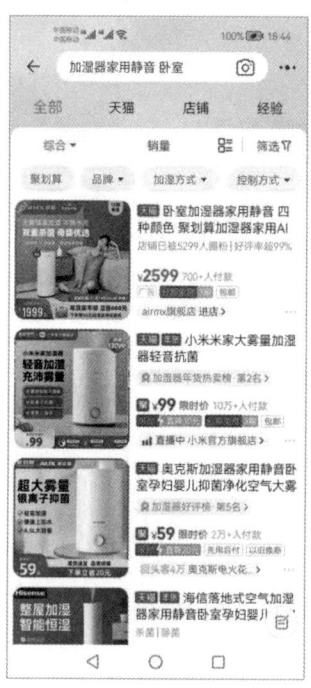

图 1.9 在综合排序下按照付款人数计算

1.5.4 宝贝转化率

什么是转化率？转化率是衡量宝贝被购买概率的指标。即每 100 个访客中，购买访客的占比，按照百分比计算。比如进店 100 个访客，有 5 个访客付款成交，那么转化率就是 5%。

很多商家在做付费推广时，通常会忽略店铺优化的工作。在实际运营中，一定要遵循"先做转化，再做流量"的思路，争取最大的成交转化率。不管是直通车、引力魔方还是万相台，有较好的转化率，ROI 投产就有保障，否则付费推广就是个没有底的漏斗。

那么，影响转化率的因素有哪些呢？

（1）任何的商业活动，都是围绕商品+服务来进行的。本质上服务也是商品的一种，商品是 1，营销是 0，只有先有 1，后边的 0 才会有价值，否则就全是 0 了。

如果商品本身具有优势，则可以产生不错的口碑，后续的营销推广就会相对容易，所以影响转化率的首要因素就是商品本身。在商品同质化严重的今天，如果商品不具备卖点，就毫无竞争力，单纯靠降价促销来销售，不仅赚不到利润，而且做得很累。

就当下而言，价格对消费者是否购买的影响很小，市场在慢慢地向个性化、品牌化发展。

（2）线上购物与线下购物相比最大的弊端，就是无法获得在线下购物的真实体验，消费者无法直接感知商品，只能通过详情页、主图、主图视频，以及评价等来了解商品。

从某种意义上来讲，在线上销售就是"卖图片"，图片视觉呈现得好坏，直接影响消费者对商品印象的好坏，所以商品视觉呈现也是影响转化率非常重要的因素。

（3）消费者在选购商品时，一方面看商品本身，另一方面也看购买成本，也就是商品的实际销售价格。"薄利多销"的销售思路，就是认为价格便宜，可以销售得多。同样一件商品，卖10元钱和卖100元钱，买的人数肯定也不一样，所以价格也是影响转化率非常重要的因素。

（4）消费者购买与否，还要看推广带来的访客（消费者）的购物意向是否为我们店铺的商品。比如店铺是卖高档化妆品的，但是进店访客（消费者）是消费能力有限的学生群体，成交转化率自然不会很高。如图1.10所示。

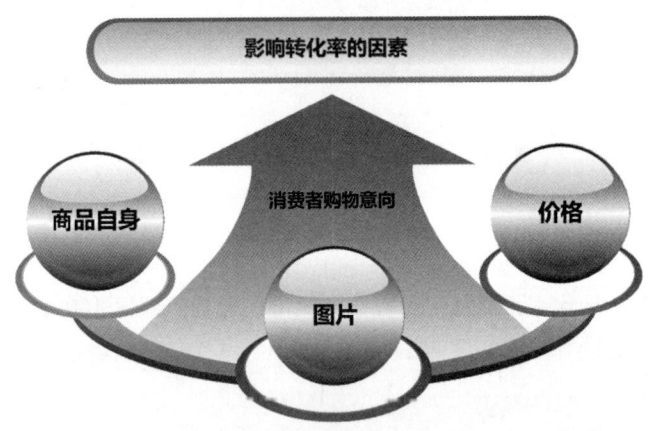

图1.10　影响转化率的因素

> ⚠ 提示：
> 商品宝贝的转化率是店铺运营过程中非常重要的一个指标。当转化率低的时候，要从以上介绍的方面去分析，同时也要多参考同行竞品的情况，因为商品始终处在一个竞争环境中，不能忽略其他竞品。

1.5.5　如何优化DSR评分

DSR评分，指的是"动态评分"，包含三项内容：

"宝贝与描述相符"——代表商品质量；

"商家的服务态度"——代表客服服务态度；

"商家的发货速度"——代表商家发货速度与配送速度。

如果这三项数值都是绿色的，则说明商家需要好好优化店铺，做好商品宝贝描述及客服等工作。这方面的评分必须要高于行业水平，否则影响的不仅仅是自然搜索排名，在报名参加活动时也会受到限制，如图 1.11 所示。

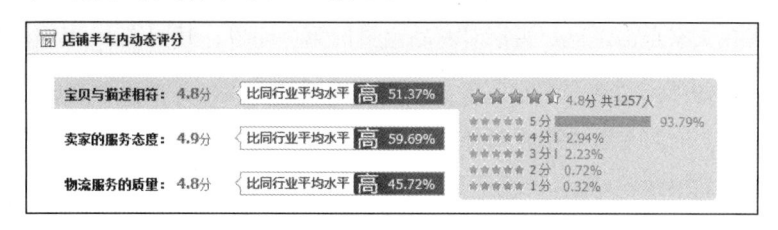

图 1.11　店铺动态评分（高）

图 1.11 显示的是某店铺半年内的动态评分。买家给店铺打分，系统每天都会计算店铺近 6 个月内的评分，但显示可能会有超过 48 小时的延迟。

如果买家给店铺的评分高于同行业平均水平，则该数值显示为"红色"，若低于同行业平均水平，该数值显示为"绿色"，如图 1.12 所示。

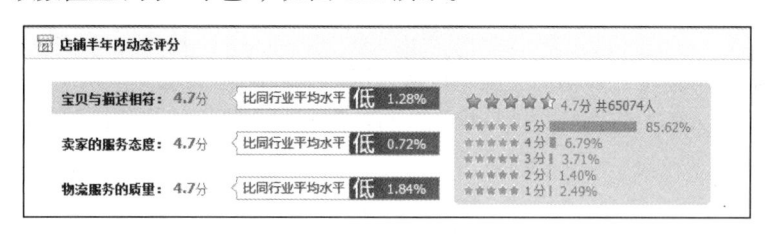

图 1.12　店铺动态评分（低）

⚠ **提示：**
DSR 动态评分的高低，是与同类目同层级的店铺进行对比得来的，时间周期是最近半年。

1.5.6　失效的宝贝上下架时间

宝贝上下架时间，在早期的搜索规则中，是一个非常重要的影响因素，现如今宝贝上下架时间的影响已经弱化到可以暂时忽略，甚至可以直接理解为已经失效。很多读者可能会问，为什么会这样？

早期淘宝平台上的商品数量比较少，为了防止消费者搜索某个关键词时每次搜索出来的商品都是同一批，官方引入宝贝上下架时间，上下架时间越近的宝贝，排序越靠前，以此来满足搜索结果展示的多样性，从而为消费者提供多样的商品选择。而现在定位越来越精准，并且通过千人千面的展示方式，早已解决了商品多样化的问题。

1.5.7　宝贝主图

主图优化是运营优化中最容易被忽略的，先看一个公式：

$$流量 = 展现 \times 点击率$$

在前文中介绍的一系列操作设置，目的都是让别人发现我们的商品。展现量增大了，点击率不高，一样得不到流量，因为主图是与其他商家竞争的关键所在。一张优秀的主图不仅能吸引潜在买家点击，也是买家对商品宝贝的第一印象，其同样影响转化率。

在实际的运营中，商家要不断地优化主图。据悉某店铺曾经在推单品爆款的时候，新拍了一组图片，当时大多数人都觉得拍得不错，于是挑选了其中一张作为主图，殊不知换上去以后的实际效果很不理想，仅仅不到半天的时间，访客就比平时同时段少了近 2000 个，可见一张优秀的主图对流量的影响之大。

> ⚠️ **提示：**
> 网购是在消费者看不到商品实物的情况下进行的，卖的就是"图片"。

1.6 如何书写优秀的宝贝标题

在众多搜索规则中，标题是与买家搜索关键词关系最大且对搜索结果影响最直接的因素，因为买家输入的关键词，与宝贝标题进行匹配，一个优秀的宝贝标题可以带来更多的搜索展现。

1.6.1 淘宝搜索切词技术

一个宝贝标题最多支持 60 个字符，总共为 30 个汉字，某些特殊类目除外，比如图书类目标题允许的字数更多。

一个数字相当于一个字符，一个汉字相当于两个字符，一个空格相当于两个字符。在搜索关键词时，系统是如何将其与宝贝标题进行匹配的呢？首先来了解一下，什么是切词技术。

举例：因在手淘端看不到特殊标红，为了方便理解，我们在电脑端进行演示，直接搜索"新款休闲裤"，淘宝系统会将这个词切分成：

"新款休闲"

"休闲裤"

"裤"

"休闲"

"新款休闲裤"

结果如图 1.13 所示。

标题中红色部分，即关键词切分结果。

图1.13 搜索结果中匹配的关键词标红

> ⚠️ **提示：**
> 切分后，原则上只要标题中含有切分的词，在搜索时都有被展现的可能。系统不断更新，具体关键词的切分结果，随时都有变化，通过实际观察搜索结果就可以知道。

还可以通过一种方法直观地了解关键词切词原理。举例：如图1.14~图1.16所示，我们把一个完整的宝贝标题复制到宝贝首页搜索框中进行搜索，然后右键单击宝贝标题，选择"审查元素"，则可以查看当前页面的源代码。如果通过单击右键看不到该选项，则可以尝试换一个浏览器，比如搜狗浏览器或者360浏览器都可以。

图1.14 搜索宝贝标题的结果

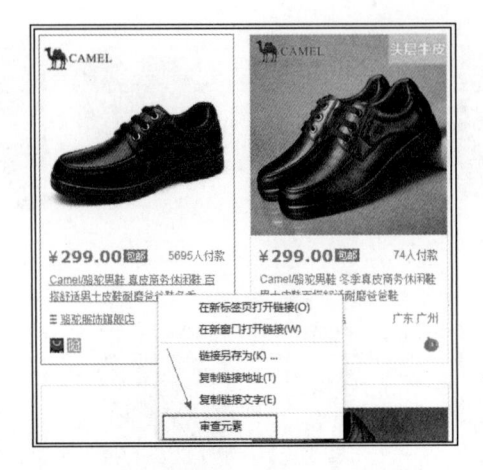

图 1.15　右键单击选择"审查元素"

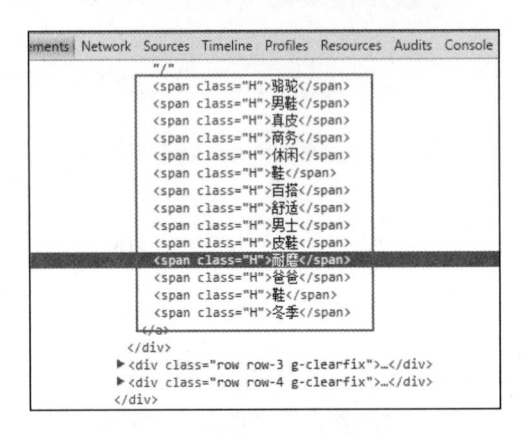

图 1.16　标题被切分的关键词结果

切词技术在搜索中是这样应用的,当用户输入搜索关键词进行搜索时,系统先把输入的关键词进行切分,切分后的结果,我们称为"词根",然后拿词根到标题数据库中进行匹配,最后返回搜索结果(如图1.17所示)。

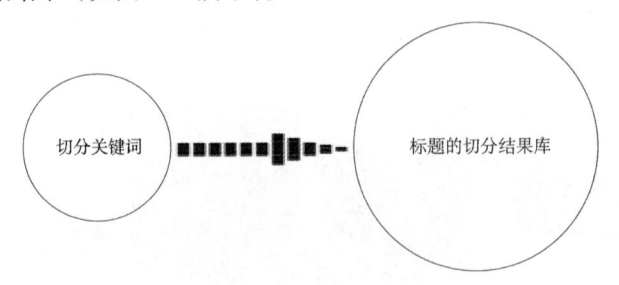

图 1.17　关键词匹配原理图

> ⚠️ **提示:**
> 在书写标题时,一定要写满30个字,减少无效字符的使用。另外在书写标题时,不能加特殊符号对某些关键词进行标记,例如使用"()""【】""{}"对重点词进行标记。书写时一定要符合规范。

1.6.2 该不该选择蓝海关键词

蓝海关键词，指的是有搜索但搜索量不大的关键词。对于这些关键词，切记不要盲目使用，尤其是在书写标题的时候，因为竞争性与市场容量存在正相关关系。我们书写标题是为了尽可能多地覆盖关键词，如果写了搜索量不大的关键词，则会导致最终的实际覆盖人群少。

比如，关键词 A 每天有 3 万的搜索量，关键词 B 每天有 5 千的搜索量，A 与 B 两个关键词，都符合商品宝贝属性，在书写标题的时候，要优先选择 A，因为 A 的覆盖人群更多。

对于蓝海关键词，在标题中写不下的情况下，可以在后期单独拿出来添加到直通车里或者加到引力魔方关键词人群中，通过付费推广的方式来覆盖这些人群。

> ⚠️ **提示：**
>
> 书写标题时，要尽量选择搜索量大的关键词，而在付费推广时，则可以挖掘更多蓝海关键词，因为竞争性小，点击花费就少，若遇到转化投产较好的关键词，还可以花小钱办大事。

1.6.3 如何挖掘关键词

30 个字的宝贝标题，在搜索系统执行搜索过程时，会被切分成若干"词根"。30 个字的标题，切分出的"词根"越多越好，就好比捕鱼的渔网，"词根"就是组成这张渔网的布片，布片（词根）越多，布片（词根覆盖人群）面积越大，最后组成的渔网就越大，原则上能捕到的鱼就会越多。首先来看一下关键词有哪些类型。

1. 类目主关键词

类目主关键词，就是商品的名称。

例如，羽绒服、休闲裤、连衣裙、笔记电脑、手机、平衡车、扫地机、水杯、鼠标等。

2. 属性关键词（又称二级关键词）

属性关键词，就是在类目主关键词上加了一个修饰。

例如，短款羽绒服、薄款休闲裤、新款连衣裙、苹果笔记本电脑、智能手机、保温水杯、无线鼠标、智能扫地机器人。

3. 长尾关键词

长尾关键词，就是在主关键词上加多个修饰词（2 个或者 2 个以上）。

例如，毛绒玩具收纳盒、地毯门垫进门、鼠标键盘耳机三件套、眉笔持久防水不脱色、背包男双肩包小型旅行、零食大礼包送女友。

在电脑端购物时期，是这样定位长尾关键词的，字数较多且很长，那时候长尾关键词有搜索量少的特点，但随着手淘端购物成为主流，很多搜索下拉推荐词，也是长尾词，但搜索下拉词的搜索量是很大的，如图1.18所示。

> ⚠️ **提示：**
> 类目主关键词覆盖的人群最多但相对不精准，长尾关键词覆盖的人群相对精准，属性关键词覆盖的人群居中。

知道了关键词有哪些分类后，下一步就是如何挖掘搜集这些关键词。主要有以下几种方法。

1. 淘宝搜索下拉框

当我们在电脑端淘宝首页搜索关键词时，下拉框里会出现一些推荐搜索热词，这些词是在我们搜索词的基础上，系统额外推荐的关键词，手淘端也是如此。

在日常运营中，多去搜索一下跟自己类目相关的关键词，如图1.19所示。

图1.18　"背包"搜索下拉推荐词　　　　图1.19　手淘搜索下拉推荐词

1. 生意参谋—市场—搜索排行

选择类目，可以看到子类目下的关键词整体排名，根据自己店铺所销售的商品确定选择什么类目，如图1.20与图1.21所示。

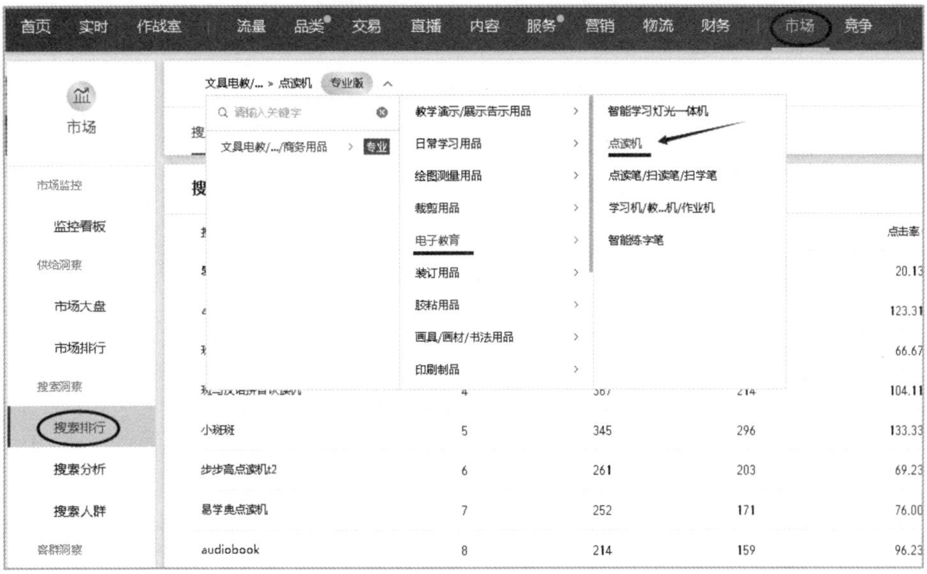

图1.20 选择要查看的子类目

图1.21 类目热搜词排行

3. 生意参谋—市场—搜索分析

这种方法也是非常常见的，通过该方法不仅可以查看单个关键词的趋势分析，还可以看到与之相关的词。该方法对于商家挖掘寻找关键词非常有帮助，具体方法如图1.22、图1.23和图1.24所示。

图1.22　生意参谋—市场—搜索分析

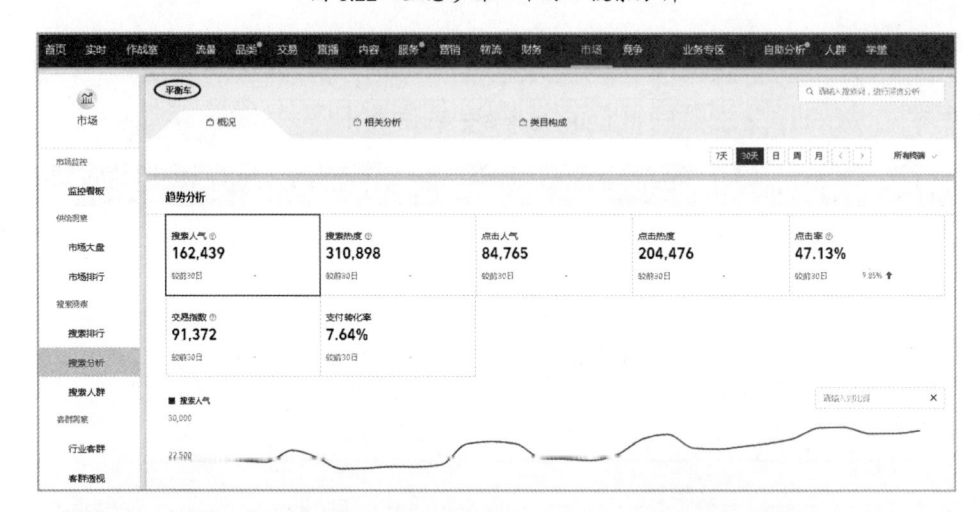

图1.23　生意参谋—市场—搜索分析—单个关键词的趋势分析

图1.24　生意参谋—市场—搜索分析—相关分析

4. 直通车关键词系统推荐

在使用直通车推广时，系统会根据我们的商品信息，给出一些推荐词，也可以将此作为挖掘关键词的一种途径，如图 1.25 所示。

图 1.25　直通车系统推荐词

5. 直通车流量解析工具

相比其他途径，直通车的流量解析功能，更多的是对关键词市场表现的查询。还可以看到该关键词下的目标人群画像，以及在过去一年中，整个市场的走势。也可以由此来判断市场的淡旺季。如图 1.26 所示。

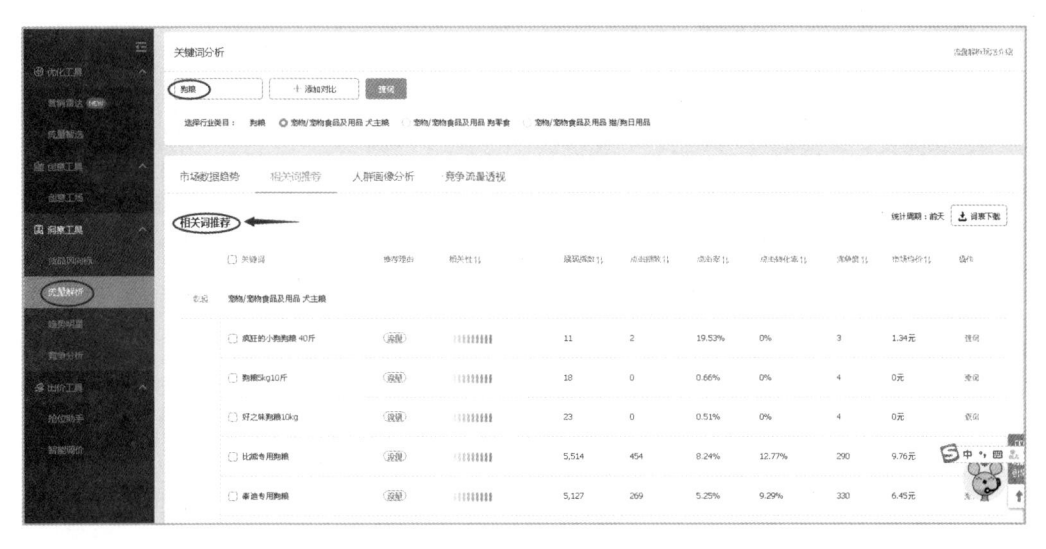

图 1.26　流量解析—相关词推荐

6. 人气宝贝标题参考

这种挖掘关键词的方法最简单，我们可以搜索类目大词，参考排名在前几位的宝贝标题是如何书写的，再结合自身宝贝属性进行修改，就可以生成一个属于我们的标题。排名在前几位的宝贝，不管是宝贝权重还是人气都相对较高，标题优化也相对较好，可以适当地参考借用。

1.6.4 如何将关键词组合成标题

搜集完关键词以后，下一步就是如何组成一个优质的标题获得更多展现。为了让各位商家更好地理解如何组合标题，我们先来看一下标题中关键词的分类。

1. 营销词

营销词又分两种类型。

第一种：某某年新款、某某品牌正品、清仓甩货、热卖、爆款等，以年份与品牌最为常用。

第二种：包邮、特价、秒杀、促销、新品等，目前该类型用的人越来越少。

2. 类目词

类目词指的就是商品名称。

例如，羽绒服、猫粮、眉笔、面膜、手机等。

3. 属性修饰词

指的是商品本身包含的特性。

例如一条休闲裤，有中腰、直筒、加绒、加厚、保暖、舒适等特性。

那如何有序地排列这些关键词呢？为了方便大家理解，给大家说一个"公式"。

标题公式：营销词 + 类目词 + 属性词 + 核心关键词

为何把核心关键词放在最后呢？据说在其他条件一致的情况下，写在后边的关键词权重相对较高，所以我们把核心关键词放在最后（该说法并未从官方规则中得到证实）。

就我个人的理解，应该跟描述语法有关系，前边主要是营销词、属性修饰词，最后一定要有一个描述的"主体"，所以核心关键词放在后面比较符合语法结构。

案例：为图1.27所示的宝贝书写标题

第一步：根据商品特性，找出能形容该商品的"最精准描述词"，通过分析我们发现图1.27中的商品最精准的描述词为"碎花连衣裙"。为什么不是"连衣裙"这个词？因为连衣裙包含很多种类型，有中长款，有各种各样的花色，所以这个词不够精准。

图 1.27　书写标题案例宝贝图片

第二步：在生意参谋中查询关键词"碎花连衣裙"，在生意参谋—市场—搜索分析中查询最近 7 天的商品，将查询结果按照"搜索人气"排序，如图 1.28 所示。

图 1.28　按搜索人气排序查询结果（篇幅有限截图不全）

第三步：选择搜索人气数值大的关键词。

⚠️ **提示：**

可以使用生意参谋市场洞察工具，路径为"生意参谋"—"市场"—"搜索排名/搜索分析"，这样可以查询类目关键词。在众多分析关键词的工具中，我们非常推荐这个工具，简单直接高效。但是使用该工具需要付费，该工具分为标准版和专业版，专业版的功能更全，而标准版只有部分功能，商家需要订购开通某些功能，具体的功能介绍可以直接在生意参谋中查看。

提取结果如下：

碎花连衣裙

碎花连衣裙韩国=======碎花连衣裙韩国

【由于“碎花连衣裙韩国”这个词包含“碎花连衣裙”，所以去掉重复词】

小清新碎花连衣裙

碎花连衣裙纯棉

小清新碎花连衣裙夏========小清新碎花连衣裙纯棉夏

【同样的原理，去掉重复词，按照原来关键词的结构，进行组合】

韩国代购碎花连衣裙

棉布碎花连衣裙

碎花连衣裙夏

棉碎花连衣裙========韩国代购棉布碎花连衣裙夏

复古碎花连衣裙（从宝贝款式来看，不属于复古，故排除）

大码碎花连衣裙========大码碎花连衣裙

将提取的关键词进行组合，结果为：韩国代购棉布大码小清新碎花连衣裙纯棉夏。

第四步：宝贝标题要写 30 个字，但是我们组合出的标题不足 30 个字，此时就需要去挖掘“碎花连衣裙”的关联热词，按照搜索人气排序（如图 1.29 所示）。

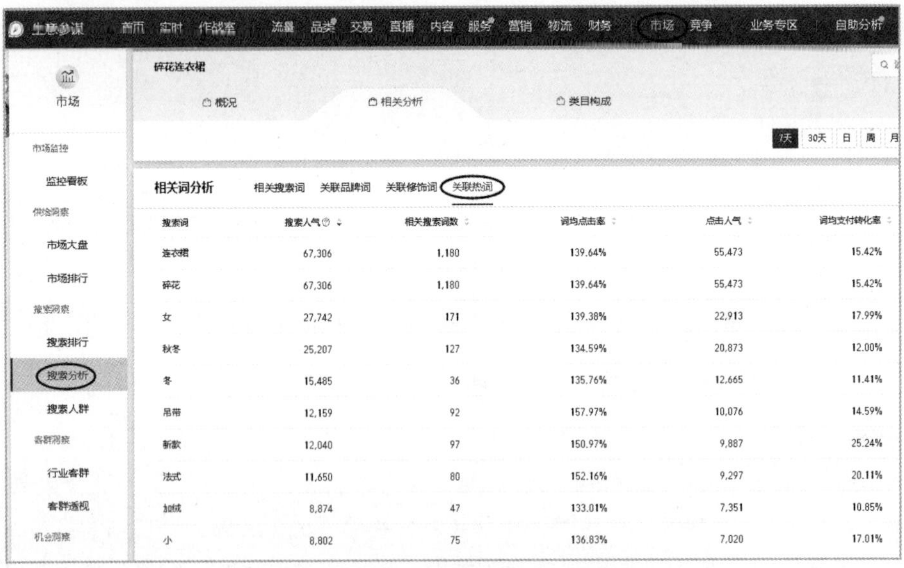

搜索词	搜索人气	相关搜索词数	词均点击率	点击人气	词均支付转化率
连衣裙	67,306	1,180	139.64%	55,473	15.42%
碎花	67,306	1,180	139.64%	55,473	15.42%
女	27,742	171	139.38%	22,913	17.99%
秋冬	25,207	127	134.59%	20,873	12.00%
冬	15,485	36	135.76%	12,665	11.41%
吊带	12,159	92	157.97%	10,076	14.59%
新款	12,040	97	150.97%	9,887	25.24%
法式	11,650	80	152.16%	9,297	20.11%
加绒	8,874	47	133.01%	7,351	10.85%
小	8,802	75	136.83%	7,020	17.01%

图 1.29 按搜索人气排序关联热词（篇幅有限截图不全）

第五步：将提取的关联热词进行筛选，结果如下表所示。

关联热词					
关键词	是否符合	关键词	是否符合	关键词	是否符合
清新	×	修身	×	长裙	×
小	×	韩版	×	大码	√
夏	×	短袖	√	短裙	×
韩国	×	复古	×	夏季	×
印花	√	纯棉	×	女装	√
女	√	显瘦	×	雪纺	×
新款	√	夏装	√		
中长款	√	宽松	√		

根据商品宝贝的真实情况，对关联热词进行筛选，找出那些符合宝贝本身的描述词，然后进行整合。

最终我们组合的标题为：

某品牌新款女装韩国代购棉布大码小清新碎花连衣裙中长款纯棉短袖夏

对照前面提到的标题公式来分析一下：

"某品牌新款"属于营销词；

"女装"属于类目词；

"韩国代购棉布大码小清新"属于属性词；

"碎花连衣裙"为核心关键词，整体结构基本符合。

> ⚠️ 提示：
> 有人可能会问，公式中的核心关键词是排在最后的，为什么"碎花连衣裙"没有排在最后？这里我们还要考虑一个"关键词结构"的因素，什么是关键词结构？例如，"碎花连衣裙纯棉""碎花连衣裙夏"这两个关键词，如果把"纯棉"和"夏"写在前面，就破坏了原关键词的结构，所以核心关键词后面会有一些修饰词。

1.7 搜索规则的执行步骤

本节给大家讲解，当触发搜索动作后，搜索系统是如何工作的？先来看一下搜索规则执行步骤示意图，如图1.30所示。

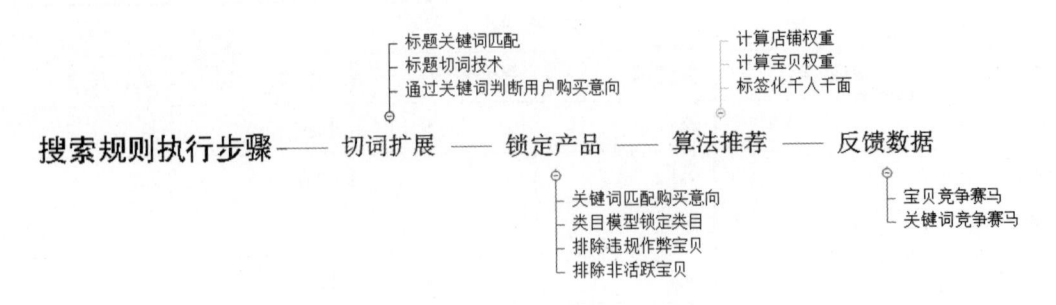

```
                          ┌─ 标题关键词匹配                      ┌─ 计算店铺权重
                          ├─ 标题切词技术                        ├─ 计算宝贝权重
                          ├─ 通过关键词判断用户购买意向          └─ 标签化千人千面
搜索规则执行步骤 ── 切词扩展 ── 锁定产品 ── 算法推荐 ── 反馈数据
                          ┌─ 关键词匹配购买意向                  ┌─ 宝贝竞争赛马
                          ├─ 类目模型锁定类目                    └─ 关键词竞争赛马
                          ├─ 排除违规作弊宝贝
                          └─ 排除非活跃宝贝
```

图 1.30 搜索规则执行步骤

1.7.1 学会独立思考及换位思考

先来看几条搜索规则：

（1）宝贝主图不能随意更改，否则容易被降权。

（2）详情页也不能频繁改动，否则容易被降权。

（3）修改标题的时间，要在凌晨前后。

相信很多商家都听说过类似的规则，并且对此深信不疑，那这些规则到底是真是假？各位是否都有自己的判断？就拿修改标题要在凌晨前后来说吧，难不成机器跟人一样，半夜的时候犯困容易走神，不容易发现你的违规行为吗？

还有主图和详情页频繁改动容易导致降权这事，难不成官方怕你修改得太频繁，占用系统资源吗？

其实仔细思考后，你会发现有些规则根本站不住脚。一个合格的电商从业者，必须学会独立思考，能辨识出"规则"的真假。在运营店铺优化宝贝的时候，只要商家的某项操作，是为了给消费者提供更好的购物体验，那么这项操作就是可取的，就不用担心违规，所以商家的初心决定了结果。

另外，搜索规则是平台制定的，我们多站在平台的角度上，来思考制定这项规则的目的是什么，这对你理解搜索规则有很大的帮助。

从操作层面上来说，编辑宝贝这个动作，是不会引起任何降权的，影响的是你修改后的效果。比如我们打算更换宝贝主图，结果更换后的主图点击率并不理想，这就会导致流量减少；再或者更换了新的详情页，图片视觉+文案对用户的引导转化也不理想，这会导致转化率下降，进而导致权重下降。

比如，有这样一个观点，"吃东西，对身体不好"，这个观点是站不住脚的。合理膳食，对身体健康是有好处的；暴饮暴食危害身体健康。道理是相通的，具体问题具体分析，希望大家一定要看透问题本质。

1.7.2 搜索执行第一步：切词扩展

触发搜索执行的第一步，是用户在搜索框中输入关键词进行搜索。用户输入的关键词，是要跟宝贝标题中的关键词进行匹配的。在前面的章节中，我们已经介绍了，什么是切词技术，以及什么是词根。

搜索的核心是分析消费者背后的真实购物意图，比如用户搜索关键词"裤子男士"，那他的需求是买一条男裤，所以系统会匹配出带"裤"和"男"的标题，不管标题中是否含有"子"和"士"。

另外，也并不是所有的词都是这样的，有时候稍微改动一下搜索关键词就是完全不同的结果，比如标题中写了"大黄蜂"这个词，当搜索"黄蜂"的时候，是不会匹配的，因为此时系统会认为这是两个商品，大黄蜂是模型玩具，而黄蜂是昆虫。

1.7.3 搜索执行第二步：锁定商品

系统在锁定商品的时候，第一是根据搜索的关键词来锁定，比如前面提到的，"大黄蜂"是玩具模型，而"黄蜂"是昆虫；再比如"iPhone X"是手机，而"iPhone X 手机壳"是手机壳。所以搜索规则根据用户搜索关键词，来分析用户到底想要什么样的商品，进而展现该类目下的宝贝。

但是在展现的时候，有几种情况是除外的。比如违规受处罚的宝贝；长期不活跃的店铺宝贝，比如批量上传的宝贝，没有实际运营、长期不在线或者长期 0 销量。系统不会抓取该类型宝贝。

1.7.4 搜索执行第三步：算法排序

算法排序这一步主要是计算宝贝的权重，涉及商家模型、人气模型、服务模型等，同时还要进行标签匹配，以达到千人千面的效果。

另外，在千人千面规则下，还有一个"低价屏蔽"规则，比如搜索"保温杯"，在默认排序下，宝贝价格最低是 39 元，但是当我们打开销量排序的时候，有很多 20 多元的商品，却没有在综合排序下展现。再比如搜索"手机壳"得出的结果，多数都是 25 元以上的。随着搜索规则的更新，以上提到的两个案例，后期价格可能会有变动，商家平时要多去搜索，细心观察即可。

1.7.5 搜索执行第四步：反馈数据

消费者是通过搜索关键词来寻找商品宝贝的，所以关键词充当流量渠道的角色，不同的关键词代表着不同的购买意向。每一个关键词都有着不同的表现，导致每个关键词的权重也不同。

比如"小白鞋女"和"女士小白鞋低帮"两个关键词，"女士小白鞋低帮"这个词的点击率和转化率都高于"小白鞋女",那么"女士小白鞋低帮"这个词的权重就高于"小白鞋女"的权重,这个词后期带来的流量就比较高。

宝贝之间的竞争也是通过不同的关键词来实现的,拿刚才的关键词举例子,此时有 A、B 两款宝贝,标题中都包含"小白鞋女"和"女士小白鞋低帮"这两个词,搜索"小白鞋女"这个词的多数用户购买了 A 商品,搜索"女士小白鞋低帮"的多数用户购买了 B 商品。

后期其他用户在搜索"小白鞋女"这个词的时候,A 的排名先于 B;搜索"女士小白鞋低帮"这个词的时候,B 的排名先于 A。

1.8 打造高点击率主图

如果一个宝贝很容易被买家搜索到,排名也不错,但是如果没有人点击,仍旧得不到流量,所以要同时优化提升展现与主图点击率,才会为店铺带来更多的搜索流量。

1.8.1 宝贝主图及其重要性

流量 = 展现 × 点击率

在前文提到的优化标题、评价、DSR 评分等,都是为了增大展现量。提升流量还涉及主图点击率的问题。只有两者同时提升,优化效果才明显。

如果商家能设计出一个吸引眼球的高点击率主图,那么在展现不变的情况下,最终得到的流量也会增加。假设现在的点击率是 1%,通过优化后,点击率达到了 2%,翻了一倍,那么在展现不变的情况下,流量就翻了一倍。

在设计宝贝主图时,要注意以下图片要求:

(1) 5 张主图,至少要上传 1 张,建议 5 张都上传;

(2) 800 像素×800 像素以上的图片,且大小不超过 500KB,有放大镜效果,如图 1.31 所示;

图 1.31 放大镜效果

（3）图片类型 png、jpg、jpeg 均可；

（4）注意图片版权，若不当使用他人图片，商品将被删除及扣分处理，如图 1.32 所示。

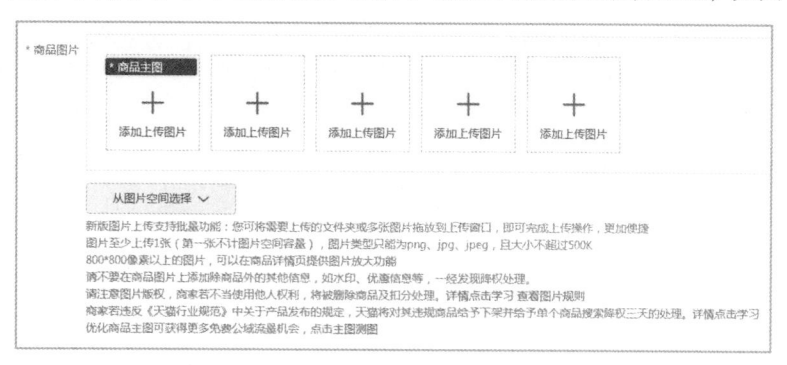

图 1.32　商品图片

1.8.2　优化主图的注意事项

主图更像一个宝贝的形象照，尽可能展现最好的一面。一张优秀的宝贝主图不仅可以吸引买家点击，也会让买家对宝贝的第一印象更好，对成交转化有帮助。在优化时要注意以下几点。

1. 主图不可短期内频繁更换

如果短期内频繁更换，第一是看不出实际效果好坏，第二是会被系统误判为"偷换宝贝"。这会对商品宝贝造成不利影响。

很多新手商家在发布宝贝时，通常会在标题中随便写几个字，随便选几个属性，一口价也随便写个数，然后就发布上架，等发布完后再去编辑修改宝贝参数，这样对宝贝或多或少会产生一些不好的影响。

正确的做法是，如果图片或者商品信息没准备完善，就先上传到"仓库"，然后在仓库中进行编辑修改，当所有信息都完善确认后，再上架销售，让宝贝以最佳的状态参与到竞争中。

2. 主图不要有"牛皮癣"

牛皮癣图片是指在宝贝主图上直接添加"文字"与"水印"，并且超过主图面积的 1/5。官方明确指出，"牛皮癣图片"将会影响宝贝搜索排序结果。

系统判断图片是否存在"牛皮癣"主要依据两个条件：

（1）在主图上直接写文字。

（2）文字面积超过图片面积的 1/5，如图 1.33 所示。

系统是如何检测主图"牛皮癣"的？目前淘宝检索图片用的是 OCR 系统，这个系统能把文字和图片轻易地区分开，能判断出什么地方加了文字，所以你在给宝贝主图加营销词的时候，不要直接加在图片背景上或者覆盖到宝贝上，一定要新添加一个背景，然后在新加的背景上添加文字，如图 1.34 所示。

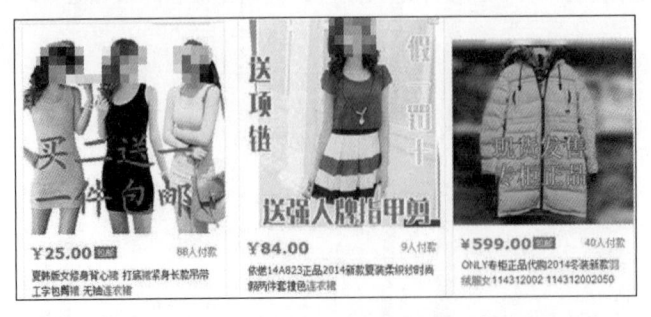

图 1.33　有"牛皮癣"嫌疑的图片（文案直接写在图片上）

图 1.34　正常的宝贝主图（在红色背景上写文案）

1.8.3　优化主图的常用招数

1. 第一招：说出你的优势

主图是宝贝参与竞争的"门面"，如何才能让买家注意到你的宝贝？最主要就是体现宝贝的优势，不管是价格、卖点，还是服务等，如图 1.35 所示。

图 1.35　标明自己优势的图片

在图 1.35 中，第一张图标明了价格与销量的优势，第二张图标明了销量优势，第三张图标明了商品本身质量及款式多的优势。

首先第二张图上的款式好看，给人的感觉就不像廉价商品，并且用一个红色背景圆形图来写明卖点，鲜艳的红色很容易吸引眼球，且整体设计相对简洁。另外，模特头部未被展示，让消费者存在想象空间，向上有延伸空间。

> ⚠️ **提示：**
> 曾经某国际服装大牌进驻天猫后，其店铺商品图片展示，均采用"裁头"设计，可见这种设计在视觉效果上的独特之处。

2. 第二招：就是跟你不一样

我们总能发现那些在人群中不一样的家伙，这是因为差异化。在做主图设计的时候，只有与其他宝贝不一样，才会凸显，比如同行都在用模特图展示，我们就可以采用平铺图。总结如下：

你晒模特图，我晒平铺图；

你晒整体，我晒局部；

你晒正面，我晒反面；

你晒反面，我晒侧面；

你晒销量，我晒价格；

你晒折扣，我晒评分；

你晒细节，我晒内里；

> ⚠️ **提示：**
> 具体的展示方式，要根据自己宝贝来设计，不可一味地追求美观而失去特点，也不可一味地追求特点而失去美观，要在美观与特点之间找好平衡。

在做主图优化时，多去搜索一些同类目商品宝贝，做一下市场调研，慢慢就会知道什么样的主图设计更优秀。举两个例子说明，如图 1.36 和图 1.37 所示。

图 1.36　你晒模特，我晒平铺

图 1.37　你晒整体，我晒局部；你晒正面，我晒反面

3. 第三招：主图外边框

在右面四个宝贝中，重点看下第二个，因为它的主图有一个外边框，这也是很常见的一个优化技巧。外边框的颜色要根据自己宝贝主色调来选择，不要影响美观即可，否则效果适得其反（如图1.38所示）。

图1.38 主图外边框

4. 第四招：双拼设计法

做服装类目的商家应该有所了解，宝贝主图是什么颜色，那么对应这种颜色的宝贝就会销售得更多，如果主图是白色，那么白色宝贝销售就会多些，这就是主图对商品销售产生的影响。假如宝贝有两个或者两个以上的颜色，我们就可以采用双拼设计法，两种颜色同时展示，这样偏向白色系与偏向黑色系的买家，都会被覆盖（如图1.39所示）。

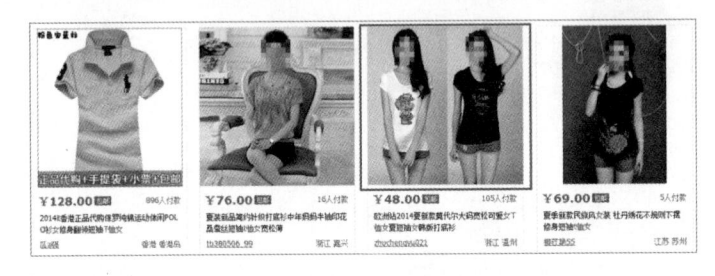

图1.39 双拼设计

> ⚠ **提示：**
>
> 宝贝主图的设计思路是，展现宝贝最好的一面并且与竞品进行差异化。
>
> 在此分享一个经验，在运营店铺的时候，一定要养成多看多搜集的习惯，发现好的展现形式，或者文案，把图片保存下来，日积月累就有了一个丰富的素材库，当不知道该如何设计的时候，可以借鉴一下，启发一下思路。商家可以扫码章节后方的二维码，联系我，我把我搜集的图片库分享给大家。

1.9 淘宝搜索常见问题解答

1. 问：新宝贝没有流量，也不太敢刷单，刷得多了怕被罚，刷得少了担心没效果，怎么办？

   答：宝贝要想有成交，流量是基础，但是要想好怎么导流量，先确定宝贝的成交词。比如关键词"背包 双肩包 简约旅行"，新品先从长尾词开始优化，然后慢慢过渡到核心关键词上。

2. 问：给宝贝换了主图，销量却下降了不少，什么原因？

   答：主要有两种可能性：第一，在相同展示下该图片的点击率较差，影响了整个宝贝的流量，从而影响了宝贝销量。第二，宝贝图片影响消费者对宝贝的第一印象，或者该宝贝有多个 SKU，当前这个 SKU 图片市场接受度较差。去分析一下换图片以后的转化率、收藏率以及页面停留时间，看看是不是都下降了，如果是的话，那就换回原来的图片。当然也不能看单天的数据，单天数据存在较大的偶然性。

3. 问：搜索关键词发现，其他家宝贝销量比较低，但仍旧排在自己宝贝的前边，这是什么情况？

   答：首先系统在给宝贝排序的时候，是综合排序，并非按照单一销量高低来排序。虽然销量高能增加宝贝的人气分，但最终的排名是考虑多个指标的综合排名。如果搜索某个关键词的时候，其他家的宝贝销量低，但排名在自己宝贝前面，则说明就这个关键词而言，对手的宝贝权重要高于自己。

4. 问：修改宝贝标题的时候需要注意哪些事项？

   答：（1）每次修改标题的字数不要过多，一般以 2~3 个字为最佳，如果改动的字数较多，会清空掉标题中原有关键词的权重，新修改的标题需要重新累计权重，所以一次最好只修改一个独立的关键词。

   （2）修改后的标题，一定要保持原标题中每个独立关键词的顺序。比如把标题中第 5、6、7 位置的字修改了，新加进来的字，要填充在这三个位置上。

5. 问：宝贝的搜索展现非常低，要怎样提高？

   答：宝贝的搜索展现是由宝贝标题与链接权重两部分来决定的，链接权重决定展现的排名位置，宝贝标题决定展现的入口数量。标题中包含的关键词（词根）越多越好。同时可以利用付费推广工具来扩大展现。

6. 问：有人说最好不要通过第三方活动冲销量，为什么？

   答：（1）冲销量，多数是低价走量，针对的是对价格比较敏感的群体，一般活动结束后会带来大量中差评或者低评分。同时会拉低店铺的 DSR 动态评分，从而降低宝贝的搜索权重。

   （2）商家可能要支出较多的佣金，导致自己的利润空间减少。

【读者互动交流】：

服务号　　　订阅号

- 扫码关注服务号，会定期收到刘老师关于电商的视频课程！
- 扫码关注订阅号，会定期收到电商行业资讯解读！

（1）关注公众号后，回复"老刘"可以添加作者刘老师个人微信，进行店铺问题沟通。

（2）联系作者，可以领取全书思维导图一份。

（3）联系作者，可以领取电商运营常用表格一份。

（4）联系作者，可以领取 20 节店铺后台操作视频一份。

（5）联系作者，可以领取神秘干货大礼包一份。

其他电商福利，会定期在公众号发布，欢迎关注！

第 2 章　打造爆款：极致单品策略

Chapter Two

在整个淘宝天猫中，服装类目运营相对难度较大并且竞争激烈。想要做好服装类目的店铺运营，什么才是关键？质量、服务、推广等，这些虽然很重要，但并不是最重要的，款式才是最重要的。服装类目有季节周期，同时还与流行度相关。

2.1　一个低价爆款卖家的反思

与做服装类目的朋友聊天，说起做单品爆款的事，问他为什么不做多款式思路，他说："你以为我们不想做吗？可是得考虑风险，走多款式路线根本顾不过来，一旦选款失败，其他款即使赚钱，也无法弥补单款选款失败的损失，倒不如把精力放在一两个款式上，成功率反而高些。"

说起他们之前做棉服的事，报名参加官方活动三天，第一天就卖出 7000 件，假设为该款衣服备足货，一件成本 60 元，15000 件衣服就是 90 万元货款，这还是单个款式，还不算额外的推广费、物流费，以及其他周边运营成本，资金投入非常大。

所以现在大多数中小卖家仍然以单品爆款思路为主，最常用的办法是付费推广，一旦成功，店铺的流量会有一个不错的提升。

大概几年前，小 A 无意间注册了一个淘宝店铺，模仿当时比较有名的店铺，主营单一品类女装 T 恤，大概坚持了一个多月，只成交了个位数的订单，如何才能走出困境，成了小 A 苦思冥想的问题。

小 A 开始关注本地批发市场，在城市的郊区有很多服装工厂，价格低廉。小 A 逛了一段时间后，发现一款连衣裙比较有潜力，在批发档口出现了批发断货的情况。这款衣服有 5 个颜色。为了冲销量，这件衣服成本价是 14 元，小 A 最终定价是 19.9 元不包邮，在拍图时搭配了自己的 T 恤，然后配合两件包邮活动，就这样 T 恤很快被带动起来。

小 A 尝到甜头后，开始总结经验，产品线太长，铺再多货也没用，推单品爆款才是核心，还能带动全店动销。

经过不断跑市场和测款，小A选中了一款棉裤，这款棉裤的进价是25元，售价为49元，一个月销售了1000多件，创造了可观的利润。当时店铺里宝贝总共有30多款，其他的款式都是围绕爆款做搭配。此时小A开始测试直通车，当时直通车点击花费还相对低一些，每天花几十块钱，就可以有不错的成交。

小A整天埋头钻研推广渠道，并积累了一套利用直通车来快速推爆款的方法，后来随着市场竞争加剧，付费推广的成本上涨不少，要推起一个爆款，并不像之前那么容易，一味地走低价策略，只会使店铺转向溢价销售，店铺想要卖价格稍高一点的商品宝贝却鲜有人买。

细数一番，几年下来除了会低价卖货以外，其他收获甚少，团队没培养起来，会员管理一片空白，更没有建立起属于自己的品牌。

> ⚠️ **提示：**
> 打造爆款能否实现盈利，取决于单品的利润空间与单品的销售成本之间的关系，想要实现盈利，需要单品的利润空间能够很好地弥补销售成本。所以需要精细化运营，严格控制运营成本，并且运营成本的降低，不能以牺牲商品质量与服务为代价。

通过上面的故事，我们分析一下低价爆款思路越来越行不通的主要原因。

（1）广告费上涨，由之前一个点击几毛到现在一个点击几块钱。低价走量，毛利率较低，每天所带来的利润，不足以填补推广费，再加上其他运营成本、人员工资，盈利甚微。

（2）低价走量，所吸引进来的都是追求低价的用户，很难积累起来忠实客户，更没有复购可言。

（3）价格低廉，质量做工必然相对欠佳，最终损害的是消费者的利益，多数是锤子买卖。

（4）流量的分配逻辑在变化，排序参考因素不再以销量为主（至少影响占比小了很多），而是要综合考虑店铺的各个维度。

> ⚠️ **提示：**
> 看到这里相信很多人心里会有疑问，是不是爆款思路已经行不通了？其实不是的。我们只是不建议那种超低价竞争，就市场情况来看，打造爆款仍旧是店铺运营的主要思路，有很大一部分店铺仍旧采用这种运营方式，只是流量比较分散，不再像之前那样集中，现在只要单品毛利润能填补广告费的坑，店铺实现盈利的概率还是很大的。

2.2 什么是爆款

做店铺运营，"爆款"无论如何都是不可避免的话题，它是店铺的聚宝盆，每个人都在追逐，它也是洪水猛兽，搞不好也会让人心惊胆战，我见过太多爆单后，发不出货导致大量退款的，也有爆单后没做好品控导致大量差评的，最终都导致店铺无法继续运营。

每个商家都有推爆款的方法与经验，但随着市场环境变化，推爆款的难度越来越高，打造爆款的风险也越来越大。那为什么会出现"爆款"这么个"怪物"？

首先我们回想之前在讲述搜索规则时，提到的搜索模型，其中有一个人气模型，其也是竞争最激烈的一个。人气模型主要考察宝贝被喜欢的程度，其中销量与转化率是核心因素，转化率又与销量密切相关，所以销量成了破解搜索排名的密钥。

这里延伸出两个"循环漩涡"：一个是良性循环；一个是恶性循环。

相信很多商家都会有这样的经历，没有销量，没有流量，店铺也没有订单，更不知从何入手来改变现状，如图2.1和图2.2所示。

在图2.1与图2.2中，可以看到两种店铺运营的循环状态，一种店铺是宝贝有销量，就有排名，就有流量，就会产生更多销量；而另外一种恶性循环是，宝贝没有销量，就没有排名，就没有流量，也就不会产生更多销量。如何突破恶性循环，走向良性循环？销量成为了唯一的突破口。

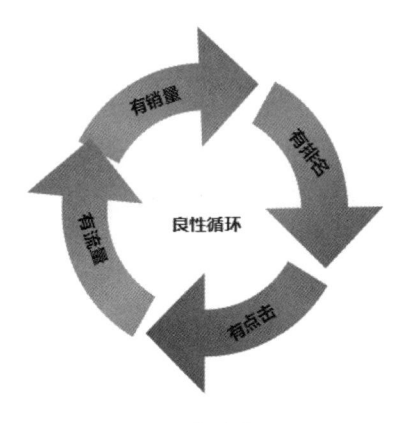

图2.1 运营的良性循环　　　　　图2.2 运营的恶性循环

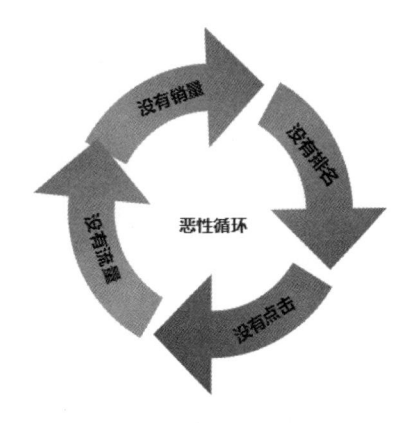

2.2.1 爆款的定义及打造爆款的目的

所谓爆款，就是指成交量相对较大的单品，它能带动店铺整体交易额增长。

简单来说，它不仅仅代表了某件单品的热销，还代表了其背后店铺的崛起，影响着整个销售周期和在类目当中的销售格局。

为什么商家纷纷打造店铺的爆款？打造爆款的目的与原因主要有以下几种。

1. 通过单品促销实现盈利

推爆款，是在追求规模化销售的同时，严格控制运营成本，通过极具性价比的商品来占据市场销售份额。纵然该单品的毛利率很低，但是在规模化的基数下，利润也相当可观。

为什么现在很多商家做爆款很难盈利？其原因是商品成本较高，在满足性价比特征的同时，毛利率不足以填补整体运营开支，其中商品滞销压货是最恐怖的。

2. 打造店铺流量入口，是提升店铺整体运营能力的基础

要想实现销售，流量是基础，只要有流量就存在被转化的可能，流量越多转化就越多，销售额也就越多，这不难理解。

同时可以帮助商家提升店铺运营能力，假设店铺平均每天只有 500 名访客，每天大概发货十几个订单，在这种发货量的基础上，是看不出任何问题的，这十几个订单的货只需要一个人拿出半个小时，就可以打包发走，可是假设有 1000 个订单呢？如何才能准确快速地发货，如何保证产品供应链跟得上，售前客服如何顶住咨询压力，售后客服如何及时处理退换货等问题，这些问题只有订单量较大的时候才会显现，随着订单量的提升，逐步完善这些运营细节，才能提升团队整个运营水平。

3. 通过极致性价比商品，让消费者体验店铺服务，形成重复购买

店铺通过打造一款具有高性价比的产品来吸引消费者购买，从而让消费者体验店铺销售服务。不管是在产品质量、产品包装、使用说明、发货速度、赠送小礼物，还是售后服务、疑难问题解答上，都让消费者有一个良好的购物体验，从而培养忠实客户，形成口碑传播，促进二次购买，如图 2.3 所示。

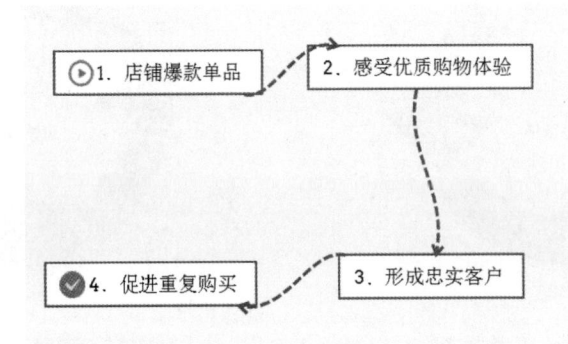

图 2.3　打造极致购物体验促进重复购买

> ⚠️ **提示：**
> 在不同时期商家打造爆款的目的也不相同，商家在打造爆款之前，首先要明确打造爆款的目的。一般来讲，运营相对成熟的店铺以提升销量为目的，而处在成长期的店铺多以提升人气为目的，也就是新店别一上来就想着赚取利润，先想办法把商品卖出去。成熟期的店铺以获取利润为目的。

2.2.2　挖掘爆款背后的秘密

从消费行为学上讲，消费者有着从众心理，相对于自卖自夸的广告语，消费者更愿意相信群体的判断和口碑。如果商品本身质量过关，性价比高，能满足消费者对商品的期望

值，那么该宝贝就会进入一种"销售—关注—更多销售"的良性循环，如图 2.4 所示。

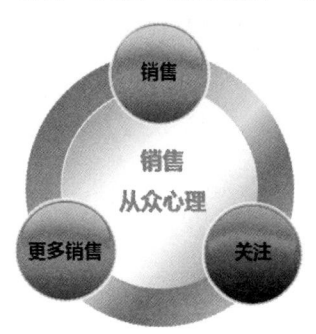

图 2.4　销售从众心理

通常消费者从形成需求到最终成交，一般会经历五步。

第一步：搜索

基于自身需求展开搜索，寻找能满足自身需求且感兴趣的商品。

第二步：评估

消费者收集商品信息，评估该商品是否能满足自己的需求。

第三步：决策

消费者衡量购买该商品需要花费的成本，决定是否购买。主要是通过商品价格、商品的销量与其他消费者购买后的评价，以及店铺的相关服务承诺进行综合衡量。

第四步：购买

消费者最终决定购买，完成商品的付款交易行为。

第五步：评价

消费者使用商品后根据使用体验再次进行评估，评估结果将影响下次的消费行为。有数据分析称，目前大多数消费者，在购买商品的时候，先看商品的评价，所以一个好的评价，对该商品后续的销售走势，有着很大的影响。

目前淘宝天猫的评价系统，由原来的按时间进行排序，改为综合考察评价文字内容多少与是否晒图以及买家的账号等级等因素进行排序。所以一个好的评价可以大大增加消费者的购买概率。同样一个不好的评价，如果一直排在前面，被大多数潜在买家看到，也会影响购买决策，导致转化率下降，最终流失客户。

> ⚠️ **提示：**
> 淘宝系统通过对宝贝的销量、转化率、评价、DSR 动态评分等参考指标进行分析，认为购买人数多的商品就是优质商品，这是一个基本的判断，搜索规则会给予更多展现，这是推动销售的一个重要原因。

在平台上商家通过描述、图片、视频等形式向买家展示商品信息。而在整个购买决策中，买家根本无法接触到商品实物，在这种情况下，买家无法收集到足够的信息来帮助自己评估和判断。

再加上一些商家挂羊头卖狗肉，通过盗图等方式欺骗买家，使买家在网购时更缺乏安全感。相比之下，买家更愿意听取第三方的意见或者建议，而不是盲目地相信商家所说的，所以宝贝的成交量和好的评价会对买家在整个购物过程中的"评估"和"决策"两个阶段产生正面影响，进而促成购买行为。

2.2.3 爆款的利润从何而来

推单品爆款，影响成交的因素有很多，但价格因素尤为重要。俗话说薄利多销，但是在利润很薄的情况下，还需要额外支出推广费，商家最终的利润从何而来？

很多新手商家觉得打造爆款非常简单，无非就是低价冲销量，可事实真是如此吗？把销量当作推单品爆款的终极目标，但是低价销售后损失的利润，如何进行弥补呢？

商家开店铺以盈利为目的，如果辛辛苦苦推出一个爆款，最终却亏损，无法实现盈利，那么即使这个单品有很高的销量，但从盈利角度来说，这个爆款打造得很失败。

在打造爆款时，所谓亏损也只是"战略亏损"，在执行的时候，应该把后期如何实现盈利都规划好。市场销售都是有波动的，有好有坏，有淡季有旺季，商家应该规划好时间，在销售旺季来临前把前期工作都准备好，旺季来临时才能弥补前期的战略亏损。

第二种是打造一个爆款单品，其主要目的是打造一个流量入口，以该单品作为引流款，进而获取更多搜索流量，然后做全店动销，通过促销活动或者满减优惠券，吸引用户凑单，以此来带动其他商品宝贝的销售，最终从整体上实现盈利。

图 2.5 是爆款的流量分导示意图。

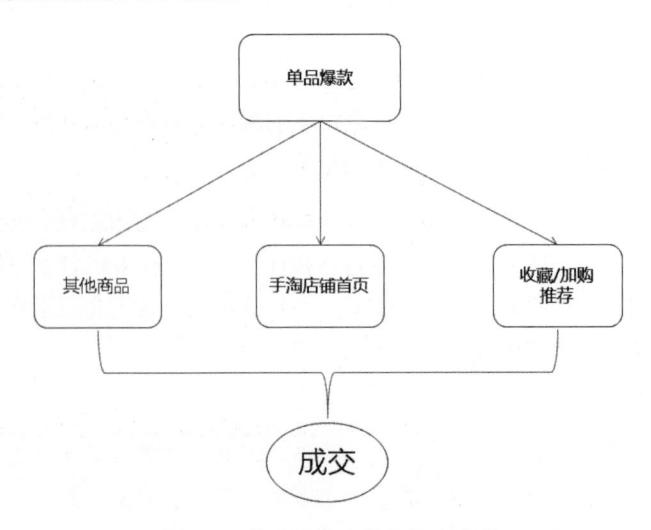

图 2.5 单品爆款流量分导示意图

从图 2.5 可以看出：

（1）将爆款作为流量入口获取流量，再将引入的流量导至其他商品宝贝；

（2）也可以引导买家点击手淘店铺首页，查看全店商品宝贝；

（3）买家也可能收藏或加购单品爆款，在后期猜你喜欢的位置，进行店铺其他相似宝贝的推荐。

这三条路径，都有可能带动其他商品宝贝成交，从而实现全店动销。

2.3 打造爆款前的准备工作

打造爆款是一个系统性的工作，而这一切都建立在充分且周密的准备工作之上，一般从三个方面去分析准备。

2.3.1 分析行业类目的三种方法

分析行业类目，也就是分析市场现状以及对未来预估，只有对自己所在行业有充分的了解，才能更好地顺应市场规则。主要有以下几个方面。

方法一：利用官方工具"淘商机"。进入淘商机有三种方式。

（1）直接访问链接地址"taoshangji.taobao.com"，建议收藏；

（2）千牛工作台—商品—淘商机，或直接搜索"淘商机"；

（3）生意参谋—市场—淘商机。

其中第一种方式最简单直接。进入淘商机以后，可以看到如图 2.6 所示的界面。

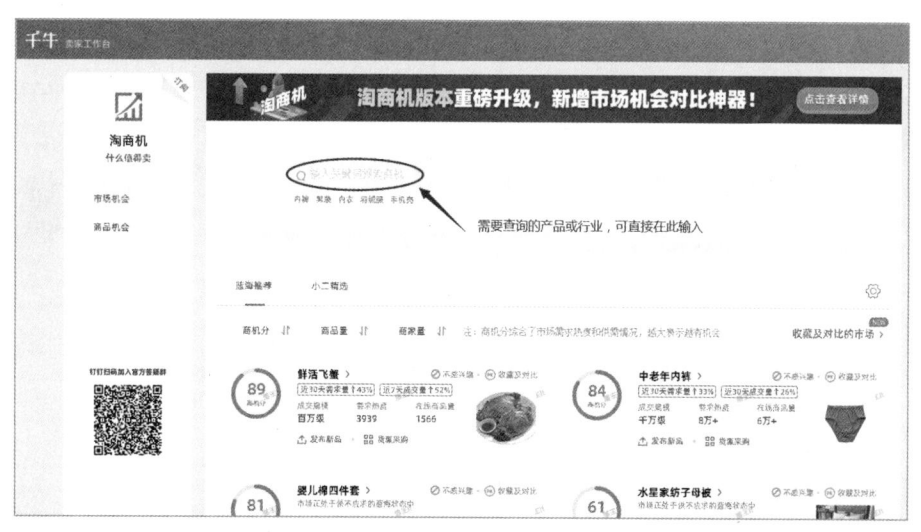

图 2.6 淘商机的界面

比如我们搜索"擦窗机器人",会看到如图2.7所示的信息展示。

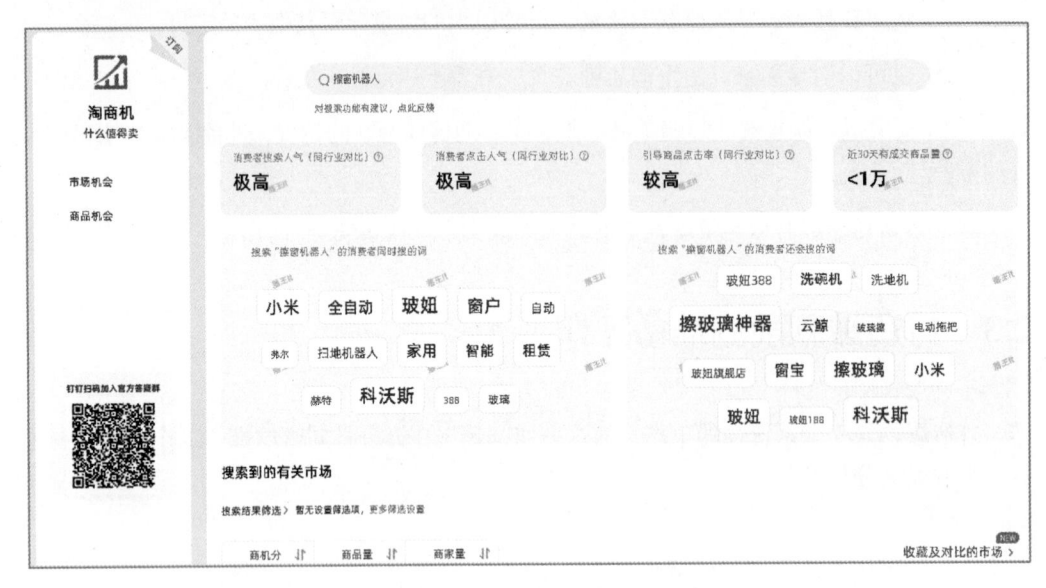

图2.7 "擦窗机器人"的相关行业介绍

可以看到消费者搜索人气、消费者点击人气、引导商品点击率、近30天有成交商品量等介绍。

在下面还会看到搜索"擦窗机器人"的消费者同时搜索的词,也会看到,搜索"擦窗机器人"的消费者还会搜索什么。

继续往下滑动页面,还会看到搜索到的有关市场,如图2.8和图2.9所示。

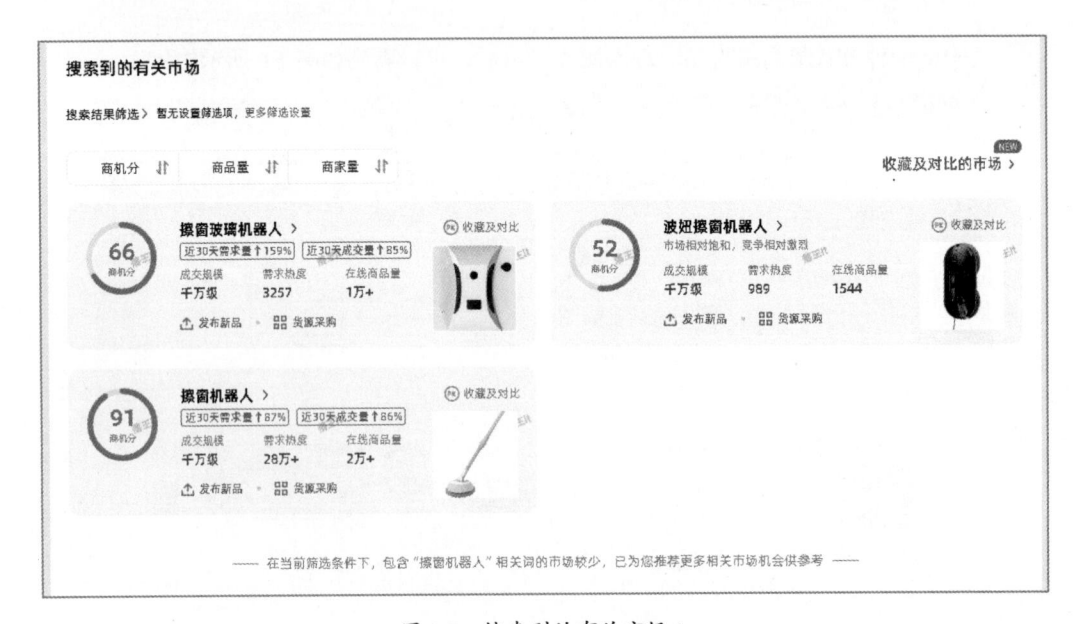

图2.8 搜索到的有关市场1

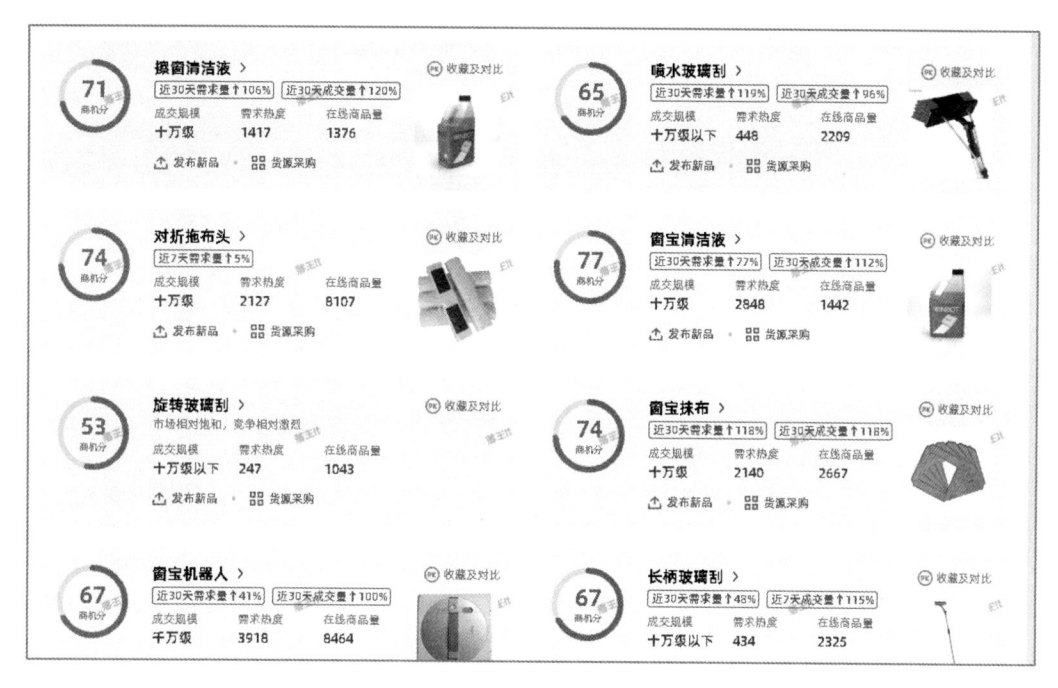

图 2.9 搜索到的有关市场 2

我们可以筛选查看具体的市场情况,比如直接点击"擦窗机器人"这个市场,它的商机分是 91 分,如图 2.10 所示。

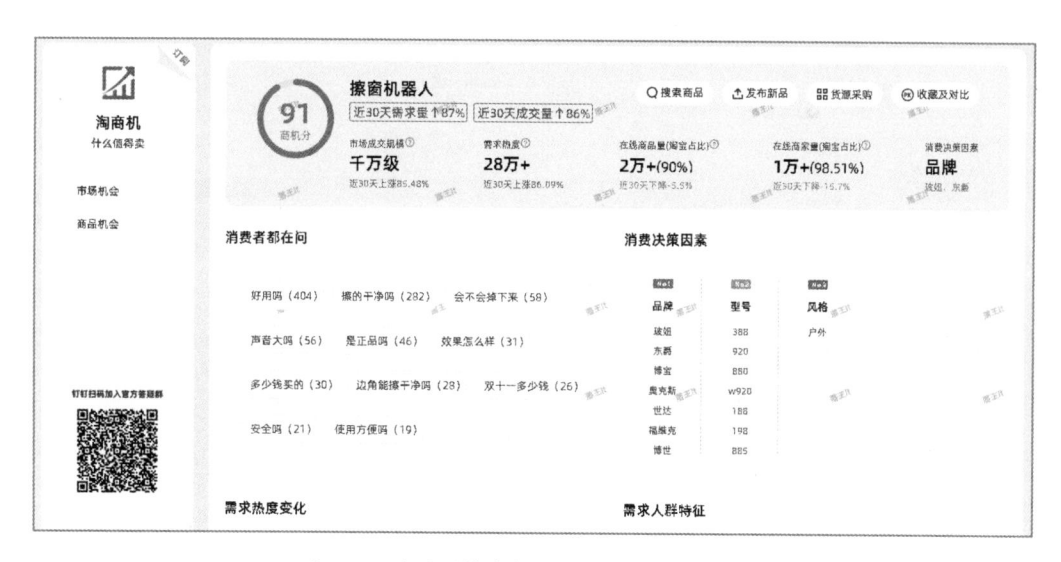

图 2.10 查看"擦窗机器人"的市场详细情况

同时还会看到该市场下的用户情况和供应情况,如图 2.11 和图 2.12 所示。

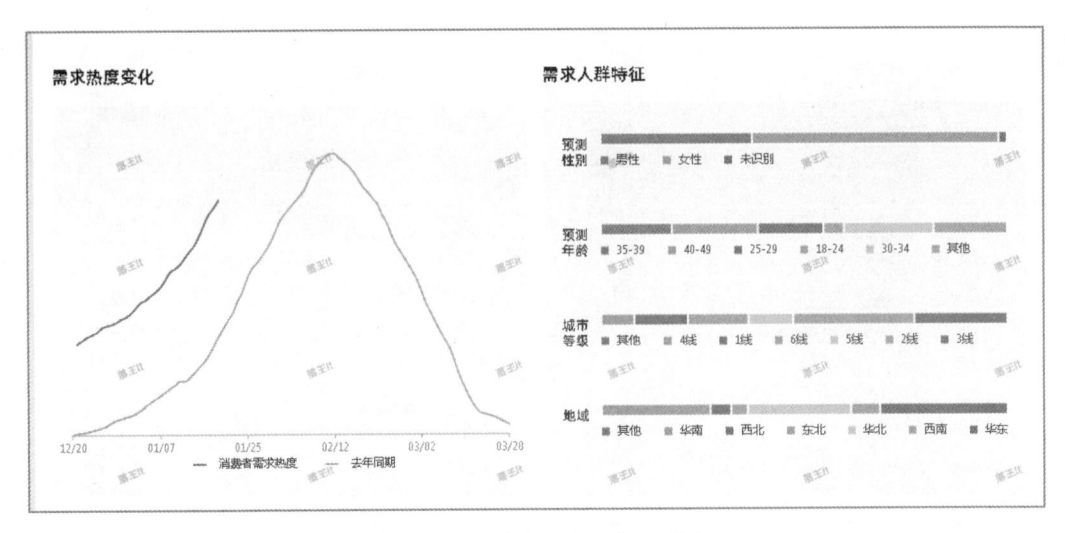

图 2.11 需求热度变化与需求人群特征

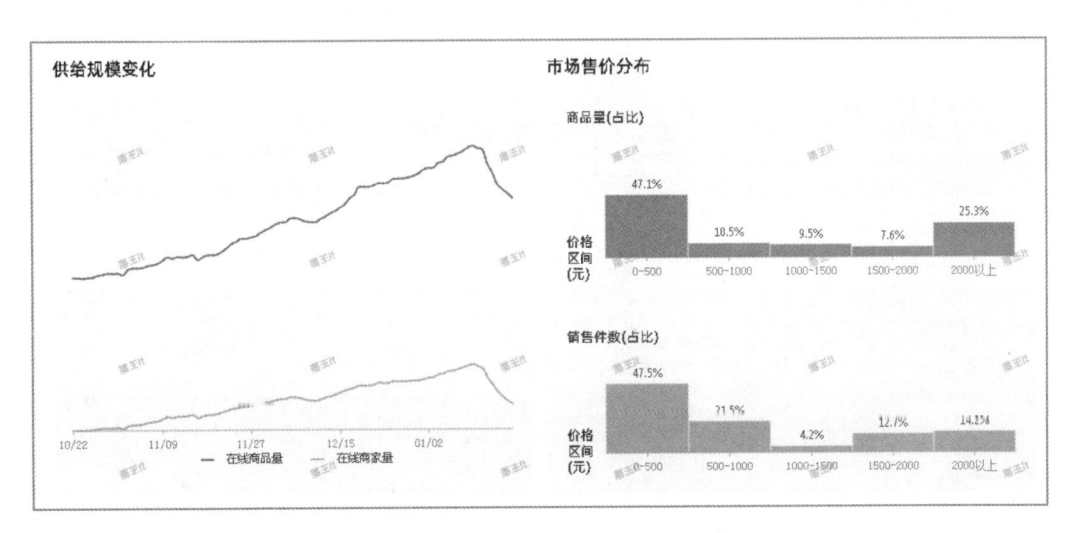

图 2.12 供给规模变化与市场售价分布

方法二：利用直通车—工具—流量解析

在直通车流量解析这个功能里，也可以查询到一些行业数据。具体的方法步骤为，打开直通车，找到"工具"菜单，然后找到"流量解析"项，再把需要查询的商品名称输入搜索框中，直接查询即可，如图 2.13 所示。

例如，我们查询"眉笔"这个商品，输入后直接点击右边的"查询"按钮，则可以看到市场数据趋势、相关词推荐、人群画像分析、竞争流量透视等信息，如图 2.14 所示。

我们把右上角的数据周期设置为"过去一年"，可以看到从此刻开始，过去一年的数据走势。可以看出"眉笔"这个商品，全年走势相对比较平稳，没有明显的淡季与旺季之分，除了"6·18""双11"等官方大促，其他时间段基本平稳。

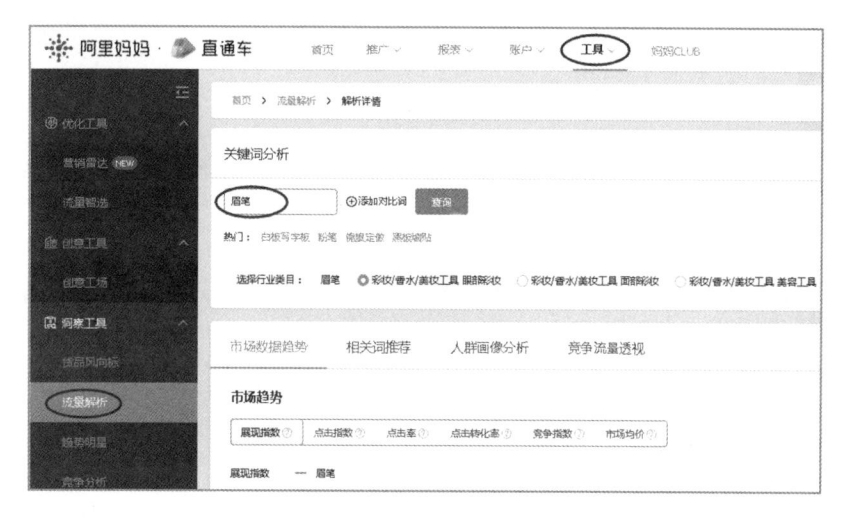

图 2.13 直通车—工具—流量解析

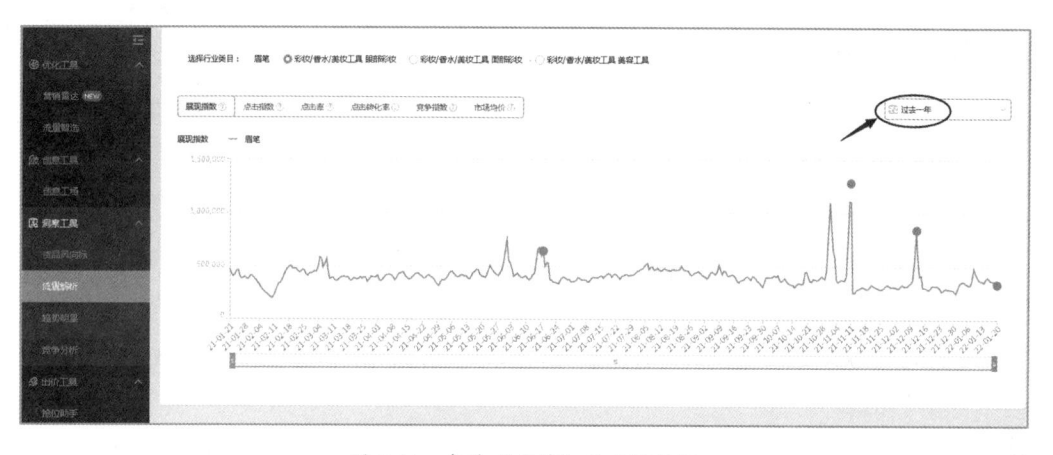

图 2.14 查询"眉笔"的市场数据

我们再来看下人群画像分析。直接点击进入该页面，可以看到性别、年龄、消费层级、类目笔单价等信息，如图 2.15 与图 2.16 所示。

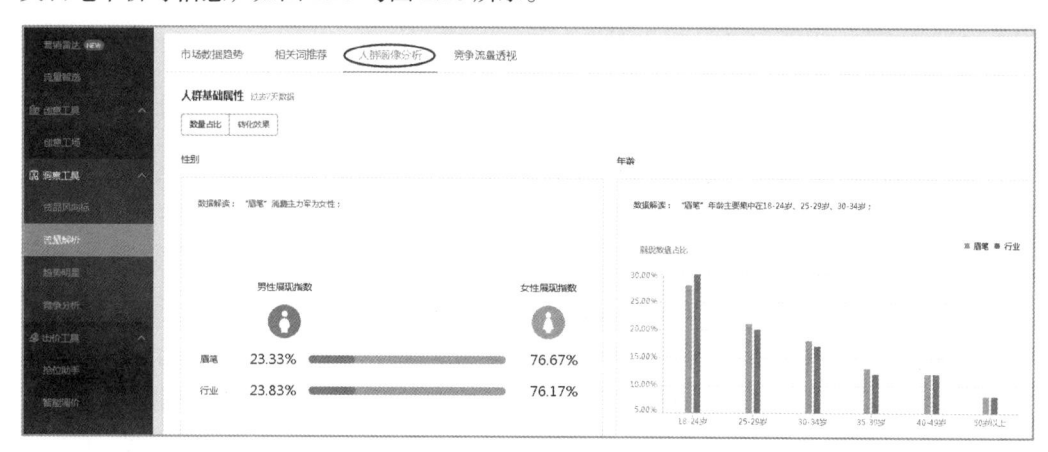

图 2.15 人群画像分析之"性别"与"年龄"分析

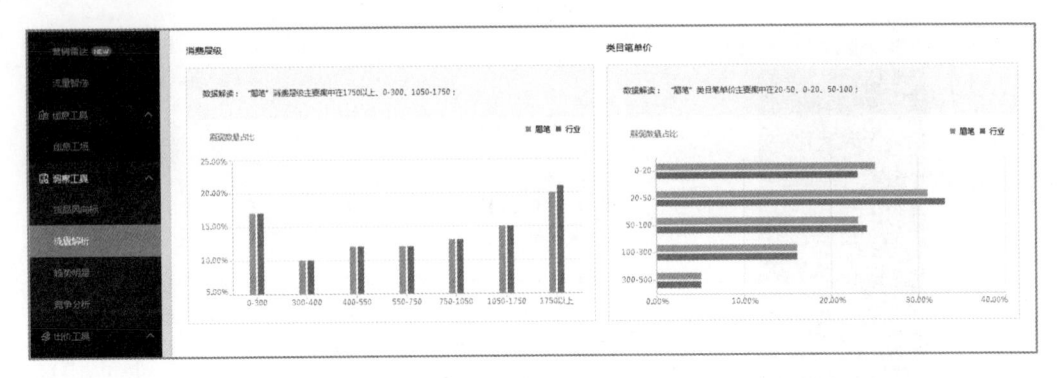

图 2.16 人群画像分析之"消费层级"与"类目笔单价"分析

方法三：直接搜索统计

通过工具我们可以看到行业的情况，可是组成行业的还是一个一个的商家，所以主动去搜索分析，找到那些销售比较好的商家，有针对性地分析，这是了解行业现状的一个主要方法。通过该方法还可以掌握竞品店铺的情况，或者找到类目对标店铺，进行有针对性的学习借鉴，这也是成长进步最快的一种方法。

具体的操作方法：

（1）搜索商品名称，进行筛选，选择排名靠前的单品，然后进入店铺，开始统计；

（2）统计全店在售总共多少款商品宝贝，以及销售价格，这是为了掌握该店铺的商品布局与价格区间；

（3）重点统计店铺里销量最高的前 3~5 款商品，如果这家店铺做得很优秀，也可以适当多统计几款；

（4）统计每款单品宝贝的销量、评价、问大家、主图的排列逻辑、主图视频时长及拍摄方法、视频中重点突出介绍的卖点，总共多少个 SKU 选项，详情页的色调与展示逻辑。

最终把这些内容都统计到一张 Excel 表格中，经过这一步骤，相信你对该类目已经有了相对全面的认识，这为后续制定运营计划提供了参考。

2.3.2 分析爆款特征

围绕商品展开准备工作，首先是在销售时间上，做好预期规划，时间太晚就会错失机会。我在之前运营男装类目时，打算推一个爆款，时间选在了 4 月下旬，结果一周销量上万，自然排名逐步提升，流量也多了起来，整体推进非常顺利，在两周之后竞争对手才开始发力，此时再追赶我们已经比较吃力。所以选择好的时机非常重要，这需要商家具有较丰富的行业经验，提早布局规划。

第二是分析商品款式，用专业的眼光分析是否具备爆款潜质，也可以提前用直通车测款。可以拿出一定的推广费，使用直通车引流，测试两个单品中哪一个更受欢迎。在测试的时候，要尽可能使数据量大一些，从而避免数据的偶然性，以保证数据的真实性，避免偶然概率导致错误判断。

第三是计划爆款的目标销量，主要指的是销量累计到多少在该类目下属于爆款，有些竞争大的类目，比如服装或者化妆品类目，可能需要好几万的销量，但是某些比较小的类目，比如定制品类目，只要销量达到几千就算是本类目的爆款了。

第四是分析宝贝的利润，如果商家具有生产能力，在生产商品时，能否在保证质量的前提下，尽可能降低生产成本。如果是采购进货，能否找到质量品质相似，但采购价更低的供应商。

在之前的内容中，我们已经提到商品或者类目存在销售周期，那么在选择爆款单品的时候，尽可能选择那些市场周期波动比较小的品类。比如一家销售男装的店铺，选择短袖T恤当作自己店铺的主推单品，那么在夏季的时候，该商品可能会有比较好的销售，但季节一过，就会出现销售下滑甚至停滞，所以不适合当作店铺稳定爆款。

可以选择休闲裤、牛仔裤或者长袖衬衫，因为这样的商品在一年四季当中都可以销售，夏天卖薄的，冬天卖加厚的，具有销售连贯性。

例如，图2.17和图2.18，通过对两张图的数据进行分析，我们可以发现"短袖T恤"这个商品有明显的销售周期，从2月份开始起量，在3月份到6月份达到销售旺季，从8月份开始逐渐下滑，一直持续到次年2月份。

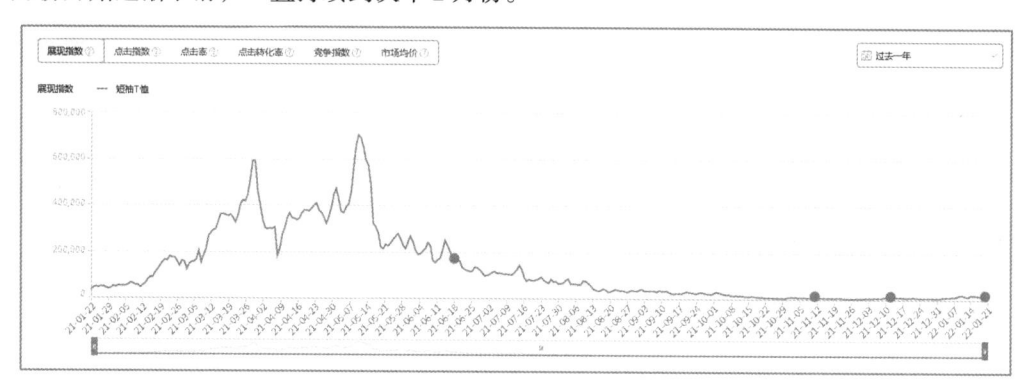

图2.17 "短袖T恤"一年销售趋势

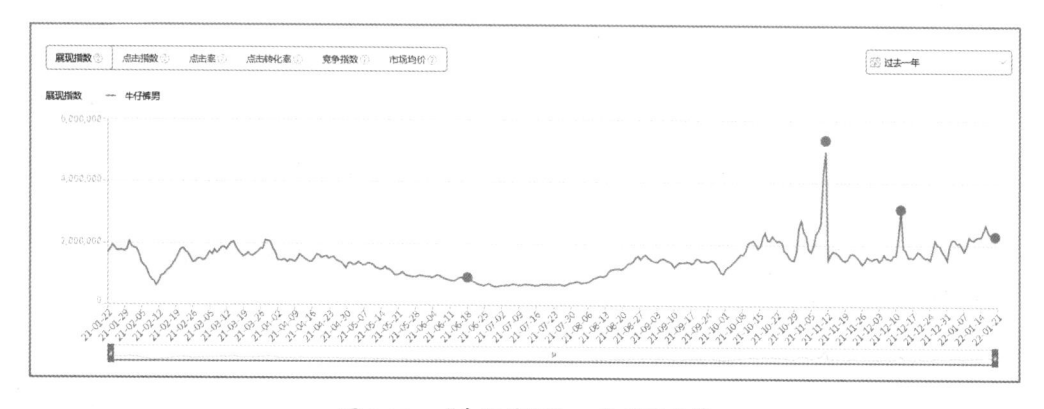

图2.18 "牛仔裤男"一年销售趋势

而"牛仔裤男"这个商品，除"双 11"和"双 12"这两个单日销量较高以外，其他时间段相对平稳。如果店铺能推起这样一个单品爆款，基本上全年销量就可以稳定住。所以如果你是一家从事服装类目的商家，选择牛仔裤作为店铺主推款要比选择短袖 T 恤更适合一些。

2.3.3　分析爆款的销售周期：导入期

任何行业类目，其市场销售大都存在周期波动，有高峰有低谷，有爆发期也有衰退期。像服装类目的销售波动就很明显，短袖 T 恤、羽绒服都有很明显的季节影响。有一些商品类目其波动就不是那么明显，比如化妆品或者电子产品，消费者一年四季都是需要化妆品的。

图 2.19 所示是"短袖 T 恤"的全年趋势图，根据不同销售周期的特性，大致分为四个阶段，分别是导入期、爆发期、成熟期、衰退期。

在图 2.19 中，AB 段属于整个类目的导入期，意味着商品开始逐步销售，该时间段销售数据并不太好，但却处在一直上涨的趋势中。例如在图 2.18 中，8 月属于服装的导入期，9 月销售数据就比较不错了。BC 段属于爆发期，CD 段属于行业热卖期，DE 段属于行业衰退期。

在导入期，主要的工作内容是店铺上新，多数宝贝都是刚上架，因为市场需求不强烈，所以买家接受这些将要应季的宝贝可能需要一段时间。

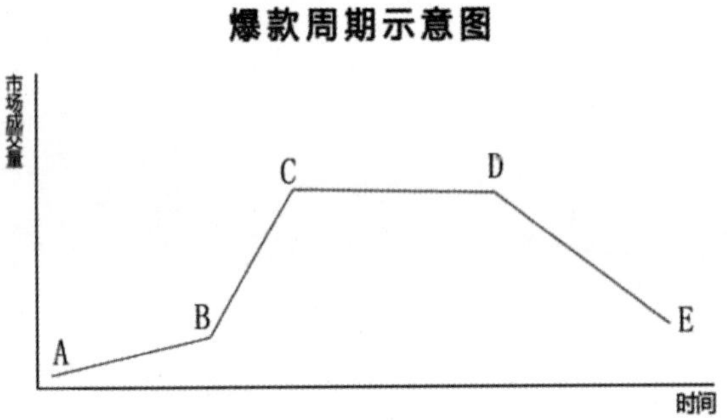

爆款周期示意图

图 2.19　行业爆款周期示意图

例如 10 月、11 月开始筹备冬季羽绒服，在这两个月内产生的销售相对较少，所以整体成交量不会很高，在这个时候商家不需要花费太多推广费，要提前做好直通车账户搭建等工作。

大多数工作都集中在导入期，以准备工作为主，导入期的主要工作内容有：

（1）确定主推款；

（2）提前备货并盘点库存；

（3）设计详情页，发布宝贝；

（4）策划店铺促销活动；

（5）做好标题优化；

（6）为主推商品开通直通车推广，前期测试并优化提升创意图点击率，提升关键词质量得分；

（7）累计基础销量与评价、问大家等数据。

> ⚠ **提示：**
> 市场导入期，是一个逐步优化调整的阶段。
>
> 首先要策划一个高点击率的主图，因为只有点击率高于同行，才说明在抢流量的能力上，比同行竟品要强。
>
> 其次是将单个宝贝的转化率优化提高，只有将转化率提高了，才能承接得住流量，在爆发期来临时，才能加大推广力度，测算投产比，达到盈亏平衡点。
>
> 这种情况下的推广不是盲目的，所以商家在导入期需要有足够的耐心，全面关注价格、宝贝描述、客服接待咨询、售后等事情，尽可能将全店转化率、DSR评价、问大家等数据都优化至最佳。

2.3.4 分析爆款的销售周期：爆发期

爆发期，是宝贝成交量和流量提高最快的时期，此时推广效率是关键。在爆发期，由于在导入期都累积了基础销量，所以此时店铺可以策划活动，配合满减、满赠、聚划算、秒杀等促销活动来吸引买家购买，这样可以迅速将销量冲上去。

> ⚠ **提示：**
> 爆发期的推广，效率是关键，对于后期的销售至关重要。

2.3.5 分析爆款的销售周期：成熟期

宝贝销量累积到一定程度后，权重会提升，在搜索时排序会相对靠前。另外，通过之前客户的成交，商品宝贝已经积累了很多用户标签，系统会推荐更多类似的人群。加上在整个平台环境中，处在成熟期有一个不错的销售氛围，此时推广会事半功倍。因此商家在这个阶段要为宝贝引入更多的流量，同时使用有效的促销手段来拉动全店的销售。

在宝贝销售成熟期，由于市场需求较稳定，此时只要保证能稳定地出单即可。跟随市场波动，适当控制推广费的增与减。

> ⚠ **提示：**
> 成熟期追求利润最大化，促销的目的也以提高整体客单价为主。

2.3.6 分析爆款的销售周期：衰退期

单品宝贝热卖一段时间后，发现没有之前那么"好卖"了，整个市场的关注度也在下降，则说明整个行业开始进入衰退期，此时进行大流量推广是不划算的，应当统计盘点库存，将库存较多的进行降价促销以回笼资金。

一个周期过后，可考虑挖掘新的爆款单品，或者为下一阶段做准备。其实衰退期还有一项重要的工作，就是总结复盘整个爆款打造过程，做好数据汇总统计，其中最主要的是分析流量数据与转化数据，为下次继续打造爆款提供数据参考。

> ⚠ **提示：**
>
> 在规划打造爆款时，一定要结合这四个时期来安排工作内容，假如市场已经进入衰退期，我们才开始准备大力推广，势必导致事倍功半。只有踏准市场的节奏，才能顺势而为。爆款的打造需要把控节奏。市场导入期注意精准流量的导入；爆发期注重工作效率，要快速高效，争取最短的时间内，把宝贝销量快速累积起来；成熟期要加大推广力度及关注供应链，避免断货；如果商品有衰退期，商家要核算好库存数量，避免压货占用资金，影响后续经营。

2.3.7 挑选爆款单品的注意事项

（1）熟悉市场是打造爆款的必修课。众多中小商家，在选品上会采用跟随大商家的思路，但这种模仿是有局限性的，原因在于对"销量"的理解上。销量这个词存在滞后性，假设目前有一个销量很高的宝贝，那说明这个宝贝目前处在"爆发期"或者"成熟期"，也就意味着人家已经卖起来了，各项指标已经优化得相对完善，并且权重累积也相对较高。

爆款的打造是需要一定周期的，而在此时，中小商家仍旧选择相似款式来打造爆款，难度无疑大了许多，如果自己资金实力不强，供应链不完善，是无法与当前的爆款进行抗衡的。即使单品爆款最终推起来了，一段时间过后，整个销售周期进入"衰退期"，此时众多商家的策略转向清仓回笼资金。最终辛辛苦苦打造起来的爆款"生不逢时"，无法在销量和人气上和已经成型的爆款相比，即使采用低价策略加重金推广，也未必能与销售正热的爆款抗衡。

（2）现在多数店铺都是主营单一类目，所以要对该类目的市场非常了解，凭借自己的经验来判断某一款式是否具有爆款潜质。只有发掘具有爆款潜质的宝贝，提前布局准备，才会在竞争对手还没反应过来之前抢占市场，更快一步积累到销量，更早成为热卖单品，从而进入爆款良性循环。

在挑选宝贝时也可同时挑选多个宝贝，分别给予流量进行销售测试，根据收藏量、加购量、转化率等指标判断出是否具有爆款潜质。

除此之外，国外购物网站的热销商品，都是可以借鉴参考的。有个朋友主做韩国时尚女鞋，他时刻关注着一家网站，只要一有新品上线，他就会凭借自己的经验来判断哪些款式存在热卖的可能性，看中后第一时间快速上架，并且给予小流量测试，此时国内各地鞋城都没有货，小批量的货源在此后一周左右才会出现，所以他采用预售的方式进行销售测试，然后观察转化成交情况，如存在热卖迹象，则会迅速找到厂家下采购订单。

（3）商业的竞争归根结底是商品的竞争，优质的商品具有较强的竞争力，并且可以形成良好的口碑，从而达到自动宣传的效果。如果商品质量不过关，买家收到货之后也会对商品不满意，从而带来更多售后问题，额外增大工作量，严重拖累店铺。

（4）打造爆款，宝贝价格至关重要，可以参考行业价格接受度最高的区间来制定，做出超高性价比，这样能够吸引买家购买，提升店铺转化率。尽量不要以低价噱头去吸引买家，一定要让买家觉得物超所值。宝贝定价太高必然会对转化率有影响，在商品毛利空间与转化率之间寻求最优临界点，追求最终利润最大化。

（5）掌握库存深度对打造爆款的意义尤为重大，足够的库存数量是保证爆款延续的前提。我曾经有一次爆款断货的经历，当时花巨额推广费，平均每天3000多件的出货量，当时根据这个销售速度，已经提前向工厂下订单补货，工厂也承诺可以满足要求，大概过了一周库存严重不足，多数SKU出现断码，不得不暂缓推广。

出现这种情况的主要原因是工厂每天3000件生产量是满负荷，且全部生产线同时工作，恰巧补货期间工厂正在赶一批其他产品，所以无法满足要求。

另外，每天3000件的生产量，是在原材料充足的情况下，如出现原材料供应不足，等待则遥遥无期。即使产品按时生产出来，从工厂运送回库房需要时间，且库房清点入库、打包发货同样消耗大量时间。所以供应链必须加强重视，留出充足的时间来备货，否则损失将会是巨大的。

（6）优化提高整体店铺转化率，做好手淘首页装修与商品分类展示，设置好优惠券等满减活动，吸引消费者去凑单或者成为店铺会员，从而达到访客的最大转化，这需要对整个店铺进行全面优化。

2.4 打造爆款的步骤

古语有云，"不谋万世者，不足谋一时；不谋全局者，不足谋一域。"打造爆款同样有策略与步骤，很多商家打造爆款毫无章法，非常盲目，不知道什么时候要加大推广费投入，也不知道什么时候该提价，什么情况下该调低价格，更不懂得何时放弃利润，也完全不知道未来在什么时候获取利润。

> ⚠ 提示：
> 打造爆款，只有在正确的时间，做正确的事，才会循序渐进地稳步推进。

前面我们提到，爆款是有市场周期的，大致分为导入期、爆发期、成熟期、衰退期四个阶段。

接下来我们从这四个阶段讲解打造爆款的步骤。

2.4.1 导入期：排兵布阵，步步为营

在该时期主要的工作内容有以下几点。

1. 店铺快速上新

选款备货，拍图制作详情页，以最快的速度将宝贝上架，书写好标题。商品的属性信息完整详细真实地写在详情页，例如服装类目、面料名称、面料成分、版型介绍，是属于宽松版还是修身版。做好试穿建议，不同身高体重下尺码推荐等，尽可能让买家了解商品，并且帮助买家选择合适尺码。

如果是标品的话，就需要对商品的功能、使用方法，以及各种参数设置非常熟悉，比如扫地机器人，都具备哪些功能？液体是否可以扫？宠物毛发是否可以扫？机器有几种模式可以设置？是否是扫拖一体？单次充电需要多久？充满一次电能工作多久？里边的垃圾储物盒如何拆卸清洗？我们的商品对比同行其他竞品，有哪些优势？这些都是需要运营以及售前售后客服人员非常熟悉的。

2. 确定主推款

结合宝贝款式与货源是否充足，以及对整个类目行业的分析，跟竞品店铺的对比，综合选出主推款，并且进行主图、主图视频及详情页的优化设计。

3. 为主推款新建直通车推广计划

在该阶段为主推款开通直通车推广计划，利用直通车测试创意图的点击率，快速把关键词质量得分养到 10 分。

4. 为新上架宝贝累积销量

开始为导入期新上架宝贝累积销量，普通款宝贝销量破 0 即可，设置好店铺促销活动，优惠券或满减等形式，吸引消费者为了拿到更大优惠，去凑单参与满减。

2.4.2 爆发期：快速冲量，速战速决

在爆发期最主要的任务是为主推款快速冲起销量，同时加大推广费投入，通过店铺促销活动逐步带动全店宝贝销售。例如，需要起 1000 销量，预计需要 5 天时间，则平均每天需要有 200 销量。根据前期销售情况，后续也可逐步抬高价格。在价格的变动上，不要频繁修改一口价或者销售价，尽量使用优惠券。

> ⚠ 提示：
> 在冲销量方式的选择上，结合自己各方面的实力，权衡整体利弊，选择自己最能接受的方式。

2.4.3 成熟期：稳定销量，追求利润

起量阶段结束后，爆款基础销量已经累积起来了，此时主要任务有两个：

（1）时刻关注类目竞品，其销售速度、销售价格、促销活动形式，以及观察其每天的流量结构变化。

（2）维持每天的销售量，保证销售速度，优化店铺产品线，通过促销活动、满减等形式引导消费者进行凑单，从而带动全店销售。

> ⚠ 提示：
> 这一步的核心在于，时刻关注竞品的销售情况，尤其是竞品的流量结构，很多新手商家可能不清楚怎么去看竞品的流量数据，在生意参谋市场洞察中有竞品分析功能，只要把某个想要监控的店铺，添加设置进去，就可以监控其店铺情况。

2.4.4 衰退期：回流资金，爆款衔接

随着时间的推移，市场周期性波动，整体行业开始下行，此时会发现爆款没有像之前那么好卖了，在直通车稳定投放的情况下，店铺流量会出现下降，这并非店铺自身原因造成的，主要是销售旺季即将过去，继续在该爆款上下大力气推广将会事倍功半。

在该阶段最重要的是一个爆款的"消亡"到另一个爆款"诞生"之间的衔接，衔接得好店铺将会稳定运营，减少时间成本。如果商家还有很多积压库存，则需要想办法尽快清理掉，回笼资金。像服装这种类目，今年流行的款式，明年就不一定能卖得好，所以存在很大风险，除了货物压款，仓储管理成本也是很高的。

如果你的类目没有明显的销售淡旺季周期，则不存在继续寻找替代爆款单品的情况，但同样会存在销售势头下滑的情况，这是什么原因呢？可以尝试多更换主图或详情页，或者使用新的促销活动形式。

2.5 店铺常见经营思路

电商平台上的玩法各种各样，有代购模式、爆款思路、风格搭配、快时尚，等等，还有人玩自媒体，借助微博、微信培养粉丝来销售。

但是最常见的玩法有两种：一种是爆款单品，也是大多数店铺常用的思路；还有一些实力较大的店铺，走品牌化、商品多样化经营的路线，我们称之为"多款式"路线。

关于爆款，相信通过以上内容的介绍，大家已有了一定的认识。下面介绍另外一种走高价路线的爆款形式，这种形式比起以往我们熟知的爆款形式，相对简单些，它没有大批量订单，没有过多的咨询压力，也极少有售后问题，工作没那么辛苦，但是对商品及店铺风格化展示要求较高。

曾经接触过这样一位朋友，主做高端羽绒服类目，店铺宝贝数量较少，但商品款式很有特色，平均客单价在 1500~2800 元左右，店铺宝贝最低价是 899 元，商品做工上乘，羽绒服填充物为新国标 90 绒，毛领为欧洲进口狐狸毛，版型设计参照意大利服装风格。

商品具体成本价我们暂不细追究，一件 1200 元的衣服，假设毛利率在 40%，利润在 480 元，假设我们按 500 元计算，开通付费推广，做好店铺优化，测试直通车关键词，则只要保证平均每件商品的销售成本低于 500 元，就可以实现盈利，即可大量复制，每天卖三五十单，轻轻松松月营业额达 100 万元。

可能有人会问，如何才能保证平均每件商品的销售成本低于毛利？假设每件商品的广告成本是 200 元，200 元花费不仅仅包括直通车流量，也包含其他免费搜索流量，是店铺总花费下产生的交易订单。

例如花费了 2000 元，产生了 10 笔订单，流量包括直通车流量和自然流量。现阶段采用直通车推广，而单纯按直通车数据核算盈利较难，但是开通直通车与不开通直通车，搜索流量的变化较为明显，所以考核直通车的时候，不能单一看直通车 ROI 投产比。尤其是现在平台大数据标签很精准，可以利用付费推广圈定高消费人群，进行定向投放。

如果商家有相关商品优势，也有一定的资金实力，则可以尝试这种思路。前期可能相对困难，但只要积累起客户，会越做越轻松，形成良性循环，按这种方式经营会更长久一些。

另外商家要有一个正确的认识，做单品爆款也好，做店铺运营也好，不要把它当作一门纯技术来看待，一股脑地钻研那些推广工具，分析展现、点击、关键词等，当然这些都很重要，但是请不要忽略其他营销的工作。

经常看到有些商家，拼命研究搜索规则，还有行业中传言的一些黑科技玩法，甚至把全部的精力都放在这上面。我相信很多人都听过"二八定律"，其实你把精力都放在研究运营技术层面上，所产生的价值是有限的。在运营技术问题上，只需要投入 20% 的精力即可，如图 2.20 所示。

50% 的精力应放在挖掘市场用户需求上，市场需求就是商机，或者发现用户痛点，这就需要商家分析市场细分领域，或者发掘新产品，成为店铺新的增长点。

30% 的精力放在营销手段上。电商的主要任务是销售，销售万变不离其宗，不要被淘宝的各种数据和规则所迷惑，虽然规则在变，但大的主体方向是不会变的，无非把原来的规则拆分得更细致了。

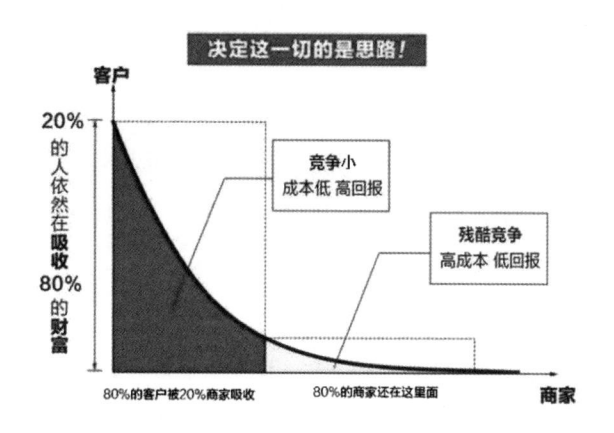

图 2.20　二八定律演示图

> ⚠️ **提示：**
> 多借鉴同行优秀店铺，或者进行跨类目的学习，这一点非常重要，比如感冒药"白加黑"，白天与晚上区别服用，这种形式最早出现在化妆品行业，如日用化妆品与夜用化妆品，这就是很好的跨类目学习。

【读者互动交流】：

服务号　　　　　订阅号

- 扫码关注服务号，会定期收到刘老师关于电商的视频课程！
- 扫码关注订阅号，会定期收到电商行业资讯解读！

（1）关注公众号后，回复"老刘"可以添加作者刘老师个人微信，进行店铺问题沟通。

（2）联系作者，可以领取全书思维导图一份。

（3）联系作者，可以领取电商运营常用表格一份。

（4）联系作者，可以领取 20 节店铺后台操作视频一份。

（5）联系作者，可以领取神秘干货大礼包一份。

其他电商福利，会定期在公众号发布，欢迎关注！

第3章　店铺规划：让转化率飙升

Chapter Three

做线下实体生意与线上电商有着许多不同之处，单从顾客的浏览路径与商品展现来讲，线下消费者进入店面后，环顾四周基本可以把商品浏览一遍，从而找出自己感兴趣的商品，而线上购物，第一眼看到的是单品详情页。

这样的差异导致消费者看到单品详情页以后，只要消费者不点击进入手淘首页，那就无法看到更多的商品，如果当前商品宝贝并没有打动消费者，让消费者收藏加购或直接下单，消费者可能就直接离开去浏览其他店铺商品了。

看到很多店铺在装修时一味追求美观，却忽略了实用性及背后的营销逻辑。美观性是最基本的要求，但不能只为美观。就像超市的货架，两种类型的商品摆放在一起，是有一定道理和逻辑在里面的，而不是胡乱摆放的。

店铺最终目的是销售商品。对于到底哪些商品要多展示，哪些商品要少展示，在什么地方展示，放置在什么位置等一系列问题，如果没有系统的规划，整个店铺必然杂乱无章。这就是通常所说的优化店铺内功。

3.1　店铺商品规划

曾经有一个朋友找我帮忙看他的店铺，当我打开店铺浏览以后，就产生了下面这一段对话。

我问：哪一款宝贝是现在店铺最主推的？

他答：是这款（告诉了我是哪一款）。

我问：哪些宝贝是今年重点做的？

他答：店里的宝贝我都想好好做做。

我问：价格这方面，你是按照什么思路定的？

他答：价格我看着定的，没算过。

……

相信很多商家都遇到过这些问题，甚至从没想过这些问题。我没再继续往下问，告诉他说："你的店铺毫无逻辑，完全没有规划，没有任何目的，所有宝贝都想好好做，往往都做不好。"

虽然店铺宝贝有一百多款，但不可能每个宝贝都做起来。不管是做实体生意还是网商，20%~30%的商品贡献全店 85%以上的营业额，就好比一家餐厅，其菜单上的菜品可能有很多，但是消费者去餐厅用餐，常点的其实就那么几个菜品。所以我们首先要做的就是在所有宝贝中找出这 20%~30%的宝贝。

> ⚠ **提示：**
> - 优化店铺时所做的每一项工作，都要想清楚，这样做的目的是什么。
> - 单点上的极致突破，往往能改变全局。
> - 没有取舍，必然导致全面平庸。

3.1.1 规划商品时的类别标准

划分商品类别的标准可以有很多种，比如以价格、性能、外观来划分。但将哪一项作为首要划分标准，对整个商品规划工作影响很大。通常按照价格划分商品类目，这样划分有几点好处。

第一，以价格为指标划分的消费者类别最具代表性，一名消费者对功能、性能、外观的追求远不如对价格敏感。

第二，以价格为标准最能反映市场上商品的竞争态势，可以依此非常有指向性地确立如何应对市场竞争。

比如我们发现手机市场上，小米的手机价格有千元以内的；华为的手机普遍价格在两千到三千元左右；而最新款的苹果 iPhone 手机价格在八九千以上，甚至超过万元。

当然有些情况也是例外的，比如我们曾经操作过一个口服美白除皱的商品，当时团中其他成员，建议用成分或者口味划分商品类别，可我建议用年龄划分商品类别，口味或者容量大小则在同一人群下划分。

以胶原蛋白为例，25~30 岁的女性，需要补的胶原蛋白相对较少；而 30~35 岁的女性，需要补的胶原蛋白相对较多。至于口味、含量等，在同一人群下，再去做细分，不能推出一款产品，既可以满足 25 岁的人需要，也可以满足 35 岁的人需要，这在营销上是非常难做到的。只有人群越精准，产品越精准，营销的成功率才越高。

在运营店铺时，第一任务是规划商品线，找出那些比较有市场潜力的商品，确定好哪些商品是走量带动店铺人气的？哪些商品是能赚利润的？主要根据商品不同目的进行规划分类。通常一个店铺中的商品可以分为引流款、利润款、高价款、超高价款四种类型，如图 3.1 所示。

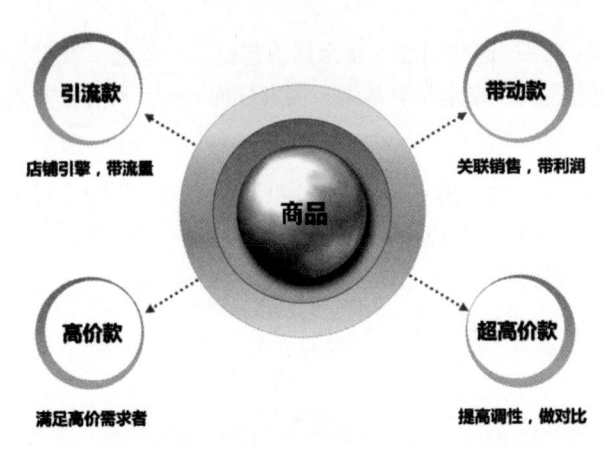

图 3.1　商品常见的四种类型

3.1.2　店铺商品规划之引流款

我们首先来回顾一下，在搜索部分所讲的内容，影响搜索排名最核心的两大模型是服务模型与人气模型，其中人气模型的竞争最为激烈。人气模型考核的是宝贝被喜欢的程度，其中当属销量、销量的增长、转化率、坑产、UV 价值等影响较大，转化率的提升主要与商品售价、主图、主图视频、评价、问大家等有关系。

宝贝要想有权重，得有销量，只有产生了销量，各项数据权重才会被累计，所以宝贝销售是一个不断卖起来的过程，不是一蹴而就的，只有宝贝每天都有不错的销量，宝贝的人气分才会提升，排名才会提升，才会获得不错的排名，抢占搜索流量入口。那么这样的一款宝贝，其作用就是为店铺引流量，故称之为"引流款"。

引流款前期主要的作用是走量，累计权重，带动店铺整体销售，是店铺运营的突破口。很多新店往往都会遇到一种情况，店铺宝贝上新完成，基础工作都已完善，可是宝贝就是卖不动，订单就那么零星几个。陷入了一个是先有流量还是先有销量的思维漩涡当中，这是典型的"先有鸡还是先有蛋"的逻辑问题，如何才能突破这样一个瓶颈，成了困扰新手商家的最大问题。

3.1.3　店铺商品规划之利润款

引流款的主要目的是维持住每天的销量，从而为店铺带来源源不断的流量。在大多数情况下，引流款的毛利率都很低。很多人持电商不赚钱的观点，也是基于有这样的经历，引流款维持了销量，带来了流量，但店铺其他宝贝，承接流量的能力很差，很难形成有效转化，没有周边商品产生销售来弥补引流款的低毛利。

因此当确定了引流款以后，一定要有能与之配合的周边商品来负责赚取利润，这样的商品，我们称之为"利润款"。

利润款的主要作用，是被引流款带动销售，店铺中该类型的宝贝可以稍多一些，丰富商品线，让客户有更多的选择余地，从而带来成交实现销售获利。通常做爆款亏损的店铺，多数是该类型商品准备不足或者根本就没有利润款宝贝，店铺是一个整体，而不是让单品爆款单打独斗。

> ⚠️ **提示：**
>
> 店铺不盈利的原因有三：
>
> （1）获取流量的成本过高，这多是付费推广没做好，点击单价居高不下。
>
> （2）转化率太低，有访客进店但不转化，会造成客户流失，付费推广只花钱，并不能产生成交，利润大都被付费推广吃掉。
>
> （3）店铺商品线不合理，或者商品种类过少，访客进店后跳转到手淘首页，并没有更多商品供消费者选购，缺少可逛性，最终导致客户流失。

3.1.4　店铺商品规划之高价款

高价款的主要作用是满足对商品要求高的消费人群，此类人群对于价格敏感度并不高，并且清楚地知道自己需要什么样的商品。

> ⚠️ **提示：**
>
> 高价款的潜在用户，多看重质量、品质、性价比，视觉呈现出的调性很重要，图片视觉避免呈现出廉价感。

在书写营销文案时，一定注意你针对的用户人群特征是什么。在针对高价款潜在用户介绍商品时，可采用场景化营销，描述出使用商品的某种场景，以此来打动客户。

例如一件高档休闲裤售价258元，可以这样写："周末的晚上，穿上它参加朋友的Party，昏暗的灯光，伴随着优雅的钢琴声，你缓步走在人群中，俨然已成为全场的主角，有它的装扮，高雅却不失舒适，低调却不乏奢华，尽显绅士风度。"可以描述出几种不同场合下的画面，图片拍摄风格尽可能与之相配，效果会更佳。

> ⚠️ **提示：**
>
> 高价款类型的商品，一定要强调商品品质。有时候消费者不购买商品的原因，不是因为价格高，反而是因为价格太低，所以浏览关注该类型商品的消费者，多注重品质。在视觉呈现的时候，配合文案，营造出客户向往成为的样子。

3.1.5　店铺商品规划之超高价款

超高价款又称"形象款"，其主要作用是提高整体店铺的品牌调性或者销售调性。很多人可能不清楚什么是品牌调性？简单来说就是你的品牌或商品，给人的感觉是什么？比如提到星巴克，就会想到舒适；提到阿玛尼，就想到高端服装；提到兰博基尼，就想到豪车。通过塑造该类型的商品，可以使得潜在买家在查看自己店铺时，觉得这是家卖高端商品的店铺。

> ⚠️ **提示:**
> 在塑造店铺整体视觉效果上，通常从商品拍摄风格、店铺装修风格及商品定价来入手，营造出"大牌"的感觉。

该类型的商品，价格要高于市场同类型商品很多倍，例如，一条休闲裤要卖到1000元以上。当你在逛一家店铺时，发现有如此高价的商品，会觉得这不是一家专门卖低端商品的店铺。

当一个买家看了一款价格上千元的商品后，再去看一款200多元的商品，还会觉得它价格高吗？接受起来就相对容易了很多。同样的道理，你在一家平均价格在100元左右的店铺里，看到一款价格200元的商品，就会觉得价格高了。所以在做商品规划时，引入超高价款类型商品，会让引流款与利润款的价格显得更有诱惑力一些。

3.2 店铺页面规划

淘系电商平台有两个购物端口：一个为PC电脑端；一个为手淘端。

目前95%以上的成交都集中在手淘端完成，而PC端所占份额越来越少，因此目前的工作重点是在手淘端，而PC端的首页装修设计，在工作闲暇之余可以策划一下，但不建议花费太多时间和精力，因为最终你会发现，为数不多的在PC端浏览商品的客户，有一大部分还是同行商家。

3.2.1 手淘首页：买家的购物导图

手淘首页设计布局是非常重要的，为什么这么说？全店多数流量都集中于宝贝详情页，那么客户为什么会点击我们的首页？很重要的一点，客户认同我们的商品，想看看有没有更适合的商品。

> ⚠️ **提示:**
> 首页更像一张"地图"，起到疏导流量的作用。

按照大多数店铺的装修习惯，首页第一屏是海报图，海报图比较有冲击力，是店铺最优质的展示位，应该将店铺中最有特点的商品、最有力度的促销形式展示给买家，以此来吸引买家对店铺产生兴趣。

在做海报图时一般围绕这几个点展开。

第一，海报图要突出目前店铺活动主题、促销规则和优惠力度。

第二，海报图还可以将目前店铺主推宝贝呈现出来，为主推款导流量。

第三，海报图可以提前预热接下来打算上的新款。

第四，海报图可以体现出店铺商品风格或者服务的差异化。

从首页继续往下，一般是展示店铺促销优惠券，在后台促销管理中，设置好优惠额度及使用条件，添加到这里即可。紧接着按照模块化把各店铺分类下的宝贝展示出来，原则只有一个，你想让消费者优先看到的，你最想卖的，往前排列。

关于手淘首页的装修设计，建议商家多去看看同行，先向同行店铺借鉴，大致了解下本类目的设计思路与风格，后期可以多进行跨类目借鉴。

3.2.2 详情页设计之展示商品

详情页作为宝贝销售的主战场，拥有极其重要的作用，网络上有关详情页设计的文章众多，有从视觉色彩角度分析的，有从消费者浏览习惯分析的，总之方式多种多样。不管做什么，我们都要习惯性地问一下，目的是什么？不难理解，详情页的主要目的可总结为八个字：展示商品，引导转化。

> ⚠ **提示：**
>
> 很多商家过分强调展示商品，造成主体变换，忽略图片整体存在感。

举例：静物造型法

该方法主要是在平铺图基础上做进一步的创新，通过商品的摆放，打造一种全新的展示形式，为自己的店铺营造出独特的风格。曾经有人讨论过，到底是模特展示好，还是平铺图展示好，众说纷纭。

以常规思维来判断，多数人会认为模特图好，起初我也这么认为，但是后来我发现很难下定论。采用模特展示的优点是，可以立体形象地展示试穿效果；缺点是，假如买家的穿衣风格与模特不同，就可能不会购买。如果模特长相属于可爱甜美型，而买家不是可爱甜美型的，那么买家心里就会产生疑虑，衣服风格会不会不适合我？从而影响购买的可能性。

采用平铺图展示的缺点是，无法形象立体地展示试穿效果。但优点是，只要衣服本身吸引住了买家，虽然看不到模特展示效果，但可以通过想象，来假想自己穿上后的效果。不可否认，想象总是最美好的，所以采用平铺图展示所产生的销售，并不比模特展示少。

为了解决平铺图平淡无奇的问题，有的商家脑洞大开，就有了如图 3.2 的展示形式，是不是很有创意？

图 3.2 静物造型法

我们上面已经提到过，详情页的目的是展示商品，引导转化。经常听到这样的说法，在设计详情页时要符合买家的浏览习惯，在消费者需要的地方展示需要展示的信息。这听着貌似很有道理，那么请问，消费者的浏览习惯是什么？个体间存在很大差异，你喜欢这样浏览，他喜欢那样浏览。

⚠️ **提示**：

正确的设计思路是，进行引导，设计系统的引导流程，从而达到转化成交的目的。

3.2.3　引导转化

引导转化可以分为"价值塑造""零风险承诺""打造稀缺紧迫感"三大步骤。其中价值塑造，可以拆分为"商品包装"与"商品介绍"，这里所说的商品包装不是指商品外包装，而是对商品整体的价值包装。

而商品介绍主要是展示商品自身的特点与卖点，以及与其他市面上同类型商品的区别点，如图3.3所示。

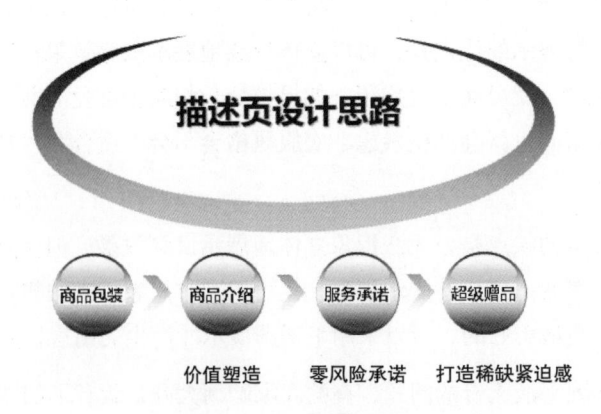

图 3.3　描述页设计思路

在设计宝贝详情页的时候，可遵循这三个步骤来设计，买家浏览详情页首先关注商品，所以首先要围绕商品，把商品的卖点、特性、独特设计、商品价值等信息展示出来，以达到吸引消费者的目的。

当把商品的价值塑造完成后，第二步的工作就是做出强有力的"零风险服务承诺"，因为消费者会想，说得这么好，如果不是那样怎么办？所以此时要做出"零风险服务承诺"，打消消费者内心的疑虑。如果消费者心里还在犹豫，那么就进入第三步。

第三步是打造稀缺紧迫感，主要是给消费者一个现在立刻购买商品的理由，不然的话可能就是收藏或加购一下，等以后有需要了再购买，所以一定要给消费者一个现在下单购买的理由。

下面进行详细分析。

1. 价值塑造

商品的价值就是消费者购买并使用了你的商品以后，会产生什么样的利益或者好处，这就是商品的价值。消费者为什么要为没有价值的东西买单？所以请记住，消费者选择购买你的商品，是因为你的商品解决了他的困惑？还是得到了方便？还是实现了他的梦想？首先要把这个价值点找到。

并且价值的指向一定是消费者，而不是商家，你说你的商品好，采用了什么设计，利用了最新技术，使用了高科技材料等，消费者对此无感，心里会想，"哦，关我啥事。"为什么？因为你没有让消费者看到商品对于他的价值点。

例如，某商家是卖运动鞋的，商家自己说这鞋有多少专利，有什么独特设计。这些宣传点用处不大，很难直接影响消费者成交。只有让消费者知道，穿了这鞋得到什么好处？还是穿着舒服？还是真的能保健养生？是不是好看？是不是有个性？这才是他们最关心的。

在价值塑造阶段，主要以分析消费人群与挖掘商品价值点为主，只有清楚地知道谁是目标人群，才会有针对性地开展后续工作，切记不要匆匆忙忙上了战场，却连谁是"敌人"都不知道。

认真分析消费人群，挖掘需求痛点，才能找到营销的突破口。在直通车—工具—流量解析功能中，可以查询关于人群画像的属性，如图3.4、图3.5所示。

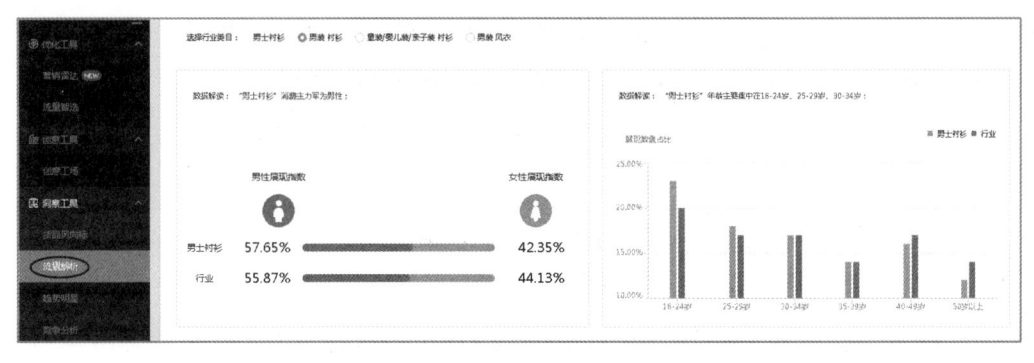

图 3.4 了解目标人群 1

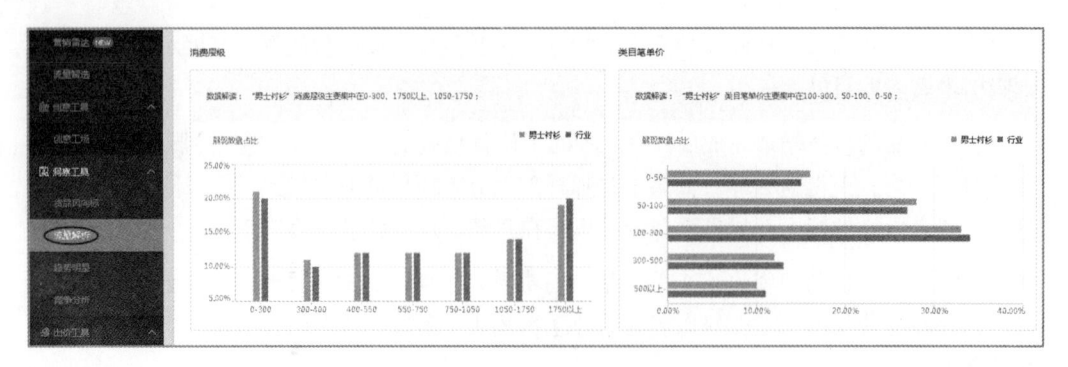

图 3.5　了解目标人群 2

> ⚠️ **提示：**
>
> 需要注意一点，有时商品的消费使用人群与目标人群可能不是同一个，比如婴幼儿商品，商品使用人群是婴幼儿，但是目标人群是年轻父母，所以在设计商品时围绕婴幼儿进行，但是在营销推广时要围绕年轻父母进行。

当清楚地知道谁是我们的消费人群后，再找出消费者可能存在的"需求痛点"。假设我们卖的是男士衬衫，如图 3.4 所示，我们通过分析消费人群，得出购买的人群中，男性比例达到 57.65%，18~24 岁的消费者最多，随着年龄的增长，购买力越来越小。

得出这些信息以后，我们就来分析，一位 18~24 岁的男性，在购买衬衫时主要考虑哪些事情？他们平时穿衬衫遇到的最大困扰是什么？列举如下：

（1）出于社交需求，对款式要求较高，要求时尚，不邋遢；

（2）都市白领，工作较忙，打理时间较少；

（3）注重商品品质，在清洗时不缩水、不掉色；

（4）与其他衣服容易搭配。

通过分析挖掘，得出 4 个可能存在的"需求痛点"。

针对每一点，我们开始分析营销突破口。穿过衬衫的男士都应该有体会，衬衫穿的时间久了，领子容易变形，尤其是正前方锁骨处，领子特别容易翘起来。为了解决这个问题，可以在设计衬衫时，采用纽扣形式，加以固定，此问题即得以解决。

针对第二点，由于出入职场工作较忙，时间较少，所以可以着重宣传颜色耐脏且面料不沾灰，减少日常打理时间。

针对第三点，含棉材质的衣物，水洗或多或少都存在缩水现象，针对该问题，你在选择面料的时候做了哪些考虑，可以有效减少缩水情况。

针对第四点，在做视觉呈现时，可以更换多种搭配方式，不管是牛仔裤、休闲裤，还是西裤，都能搭配出完美效果。

现在"需求痛点"已经找到，相应地商品卖点也已经挖掘出来，如下所述：

（1）特殊设计，固定领形

（2）舒适面料，易清洗

（3）品质保证，不缩水

（4）款式百搭，适合多种场所

结合图片拍摄，撰写文案。当价值塑造完成后，紧接着进入第二步，打造零风险承诺。

2. 打造零风险承诺

当价值塑造完成后，消费者已经对商品有所了解，此时我们的文案，应该抓住机会，乘胜追击，做出"零风险承诺"，打消买家内心疑虑，因为买家会想，是否真的有描述得那么好，购买回来发现不是那么回事该怎么办？

此时商家可承诺"零风险"，虽然现在行业普遍都实行7天无理由退换货，但是在文案中一定要突显出来，告知买家，"有任何不满意，7天无理由退换货"，并且最好把承诺时间延长，因为大家都是7天无理由退换货，我们也是7天，缺少差异化，可以承诺15天、30天、60天，甚至更长。

经常看到有一些小家电等标品类目，会承诺"365天内出现问题只换不修"，这其实也是一种对自己商品有很强信心的表现。

看到这里，相信很多人开始担心，要是在30天以内真的退货怎么办？其实大可不必担心这个问题，如果一个买家对商品不满意，想退货的话，7天之内一定会退掉，超过7天后退货的概率很小，可以忽略不计。

但是我们只要敢喊出"30天无理由退换货"，就会增大买家对我们的认可度，成交的概率会高很多。假设我们这样实施以后，每天能额外多售出5件商品，就算退掉2件，我们还赚了3件，何乐而不为？

单纯承诺30天退换货还不算完，因为一旦牵扯到退货，必然有买家纠缠运费承担问题，我们一直秉承运费由责任方承担的原则，由于消费者自身选购的问题，由买家自行承担运费。但是多数买家会找各种理由，来证明不是自己的问题，比如会说你商品设计有问题，或者质量不好有瑕疵，或者品质不好之类的借口。

这种情况下，如果跟消费者理论，会影响客服正常工作，毕竟每天还要接待其他正常的客户，如果是中小商家，单独安排一个售后人员专门处理该问题，工作量也不饱和，毕竟每天这种订单相对较少，单独安排一个人，会额外增加人工开支。

总之不管是售前客服还是售后客服，与消费者争论，最终商家都是输的一方，争论赢了，换来一个差评，争论输了，赔上一单运费。那有没有好的办法解决这个问题？答案自然是有的，开通运费险功能，不管是谁的责任，只要退货，都会得到运费补偿，做好这一步，才算真正完成"零风险承诺"。

承诺 30 天无理由退换货，并且主动赠送运费险，即使产生退货，买家都不用承担退货运费，我们还有什么理由拒绝购买呢？很多朋友已经开始这样做了，但是在描述详情页中并无体现，所以一定要在描述文案中，通过非常醒目的标识告诉买家。

另外，当我们开通运费险后，在新品发布时，可以打出"免费试用"的口号，其实就是买家拍下，卖家发货，收到货后试用，满意就确认收货，不满意退货，以运费险补偿运费，无须买家承担一分钱费用，如果运费险补偿不够，商家补一下差价即可。

假设邮寄回来的运费为 15 元，运费险补偿 12 元，剩下 3 元，那么商家把差价支付给买家就可以了，这点营销成本微乎其微。促销方式实质上没变，变的只是说法，一种新颖的说法，会让买家感兴趣，接受起来也更容易。

需要注意的是，如果打出"免费试用"的口号，某些标品类目，比如 3C 数码、小家电等，开封包装会影响二次销售，如果没有生产能力，尽量还是慎重选择，因为由此带来的间接损失也不小。所以各位商家要权衡评估，是否真的适合自己当前的情况，切勿生搬硬套。

⚠️**提示：**

> 我曾经看到有一家店铺，在推广文案中有一句是这么写的，"百城零元送"，我当时很好奇，就点击进去浏览，后来发现所谓的"百城零元送"其实就是"包邮"，但是换了一个说法，就会感觉比较新颖。

3. 打造稀缺紧迫感

一件很有价值的商品，一个没有任何购物风险的承诺，此时再加上我们打造的"稀缺紧迫感"，将更好地把转化率提升上来。一个没有次数限制的机会，不是真正的机会。所以越是稀少的东西，人们越容易关注，这一点跟"饥饿营销"有些相通。

结合商品与人群需求，在毛利空间允许的情况下，额外准备一些赠品，例如时尚的领带、精美的腰带、别致的钱包等，都是男士消费者所喜欢的周边商品。尽量选择大牌的低端商品，起码品牌是可以吸引买家眼球的。

准备好赠品后，同样进行图片拍摄，将赠品的质感与档次展现出来，吸引消费者。另外要求赠品质量必须过关，赠品质量好，消费者会觉得自己捡了个大便宜。如果质量不好，消费者会认为羊毛出在羊身上，送这么个垃圾东西，导致最终的效果适得其反。

⚠️**提示：**

> 营销，不是真的让价格便宜，而是让消费者觉得占了便宜。

在书写文案时，要展示出不是每个人都有机会获得赠品的，不然稀缺性从何而来？紧迫感又从何而来？"每天购买的前 50 名顾客，将有机会获得精美×××一份，现在名额仅剩 12 个。"每天前 50 名是条件，获得的赠品是结果，名额还剩 12 个，是抓住这次机会的最后名额，紧迫感就营造出来了，人们都想当前 50 名"幸运"顾客。

3.2.4 详情页文案写作

现在做电商的商家们，经常被两大问题困扰：一是流量越来越少；一是店铺转化不好。那么转化率很低怎么办？付费推广能带来点击，为什么很少有人下单？坦白讲转化率是个大问题，会牵扯到很多细节，并非单一因素影响。

从大的方面来说，有三大因素影响转化率。

1. 人群问题

人群问题，主要指的是进店的访客，购物意向是否精准，这需要商家去分析，是通过哪种引流渠道带来的访客。在之前的内容中也提到过，流量的本质就是用户，用户又分两种，那就是购物意向强的和弱的。

转化率低的问题，首先要排查一下，是不是自己的引流方式有问题，不要单纯地看到店铺后台有访客数据，就开始纠结为什么没有转化。通过平台内的付费推广获取的访客，要远比你在社交软件上群发一个广告带来的访客精准。所以在解决转化率的问题时，要先看流量是否精准。

很多时候我们在平台上做付费推广，比如投直通车广告，同样的商品，同样的创意图，添加了10个关键词，一段时间后就会发现有的关键词转化不错，有的关键词转化就很差，这就说明搜索某些关键词的人群不是很精准，由于类目行业不同，这些关键词人群，需要商家不断地去测试，才会得出经验。

2. 商品问题

商品问题，主要指的是在同类目中，你的商品是否具备竞争力，或者商品是否有卖点等。如某网络摄像头品牌，商品的市场反馈不太好，多数用户评价商品功能有瑕疵，使用不便利，做工品质不好。这些问题不是运营或者推广人员能解决的，公司升级产品，所需要的时间和资金都是巨大的，就一项开磨具的费用，都在十几万元或者几十万元不等。

再比如两个卖服装的商家，其中一个商家的衣服款式比较老套俗气，而另一个商家的衣服款式却比较新颖时尚，那么后者的市场接受度就会高于前者，转化率自然也高于前者。

3. 页面展示问题

页面展示问题，是指你设计制作的详情页，视觉与销售逻辑不通，导致消费者看不到有价值的信息，或页面上介绍的商品，并没有解决消费者的需求。消费者无法实际接触到实物商品，只能通过页面图片或视频来间接感知商品。所以你的页面做得不好，消费者就感知不到商品的价值。这个问题是目前大多数中小商家比较常出现的问题。

3.2.5 写作淘宝文案时的两大注意事项

不管是电商还是实体生意，要想成功地卖出商品，就要牢牢把握两个核心点：一个是流量；一个是转化。

搜索优化、直通车、淘宝客、超推、引力魔方等推广形式，其主要目的是解决访客的问题。虽然流量是线上成交的基础，但有了流量就一定会成交吗？尤其是在推广费用高昂的今天，只有具备很好的转化能力，广告费才花得更有价值，才能最大化产出。

商品的详情页是消费者了解商品的重要信息来源，详情页的好坏直接影响转化的好坏。那么如何设计优秀的详情页就显得尤为重要。

在做任何事情之前，都要有一个清晰的认识或者认清本质。

首先，要搞清楚页面的文案是对谁说的？如何去分析商品的受众人群，这在前面的内容中已经提到过了，可以翻看前面的内容。这里所说的文案对谁说，指的是以什么样的口吻来写文案，如图3.6所示。

图3.6 文案的表达口吻

在图3.6中，"老公，求你了"，这是以"老婆"的身份说出的话，这也就间接地说明商品受众人群应该是女性消费者。那么在现实中，该商品的受众是否真的是女性消费者呢？还要画一个问号。还有另外一种情况，那就是男性消费者看了以后，是什么样的感觉，此时正在阅读的你，可以感受一下。所以在写文案的时候，一定要明确商品的文案是对谁讲的。

其次，在设计详情页的时候，还要为自己的店铺定一个"色调"，也就是说，你的店铺，是以什么色调为主，这个颜色一旦定下，都要围绕这个色调来布置。切忌色调很杂很乱，给消费者以店铺没有品牌的视觉感，如图3.7所示。

图3.7 风扇蓝色色调

在图 3.7 中，当看到这组图片的时候，你的第一感觉是什么？第一张图给人以舒适的科技感，而第二张图则充满科幻感。暂且不管商品的质量好坏与价格高低，你要传递给消费者的感觉一定要与商品自身的气质相匹配。人是感官动物，所以直观的色彩视觉是很重要的。

3.2.6 详情页的设计组件

在设计详情页时，为了更好地管理编辑商品信息，我们可以把整个页面的信息分为小模块，称为"描述组件"。以服装类目为例，其描述组件如图 3.8 所示。

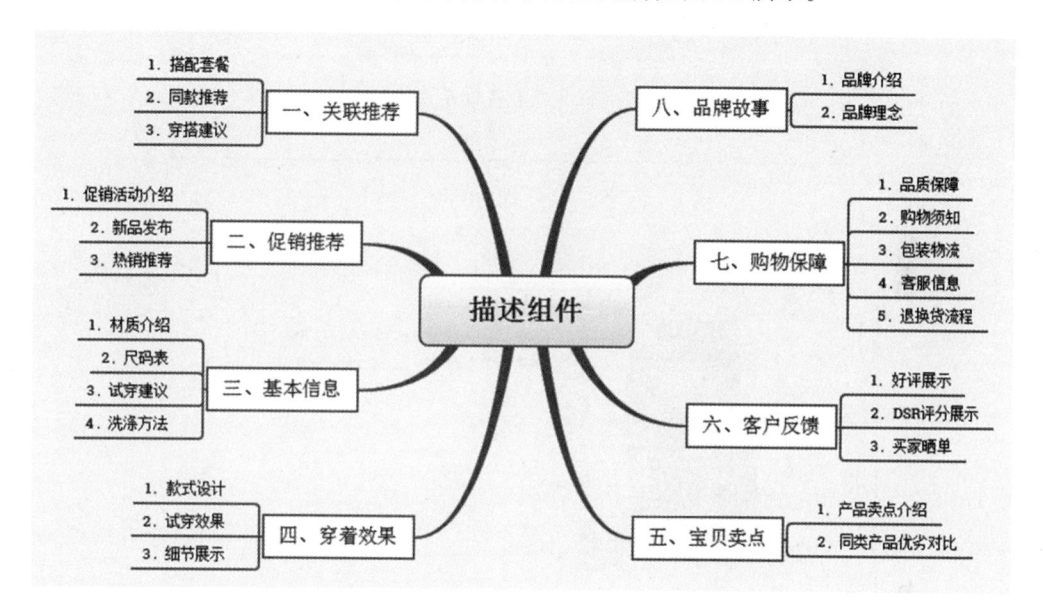

图 3.8 描述组件

在实际设计详情页时，并非完全按照图 3.8 中的顺序设计，只要把单一信息介绍模块放在一起即可，避免介绍的时候过于凌乱。接下来再介绍一些优秀的展示形式，因为大多买家在浏览详情页的时候，都不喜欢看大段的文字，所以语言要尽可能精炼。并且单纯语言介绍的视觉冲击力有限，所以还要精心设计文案的展现形式。

（1）以图片形式展示当前售价是最低价，很多商家都喜欢说我的商品现在是最低价了，但是对于消费者来说，看到这句话的时候，几乎是无感的，因为见得太多了。那么如何才能让消费者意识到并认可当前宝贝的价格是最低价呢？可以使用折线的形式来展现，如图 3.9 所示。

（2）随着互联网的发展，信息获取越来越容易，原来依靠信息不对称性而存在的商业形式越来越少。因为消费者不会一味地听你商家的一面之词，他们更愿意去听身边的朋友，或者网络上曾经使用过该商品的消费者的评价。所以现在买家评价晒单越来越重要，如图 3.10 所示。

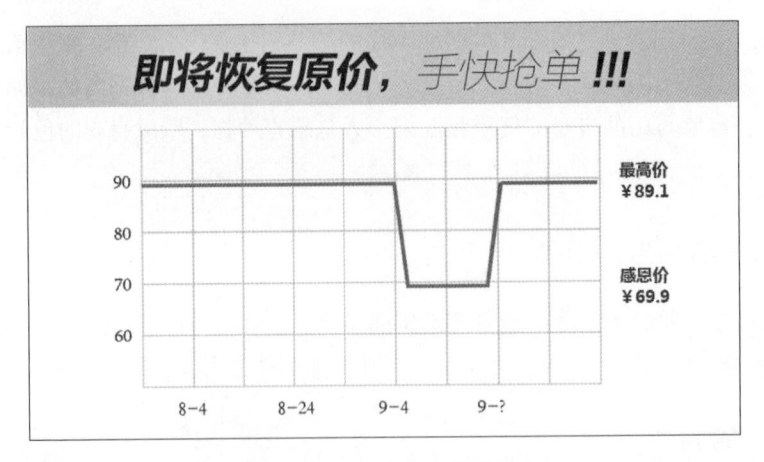

图 3.9 展示当前售价是最低价

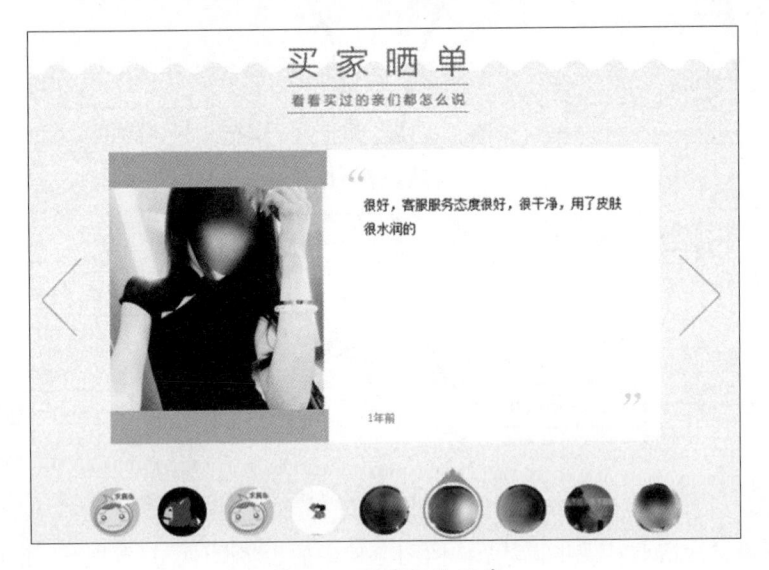

图 3.10 买家评价晒单

（3）在介绍产品功效时，假设你对消费者说，"我的产品效果非常好。"消费者仍旧无感，因为没人会说自己产品差，这样的介绍仍旧起不到多大的作用。所以一定要善用数据，用数据的形式展示出来，效果就不一样了。如图 3.11 所示，把"98%"这样的数字的字体设计得很大，比较具有冲击力，并且下边用大红色的色块同样非常有冲击力，这样可以很好地展示产品的效果与反馈。

（4）随着消费者网购知识越来越丰富，大多数买家都知道去看哪些数据，来判断宝贝的真实情况。DSR 动态评分，也是买家比较关注的指标。如果我们商品的评分还不错，那就清晰地告诉买家，我的评分是 4.8 或者 4.9，这个分数在行业中属于比较优秀的水平，如图 3.12 所示。不仅告诉买家我们的评分是 4.9，而且用金字塔的样式，来告诉消费者全网 4.9 分的单品仅占 5%。

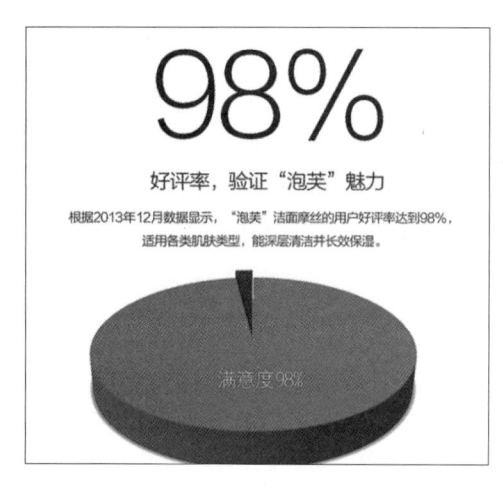

图 3.11　用数据说话

图 3.12　DSR 动态评分展示

（5）运费险在购物中比较常见，很多商家为了减少退款纠纷，都做出了赠送运费险的服务承诺，只要消费者在该店铺购买商品，就会自动为该订单购买运费险。但是很多店铺都开通了这项服务，却并没有利用好它，既然已经开通，那就要在描述中清晰地体现出来，让买家知道，如图 3.13 所示。

图 3.13　全店赠送运费险

（6）现在网购的服务承诺基本都是"7 天无理由退换货"，但是商家觉得，多数买家都应该了解这一承诺，所以在详情页中就没必要再体现，这是一种错误的认识，因为买家决定购物是一瞬间的事，我们的详情页要具备让买家下单付款的氛围，所以需要通过各种形式的文案说服买家。即使某一项服务承诺被熟知，详情页中仍旧要展示并且要做得醒目，如图 3.14 所示。

图 3.14　7 天无理由退换货

3.3 店铺促销管理

3.3.1 什么是促销及促销的目的

在早些年的电商促销活动中，促销形式都相对简单，就是享受多大的折扣，比平时买节省多少钱，或是打了几折。

但是最近几年，平台的促销活动越来越复杂，有店铺满减，有优惠券，还有跨店满减等。很多时候消费者自己都懵圈，最后都稀里糊涂地下单买了。

其实最常用的促销手段莫过于"满××送××"或者"满××减××"，消费者为了得到赠品或者享受满减都会去凑单，有的甚至跟朋友一起凑单，最终的消费金额远比最初预算的要多得多。

有一些新手商家，不知道该怎么做促销，那就看别人家做什么促销，自己跟着做。我曾经遇到一个卖床垫的卖家，做的是两件更优惠的活动。在交流中，我问他为什么做这个促销，他回答说，身边朋友店铺用这个形式做的，效果挺好，所以我也就尝试下。我继续问，你朋友是卖什么的？他回答说是卖珠宝首饰的。我心想，见过买两条项链、两个手镯的，却从来没见给自己家一次买两个床垫的。

经常看到有店铺搞抽奖、免单、打折、送礼品等活动，有的更甚至在双11时搞"送汽车"等活动，可是有人抽到过吗？有人被免过单吗？是不是先提价再打折呢？汽车哪儿去了？商家心里最清楚，我们最明显的体会就是，现在不管做什么样的促销，效果都大不如前。

再来看下店铺经营的公式，"销售额＝流量×转化率×客单价"，要想增大销售额，只要放大流量、转化率、客单价中的任意一个或者多个就可以了。

做活动主要也是围绕这三方面来做的，活动前的预热与活动当天的大力度推广，属于放大流量。通过优质商品让利可以增大转化率，通过满减、满赠、2件包邮发顺丰等手段可以提高客单价。

3.3.2 不同阶段店铺促销的目的

爆款有四个周期，分别为导入期、爆发期、成熟期、衰退期。不同阶段的工作任务不同，所以与之配合的店铺促销的目的也不相同。店铺的运营要符合市场的生命周期，要在正确的时间做正确的事，不能盲目地做促销，也不能让促销成为店铺运营的常态。

1. 导入期与爆发期

新品发布后需要提升销量，将新品推向市场，增大市场认可度，让消费者尝试购买新品。此时的店铺促销，更多的是围绕这个主题开展，例如"新品发布，免费试用"等形式。曾经好评返现也是一个不错的方法，但是现在平台严禁利用返现为理由，引导消费者给好评的行为，这一点商家需要注意。

2. 成熟期

采用一种促销形式，销售一段时间后会发现，商品宝贝没有像刚开始时好卖了。当商品出现销售瓶颈，或者达到一个相对稳定的阶段时，需要使用新的促销形式，以提高客单价为主要目标，帮助提升整体销售额。

3. 衰退期

当商品销售进入衰退期后，要想办法延长销售周期，可尝试做一些降价促销活动增加销量。另外，在衰退期也可以将库存断码商品进行清仓处理，保持整体销售额平稳。例如可以采用"秒杀"形式，来聚集人气。

促销带有很强的目的性，在运营的不同阶段，促销的目的也不尽相同。导入期、爆发期多以提升单品销量为主；成熟期多以提高客单价为主；衰退期多以清库存为主，以保证尽快回笼资金。当然这也跟自身店铺情况有关系，如果没有囤货，而是在市场上拿货，那么就不存在清库存问题，但是增大销量，提高客单价是不变的。

> ⚠️ 提示：
>
> （1）导入期与爆发期的促销目的是提升销量；
> （2）成熟期的促销目的是提升客单价；
> （3）衰退期的促销目的是清仓回笼资金，或带动下一阶段爆款。

有很多类目由于自身的特点，不存在明显的淡旺季，做促销时就以增大销量与提升客单价为主要目的。

3.3.3 给促销找个"借口"

在历史古装剧中，每一次的南征北伐，改朝换代，农民起义，都伴随着一个口号，来表达自己行为的合理性。正所谓：名不正，则言不顺。给促销活动找个合适的"借口"，让一切看起来都那么理所应当，消费者接受起来也相对容易，并且在口口相传时，更有利于传播。

一家新开 3 个月的店面，如果促销口号是"店庆一周年"，这周年也太短了点吧，不太合适。刚过完春节，促销口号是"迎新春，送豪礼"也不太合适吧。找到一个合适的理由，就是给消费者购买商品找到了一个理由。比如跟家人说，"那家店正在搞周年店庆，在打折，去看看吧。"

那么如何才能找到最合适的口号呢？一般从三个方面来思考。围绕传统节日或国外节日，比如：

- 春节
- 元宵节

- 龙抬头
- 情人节
- 端午节
- 母亲节
- 父亲节
- 七夕节
- 中秋节
- 国庆节
- 感恩节
- 圣诞节
- 元旦

根据时间，可以选一个最近的节日，起一个合适的促销口号。这里就不过多给大家举例说明了，如果实在词穷，就去看看其他店铺是怎么写的，做个借鉴。除了围绕节日起口号外，还可以围绕店铺打出口号，比如：

- 周年庆典
- 新品发布
- 新品特卖
- 反季促销
- 老客户感恩回馈
- 新客户免费体验

这种类型的促销口号，也是比较常见的。

3.3.4 常见的促销形式

促销活动，就是用额外价值来提升整体性价比，减少成交阻力，提升转化率。先来重点分析一下额外价值，要想让消费者获得额外价值，促销中的让利幅度是核心，因为让利过多，商品毛利率减少，定会影响纯利润。让利过少又起不到太明显的作用。

让利的目的不是让企业真的放弃利润，而是采用让利的形式，追求销售规模，以获得更多利润。搞清楚这一点以后，我们来看一下，促销都有哪些常见的形式。

（1）满××元，送××礼品。举例：满99元，送精美腰带一条；

（2）满××元，减××元。举例：满99元，立减10元；

（3）满××元，返××元。举例：满99元，返10元无门槛店铺优惠券；

（4）加××元，送××。举例：全场任意订单，加10元送精美钱包；

（5）全场××折。举例：全场 3 折起、全场 5 折优惠；

（6）买××送××。举例：买裤子送 T 恤；

（7）店铺优惠券。举例：10 元、20 元、50 元店铺优惠券，可限额，可不限额；

（8）抽奖；

（9）秒杀。举例：9 块 9 秒杀；

（10）原价××元，现价××元，还送××礼品。举例：原价 198 元的休闲裤，现价只要 98 元，还送价值 58 元精美腰带；

（11）一件××元，两件××元。举例：休闲裤，一件 88 元，两件 99 元；

（12）单件不包邮，全场满 2 件包邮；

（13）跨店满减或跨类目满减，这多是以参与平台大促活动时用的形式。

这 13 种促销形式，是目前最常见的。还有其他一些更有创意的形式，大多也是在此基础上想出的，可以结合自己商品来设计。

促销活动的玩法越简单直接越有效果。曾经接触到一位卖家，谈起促销话题，他说他前几天搞了一个促销活动，觉得设计得挺完美的，但是效果却不好，到现在也没弄明白什么原因。我问他，促销形式是什么，他说，首先要……，其次要……，然后还要……，最后将有可能获得×××的机会。我告诉他，你这个促销设计得太复杂了，不容易让消费者理解。

⚠️ **提示：**

促销活动越简单越好，最好能一句话说清楚，既方便理解，又方便在消费者之间传播。

那么问题来了，什么样的促销活动属于简单的促销活动？通过总结归纳发现，"只要_____，就能_____，还能_____"可以很好地说明这个问题。这种类型的促销形式，也是消费者最容易理解的。

比如一家卖男装的店铺，"只要满 258 元，就可以免费获得精美腰带一条，还能参加店铺抽奖，赢取最新款 iPhone"。越是通俗，越容易被消费者理解记忆且传播。

促销公式	
只要_____	商家做促销要达到的目的（必选）
就能_____	消费者可以得到的价值（必选）
还能_____	额外获得的附加价值（可选）

我们套用上面的"公式"，设计一个促销形式，例如"只要满 198 元，就能立减 30 元，还能享受顺丰包邮哦。"公式中的"只要""就能""还能"，在整个促销形式中的目的不同，侧重点也有所不同，下面我们来分析一下。

- 只要，是商家做促销要达到的目的，如果消费者想要得到"利益"，就要先满足这个条件。曾经遇到过一个正在打爆款的商家，为了快速提高销量，商家采用买单件88元，满2件就99元的销售策略，可想而知，大量的消费者都毫不犹豫地选择买2件，销量增长很快。

如果主要目的是提高客单价，那么就是满××元，然后……，当然在设置条件时，一定要结合自己店铺实际情况而定。例如，目前店铺客单价是130元，那么可以设置，只要满150元，就能……，这个条件略高于消费现状，消费者为了得到促销利益，花的钱也不多，就愿意去凑这20元差价。假设我们店铺客单价是130元，促销设置为满300元，就能……，没人愿意为得到一点促销利益，额外多花那么多钱。

> ⚠️ **提示：**
> 在策划促销活动时，一定要搞清楚，促销的目的是什么，消费者要能接受促销条件才行。

- **就能**，是消费者可以得到的利益，也是商家为达到目的所要付出的代价。消费者一般比较关注这个，先看能得到什么，再看要做什么。优秀的促销活动，往往让消费者觉得，得到的利益要远大于所付出的。比如满150元就送精美礼物，现在已经够130元，为什么不多花20元，得到那个礼物？只要让消费者觉得礼物的价值远远大于20元就可以了。

- **还能**，是一个附加价值，其主要目的是增大吸引力，如果在"就能"上出现价值不太吸引人的情况，可以额外加一个"还能"。在促销公式中，该部分属于可选项。比如促销形式"只要满150元，就能立减30元，还能参与抽奖"与"只要满150元，就立减30元"相比，抽奖部分就是附加价值。

3.3.5 满赠、满减、满返

满赠、满减、满返，在促销的本质上是相通的，"满"是核心，"赠、减、返"是技巧。我们重点分析满赠与满减。一般的满赠，有两种形式：

（1）满××元，送××赠品；

（2）满××元，加××元赠送××赠品。

大部分中小卖家，适合第一种形式。有品牌优势的卖家，可以使用第二种，因为消费者钟情于品牌，加少量费用，就可以额外获得一件该品牌的商品，对其有很大的吸引力。

来看一个实际案例。某男装运动品牌，在销秋季服装，全店客单价为70元。为了提高客单价至100元，店铺制定促销政策，"满99元，加10元送T恤"，T恤的成本价不高，然后还单独拍摄了图片，并且质感不错，非常吸引买家眼球。在页面中告知买家，加10元可以获赠一件T恤，最后促销很成功，交易笔数上涨，客单价也得到了提升。

冬季时该店铺决定推出新一轮的促销活动，沿用上次的方式，这次的赠品是某知名品牌的毛毯，最终的政策是，"满139元，加39元赠送毛毯一条"，但是这次促销活动竟然失败了。

同样的思路，两次促销活动的结果却出乎意料。我们将两次促销活动，进行对比分析，得出以下几点注意事项。

（1）客单价的提升要在合理范围之内，首先要根据目前店铺客单价来制定满多少元才能送。假设目前店铺客单价为 70 元，那么整体客单价应该有 20～30 元的提升空间，可以选择"满 99 元送手套"或者"满 99 元送腰带"的形式，具体送的礼物，最好是本店销售商品，并且是目标人群需要的。

（2）"满××元，送××礼物"，那么赠送的礼物要在毛利范围内。做促销活动，目的是提升整体盈利，如果所赠送的礼物，超出毛利，那么最后整个促销活动就是亏损的，得不偿失。

（3）所赠送的礼物，要比额外加的钱数，更具有价值感。如同案例中所提到的，加 10 元，就可以得到一件 T 恤，对消费者而言，一件 T 恤的价值远大于 10 元。

（4）额外加的钱数，必须属于"忽略价"，最多不超出支付商品的 10%。案例中的两次活动，第一次加 10 元，第二次加 39 元。相比较而言加 10 元，对于本次购物来说，属于可忽略的金额，但是加 39 元，消费者可能就犹豫了。

（5）本品与赠品要具有使用相关性。在之前的内容中，我们提到过如何分析目标消费人群，在选择赠品时，也要围绕这一点，所选择的赠品一定是目标人群有需求的。

满赠、满减相对比较好理解，也比较好操作。那么我们看满返是怎样的一种形式，满××元，就返××，返的是一个价值××元的机会或者优惠券。这种促销形式的即时效果相对较差，因为返的是券，需要二次消费才可以用，多数用户都在"纠结"本次是否购买，满足促销活动上设置的"条件"后，却偏偏返一个下次使用的抵用券，多数买家都会想，有没有下次都难说。

例如，"满 198 元，返 20 元店铺优惠券"，如果这个优惠券在下次购物使用时，仍然有使用额度限制，例如所返的 20 元店铺优惠券，需要满 200 元才可以使用，那么消费者就会觉得商家套路太多，避之不及。

满赠、满减、满返优缺点对比					
形式	针对人群	优点	缺点	难点
满赠	所有用户	容易理解 有效提升客单价	赠品对结果有影响	赠品选择 所满金额计算
满减	所有用户	容易理解 有效提升客单价 即时效果好	用户注意力被吸引到折扣上	所满金额计算
满返	购买意向不强烈的用户	不容易理解 可提升客单价 可提升购买频次 即时效果差	是否存在二次消费 可信度较差	返的形式 所满金额的计算

3.3.6 秒杀

作为一个电商从业者，我会经常关注平台上的广告。有一次发现一家店铺打出"秒杀"口号，顺手点击查看了下，正在参加秒杀活动的宝贝，在过去很长一段时间内，销售了 200 多件，但是库存显示仍然有 200 多件，库存这么多算什么秒杀。秒杀要达到"秒"的效果，就是短时间内就要被抢光，三五个小时都卖不完，这根本不叫秒杀。

还经常听到一些卖家朋友说秒杀活动没什么效果了，参加秒杀的宝贝，大多数是亏本赚人气，没多久就被抢完了，但是店铺其他商品，销量丝毫不见增长。不得不说，这种情况真是太普遍了。

电商平台中的秒杀，是指商家以超低价、限时、限量销售商品的一种促销方式。一般是商家与买家约定好时间点，在店铺中会是一个什么样的价格，限量销售多少件，几点开始抢购。由于是与买家约定好时间点，所以在秒杀活动开始前后，可以快速聚集人气，这也是秒杀活动最大的优势。

> ⚠️ **提示：**
> 秒杀活动的精髓是，利用超低价、限时、限购、限量的促销手段来吸引人，最终目的是发挥流量的剩余价值，也就是说，对流量进行引导，形成其他商品最大化销售。

总结一下，做秒杀活动的注意事项：

（1）秒杀活动对新访客比较有效，因为新访客对店铺缺乏认知，遇到秒杀活动，可以用极低的价格参与，试错成本很低，即使买回来发现商品不太完美，也不会有太大损失。

（2）必须与买家提前约定时间，相当于为活动蓄势。

（3）必须有一个相当给力、具有很强吸引力的折扣价，一定要打破消费者的常规认知，要让消费者觉得，不买就亏了。

（4）秒杀活动对带动店铺人气有很大帮助，但是要进行引导，使剩余流量的价值最大化。例如，可以将参加秒杀活动的商品设置成不包邮，配合一个全场满 2 件包邮的活动，只要在店铺中任意购买一件其他商品，就可以包邮免费送。

> ⚠️ **提示：**
> 从促销形式上来讲，秒杀属于限制性促销，所谓限制性促销就是"限时""限量""限价"的方式。

（1）限时，主要是在活动前，确定活动预热期，进行推广宣传告知买家，约定好时间是重点，一旦确定就不可改变。所以在选择预热渠道上，要考虑怎么通知客户，什么时间通知客户，时间太早容易被买家忘记，太晚了时间紧迫又怕来不及。

另外，秒杀活动时间要尽可能分散，比如整点秒杀，从上午 10:00 开始，一直到下午 17:00，每个整点都有商品参与秒杀活动，在页面中提前进行告知，引导消费者提前关注或者收藏，这样可以保证活动当天店铺人气的持续性。

切记，不要把所有打算参与秒杀活动的商品，放在一个时间点一口气全部秒杀完。当秒杀完后，后续进来的买家，发现活动早就结束了，就会失去积极性。整点秒杀的好处是，在不同时间点进来的买家，都会发现下一个整点，有即将参与秒杀的商品，这样可以有效地挽留用户，保证活动效果。

（2）限量，如果长时间内商品被秒不完，就不叫秒杀。所以参与秒杀活动的库存数量一定要有限制，通常来说取一个不太多的库存数字，但是也不要太少。一般最少 10 个库存，多的话不超过 50 个库存量，不要设置得太少，比如设置 1 件，就会让买家觉得，"就那么 1 件，反正也抢不到，干脆就不参与了。"

（3）限价，这里所说的限价，主要是指商品折扣，因为特价商品是我们的促销诱饵，在宣传推广和与买家约定时间时，尽可能让更多的人认识商品并且产生兴趣，然后设置一个有诚意的折扣。根据商品单价来设定，若是三五百的商品，那就 9 块 9、19 块 9、29 块 9 秒杀；如果是 200 元以内客单价的商品，可以选择 9 块 9 或者 1 元秒杀。

曾经遇到一个商家，商品原价为 158 元，然后打 6 折进行秒杀，由此可见该商家不懂秒杀，打 6 折叫零售，不叫秒杀。商家做促销没诚意，就很难吸引到买家。

⚠️ 提示：
秒杀的精髓在于，通过快速聚集的人气，引导实现剩余流量价值最大化。

下面讲一下如何实现剩余流量价值的最大化。

（1）秒杀活动前的流量。由于在活动前，与买家约定时间，在秒杀活动临近时，大批量的买家都会进店等待，并且提前收藏或加购，只等下单付款。

我们的目的是尽可能产生更多销售，那么在买家闲逛时，可以告诉买家哪些商品是跟秒杀款类似的。同样具有较高性价比的商品，也可以采用之前提到的"满 2 件包邮""满××元，立减××元""满 2 件，赠送××赠品"等促销手段。

（2）单品秒杀活动后的流量。一般在做秒杀活动时，不会集中在单款商品上，一般会选择多款商品同时进行。很多商家在做秒杀活动时，由于需要设置较大的折扣，都不会选择在原来商品链接上进行打折，以避免宝贝后续参与其他官方活动时，被要求低于历史最低价销售，所以商家通常都是新发布一个宝贝，进行打折促销，然后设置好参与秒杀的数量，定时上架。很多商家为了图省事省心，就等着商品被秒杀完后，让宝贝自行下架，个人不建议这样做，当单品秒杀活动结束后，可以恢复到原价，并且在页面中告知买家，本款商品秒杀活动已经结束，现在恢复原价销售，如果想了解更多商品，请点击××链接查看。如果买家非常喜欢该款商品，也有可能以原价购买，而如果宝贝处在下架状态，买家将无法拍下购买，所以无论如何，秒杀活动结束后，要恢复原价销售，切勿将宝贝做下架处理。

秒杀，作为限制性促销活动，不可经常使用。偶尔做一两次秒杀活动，可以激活更多沉睡客户，但是长期使用，会对老客户伤害较大，因为谁都不愿看到，自己曾经购买过的商品，如今在降价销售。

> ⚠️ **提示：**
> 秒杀活动对于新客户有一定的拉动作用，同时也可以唤醒部分老客户。

【读者互动交流】：

服务号　　　　订阅号

- 扫码关注服务号，会定期收到刘老师关于电商的视频课程！
- 扫码关注订阅号，会定期收到电商行业资讯解读！

　　（1）关注公众号后，回复"老刘"可以添加作者刘老师个人微信，进行店铺问题沟通。

　　（2）联系作者，可以领取全书思维导图一份。

　　（3）联系作者，可以领取电商运营常用表格一份。

　　（4）联系作者，可以领取20节店铺后台操作视频一份。

　　（5）联系作者，可以领取神秘干货大礼包一份。

其他电商福利，会定期在公众号发布，欢迎关注！

第 4 章　客服管理：提升询单转化

Chapter Four

　　线下传统企业，客服部门一般承担着售后处理工作，而销售任务则集中在销售部或者市场部。在电子商务领域，由于地域关系，商家无法与客户面对面交流，所以并不能像传统企业一样，将客服部门与销售部门分得那么清楚。

4.1　做好客服工作需要正确的思路

　　对于一个线上店铺来说，买家看到的商品是一张张的图片，无法通过亲身体验来了解各种实际情况，因此往往会产生疑虑，或者由于详情页没有把商品功能介绍清楚，导致客户还有疑问未被打消。此时客服就显得尤为重要了。通过与买家在线上直接沟通，快速解答买家对商品的疑问，最终促使买家下单达成交易。

4.1.1　客服应具备的基本素质

1. 责任心

　　无论在哪个岗位，这都是必须要具备的良好品质。而客服战斗在一线，并且可以直接接触买家，可以说客服是一个店铺的形象大使，决定着买家对店铺的第一印象。所以更要尽职尽责。不能做只会应答的机器人，要体现自身的专业性。

2. 耐心

　　通过千牛工具，直接在线服务客户，需要有足够的耐心。有些客户的问题比较多，文字表达又不是很清楚，此时客服需要耐心地解释和回答，打消客户的疑虑。千万不能抱怨，对客户不能有"爱买不买，问那么多干吗"的心态，现在推广花费很高，好不容易花钱才带来的客户，不能因为咨询环节出问题，导致转化率下降。

3. 细心

　　有些店铺的单品数量较多，高达几百甚至上千款商品，有时在大促的时候，短时间大批买家咨询购买，面对如此情景，难免手忙脚乱，此时就需要我们细心。比如客户拍下订单，要求更改订单商品型号或者更改收货地址，一旦处理不好，商品发货后，后期处理起来就会非常麻烦，要花大量的时间成本，搞不好换来退货甚至是差评。

4. 同理心

同理心就是换位思考，设身处地理解客户的需求，给客户推荐更合适的商品，提供更好的服务。

5. 自控力

自控力就是控制好自己的情绪，客服做的是服务工作，首先要有一个好的心态来面对工作和客户，客服的心情好了，也会带动客户。毕竟网上的人形形色色，有好说话的，也有不好说话的，甚至有的客户出口辱骂等，这就需要客服控制好情绪，耐心地解答，有技巧地应对。我曾经见过有客服跟买家进行对骂的，最终买家投诉，店铺被扣分，很长一段时间没有成交订单，损失巨大。

4.1.2 客服应具备的基本知识

1. 专业的商品知识

在做接待咨询工作前，客服应当对商品的种类、材质、尺寸、用途、注意事项等有所了解，对商品的使用方法、储存方式等有了解。最好还了解一些行业的有关知识，行业中做得比较好的大卖家，大卖家到底是哪些方面做得比较好，都要大概知道。

2. 店铺交易规则

一定要了解平台规则，首先把自己当作一个买家来了解整个购物流程，浏览、咨询、下单、付款、查看物流信息、等待收货等。只有熟悉这些流程，消费者在购物时遇到问题，我们才能更好地解答。然后从一个商家的角度来了解淘宝的交易规则，从而更好地熟悉业务流程。因为交易的前期由买家操作，下单付款后的事，都是由我们商家来完成的，只有这样才能运转得更顺畅。

3. 支付流程与规则

了解支付宝交易规则和时间规则，买家收货后，及时跟进询问使用情况，或者引导买家加入商家群，以做好后期客户维护，以及尽快让消费者确认收货，可以帮助提升宝贝权重。

4. 物流快递

熟悉不同快递的价格、速度、联系方式和查件方式。有些快递公司的物流不完善，经常出现问题件，所以一定要知道如何去查询快件，并做好客户的安抚。将问题及时备注，及时跟进物流进度，保障快递顺利送到买家手中。

5. 在线咨询工具的使用

客服接待咨询，都是通过在线咨询工具完成的，极少数的投诉或者问题需要电话沟通，所以客服需要熟练掌握咨询工具的使用，包括千牛客户端的安装、插件的使用等。

4.1.3 客户没有问题就是最大的问题

一个优秀的业务员很清楚客户在购买过程中会遇到什么问题，并主动给予解答。一个不合格的业务员，只会被动等待，只解答客户提出的问题，这种一问一答式的销售过程，缺少互动，非常枯燥。

当遇到一个对商品不了解但是有需求的客户时，场面就会很尴尬，因为客户本身不懂，又怎么能提出很多问题呢？所以客户没有问题才是最大的问题，这就需要销售人员主动去一步步讲解。

在电子商务领域同样如此，售前客服一定要积极主动解答问题，把商品的卖点、优势、售后服务承诺及促销形式，尽可能告知买家，让买家觉得我们的商品是有性价比的。

4.1.4 一段简单的对话

主动出击是每个客服应该具有的最基本的素质，销售就是一个引导的过程，只有主动去引导客户，让其跟着自己的"节奏"走才会达到最终的目的。被动地等待，一问一答式的咨询过程，只会丧失掉更多的订单，比如下面这段对话。

客户：在吗，老板？

商家：在。

客户：www.taobao.com/id=12345678（宝贝链接）

商家：能拍就有货。

客户：这衣服是什么料子的？

商家：棉的。

客户：棉的会不会缩水啊？

商家：不缩。

客户：哦，还能便宜些不？

商家：最低价。

客户：发什么快递，什么时候发货？

商家：圆通。

客户：哦，好吧，我再看看。

解答客户疑问仅仅是客服工作的一部分，更重要的是引导客户尽快下单，在咨询中逐步引导是整个过程的核心，首先要帮助买家选择合适的商品，就像商场导购一样，首先帮助买家选择商品，然后陪同去柜台付款，最后可能还送一些下次购物时使用的优惠券或赠品。

下面通过一个实际案例来说明，比如销售某服装商品，对话如下。

客户：在吗，www.taobao.com/id=12345678（宝贝链接）

商家：在的亲，欢迎光临，很乐意为亲服务。

客户：这款衣服是修身的吗？

商家：是修身的亲，您平时穿多大号的衣服？

客户：我不知道呢，忘记了。

商家：没关系的亲，您说下身高体重，我给您推荐个合适的号。

客户：165cm，107斤。

商家：抱歉亲，让您久等了，根据您提供的身高体重，建议您拍XL的哦。

客户：哦，哪个颜色好看一些？

商家：亲，您平时喜欢穿什么颜色的衣服呢？

客户：（截图）我觉得这个颜色的好些。

商家：嗯嗯，是的呢，目前黑色与红色卖得是最好的。

客户：嗯嗯。

商家：亲您就拍黑色XL的吧，现在拍下，待会儿就能发货。

客户：发什么快递？

商家：咱们默认发圆通快递，一般三天左右都能到的。

客户：哦哦。

商家：亲您是哪里的？

客户：江苏徐州。

商家：嗯嗯，江浙沪三天没问题的，亲赶紧拍吧，我给您安排发货。

客户：哦，如果不合适可以退换吗？

商家：亲，您放心，我们支持30天无理由退换货，并且全店赠送运费险，如有任何不满意随时办理退换货，不需要您承担任何费用。

客户：运费险是什么？

商家：运费险是保险的一种类型，意思就是如果您对购买的商品不满意，进行退货时，运费险会给您补偿运费的，一般是 9～12 元不等，具体看距离远近。

客户：是吗，那还不错哎。

商家：亲，今天我们这款宝贝还有优惠哦，现在下单立减 10 元，您要是喜欢的话，就要抓紧拍哦！

客户：嗯嗯，好的，现在就拍。

商家：好的。

客户：拍完了，安排发货吧。

商家：跟您核对下收货人信息与地址。地址……

客户：对的，没错。

商家：好的，马上给您安排发货，三天左右送到，请亲注意保持手机畅通，避免快递联系不到您。

客户：好的。

商家：再次感谢您对我们的信任，有问题记得随时联系我们，再见！（表情笑脸）

在整个咨询过程中，要一步步地引导着客户往前走，整个过程大体分为六大步骤。

4.1.5 优秀客服第一步：礼貌欢迎，解答产品属性问题

客服接待咨询的过程中，由买家主动发起咨询，大多数的买家，开场的第一句话往往是："在吗？"客服人员在回答时，在回复内容中一定要带有"热情"，如果客服人员单纯地回答"在的"，这样会让买家觉得自己不被重视，甚至会让买家误以为，商家对自己爱答不理，所以第一句回答很重要，热情的开场回答，会给后边的咨询解答与成交转化打好基础。

在咨询高峰时段（多数是店铺搞促销活动时），由于接待咨询量较大，可以使用自动回复功能，但是回复的内容，最好是店铺促销的规则介绍，比如单独设计一个"××店铺大促，省钱攻略"，将其单独设计成一个页面，把页面链接放在自动回复的内容中，让买家先了解熟悉促销活动规则，也可以回复店铺优惠券链接，让买家先领取店铺优惠券，避免在咨询中因等待时间较长，造成客户流失。

> ⚠️ **提示：**
> 一般情况下买家咨询客服，问题多集中在商品属性与物流配送上。

4.1.6 优秀客服第二步：换位思考，帮助客户选择商品

买家一旦咨询客服，就意味着买家对该商品有购买意向，当解答完买家关于商品属性的问题后，如果买家在犹豫，而客服人员又没有及时跟进的话，可能就造成订单流失。有时候客户在两三款商品之间进行对比，暂时又没拿定主意，所以此时客服要帮买家去分析，

给出建议，不然就会造成客户流失。

4.1.7 优秀客服第三步：选择快递，解答物流配送问题

当帮助买家选择好商品后，仍然不要停止引导，因为整个购买过程还没到最后。既然已经帮助买家选择好了商品型号，那下一步就是物流配送的问题，再一次主动引导询问，"亲，您是哪里的？我们默认××快递包邮。"当买家回答，"我是某某地的。"客服要主动跟进回答，"××快递可以到的，大概三到五天，一般三天就可以，如遇到特殊情况，也不会超过五天的。"后续紧跟着补充，"您拍吧，拍完我给您安排发货，今天就能发出的。"

经过这三步以后，关于商品属性、型号选择、物流配送，都已经让买家没有异议了，但可能还会存在一些其他小问题，例如，"出现售后问题怎么办？""有质量问题怎么办？"此时就要进行下一个阶段的引导。

4.1.8 优秀客服第四步：服务保障，解答店铺服务承诺

在之前有关店铺规划章节中，专门讲了如何打造零风险承诺，其通常指的是对退换货的承诺。建议商家把退换货周期延长，例如15天或者30天无理由退换货，并且当买家遇到售后问题或者商品存在质量缺陷时，统统可以给予服务保障式的回答，很肯定地告诉买家，"我们承诺30天无理由退换货，有任何不满意，一律包退换，并且赠送运费险，退换货时，无须您承担任何费用。"这一回答基本可以解决大多数买家购买过程中的疑虑。

4.1.9 优秀客服第五步：限时优惠营造下单紧迫感

如果经过前边几个阶段的解答，买家还是有些犹豫，如果客服人员就在此停止，不再继续引导跟进，那就好比一个足球运动员，晃过了所有对手的防守，来到球门前，却迟迟不射门一样，此刻买家犹豫，多数是因为价格问题。为了补上这"临门一脚"，可以做一个优惠券或者满减活动，告诉买家，"现在下单可以额外赠送一个小礼品。"这样一来销售的紧迫感就有了，基本都可以下单成交。

4.1.10 优秀客服第六步：客户下单，核对订单信息无误

经过前边几个阶段后，买家基本都已经下单。当买家拍下商品并付款后，为了避免出现差错，减少售后不必要的麻烦，一定要跟买家核对一下订单信息与收货地址，避免由于买家不细心选错商品型号，或者使用了之前的收货地址与电话。为保证商品顺利送到买家手中，把好最后一关。

4.2 售前客服解答全攻略

如今推广费越来越高，如果花费大量推广成本引来了客户，却不能转化成交，损失无疑是巨大的。所以售前客服在接待咨询过程中，要有清晰的思路和解决问题的技巧，尽最大可能转化每一个意向客户。

4.2.1 店铺商品知识解答

商品是营销的基础也是核心，尤其是在当前网购市场，购买商品的渠道如此丰富，只有优质的商品、有超高的性价比的商品才能脱颖而出。

作为客服人员，要熟练掌握商品知识，这是咨询工作的基础，因为这样可以快速解答买家的疑惑。假设有买家咨询，"这个扫地机器人，如何使用呢？"客服却对使用方法，有哪些功能，该怎样设置，一无所知，又何谈转化成交呢。熟练掌握商品知识，同样是运营团队成员要具备的基本素质。

商家可以建立一个"商品档案表"，把店铺在售的商品全部记录在表格中，各个属性标记清楚。还是以扫地机器人举例，比如将商品型号、具备哪些功能、有几种扫地模式、电池容量多大、多久需要清理垃圾储存盒、地面上有水还能扫吗，等一系列围绕商品的知识，都记录下来，随着接待咨询的客户越来越多，问题积累得就越完善，只要遇到一个不熟悉的问题，就第一时间添加到商品档案表格中，日积月累该表格就能够涵盖绝大多数问题，这对于后期客户团队培训新人也是非常有帮助的。

4.2.2 店铺促销优惠解答

在店铺经营过程中，每个时段都会有不同的促销活动，运营人员在确定好促销规则、活动时间、优惠政策等后，一定要及时通知到客服人员，方便客服人员第一时间通知买家，不然促销的效果将会大打折扣。比如满××元可以减钱或者送小礼物等。

与此同时，买家还会问一些类似"能不能再优惠点？"或者"有没有小礼物？"的问题，如果店铺促销活动中有这些，如实告诉买家就好。如果没有，也不要直接回复"没有"，在多数情况下可以转移一下买家的注意力，比如可以像下面这样回答。

问：还能再优惠些吗？

答：亲，本店所出售宝贝，目前都是最低价的哦，同质量的产品，我们的价格最优惠，质量绝对有保障。另外，我们承诺30天无理由退换货，售后服务是有保障的，不会让您多花一分钱的。

问：有小礼物赠送吗？

答：亲，本店出售的宝贝，都是最低价哦，这么好的产品，这么低的价格，就是送给亲最好的礼物，相信亲一定会喜欢的。并且我们承诺 30 天无理由退换货，服务有保障，亲可以放心购买。

> ⚠️ **提示：**
> 在转移买家注意力时，把握好一个原则：当买家跟你讨论价格时，你就跟买家讨论价值。在日常咨询中，这两个问题被问到的概率很高，可以设置成快捷回复，提高咨询效率。

4.2.3 店铺服务承诺解答

关于服务承诺的解答，无非就是购买商品后，商家所做出的售后保证。问题多集中在退货、换货、换货时运费承担及商品质量问题等几种情况。

买家收货后有任何不满意都是可以退换货的，退换货的运费原则上由责任方承担，比如自己不喜欢、选错型号等，由买家承担运费。如果商品出现质量问题，运费是由商家承担的。但是在实际中，如果按照这种处理原则，则出现的退款纠纷较多。

后来有了运费险，买家可以在下单时，顺带购买运费险，这样一旦出现退货，运费险都会给予一定的补偿。

4.2.4 店铺物流配送解答

在售前客服工作中，快递问题也是常被问到的问题，多集中在这么几个问题上。

（1）能发哪家快递？

（2）什么时候发货？

（3）多久能送到？

（4）能发顺丰吗？

买家一旦下定决心要购买这款商品，接下来最关心的就是物流问题，相信很多人都经历过等待快递的情形，尤其是着急使用的商品，如果途中用时很长，即使对商品很满意，心里仍有些不爽。每个商家都会与特定一家或者几家快递公司达成合作，彼此谈妥价格，商家就默认发某家快递，与此同时商家也会收集其他快递公司的联系方式，以备有客户指定某家快递公司时，也能顺利发出。

一般每天下午四五点以后，快递员会主动上门收件，也就是说在快递员来收件时，要把在此之前的订单商品全部打包好，晚点的订单商品会在第二天被收走，具体的收件时间，要看商家与快递公司之间的协商。

所以在买家咨询时，要告诉买家什么时间前的订单商品会在今天发走，几点后的订单商品会在第二天发出。一般官方规定要在 72 小时内发走，如果时间拖得太久，对买家的购物体验是个很大的影响。

包裹一旦被收走，一般当天晚上就会在后台查看到物流信息。随着快递业的不断发展，现在的送件速度快了很多，非偏远地区一般三天左右就可以送到。

> ⚠️ **提示：**
> 有一些偏远地区，一般快递都送不到，买家会选择邮政小包（邮政经济型快递），客服人员一定要提前告知买家，邮政小包送达需要时间较长，我曾经见过15天都还没送到的情况，即使不是店铺运营造成的，这同样影响买家本次购物体验。偏远地区的，客服人员可以推荐买家选择顺丰与EMS。

4.2.5 客户订单核对及修改

当买家下单后，客服要跟买家进行订单核对，检查收货地址、电话、商品型号等是否正确，避免因疏忽大意造成信息错误，减少不必要的售后问题。在千牛工作台右侧，当买家拍下商品并付款后，可以直接看到买家留下的收货地址，方便快捷。

4.2.6 快捷回复的创建与使用

在咨询过程中有很多问题会被买家重复问到，这样的问题相对统一，如果对每一位买家都手动打字回复解释，在咨询高峰时段可能会影响效率，所以针对那些被重复问到的问题，可以使用快捷回复，以快速回答买家，提升咨询效率。将快捷回复的内容编辑好，保存即可，如图 4.1 和图 4.2 所示。

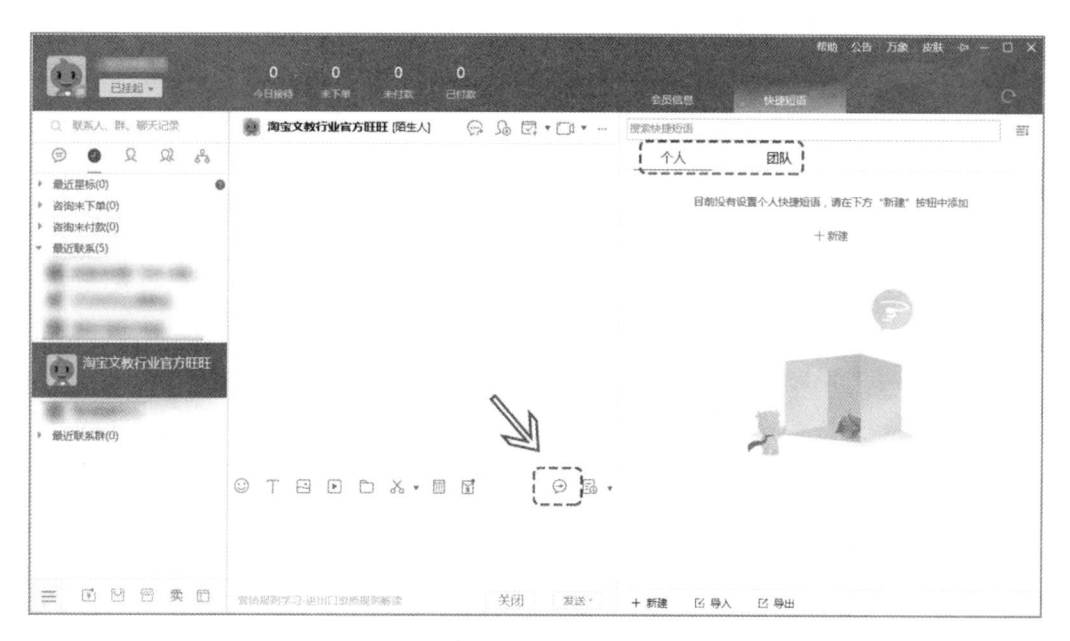

图 4.1 新建快捷回复 1

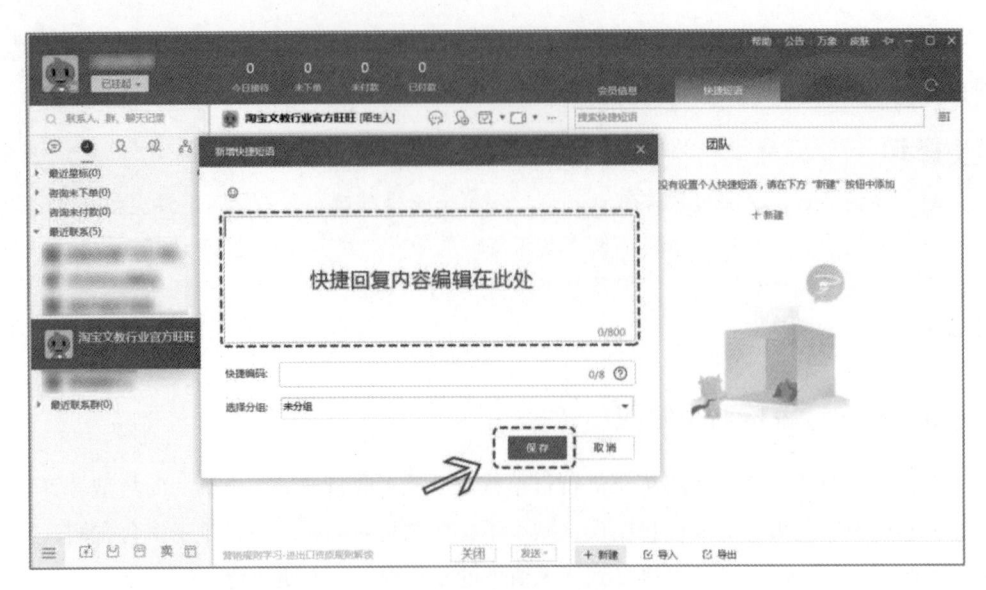

图 4.2　新建快捷回复 2

通常在编辑新建快捷回复时，会针对内容类型做一个分组，比如关于商品的、关于运费的、关于促销活动的，商家可根据自己实际需求，进行编辑分组，然后再新建快捷回复，如图 4.3 所示。

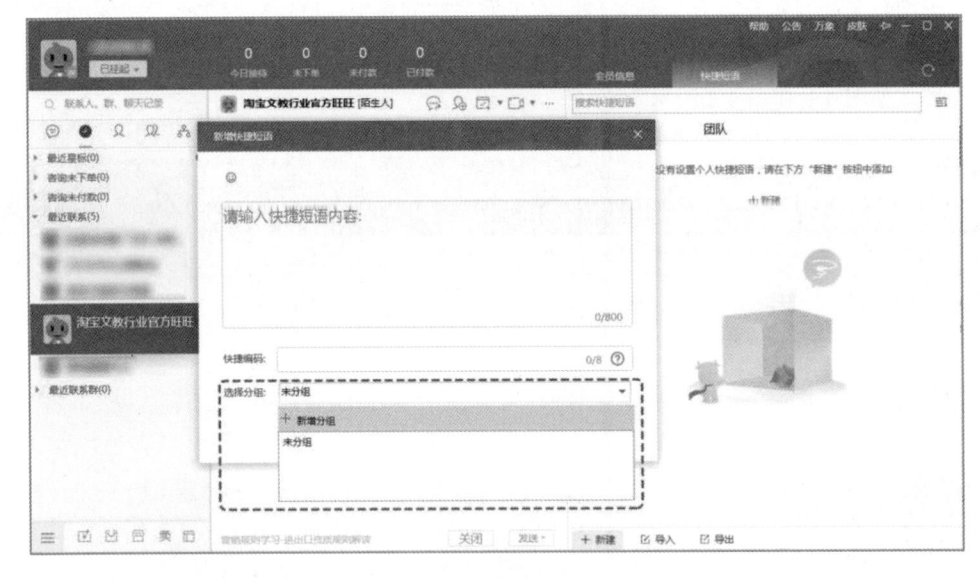

图 4.3　新建分组

4.2.7　未下单客户的订单催付

在日常咨询工作中，经常会遇到一些咨询过但是没有下单付款的客户，还有一些已经拍下但是未付款，这两种类型的客户，毫无疑问是有购买意向的，至于为什么迟迟不下单，想必是遇到了一些情况。

> ⚠️ **提示：**
> 在消费心理学中，一个购买过程不适合拖很长时间，购买是一个在特定环境下产生的消费行为，跨越时间越长，最终客户购买的可能性就越小。

所以为了增大客户的询单转化率，订单催付成了售前客服很重要的一项工作。在订单催付时，要注意催付时间与催付话术。在催付的次数上，切记不要太多，每天以催付 2 次为最佳，上午一次，下午在库房发货前再催付一次，如果催付的次数过多，就会成为"骚扰"，最终会适得其反。

在催付话术设计上，主要是营造稀缺紧迫感，常规的思路有三种。

1. 围绕库存数量

举例：亲，您好，您看中的宝贝已经拍下，但是还没有付款，目前库存告急，为了保证您喜欢的宝贝不被别人抢走，付款下手要快哦。

2. 强调发货时间

举例：亲，您好，您看中的宝贝已经拍下，但是还没有付款，现在库房正在打包发货，为了您能尽快收到宝贝，付款后我们立刻给您安排发货。

3. 优惠券引导下单

举例：亲，您好，您看中的宝贝已经拍下，但是还没有付款，恰好店铺开展"折上折，免费省钱"活动，这是优惠领取链接，不限额优惠××元，仅限今天使用（解释：设置针对单品的不限额优惠券，优惠额度结合商品自由设定）。

当设计好催付话术后，可以将其编辑到千牛工作台，后续针对拍下未付款的客户，直接点击"催付"，选择将要使用的话术，发送给客户即可，如图 4.4 所示。

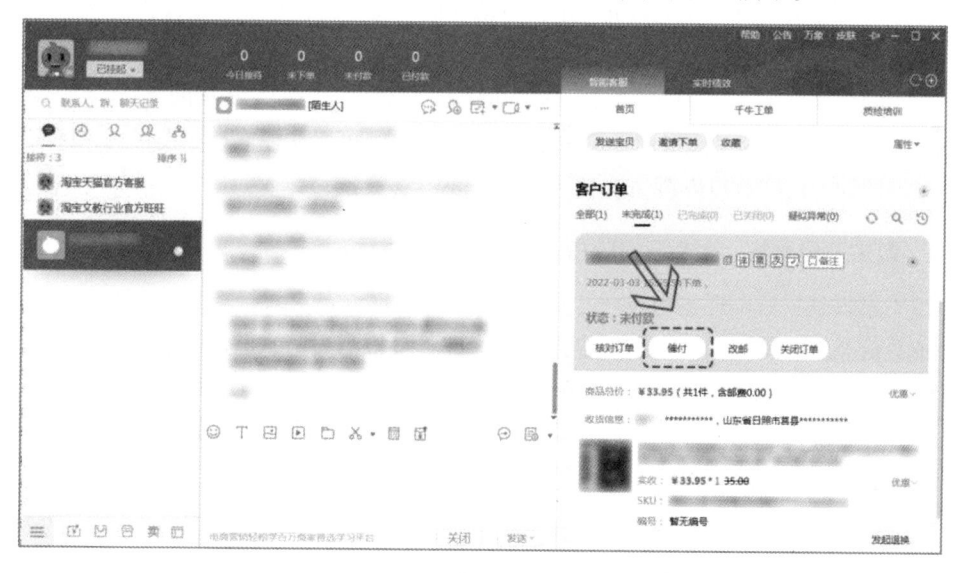

图 4.4 千牛工作台——催付

4.3 售后问题处理流程

有了网购，人们足不出户就能在互联网上挑选自己喜欢的商品，由于无法近距离接触商品，出现差异在所难免，如果收到的商品与当初购买时期望的存在很大差异，势必会造成客户不满，导致商品退货。

4.3.1 退货问题处理流程

我曾经在一家淘宝集市店购买过商品，当与其联系退货时，自始至终从未得到一句回复，所有的一切都是系统处理时间到期后自动解决的，当时在心里暗暗地告诉自己，以后绝对不会再次从这家店铺购买任何商品。

退货是很正常的现象，有些商家比较重视售后服务，在处理退货问题上比较及时。暂且不管是什么原因导致的退货，售后客服能快速处理好退货，同样影响客户体验。

退货依据时间点的不同，大致可以分为三类。

1. 商家未发货，产生的退款

买家付款买了一件商品，但是在后续的浏览中，发现了一个更适合自己的，所以决定将先前购买的商品退掉，此时商家还未发货。一般退款时，都是买家主动联系客服，客服遇到这种情况，及时处理即可。

假设遇到对申请退款不太会操作的买家，还要指导买家进行操作，选择类型为"我要退款"，退款理由最好选择"拍错订单"或者"不想要了"。在处理退款时，客服也要仔细检查清楚退款理由。

有些买家在退款时，并未咨询客服，直接在后台自己操作完成，所以售后客服一定要不定时地检查是否存在这种情况，避免库房将其订单打印发走。介绍一个小技巧，可以避免这个问题，目前店铺在打印订单时，都会使用工具软件，例如"某某助手"（为避免广告嫌疑，暂不说全名了，目前市面上这种小工具挺多的），可以在抓取订单设置上，将该类型的订单过滤掉，这样就可以避免这个问题了。

2. 商家已经发货，买家已经收货

当买家收到货后发现实物与自己的期望差距很大时，就会选择退货，这也是最为普遍的一种退货类型。现在只要在7天之内，商家都不会拒绝买家的退货要求，其中最大的争议是在退货时产生的运费上，这就要在退货时与买家交代清楚，"我们遵从运费由责任方承担的原则，由于个人喜好等买家自身原因造成的退货，由买家承担退货运费。由于质量问题、错发、漏发等商家原因造成的退货，运费由商家承担。"

如果问题确实是由商家导致的，比如错发、漏发、质量问题等，运费由商家承担，告知买家邮寄回的运费先进行垫付，待收货后商家会通过支付宝把运费直接转给买家，因为

到付件邮费价格通常翻倍，所以都要求买家帮忙垫付运费。如果有运费险的话，后续会进行运费补偿，若运费补偿不足以抵客户垫付的邮费，额外超出部分，商家会通过支付宝支付给买家。

当买家反馈商品存在错发、漏发、质量问题时，首先让买家拍照，客服人员核实情况，若确实存在错发、漏发等问题，直接按流程处理即可。如果存在质量问题，经客服人员核实，发现商品质量问题很小不影响整体使用，可以与买家协商补偿一定金额。

具体的退款操作，后台有操作引导，此处不做过多介绍。需要注意的是，买家申请退货的理由，尽量与买家协商选择"七天无理由退换货"，若选择其他理由会对店铺有一定的影响，比如选择"商品错发漏发"或者"存在质量问题"等，对店铺都会有不好的影响。

还有一种情况需要额外注意，现在网购知识相当普及了，很多买家在未咨询客服的情况下，就在后台进行退款操作，同时直接将快件以到付的形式邮寄回来，售后客服在处理退款申请时，一定要联系买家，将退款须知告知买家。

3. 商家已经发货，但是买家未收到货

这种情况多出现在快递正在运送途中，还未到达买家手中，如果买家已经申请退款，客服人员切记不要贸然同意退款。第一步先在备注框中，记录买家要求退款，客服告知在快递送到时，选择拒收，一旦拒收，快递会电话联系商家，若商家同意退回，快件才会被退回。第二步是等到收到拒收的快件后，再进行退款处理，同时将处理结果记录在备注框中。切记不可提前同意退款处理，万一买家不拒收快件，则可能发生商品丢失的问题。

为了确保快速找到退回快递的买家信息，及时查找买家订单，在商品退回时，都会要求买家在包裹里放一张小纸条，将联系电话、买家淘宝账号及订单编号等信息清楚地记录在纸条上，方便售后人员在收到快递时，可以及时处理退款。

4.3.2 换货问题处理流程

换货也是比较常见的问题，在换货处理时同样要与买家交代清楚运费承担问题。在了解清楚买家的基本情况后，分以下几步操作。

（1）先检查库存，买家要求更换的商品型号是否库存充足，一般库存不足的情况很少出现。

（2）将买家的换货信息记录在备注框中，同时记录好时间与备注人姓名，三者缺一不可，然后将商品寄回地址及包裹注意事项告知买家。

（3）将该买家换货情况登记在"售后问题处理表"中，待收到快递时，按照流程将快递信息登记在"售后问题处理表"中，并将新的快递单号记录在此，同时售后人员也要将新的快递单号记录在备注框中原来信息的位置，以确保当买家来询问时，售前客服能够掌握处理进度。

一般经营规模较大的店铺都会使用 ERP 系统，售后问题多是依靠 ERP 系统处理，但是很多中小型商家，由于订单量较少，也用不到 ERP 系统，用一个 Excel 表格就可以很好地完成工作。

> ⚠️ **提示：**
> 建议中小商家开通运费险服务，由于交易规模较小，人手不充足，可能一人身兼数职，工作划分也不是很明确，难免在工作中出现一些纰漏。开通运费险的好处是，不管何种原因造成的退货换货，都会有运费险进行运费补偿，减少与买家在运费问题上的矛盾，避免纠纷退款，使得店铺 DSR 评分保持在较高水平。如果店铺已经开通运费险功能，就可以建议买家把换货操作直接改为退款重拍，这样一是可以减少工作量，二是节约时间，因为换货的话，快递在来回邮寄时将耗费大量时间。

4.3.3 物流信息异常处理流程

天猫淘宝上的商家都是与第三方快递公司合作，由于是完全不同的工作体系，快递的配送也是目前商家最无法把控的，一旦出现问题，商家无法自己解决，只能从中进行协调，有时协调不好，使得买家不满意给予差评。一般物流异常多集中在以下几种情况。

1. 没有物流信息或者物流信息很长时间未更新

如果商家对买家订单进行了发货，快递单号已经上传，但是始终没有物流信息，这极有可能是快递单打印完成，在配货包装时导致快递面单丢失。

如果某订单有物流信息，但快递到达某地后，物流信息长时间未做更新，出现这种情况，极有可能是快递在到达当地营业部后，在进行分派时导致该包裹遗漏或者丢失。这时要联系快递公司的客服帮忙查询，若仍未有更新，商家应及时给买家做补发处理，将新订单号告知买家，并将原来订单号进行登记，后续在与快递公司结算时，应要求其按市场价进行赔偿。

在处理以上情况时，如果买家是第一次反映问题，客服人员 A 就要将情况填写在备注框中，并进行登记以便跟进处理。当下次买家再次询问时，可能是由客服人员 B 接待的，B 会首先查看备注框中的问题概述以及备注人，直接将该买家转移至当时处理该问题的客服工作人员 A 那里。因为 A 对其情况较为了解，这样避免其他客服人员给出不同处理意见，造成前后混乱。

2. 快递派件超区或者该地域不予配送

各家快递公司的配送范围并不统一，有一些偏远地区可能超出了快递的配送范围，或者服务点取消暂时无法配送。

当遇到超区或者不予配送的情况时，有这么几种处理方式。

（1）如果当前位置距离目的地还比较远，则可以让配送人员想办法转给其他能送到的快递公司，例如中通快递送不到的地方，可以让快递员转给圆通或者 EMS 等其他可能送到的快递公司。

（2）如果当前位置距离目的地较近，则可以联系买家协商自取一下。

（3）如果联系不到客户，且当前位置距离目的地又比较远，其他快递也无法送到，那么只能退回始发地了。

（4）买家手机停机或者始终联系不到买家。

若买家电话欠费停机，则尝试根据旺旺名，在"已卖出宝贝"中找到该用户订单，查看其个人信息，查找其支付宝账号，支付宝账号要么是邮箱要么是手机号，若该手机号与订单签收电话不一致，则联系该手机号即可。

若仍旧打不通手机，则需要在买家旺旺上留言说明该情况，等待买家看到信息后主动联系。该快件暂时放在配送的营业点，若长时间联系未果，该快件只能做退回处理。

（5）地址写错。

这种情况也同样存在，为什么要求售前客服在买家拍下宝贝付款后进行订单信息核对，目的就是为了减少这种情况的发生。比如更换了住址，下单时忘记修改地址，直接下单了，导致自己收不到包裹。一般售前客服进行订单核对后，这种问题出现的概率就已经很小了，但是也会有一些意外情况出现。当该问题出现时，要求买家提供新的送货地址，让快递员直接配送到新地址即可。

3. 物流显示已经签收，但是买家却未收到货

遇到这种问题，原因最多的是他人代收，可到小区门卫、邻居家、物业、公司前台等地方询问是否代签收了快件。现在这种情况少了很多，一般都是统一放到菜鸟驿站，然后买家凭借取件码去拿包裹。

4.3.4 差价与缺货问题处理办法

在运营过程中宝贝的价格并非固定，当有买家再次浏览宝贝详情页发现自己曾经购买过的商品降价时，难免心里略有不爽，尤其是那些前两天才买的，交易还未成功的，客户可能会要求补偿差价，要是不补偿就退款重拍。当遇到这种情况时，还是将差价直接补给买家最好。

需要注意的是，一定要等到买家确认收货后，再进行差价补偿。另外，只接受买家付款时使用的支付宝账号，如果买家随意找来一个支付宝账号，当后续再次索要差价时，会出现姓名无法核对的情况，造成重复支付。现在千牛客户端，已经支持直接发红包，买家领取后，钱直接自动进入支付宝账户中，如图4.5所示。

缺货也是商家经常会遇到的事情，如果由于种种原因导致商品供应出现问题，发货时间又超过了72小时，买家申请退款，选择退款原因为"缺货"，这时候一旦达成退款商家要赔付买家30%的货款，如图4.6所示。

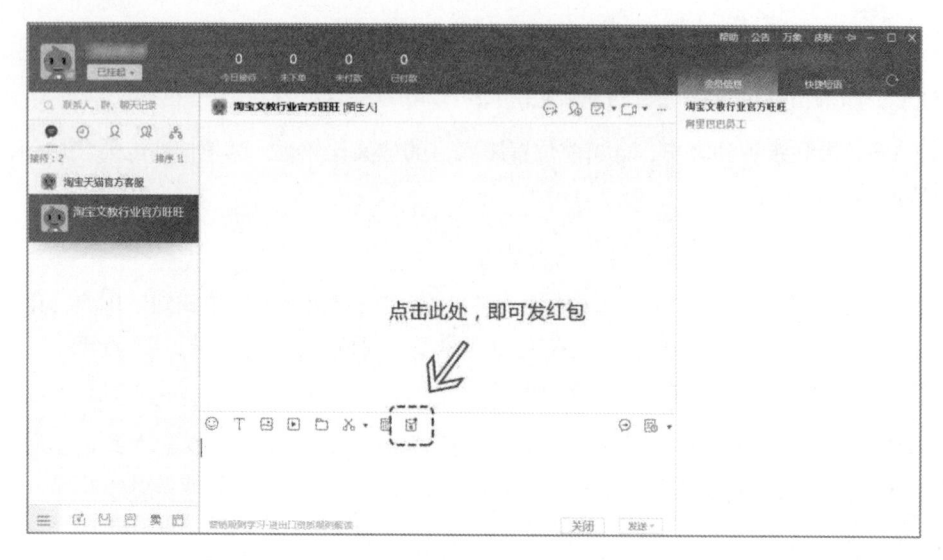

图 4.5　千牛发红包功能

所以当这种情况发生时，商家可以随意填写一个单号点击发货，此时"缺货"的选项就不会再出现，并且与买家协商好，退款理由选择"七天无理由退换货"，如图 4.7 所示。

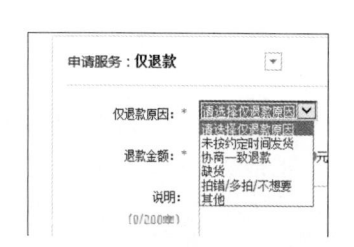

图 4.6　未发货时退款理由选择 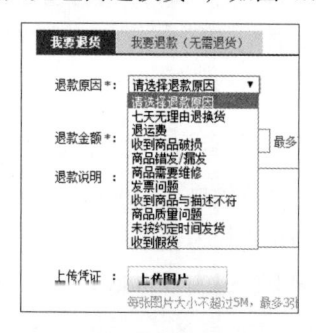　　　　图 4.7　发货后退款理由的选择

4.4　咨询中的常见问题

在咨询过程中，除了常规的商品、物流问题，还会遇到一些其他的问题。这些问题也很重要，比如信用卡问题，一些经验不是很丰富的客服，在解答这个问题时，往往回答不好，被一些心怀不轨的人钻了规则的空子，很多商家曾经由于这类问题遭到投诉，所以掌握这些知识也是必要的。

4.4.1　发票问题

若商家为淘宝集市商家，未在宝贝描述中说明提供发票且未与买家约定发票，则后续产生此类争议，淘宝不予受理。若之前商家提供了发票给买家，而最终发生了退货退款，该买家需将发票一并退回。若未退回，淘宝将按照实际情况要求买家支付相应金额的发票税点给商家。若商家承诺开具发票，但因商家的原因导致买家未收到发票，淘宝支持退货退款，来回运费由商家承担。

若商家为天猫商家，则必须按照买家要求提供发票。

总结：

（1）只开买家的订单金额，不能加税点多开。

（2）不需要额外交税点，只要买家在店铺里拍下商品，都有权利要求开发票（集市商家未承诺的除外）。

（3）询问买家发票的抬头（公司名+税号或者个人姓名）。

（4）如果买家收到货以后，要求开具发票，则商家开具订单金额发票，并承担运费邮寄。

（5）如果当天发票无法跟随快件一起邮寄走，则告知买家后续统一开票统一邮寄。

4.4.2 信用卡支付问题

信用卡支付问题也是经常会被问到的一个问题，更有甚者因为回答这个问题不妥遭到投诉。当客服被问到是否可以使用信用卡支付的时候，首先要确认自己的店铺是否开通了信用卡支付功能，如果已经开通则表示买家可以使用信用卡支付。如果店铺类型是天猫店，那么除某些特殊的类目外（比如虚拟产品等），均已默认开通信用卡支付功能。

淘宝集市店开通信用卡支付功能的条件：

（1）店铺信用等级达到 3 心；

（2）店铺必须开通消费者保障服务；

（3）支付宝账户必须绑定手机；

（4）店铺严重违规行为扣分<=6 分；

（5）店铺无虚假交易违规处理扣分。

在图 4.8 中，可以看到当前店铺已经开通了哪些支付方式，如果其中不包含"信用卡支付"的字样，则说明该店铺未开通信用卡支付功能。那么如何开通信用卡支付功能呢？需要在卖家服务市场中订购一个免费的应用，这样就可以开通信用卡支付功能了，如图 4.9 所示。点击进入，直接订购即可。订购成功后，在宝贝详情页中，就可以看到"信用卡支付"的字样，如图 4.10 所示。

图 4.8 某店铺已开通的支付方式

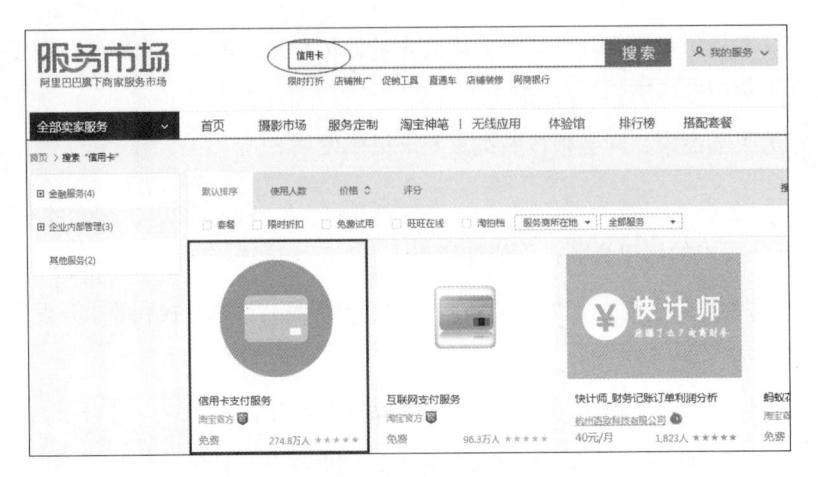

图 4.9　卖家服务市场的"信用卡支付服务"

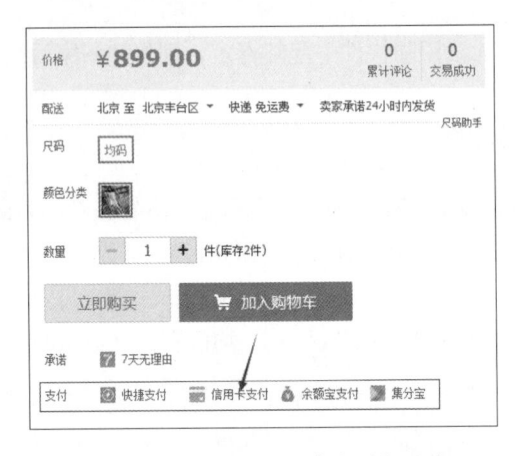

图 4.10　已开通"信用卡支付"功能

4.4.3　包邮问题

包邮，指的是买家购物，由商家来承担邮寄运费。下面我们分析几个在设置包邮过程中常见的问题，避免在运营过程中造成不必要的损失。

（1）商品发布时有运费，但是买家购买时双方沟通达成一致，商家承诺给买家"包邮"，是否算包邮？

解释：当然算了，因为买家与商家已经协商达成一致。

（2）如果商家设置宝贝包邮，发的是普通快递，比如中通、圆通、韵达等，而买家因商家包邮的快递无法送达，要求更换 EMS 或者顺丰，商家是否可以要求买家补运费差价，这样是否违反"包邮"承诺？

解释：在详情页中，一定要标示清楚，"包邮"默认的快递公司是什么。如果某些偏远地区默认的快递公司送不到，则买家可以要求更换其他快递公司，比如 EMS 或者顺丰，但是要补偿运费差价。只要在详情页中标示出来，此类不算违反"包邮"承诺。

（3）将宝贝设置为全国包邮，但是在宝贝描述中针对部分地区加邮费，买家投诉是否会成立？

解释： 买家投诉成立，商家因违背承诺将会被处罚。如果商家想让部分偏远地区不包邮，商家必须在运费模板中设置该区域的相应运费，且在商品详情页面备注说明不包邮的区域，商家可通过运费模板分区域设置包邮。

【读者互动交流】：

服务号　　　　订阅号

- 扫码关注服务号，会定期收到刘老师关于电商的视频课程！
- 扫码关注订阅号，会定期收到电商行业资讯解读！

（1）关注公众号后，回复"老刘"可以添加作者刘老师个人微信，进行店铺问题沟通。

（2）联系作者，可以领取全书思维导图一份。

（3）联系作者，可以领取电商运营常用表格一份。

（4）联系作者，可以领取20节店铺后台操作视频一份。

（5）联系作者，可以领取神秘干货大礼包一份。

其他电商福利，会定期在公众号发布，欢迎关注！

第 5 章 直通车：引爆店铺流量

> Chapter Five

在淘宝发展里程中，直通车扮演了重要角色，解决了商家推广的难题。直通车凭借其精准、竞价、点击付费等特点，从单一营销工具，发展成了立体的推广平台。随着平台商家越来越多，流量越来越匮乏，直通车在引流方面，显得更加重要。

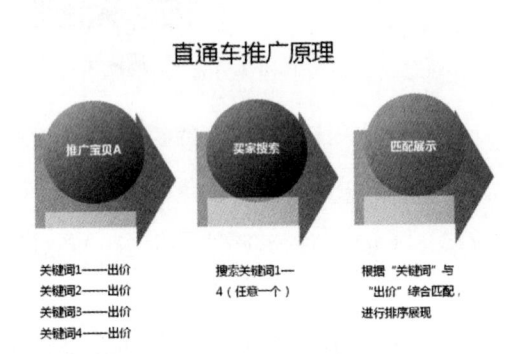

5.1 直通车大致介绍

早期的直通车操作，添加完关键词，设置好出价以后，很长时间都不需要再去改动。现如今推广人员都会根据数据变化，在每天多个时刻，进行关键词调整优化，这些早已成为商家店铺推广的基本工作。

目前直通车是商家用得最多的一个推广工具，因为其相对可控，并且关键词可选，可以投单个词也可以投多个词，商家可以一天花十几块钱，也可以花几百或几千块钱。这个工具也是店铺初期运营阶段必须要掌握的一个工具，也可以同时使用官方其他的推广工具，但建议大家学会使用直通车以后，再叠加使用其他的推广工具，前期集中精力深挖一个推广渠道为好，避免什么都想做，但又都做不好，导致各个渠道都达不到很好的效果。

5.2 直通车概念及推广展示位介绍

在了解直通车推广之前，我们先来看下直通车到底是个什么东西，它有哪些特点，以及在哪些位置进行展示。

5.2.1 什么是直通车

直通车是一种展现免费、点击扣费、采用竞价的形式进行排名，根据设置的宝贝关键词将商品展现给潜在买家的推广工具，直通车可以实现精准推广。

直通车通过关键词的竞价，对商品进行精准推广。主要包含以下几方面。

- **按词推广**：可以与买家搜索关键词进行匹配，比如买家搜索"手机壳"，在设置推广宝贝时，为其添加"手机壳"这个关键词，该宝贝就会在直通车的广告位上展现，可以被买家看到。
- **展示免费**：只有买家点击才付费，商家自由调控花费，合理掌控推广成本。
- **店铺引流**：当买家点击推广宝贝进入店铺后，可以浏览其他商品，从而带动其他商品的成交。

5.2.2 直通车的推广原理

直通车推广，主要通过为推广宝贝设置关键词来获取流量，按照流量的点击数量付费，进行精准推广。如果想推广一件宝贝，就需要给该宝贝设置相应的创意图、关键词、出价、宝贝推广标题等，当买家搜索关键词并进行浏览时，参与推广的宝贝就会出现在相应的展示位，买家点击产生扣费，不点击不付费。

推广原理主要包含以下三方面。

- **商品**：商家为参与推广的宝贝设置关键词与出价；
- **买家**：买家根据自身需求，搜索相关关键词；
- **匹配**：推广系统根据买家搜索的关键词与出价，进行竞价展现。

5.2.3 直通车扣费原理与排名规则

在前文中已经提到过，直通车是一种展现免费、点击扣费、采用竞价形式来决定排名的推广工具。最初我们会给每个关键词设置好一个出价，但最终的实际扣费，并非我们的出价。那么到底哪些因素影响最终的扣费呢？直通车的扣费与排名规则有三点，分别是：

（1）展现免费，点击扣费。

（2）实际扣费 ＝ 下一名的出价 × （下一名的质量得分/自己的质量得分）＋ 0.01 元

（3）综合排名 ＝ 关键词质量得分 × 关键词出价

第一条和第三条比较好理解，不多解释。第二条公式中，有一个质量得分参数，那什么是质量得分呢？

质量得分是系统估算的一种相对值，用于衡量"宝贝推广信息"、"关键词"与"用户搜索意向"三者之间的相关性。相关性越高，质量得分越高。

通过扣费公式，不难发现，在"下一名质量得分"不变的情况下，我们的质量得分越高，最后的实际扣费将越低。再结合第三条综合排名规则，只要商家把自己关键词的质量得分尽可能地优化提升，就可以用相对较少的推广费用，将宝贝信息展现在更适当的展示位置上。

> ⚠ **提示：**
> 质量得分，是对在精准投放宝贝的过程中，其关键词表现好坏的衡量，数值越高则说明在推广计划中，该关键词表现越好。

质量得分，包含"创意效果"、"相关性"和"买家体验"三个组成部分。

1. 创意效果：推广创意近期动态反馈

创意效果，简单来说可以理解为点击率，在该关键词排名位置上的创意点击效果，包括推广创意的关键词点击反馈、图片质量等。

2. 相关性：关键词与宝贝类目、属性及宝贝本身信息的相符程度

（1）关键词与宝贝本身信息的相关性，包括宝贝标题、推广创意标题、购买的关键词与宝贝自身情况的相符程度。

（2）关键词与宝贝类目的相关性，指的是发布宝贝时的类目和关键词的优先类目的一致性，切记不要错放类目。

（3）关键词与宝贝属性的相关性，指的是发布宝贝时选择的属性与关键词的一致性，尽可能填写符合自己宝贝特征的属性，并且最好写满不要空着。

3. 买家体验：根据买家在店铺的购买体验做出的动态反馈

买家体验，包含直通车转化率、收藏/加购、DSR 动态评分、千牛客服咨询反应速度等影响购买体验的因素。

5.2.4 关键词推广展示位

提到直通车大多数人想到的是关键词推广，其实发展到今天，直通车已经不单单是关键词推广这一种形式了，它集合了多种形式，已经成为全方位的搜索营销工具。

直通车常用的推广方式有两种，分别是：

- 关键词推广
- 精选人群

> ⚠ **提示：**
> 直通车同样采用千人千面的展现方式。关键词推广和精选人群两个推广方式相辅相成。关键词推广方式的应用场景为，买家初次搜索关键词时进行匹配展现；精选人群方式则在后续的推广链路中，在手淘猜你喜欢等位置进行展现。

第 5 章 直通车：引爆店铺流量

直通车的广告位，分为 PC 电脑端与手机淘宝 App 端。首先介绍一下 PC 端的直通车展示位。PC 端主要的展示位有三种类型。

第一种类型，在关键词搜索结果列表页，宝贝图片的左下角有"掌柜热卖"标签的都是广告位，如图 5.1 所示。

另外两种类型，分别在该页面右侧和底部位置，也都属于关键词推广展示位，如图 5.2 和图 5.3 所示。

图 5.1 搜索结果列表页，左下角带有"掌柜热卖"标签的广告位

图 5.2 右侧展示位

图 5.3 页面底部展示位

> ⚠️ **提示：**
> 不同类目下的搜索展示位可能略有不同，具体的位置，可以通过实际搜索查看一下，留意带有"掌柜热卖"标签的位置。

5.2.5 手淘端直通车展示位

在手淘端搜索关键词，进入搜索结果页面后，可以看到第一个宝贝图片左上角有一个"HOT"标识，这就是直通车展示位。只要宝贝图片左上角有"HOT"标识，则宝贝都在直通车展示位，如图5.4所示。

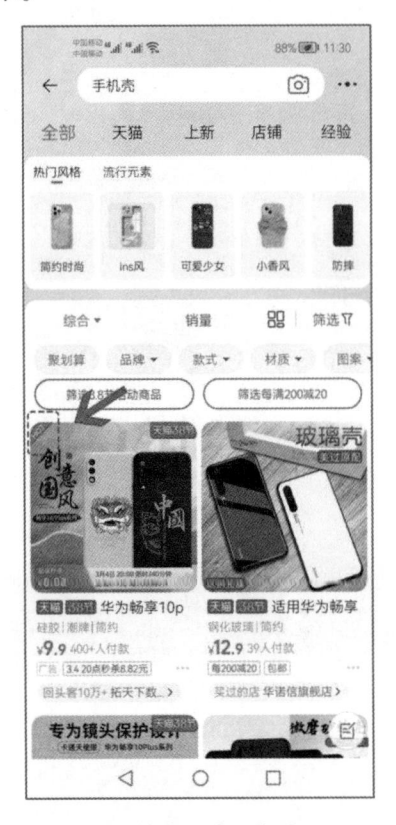

图5.4 手淘端直通车展示位

搜索结果页上总共有多少个直通车展示位呢？只能说有很多，因为现在搜索结果是不断加载的，所以没办法滑到最底部，商家只需要记住一点就可以，只要是带"HOT"标识的位置，都是直通车展示位。

5.2.6 精选人群展示位

以前是用户想到有什么需求，主动去搜索寻找商品，过程是：先有需求，再发起搜索商品的动作。而现在是"猜你喜欢"，当用户在逛淘宝的时候，平台利用大数据，给用户主动推荐展示一些商品，这些商品会在相应的位置展示。

这些位置包括手淘首页、购物车下方的猜你喜欢，在订单列表页中点开单个购买记录后，下方的猜你喜欢，等等，都是定向推广的位置，大家可以打开手机淘宝自己看一下。在电脑端同样也有类似的位置，如图 5.5～图 5.8 所示。

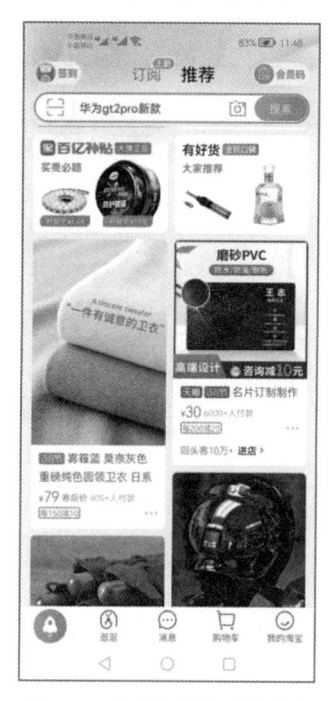

图 5.5　手淘首页的猜你喜欢

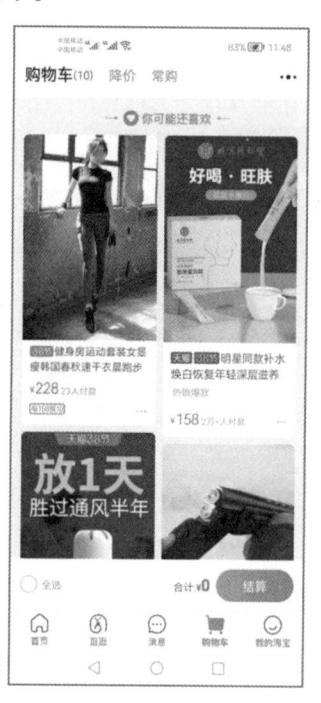

图 5.6　购物车下方的猜你喜欢

图 5.7　订单页的猜你喜欢

图 5.8　物流信息页的猜你喜欢

PC 电脑端也有这样的广告展示位。随着手机淘宝的成交占比越来越高，PC 电脑端的部分页面位置发生了变化，这些位置商家仅了解就好。

（1）"我的淘宝"—"已买到宝贝"页面下方的"热卖单品"，如图 5.9 所示。

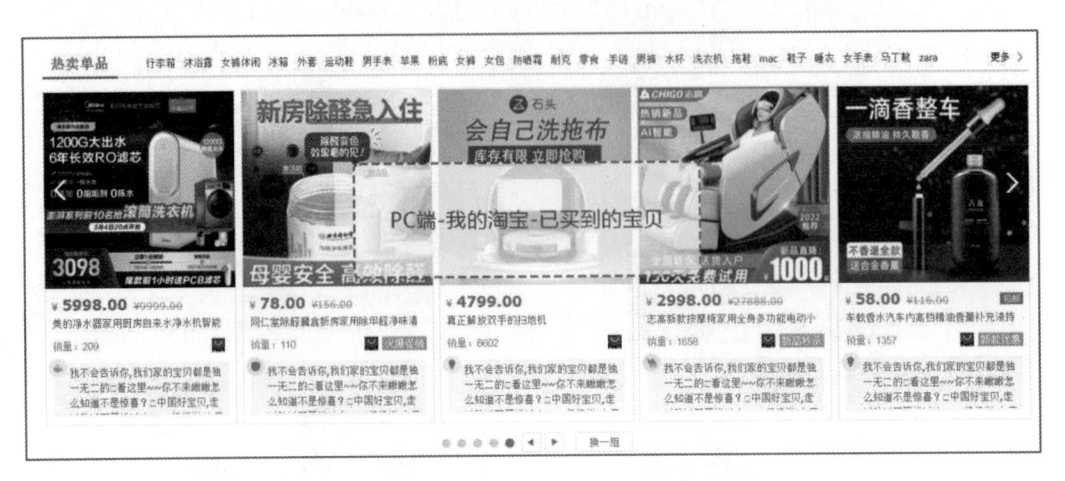

图 5.9 我的淘宝—已买到宝贝—热卖单品

（2）在"已买到宝贝"下查看宝贝的物流信息，在此页面下方也有"热卖单品"，如图 5.10 和图 5.11 所示。

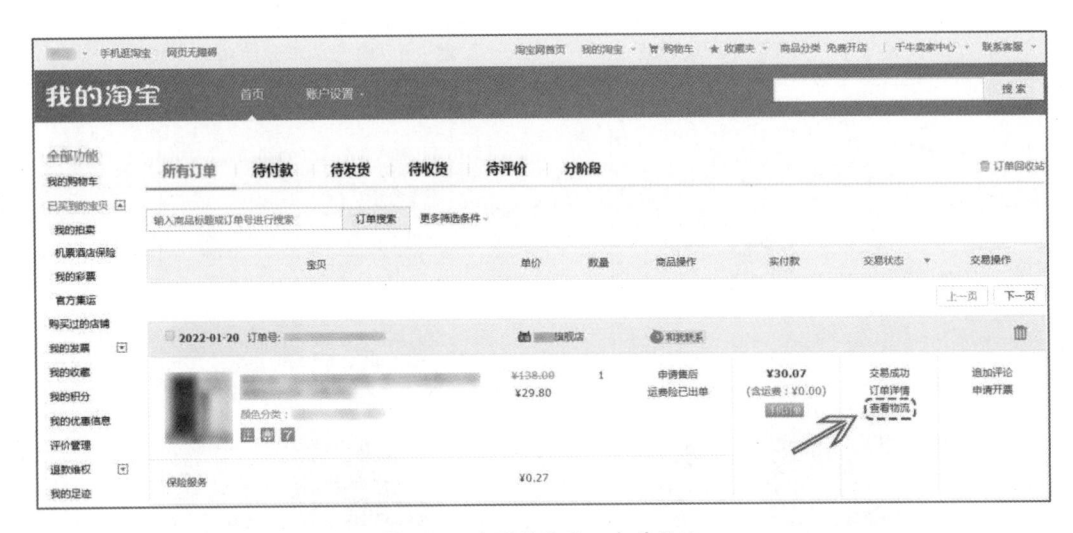

图 5.10 已买到宝贝—查看物流

第 5 章 直通车：引爆店铺流量

图 5.11 已买到宝贝—查看物流—热卖单品

5.3 直通车推广实操

在所有直通车推广中，关键词推广占了很大比重，是直通车推广的核心。商家在做直通车推广之前，应该先熟悉直通车后台。

5.3.1 直通车后台简介

进入操作后台首页，顶部区域是直通车的菜单操作选项，下边紧接着是"实时数据"，这是直通车数据实时显示的地方。两条曲线，一条是当天数据曲线，另一条是昨日数据曲线，方便商家对比今天的数据与昨天的数据，如图 5.12 所示。

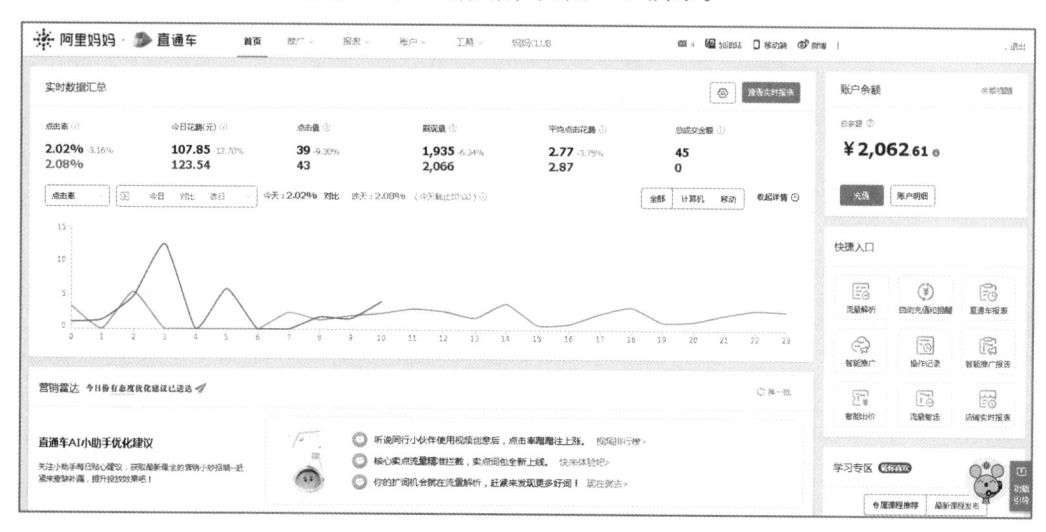

图 5.12 直通车后台首页 1

后台首页下方是"营销雷达",这里系统根据你的账户情况,给出一些推广优化建议,方便商家查看。需要注意的是,系统给出的建议,不一定都适合自己,所以看看就好,不必太当回事。

下方就是不同的推广产品,这里所说的推广产品,不是你的商品,而是直通车里边,不同的推广工具或者不同的推广功能,有"标准推广""周期精准投""智能推广""趋势明星"等,如图5.13所示。

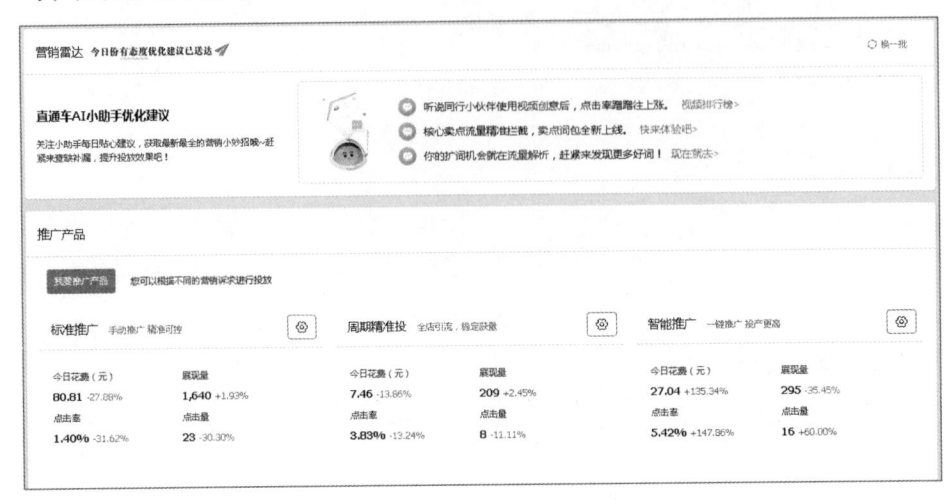

图 5.13 直通车后台首页 2

在直通车首页,继续往下看,会看到"货品排行榜""关键词排行榜""人群排行榜"。"货品排行榜"中是系统推荐了,在店里表现还不错,但是还没有添加到直通车进行推广的商品。而"关键词排行榜"与"人群排行榜"中是系统推荐的关键词和人群,这些关键词和人群,比较符合当前店铺的受众人群,可以添加推广,如图5.14所示。

图 5.14 直通车后台首页 3

在直通车首页，继续往下看，会看到当前店铺的推广计划，并标记有计划状态，表示是在推广中，还是已经暂停了，如图 5.15 所示。

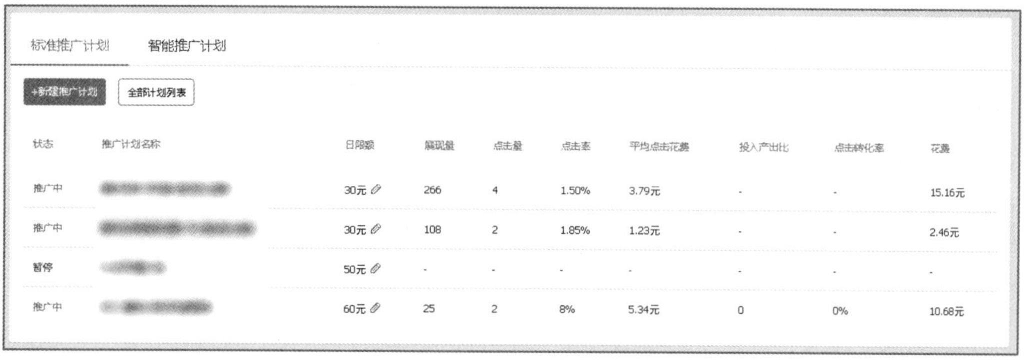

图 5.15　直通车后台首页 4

5.3.2　设置标准推广计划

推广计划分为标准推广计划与智能推广计划，二者区别在于，标准推广计划需要商家手动来操作，不管是设置关键词还是出价。而智能推广计划相对简单许多，设置好出价后，系统自动给你投放。在这里我们以设置标准推广计划为例进行讲解。

目前在一个直通车计划中，可以设置 8 个标准推广计划和 20 个智能推广计划，如果需要更多计划，则需要满足条件，经过对官方规则的解读得出：

（1）如果需要开通 20 个标准计划，那商家直通车近 30 天消耗需高于 1500 元且近半年消耗高于 3000 元，系统会在满足条件后的第二天自动开通。

（2）如果需要开通 50 个标准计划，那商家直通车近 30 天消耗需高于 5 万元且近半年消耗高于 15 万元，系统会在满足条件后的第二天自动开通。

总结下来就是，商家花的推广费越多，可以开通的计划名额就越多，如果每天就花二三十块钱，官方给你几个计划名额，坦白说你也用不到。

对于中小商家来说，8 个标准推广计划也已经完全够用了。另外，标准推广计划一旦建立成功，是无法删除的，只能修改计划名称。

点击进入推广计划后，会很直观地看到关于推广计划的设置，主要包括以下几项（如图 5.16 所示）：

- 日限额
- 投放位置
- 投放时间
- 投放地域

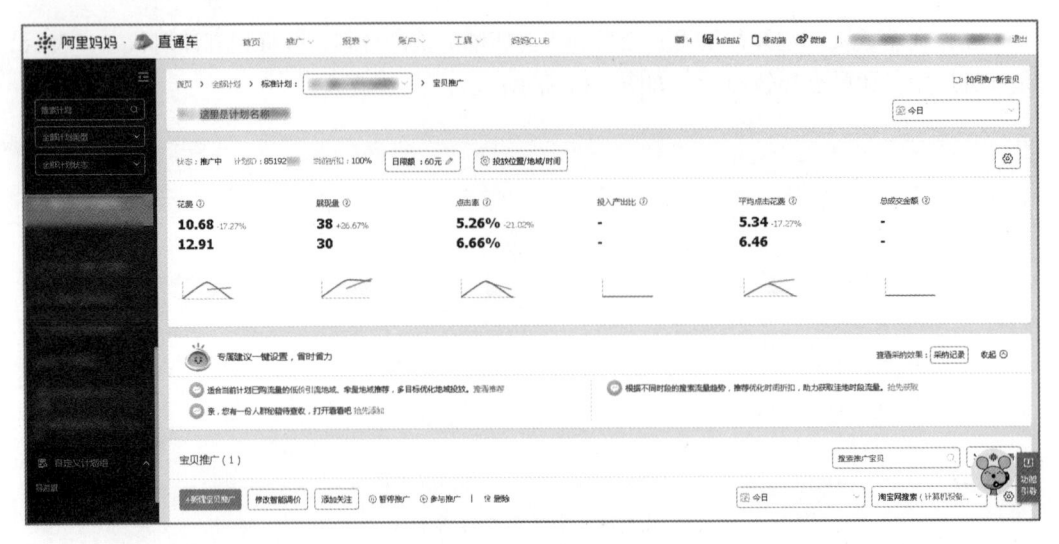

图 5.16 推广计划设置

5.3.3 合理设置日限额

点击"日限额"选项，会看到设置页面，如图 5.17 所示。

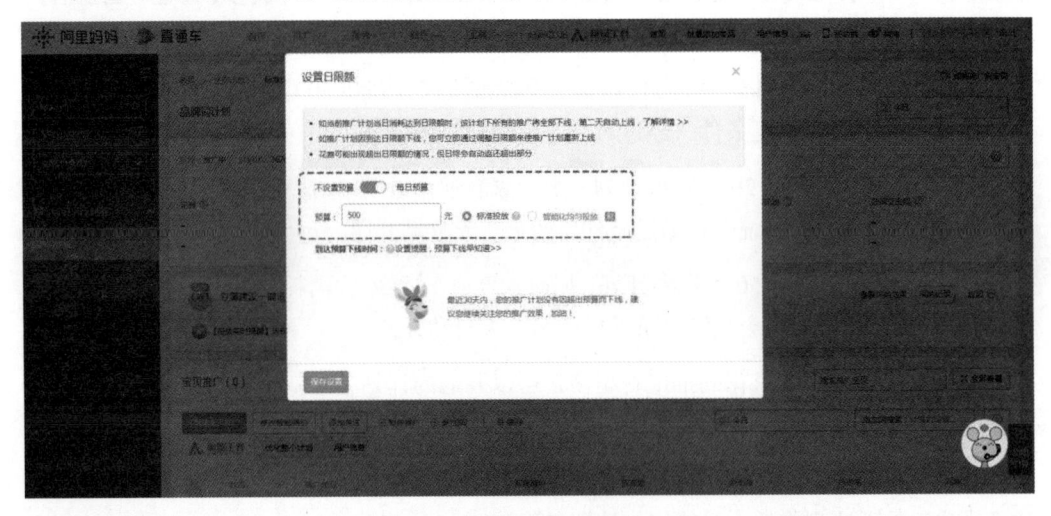

图 5.17 设置日限额

在设置日限额时，应根据推广预算来设置，如果预算充足，也可以不设置日限额。有几点注意事项：假如设置了日限额，则当日消耗达到限额时，整个推广计划就会下线，第二天自动上线。如果计划已经下线，则可以通过修改日限额，来使得推广计划重新上线。虽然设置了日限额，但是花费会有超过日限额的可能，因为系统是每隔一段时间才统计的。

例如，设置的日最高限额为 50 元，13:50 分系统扫描的时候，只花费了 49.50 元，还没有达到 50 元，此时推广计划不会自动下线，但当 13:55 分系统再来扫描的时候，已经花费了 51.50 元，那么推广的宝贝就会自动下线。此时消费额就超出了 1.5 元，如果不再修改日限额，这超过的 1.5 元会在凌晨 0 点左右系统结算后返还到当前直通车账户中。

> ⚠️ **提示：**
>
> "标准投放"与"智能化均匀投放"该如何选呢？
>
> 我们看下系统对"智能化均匀投放"的介绍：开启后流量分配更合理，宝贝转化效果更好！之前一直是推荐大家选择"标准投放"，但随着平台大数据标签越来越精准，现在推荐大家设置为"智能化均匀投放"。

5.3.4 如何预估计算广告花费

刚开始使用直通车推广的商家，都会有一个疑问，就是每天花多少钱能做起来？毕竟中小商家资金实力不强，迫切需要快速盈利，那么在做直通车推广的时候，可以分两个阶段。

（1）前期测试优化宝贝，这个阶段的主要目的是让宝贝存在的问题浮出水面，然后优化解决掉。所以在前期的时候，少量投入进行测试，具体金额商家根据自己实际情况而定，可以每天 30~50 元，也可以 300~500 元，预算越多测试所需要的时间就越短，且数据更为准确。一般每天 100~200 元就足够，测试的时候，主要看宝贝点击率、转化率、收藏数、浏览时长、访问深度等数据。

（2）等宝贝各项优化工作完成后，可以策划一个店铺促销活动，大力度推一把，快速冲下销量。

如何计算广告花费呢？首先商家应该给自己设定目标，前期先达到什么样的销售水平？是月销 100 件还是月销 500 件，这两者花的钱可能不一样，所以第一步是商家先确定目标。总体的建议有以下几条：

（1）根据自己实际情况来定。

（2）确定店铺前期的销售目标。

（3）小额度尝试，熟悉直通车推广操作。

（4）掌握直通车推广细则后，逐步加大投放。

举例： 假设某店铺，一个单品想要做到月销 500 件，请问大概广告预算是多少？

（1）目标分拆，将 500 件月销量拆分到每天销量，则为 500/30 = 16.7 件/天。

（2）计算流量数据，假设通过优化，单品详情页转化率为 2%，则 16.7/0.02 = 835 UV（实际情况要比该数据小很多，因为还有搜索流量与手淘推荐流量等）。

（3）计算推广费，若单次点击成本在 1 元左右，则需要 835 元广告费。

总结： 除掉搜索流量与手淘推荐流量等，以及相关数据的不断优化，实际广告花费预计在 500 元左右，这样大概率可以完成目标！

5.3.5 如何设置投放位置

投放位置主要分为：手机淘宝搜索（移动设备）、淘宝网搜索（计算机设备）和站外优质媒体。

淘宝站内的流量多数购物意向较高，所以相对更精准一些，转化也会好一些，但是竞争较大，平均花费较高。站外推广，平台可能是视频网站，也可能是某种 App 工具。比如在某视频网站投放广告，整个网站的用户多以娱乐消遣为主，很少有明确的购物意向，所以站外推广的流量相对不精准，通常情况下不建议投放，因为流量不精准，转化较差，反而会拉低店铺平均转化率，从而降低宝贝权重，影响搜索排名，如图 5.18 所示。

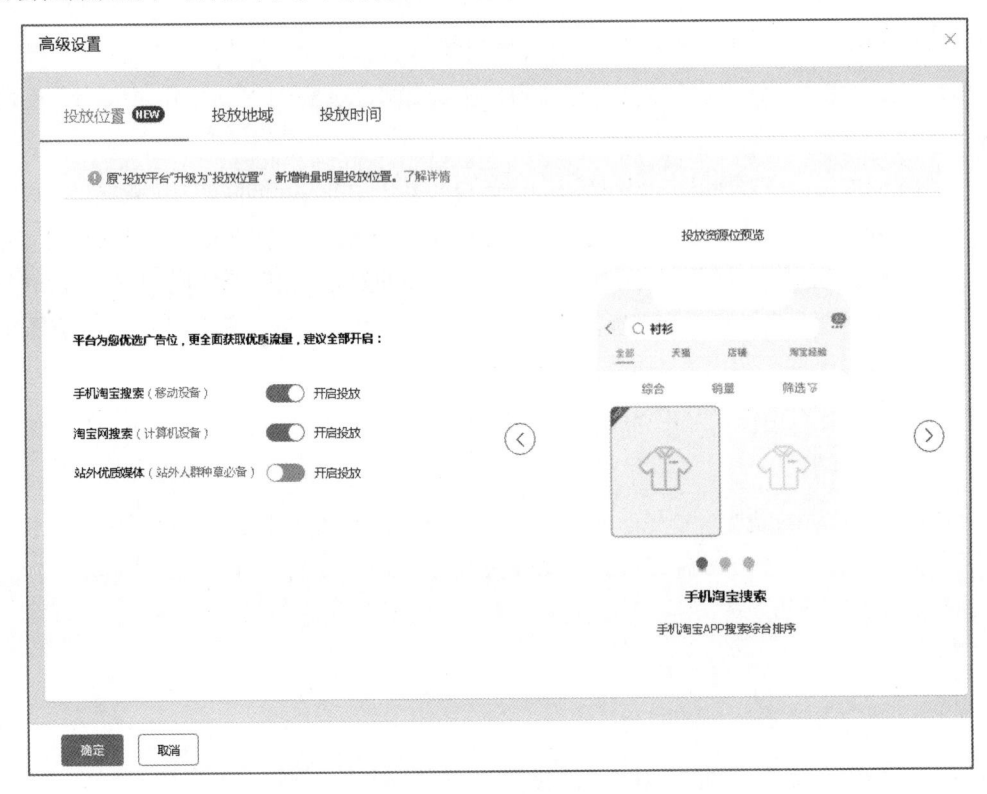

图 5.18　设置投放位置

5.3.6 如何设置投放时间

随着手机的普及，消费者通常采用手机淘宝 App 来购物，消费者可以随时随地选购商品，但淘宝平台每天流量小高峰时段，主要集中在上午 10:00 前后，下午 15:00、16:00 前后，晚 20:00、21:00、22:00 这几个时间段，如图 5.19 所示。

以上是不管哪个类目，流量相对较高的几个时间段，某些特殊类目除外。也有一些类目在凌晨 12 点过后依然有很多访客，所以商家后续要根据自己的类目情况来设定，这只是一种设置思路。

第 5 章 直通车：引爆店铺流量

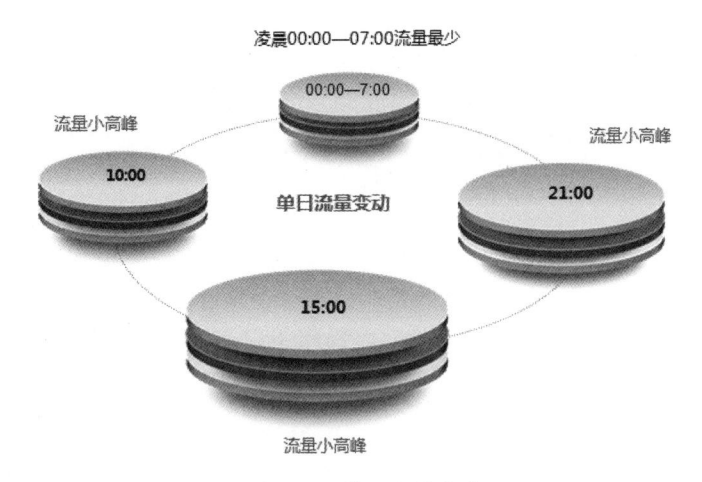

图 5.19 单日流量波动

商家也可以打开"生意参谋"—"流量"—"流量看板"，在这里可以看到自己店铺每天的流量波动趋势图。在设置投放时间时，可以参考这里的数据来设，如图 5.20 所示。

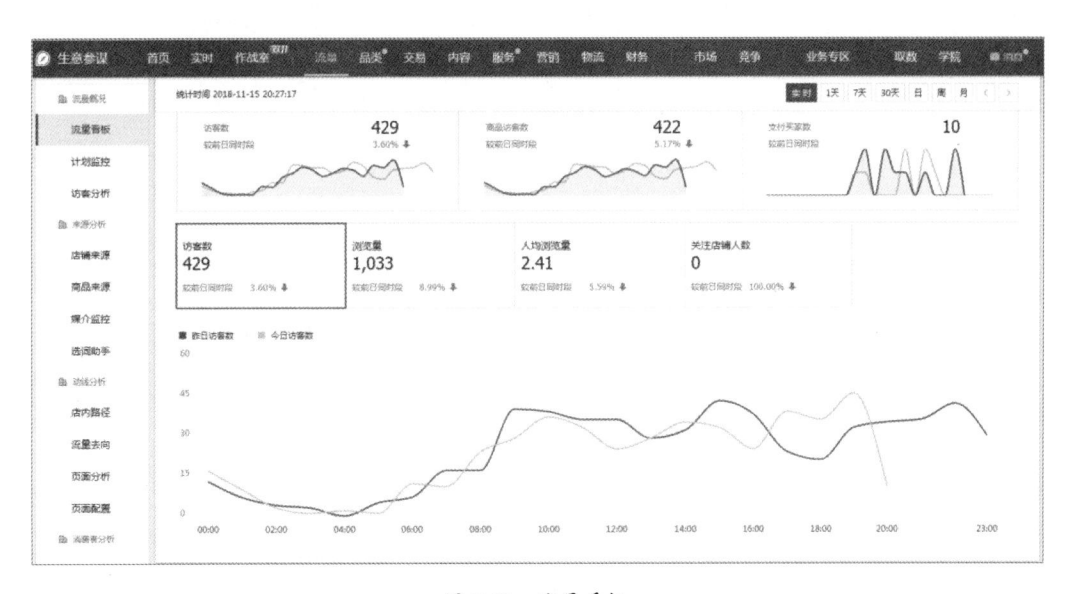

图 5.20 流量看板

当设置好关键词出价后，在流量高峰时段，直通车竞争相对较大，如果维持原有的出价，很难竞争到流量。如果手动调整，逐个提高出价，则高峰时段一过，过高的出价又会造成资源浪费。如果此时再把出价调整回正常水平，则所需的工作量较大且比较烦琐。

为了很好地解决这个问题，在设置投放时间时，给不同时段设置一个折扣，例如当前关键词出价是行业平均水平，在流量高峰时段，可以将整体出价的折扣调整到 120%，在流量低谷时间段，可以将出价的折扣调整到 90%，这样既可以保证抢到流量也可以减少资源浪费（如图 5.21 所示）。

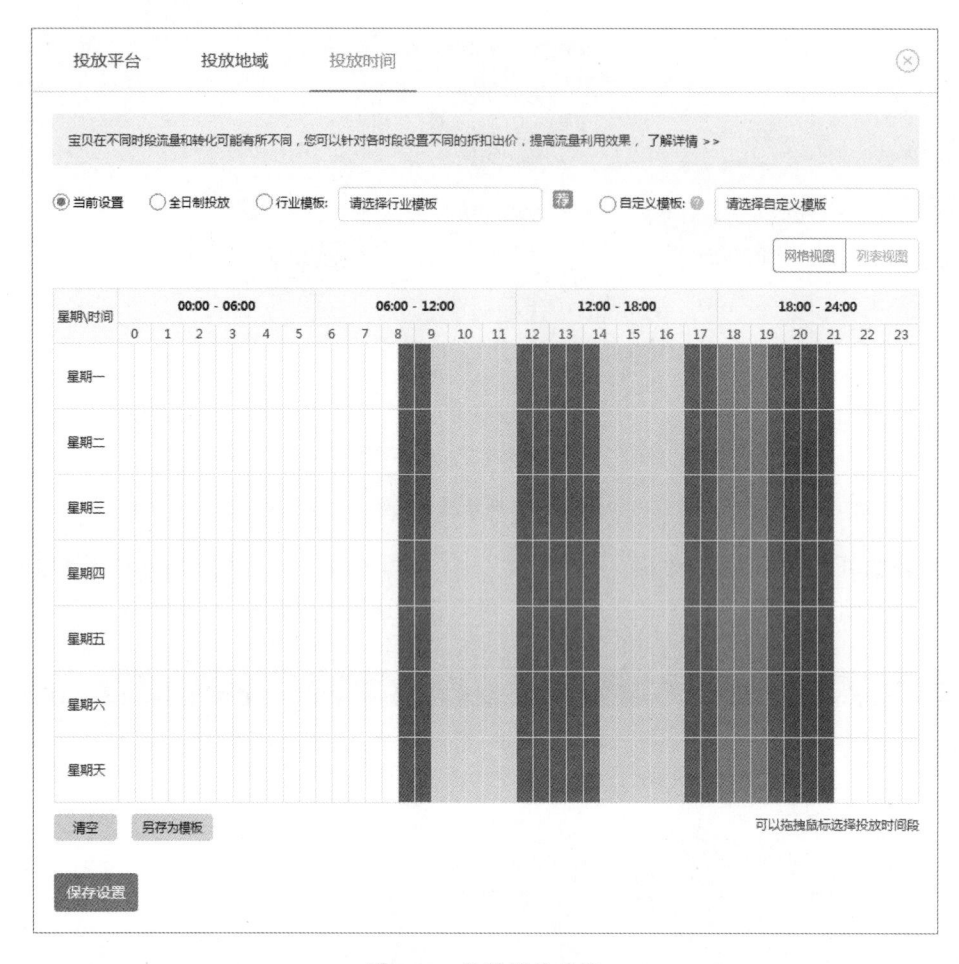

图 5.21　设置投放时间

5.3.7　设置分时折扣的注意事项

在设置分时折扣的时候，没有严格的标准，主要考虑以下几个因素即可：

（1）单天预算，如果预算多，那就全天都投放，预算少就有选择地投放。

（2）根据自己店铺每天的流量情况，流量多的时间段分时折扣就高点，流量少的时间段折扣可以适当降低。

（3）推广的时候，不能单独看分时折扣，还要结合关键词出价，如果关键词出价为0.5元，则即使分时折扣达到200%，最终出价也才1元，这个出价在某些大类目中，依然没什么竞争力。

（4）在实际运营过程中，市场情况是波动变化的，分时折扣也不是固定不变的，要结合自己店铺对流量的需求来调整，比如店铺做促销活动的时候，有了较多的广告预算，为了能抢到比较好的排名获取更多的流量，可以提高分时折扣比例。这个分时折扣各位读者一定要深刻理解，灵活运用，不要生搬硬套。

5.3.8 如何设置投放地域

做电商，你所面对的市场不是单个区域，而是整个互联网。东西南北各地存在消费差异，也就造成了对某种特定的商品，不同地区的喜好程度不同。我们在之前的内容中也提到过，直通车的核心是精准营销，人群选择得越精准，直通车投放效果越好。

比如在冬季，加厚的羽绒服更适合北方城市，而毛呢外套、修身短款棉服或者马甲，可能更适合南方城市。如果在投放地域选择上没有侧重点，那么不仅直通车效果不明显，还会造成消耗过多的广告费。

> ⚠️ **提示：**
> 设置投放地域，选定目标人群很重要。很多商家在做直通车推广时，把全国所有省份都选定为投放地域，认为这样就可以获得更多的流量，其实这是一个错误的思路。

如何选择较为精准的投放地域？在直通车后台操作菜单中，有一个"工具"菜单，在该菜单下有一个"流量解析"功能，将我们的商品名称或者关键词输入进行查询，然后再进行选择并设置。比如"高尔夫球杆"这个商品，如图 5.22 所示。

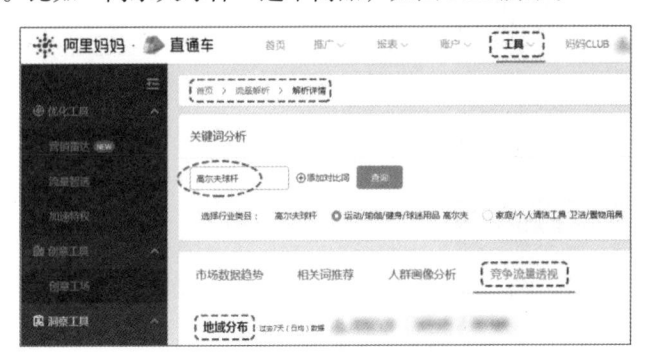

图 5.22　高尔夫球杆—地域分布

在得到查询结果后，由于是推广初期，各项数据有待优化，所以不适合投放较多地域，选择"展现指数"较高的地域即可，如图 5.23 所示。

排名	省份	展现指数
1	广东	8,739
2	北京	3,256
3	江苏	3,253
4	上海	3,251
5	山东	2,358
6	国外	2,029
7	浙江	1,938

图 5.23　高尔夫球杆—地域分布

有人可能会问，具体选择前多少个省市呢？其实并没有严格标准，如果你的预算相对较多，比如每天花一两千或三五千块钱，则可以多选择一些省份，相反则少选几个。

> ⚠️ **提示：**
> 总结：要结合自己的预算，以及对流量的需求数量而定。如果店铺要搞促销活动，对流量需求较大，就可以适当多投放几个地域。

5.3.9 选择添加推广宝贝

通常来讲，在一个推广计划里可以添加多个推广宝贝，但是考虑到不同宝贝的属性不同及所针对的人群不同，会彼此之间造成影响，所以在同一个推广计划中，不建议同时推多个宝贝，最好是单个计划推广单个宝贝。

如何来新建推广宝贝呢？点击进入计划后，直接点击"新建宝贝推广"，如图 5.24 所示。

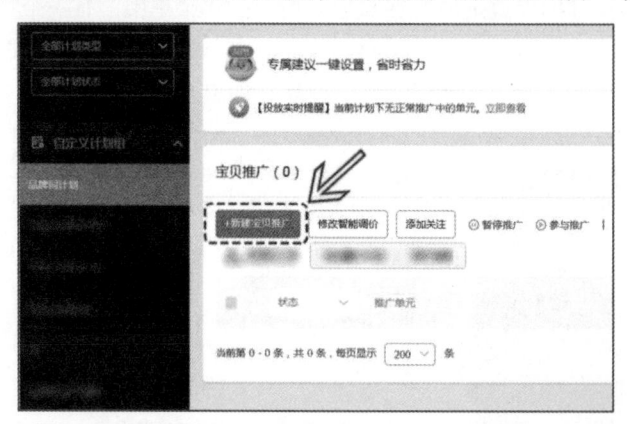

图 5.24 新建宝贝推广

然后会看到"单元设置"与"创意设置"项，如图 5.25 所示。

图 5.25 营销场景选择与推广方式选择

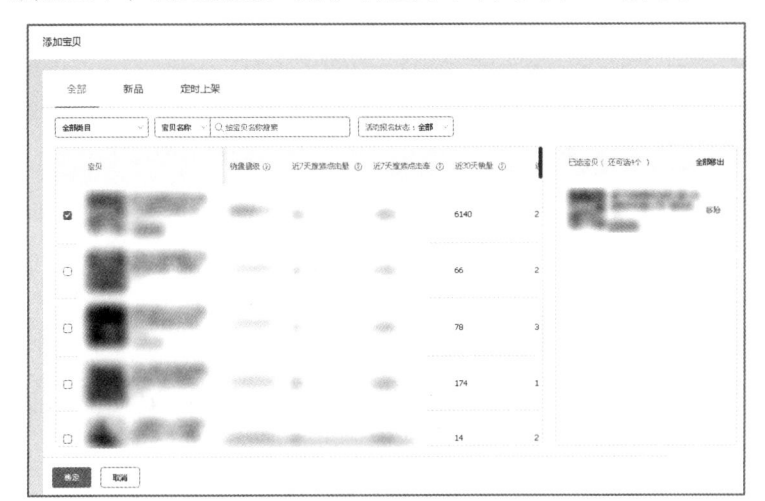

点击"添加宝贝",找到想要参与推广的宝贝即可,如图 5.26 所示。

图 5.26　选择要参与推广的宝贝

5.3.10　添加推广关键词

添加完推广宝贝后,点击进入推广计划中,在这里就可以看到该宝贝。那么下一步,就是为该宝贝设置推广关键词,如图 5.27 所示,我们在推广计划中点击宝贝进入设置,如图 5.28 所示。

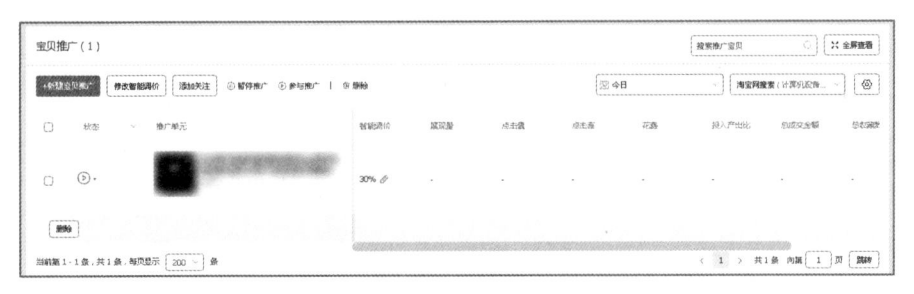

图 5.27　推广计划中的推广宝贝

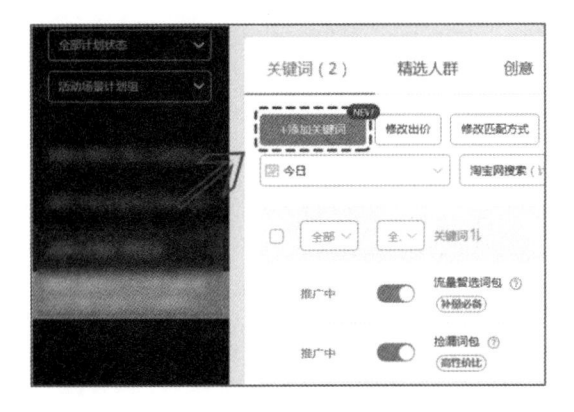

图 5.28　添加关键词

在图 5.28 中，点击"添加关键词"，会看到如图 5.29 所示的界面。首先是系统推荐的词包（图 5.29），然后是系统推荐的关键词（图 5.30）。

图 5.29　词包推荐

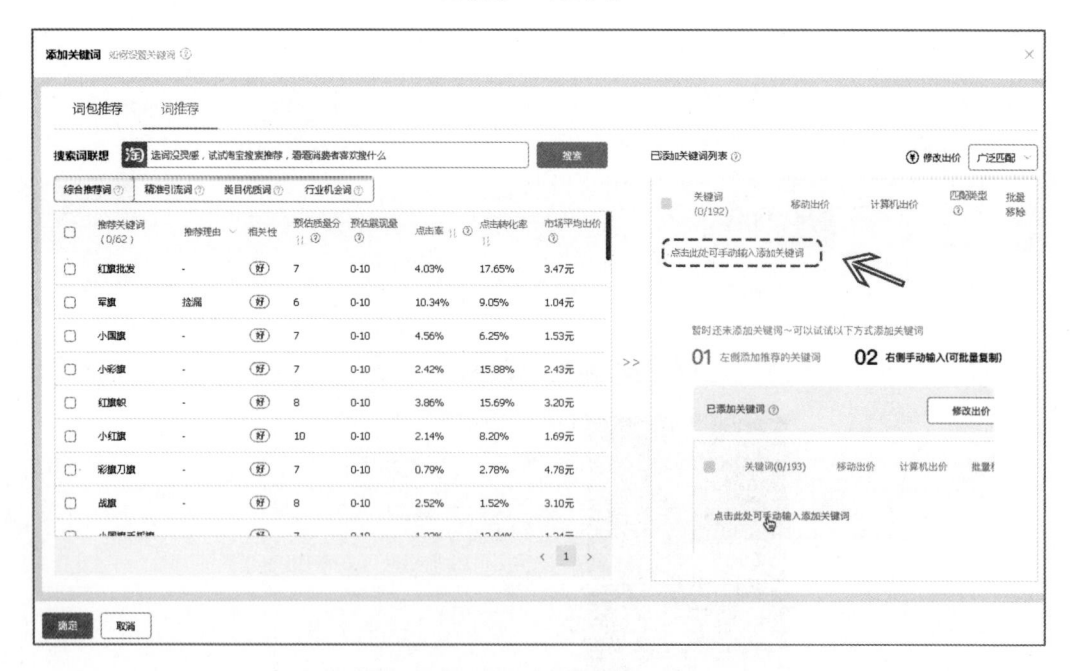

图 5.30　关键词推荐

可以直接勾选关键词，也可以直接在图 5.30 的右侧，手动输入添加关键词，如图 5.31 所示。

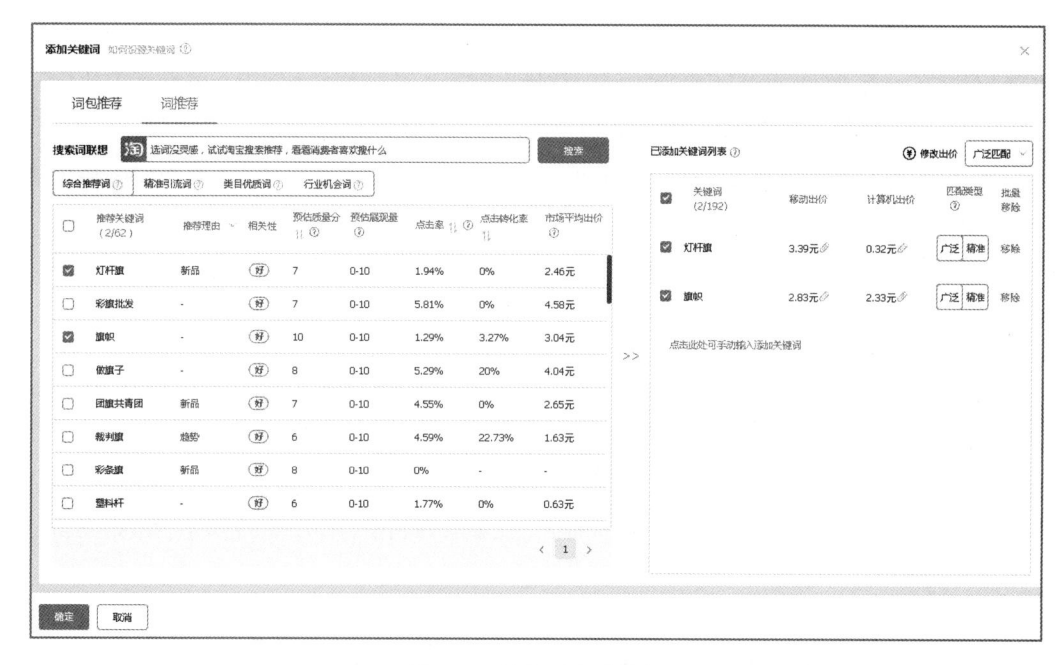

图 5.31 添加两个关键词

每个推广宝贝最多可以添加 200 个关键词。在图 5.31 中，可以看到，这两个关键词，不管是移动出价，还是计算机出价，都有了一个默认的价格，这是系统建议的出价，如果需要修改，则可以直接点击，然后选择自定义出价，再进行修改即可。修改完后点击"确定"按钮保存设置，如图 5.32 所示。

图 5.32 修改出价

5.3.11 优化直通车推广创意图

根据流量公式，流量 = 展现量×点击率，不管是设置投放时间、地域，还是关键词出价，都是针对推广宝贝的展现进行设置，如果推广宝贝有不错的展现量，但是点击率很差，同样获取不到流量。宝贝的点击率很低，意味着图片不吸引人，无法引起消费者的注意，这本质上还是违背了直通车"精准营销"的核心思想。

如果创意图点击率很差，则意味着我们的宝贝在与其他同行宝贝一起竞争时，抢流量的能力是弱于人家的，抢不过人家。

> ⚠️ **提示：**
> 添加创意的主要工作就是设计一张高点击率的直通车图，目的是为了吸引用户点击。

直通车的核心是精准营销，如果直通车创意图的设计单纯为了搏眼球，没有考虑流量精准问题，则必然造成点击较多、转化较少的情况。所以直通车创意图文案的设计，要考虑两点：一是点击率；二是文案对用户的选择。

什么叫"文案对用户的选择"，举个例子，比如卖保温壶，如图 5.33 所示，两张主图，不同的宣传重点。

图 5.33 文案的侧重点

图 1 的文案是"一壶可装 5 瓶水"，主打的是容量大，想卖大容量保温壶用该文案很直观。

图 2 的文案是"第 3 天还烫嘴"，这很明显是在凸显保温壶的保温性。

两个商品，不同的文案，吸引的用户也是不同的。

在设计直通车创意图时，有几点注意事项：

（1）美观性，这是设计直通车创意图的基础。

（2）真实性，确保文案真实性，主要有两方面：一是价格、销量、好评等信息的真实性；二是商品自身信息的真实性。

（3）最好围绕商品功能进行描述。

（4）重点突显单一卖点，这一点是商家必须要注意的，多数情况下设计直通车创意图，会放多个信息，比如"价格""折扣""功能描述""DSR 评分"等。在设计直通车创意图时，常犯的一个错误就是，每一个卖点都想展示，设计完后会发现，整体图片很乱，没有宣传的重点。创意图制作好后，就可以上传了，如图 5.34 所示。

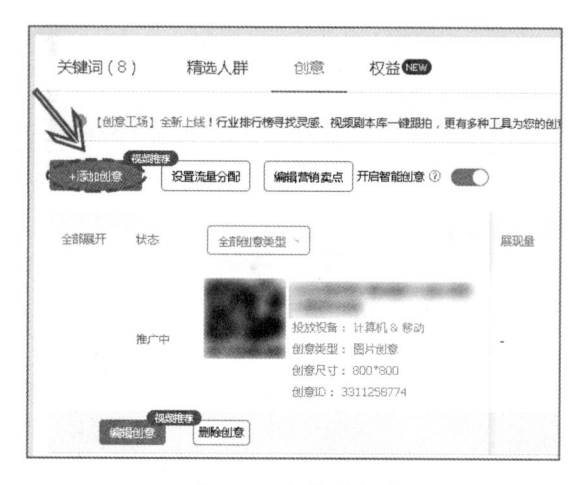

图 5.34　上传创意图

5.3.12　添加推广创意图的注意事项

（1）主图是 800 像素×800 像素的固定尺寸，大小为 0~500KB，支持 JPG、JPEG、PNG 格式。

（2）直通车创意图，不要只传一张，不要与主图相同，会影响展现。

（3）直通车创意图，建议上传 2 张或者 2 张以上。

（4）在创意图中，商品的面积占比至少为 30%或以上，同时文字/水印尽量减少，不建议有边框。

（5）当设置的创意图是从宝贝主图中选择的时，宝贝主图被更换后，创意图会随之更换。

5.3.13　如何利用直通车测图

在直通车的推广过程中，点击率这个指标至关重要。当设计好两张甚至多张创意图以后，如何选择点击率高的创意图，就需要进行测试，不能人为主观判定。

既然是测试创意图，那么就要保证创意图不同，其他变量相同，也就是常说的唯一变量原则。

举个最简单的例子，比如学校测算考试合格率，第一组选择了 100 人且全部是男生，第二组选择了 30 人且全部是女生，从两者得出的数据没有可比性，因为统计样本数量不同，所以得出的数据不准确。要深刻理解这个例子，在运营过程中不管是测图也好，测款也罢，都是一样的思路。

在同一个计划中，选择好要推广的宝贝，上传两张创意图，创意展现模式选择为"轮播"，这样系统对两个创意图进行平均展现，最终测试出来的数据也会比较准确，如图 5.35 所示。

测试时间为1天以上，或者至少每张创意图有接近100个点击，这样能保证点击率数值的准确性，测试的时间越久，创意图的点击量越多，最终所测出的数据越准确，但我们也不能无休止地测试，所以差不多1天时间，或达到100个点击，就能大致判断了，选择点击率高的那张图片进行投放。同时继续测试其他的，把表现好的创意图，也加到推广计划中。

图 5.35　创意图流量分配方式

5.3.14　直通车系统推荐词

在推广计划中，选择添加关键词的时候，系统会弹出一个窗口，以供商家直接选择添加关键词，如图 5.36 所示。

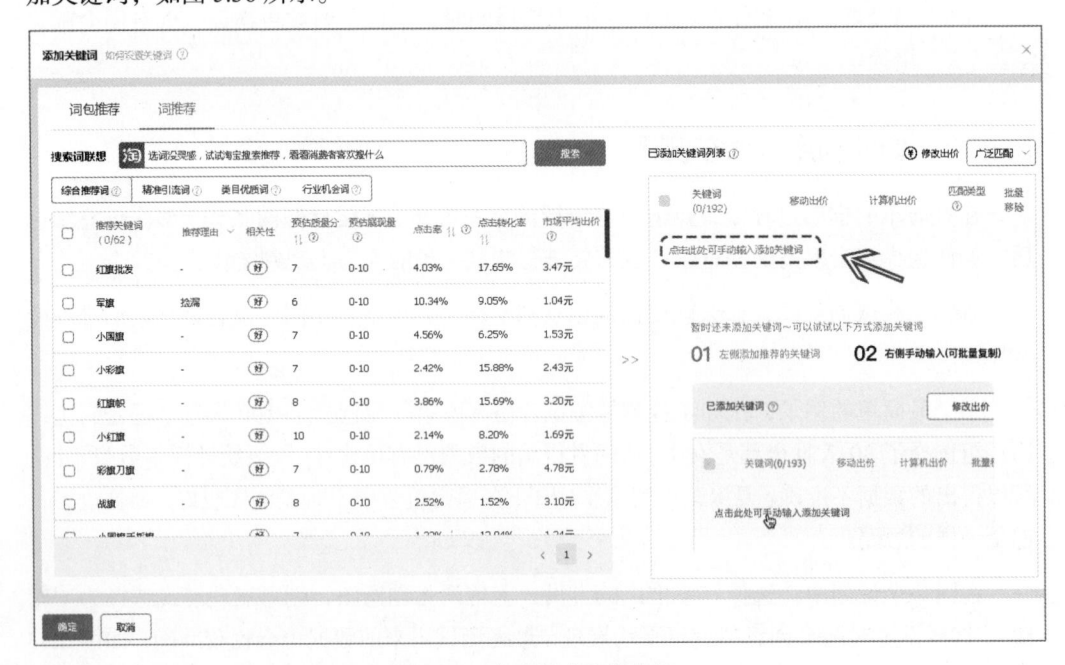

图 5.36　直通车系统推荐词

可以看到，有"词包推荐"和"词推荐"。给大家说一下词包和词的区别，卖点词包基于商品卖点、主题或自选词生成词包，词包内的词基于效果动态调整。

场景词包是一种全新的关键词整包购买功能，其基于某一商品卖点或主题词，进行关键词拓展，并整合成一个词包。

（1）单个词包，关键词数量< 20 个。

（2）关键词推荐逻辑，根据词包与宝贝的相关性及关键词预估效果来进行推荐。

官方的解释相对比较专业，简单来说就是为了节省商家寻找关键词的时间，推出了词包功能，每个词包最多包含 20 个关键词，然后商家购买这些词包进行推广后，系统会根据大数据对词包里的词进行删除、增加或者替换，从而找到最优选择。

在选择推荐关键词时，有一个推荐理由，原先大概有十几种类型，而现在已经简化成 4 种类型：

（1）**新品**：具有该类型标签的词，主要是适合新品的一些关键词；

（2）**热搜**：具有该类型标签的词，主要是行业热门搜索的词，竞争较大；

（3）**趋势**：具有该类型标签的词，主要是未来一段时间，搜索趋势上涨的词，有潜力；

（4）**捡漏**：具有该类型标签的词，主要是竞争不大，但转化还不错的词，可以多用。

问题来了，针对这 4 种类型的关键词，我们应该如何选择呢？商家在选择的时候，应该结合自己店铺的实际情况。

（1）如果是品牌商家，对流量需求比较大，那么就选择一些搜索展现比较大的词，可以选择热搜词或趋势词。

（2）如果是店铺的新品，则可以选择新品词或者捡漏词，此时宝贝基础销量评价等相对较少，无法与同类目成熟的爆款单品去竞争。

（3）如果是成熟的单品爆款，则可以选择热搜词、趋势词、捡漏词，此时宝贝销售相对稳定，需要更多流量的补充。

5.3.15　搜索下拉框选词

在手淘端搜索的时候，由于输入界面相对于 PC 电脑端要小很多，所以消费者在手机端输入字数较多的长尾词的情况就比较少，多数情况下都是输入一个商品词，然后通过观察下拉框推荐词再进行选择，这也是绝大多数用户的搜索路径。

还有两种情况需要大家注意，即标品和非标品。

围绕标品的搜索关键词，相比于非标品来说少一些，也就是标品的可扩展性要差一些，这也是标品类目的关键词竞争出价相对较高的原因。比如 3C 数码产品、智能产品、大家电等，大家通常搜索的无非就是那些词，所以导致关键词点击花费过高，如图 5.37 所示。

图 5.37 "连衣裙"与"网络摄像头"下拉框推荐词

围绕"连衣裙"这个词，可扩展的搜索词有很多，比如"中长款连衣裙""蕾丝连衣裙"等。用户搜索多样化，围绕商品的关键词也比较多，有的还不乏错别字，比如"T 恤"可以写成"T 血"或"体血"。

5.3.16 参考宝贝属性词

在找关键词的时候，面对众多属性词，很多新手不知道该怎么选择，店铺基础较弱的商家，可能连属性关键词是什么都不是很清楚。在这里建议大家打开宝贝详情页，查看页面下方的属性选择区域，这里显示的是，在后台发布宝贝的时候，系统要求我们为商品选择的属性。在挖掘关键词的时候，可以尝试用"属性+商品名称"的方式，或者以这样的词为词根，在搜索框里进行搜索。属性区域如图 5.38 所示。

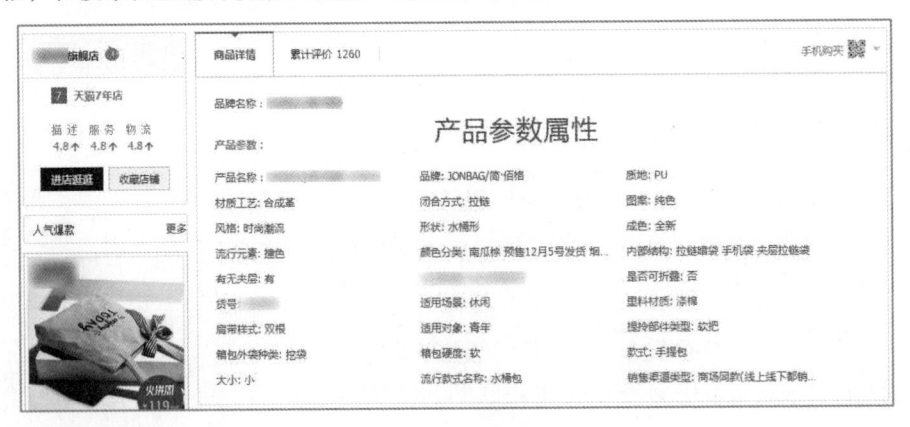

图 5.38 属性区域

在图 5.38 中，可以看到很多属性。在发布宝贝的时候，建议商家一定把所有属性都选择好，尽量不要有空着的，并且一定要符合自己的商品特性，比如适用场景为"休闲"，图案为"纯色"，风格为"时尚潮流"等，这些都是消费者在搜索的时候，容易附加到商品一起搜索的，比如"休闲女包时尚潮流"这个词。

5.3.17 生意参谋—市场洞察

生意参谋这个工具，商家应该都不陌生，这是阿里官方推出的一款专门统计店铺与行业数据的工具。统计自己店铺的数据功能是免费提供给商家使用的，但是查询行业数据的功能，被打包放在了收费模块下。

在"生意参谋"—"市场"—"搜索分析"下，可以查询关键词数据功能。搜索分析这个功能模块，最大的核心有两个：一是可以查询某个关键词的市场表现，可以看单天/7 天/30 天的数据；二是围绕搜索的词，系统会有一个"相关搜索词"推荐，这对于挖掘关键词是非常有帮助的，如图 5.39 和图 5.40 所示。

在图 5.40 中，已经查询出相关词，在选择的时候，主要参考"搜索人气"指标。可能有读者会问，搜索人气数值，选多大比较合适？没有严格的标准，只要数值别太低即可，那么何为太低呢？比如最近 7 天数据，搜索人气只有几百，那就说明这个词真实搜索人数可能较少。

另外一个需要注意的问题是，搜索人气的数值，并不等于真实搜索人数，很多新手容易混淆。在此需要提醒一下，所有"指数""人气""热度"等数值，都不是真实数值，而是系统经过加工处理后给出的数值，仅作为关键词之间横向比较的参考值。

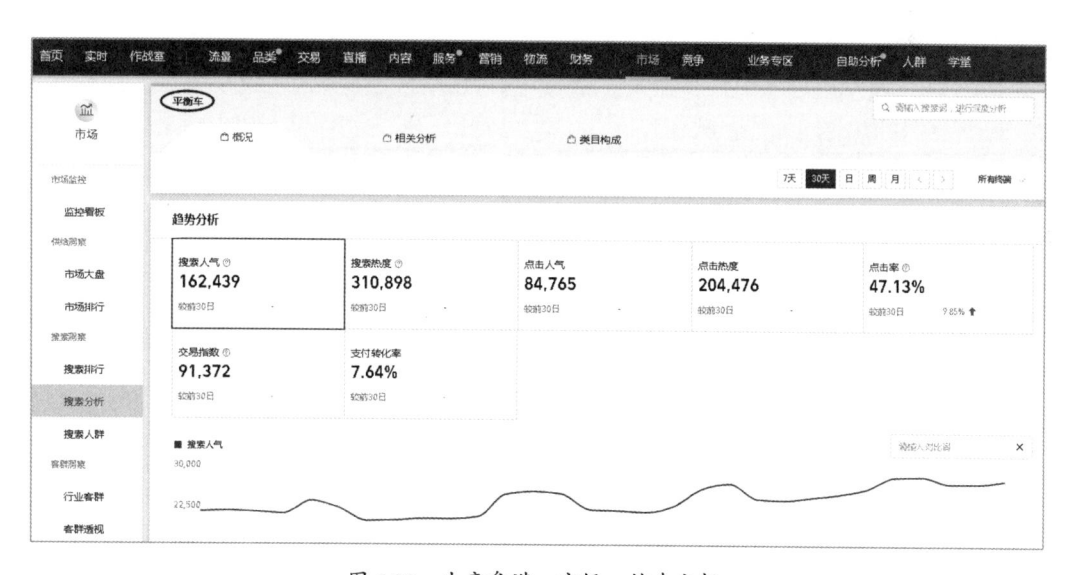

图 5.39 生意参谋—市场—搜索分析

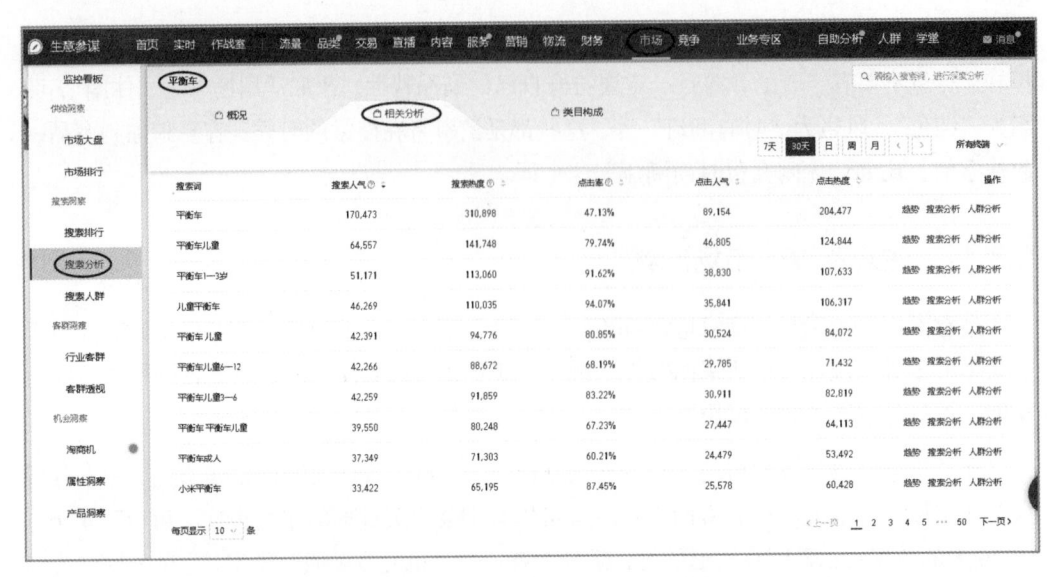

图 5.40　生意参谋—市场—搜索分析—相关分析

5.3.18　关键词的匹配方式

当我们为推广宝贝设置了关键词后，消费者在搜索那些词的时候，我们的商品会得到匹配吗？比如我们设置了"休闲女包时尚潮流"这个关键词，是不是用户搜索的词与我们设置的词一模一样的时候，系统才会把我们的宝贝匹配上呢？在这里，给大家介绍一下关键词的匹配方式，目前有两种：精确匹配与广泛匹配。

- **广泛匹配**：广泛匹配是指买家搜索词包含了我们所设置的关键词或与其相关时，我们的推广宝贝就可能获得展现机会。
- **精确匹配**：买家搜索词与所设关键词完全相同（或是同义词）时，推广宝贝才有机会展现。

商家设置的关键词	匹配方式	买家搜索哪些词，商品有机会得到展现
白色连衣裙	精确匹配	白色连衣裙
白色连衣裙	广泛匹配	白色连衣裙 雪纺白色连衣裙 连衣裙白色 中长款连衣裙白色 ……

从上面表格可以看出，如果关键词的匹配方式选择为"精确匹配"，则只有消费者搜索的词与我们设置的关键词一模一样的时候，我们的商品才会匹配展现出来；如果选择为"广泛匹配"，则消费者搜索的词只要与我们设置的关键词存在相关性商品就可以匹配展现。

有读者可能会产生疑问，到底应该选择哪种匹配方式？或者分别在什么情况下，怎么选择才更适合？针对单一关键词，虽然选择精确匹配相对更好些，但是展现量相比于广泛匹配会低很多，如果展现量得不到保证，整体获取的流量就比较少，那么最终推广效果也不会特别理想，所以在实际操作中多数情况下选择"广泛匹配"方式。

在实际运营过程中，如果出现一种情况，那就是当添加的这个推广词，所带来的访客或者流量不精准时，那就可以设置为"精准匹配"方式。

举个例子，关键词"剪彩带"，系统会匹配很多搜索"丝带""彩带"等的访客进店，这类访客又不是剪彩使用，那么此时"剪彩带"这个词，就可以设置为精准匹配方式。

> ⚠ 提示：
>
> 运营方法，本无对错，只有适合和不适合，更没有严格的标准，唯有综合权衡思考，分析利弊做出选择。选择精确匹配方式，可使关键词匹配得更精准；选择广泛匹配，可使商品得到更多曝光机会，从而获得更多流量。

5.3.19　在不同阶段添加关键词的策略

商家朋友需要注意的是，在选择关键词的时候，不能盲目，在不同时期选择关键词的策略有所不同，因为在具体执行中，各时间段的目的不同，也就导致了选择关键词的侧重点不同。我们以市场周期波动及直通车前期与后期操作为例，来讲解不同时间段的选词方法。

第一阶段：在推广初期，最主要的目的是养词，并以提高关键词的质量得分为主要目的，提升以后可以降低平均点击花费，所以此时要选择一些点击率好、点击指数高的关键词。

此时投放地域的选择，也应该是那些展现指数与点击指数高的地域，这样可以保证最大程度的精准，有利于关键词质量得分的提升。要时刻牢记精准营销的核心思想。

第二阶段：到了销售中期或者参加活动时（比如"双11"、"双12"等促销活动），由于对流量需求较大，所以要选择一些展现指数较高的关键词，以获得更多流量。由于之前已经优化提升了账户权重，所以后续添加的关键词，大多数得分都是10分。并且此时店铺的经营相对比较成熟稳定，只有大流量作为基础，才能满足销量的增长，这也是打爆款最关键的阶段。

第三阶段：如果是标品类目，全年类目销售整体比较平稳，此时要把之前添加的关键词，筛选过滤一遍，把有展现、有点击，但长期无转化的词删掉，针对投产比较差的关键词进行降价处理，继续观察，保留转化好的词，同时根据生意参谋的关键词分析，继续寻找转化较好的词进行添加。

很多商家可能会问，既然这个词能带来流量，为什么要删掉呢？如果不删掉转化较差的词，必然会拉低整个账户的ROI（投入产出比），这说明这个关键词，能花钱但不会"赚钱"，这也是"烧钱"的原因。商家推广要的是"精准客户"，而不是单纯的"流量"。

5.3.20 设置首次关键词出价

设置关键词出价，是最让商家"心惊肉跳"的，因为每次点击花费的都是真金白银，如果没有达到销售目的，那直通车就是个"烧钱"的工具，所以希望各位仔细阅读并深刻理解这部分内容，推广才会事半功倍。

首先强调一个观点，关键词出价不是固定不变的，也不是设置完后就不再改动了，直通车本身就是竞价模式，出价是商家为了获得这个关键词的流量所花费的成本。本节给大家讲一下，如何设置首次出价，后续的出价调整需要根据关键词的数据表现来决定。

首次出价，直接参考该关键词的市场均价来设定就好。在直通车后台导航菜单中，找到"工具"—"流量解析"，然后输入要参考的关键词查看即可，如图 5.41 所示。

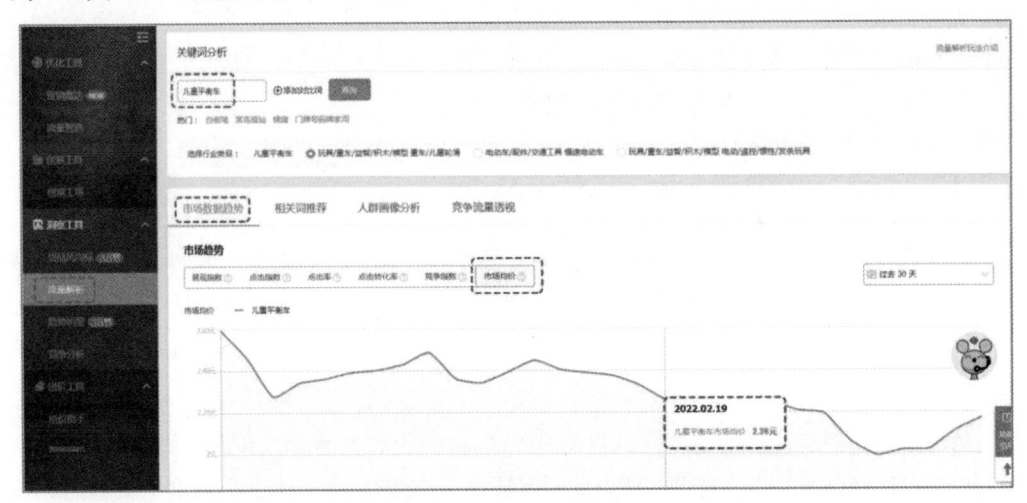

图 5.41 查询关键词市场均价

在图 5.41 中，可以看到"儿童平衡车"这个词市场均价在 2.26 元左右，商家在设置出价时，可以参考这个市场均价，大于平均出价的 5 折小于平均出价都可以。

添加后观察 3~5 个小时，然后看该关键词是否有展现量、点击率、点击量等数据，再决定是否进行提价。

关键词的首次出价不用太在意，主要还是要根据后期账户数据表现来优化，比如是否有展现，是否有点击，是否有转化，投产比 ROI 是否亏损等，都要有相应的对策。

5.3.21 直通车数据概念解读

1. 展现量

解释：推广宝贝在直通车展示位上被买家看到的次数。

2. 点击量

解释：推广宝贝在直通车展示位上被点击的次数（注意，虚假点击会被直通车反作弊体系过滤）。

3. 点击率（CTR）

解释：点击率=点击量/展现量×100%，该数据可直观地表示宝贝对买家的吸引程度，点击率越高，说明商品宝贝对买家的吸引力越大。

4. 花费

解释：推广宝贝在直通车展示位上被用户点击所消耗的费用。

5. 平均点击花费

解释：平均点击花费=花费/点击量，即对推广宝贝的每一次点击产生的平均花费。

6. 投入产出比

解释：投入产出比=总成交金额/花费，代表投入与产出的关系。

7. 点击转化率

解释：点击转化率=总成交笔数/点击量。

5.3.22 关键词的调整优化

在添加完关键词并且设置好首次出价以后，一段时间后要结合推广数据，对关键词进行调整优化。很多人一听到直通车账户优化，就彻底懵了，不知道该从何处下手，更有甚者在调整账户的时候，毫无章法，不知道哪些关键词该提价，哪些关键词该降价，更不知道哪些关键词该删除。

根据消费者的购买路径来分析，首先是消费者看到我们的商品宝贝，其次是点击创意图浏览商品宝贝，最后是成交购买，大致分为这三步。通俗地讲，先看见、后浏览、再购买，如图 5.42 所示。

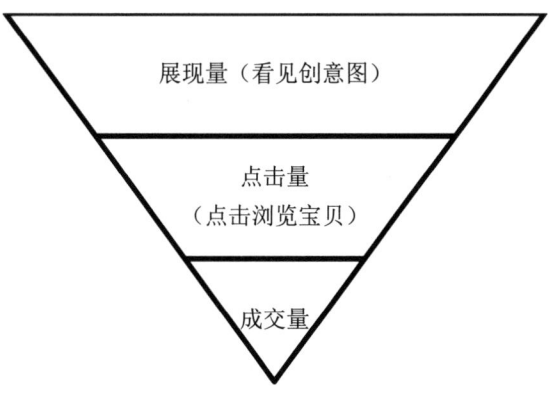

图 5.42 直通车推广漏斗模型

在优化直通车账户的时候，要遵循漏斗原理，以先展现、再点击、后成交的顺序优化调整。从数据指标上来说，第一是判断展现量高低，第二是看点击率高低，第三是看转化率高低。只要满足"三高"特征，就说明直通车推广效果是非常理想的，如图 5.43 所示。

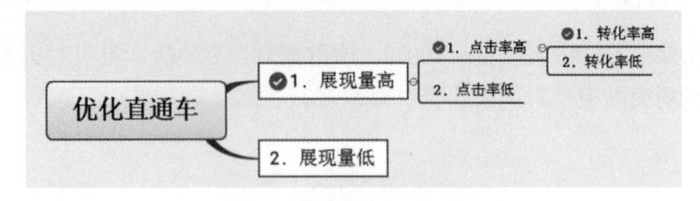

图 5.43　直通车优化路线图

其实优化调整账户就是看数据，当你看到数据的时候，要明白数据背后代表的意义，然后依据数据进行优化调整。这里给大家捋出一个清晰的思路来，只要按照此思路来优化调整，你可以轻松地搞定一个账户。先给大家看一张图，优化直通车账户的演示图，如图 5.44 所示。

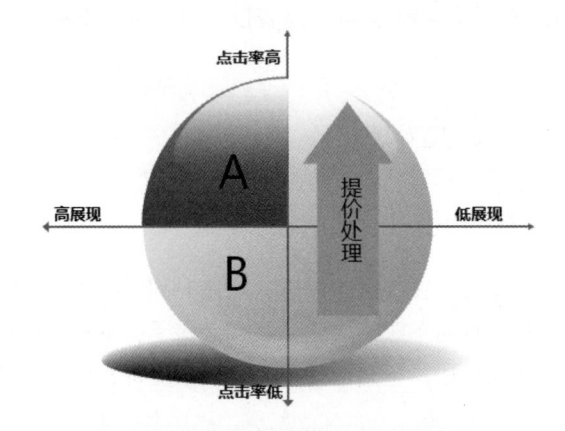

图 5.44　直通车账户优化演示图

展现量低的关键词

账户中某些关键词展现量比较低，分析原因，莫过于两个：

第一、搜索这个关键词的人数本身就比较少，就是一些小类目或者冷门行业，市场需求本身就不大，所以分配到每个关键词上的展现量就更少了。

第二、当消费者搜索某个推广词的时候，商品宝贝广告排名靠后，众所周知，搜索出来的结果是有顺序的，如果排名靠后，就很难被人发现，因为消费者不会一直往下滑动浏览。

5.3.23　关键词展现量低的解决办法

关键词展现量低的解决办法：

第一、尽可能添加一些高搜索指数或者高搜索人气的关键词，当然高搜索指数和高搜索人气，意味着竞争也大，所以结合自己的推广预算，尽可能选择自己能力范围内的最合适的关键词。有人可能会问，有没有什么标准？答案是没有，每个行业每个关键词的竞争都不一样，并且每时每刻都在变化，只能靠诸位商家摸索尝试，最终找到点击花费可以接受，又能带来流量转化的词。

第二，如果关键词的排名比较靠后，根据搜索原理，综合排名=出价×质量得分，要想提高排名，要么提价，要么提升质量得分。质量得分是系统根据推广数据为商品打的分数，商家无法直接上手操作，至于如何优化提升质量得分，我们将在后续章节介绍。

综合下来能直接上手操作的，就是关键词出价了，要想提升排名就只能提高关键词的出价。在提价的时候，如果当前出价远没有达到该关键词的市场平均出价，那么提价幅度可以大些，比如 0.1 元~0.3 元都可以。如果当前关键词出价已经达到市场平均出价，则按照 0.1 元或者 0.05 元的幅度来提价，如图 5.45 所示。

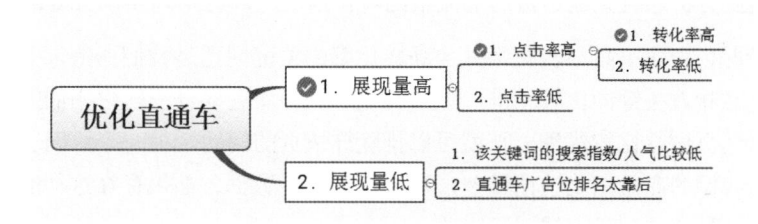

图 5.45　展现量低的原因分析

展现量高的关键词

如果关键词有展现，那么就要看关键词的点击率如何，也分两种情况。

（1）点击率高

将该关键词复制到"流量解析"中，查看行业平均点击率，如果该关键词的点击率高于行业平均点击率，那么暂不对该关键词做处理，继续观察。尽可能将点击率做到高于行业水平。

（2）点击率低

如果发现某个关键词点击率比较低，获取的流量比较少，也不要贸然提高价格，先分析点击率低的原因是什么。

5.3.24　点击率低的解决办法

通常来讲，点击率低有两种情况。

第一，查看账户中多个关键词，如果大多数关键词的点击率都低，那么说明是直通车创意图的问题，说明我们的创意图不够吸引人，需要对创意图做进一步优化。正所谓"将熊熊一窝"，创意图不吸引人，哪个词都白搭。

第二，如果账户中只有个别关键词的点击率低，那么可能是该关键词所处的位置不好，在这种情况下，尝试通过提价来调整该关键词的位置，继续观察其点击率情况。在这种情况下，应了一句俗话，"兵熊熊一个"。因为表现好坏是相对来说的。如图 5.46 所示。

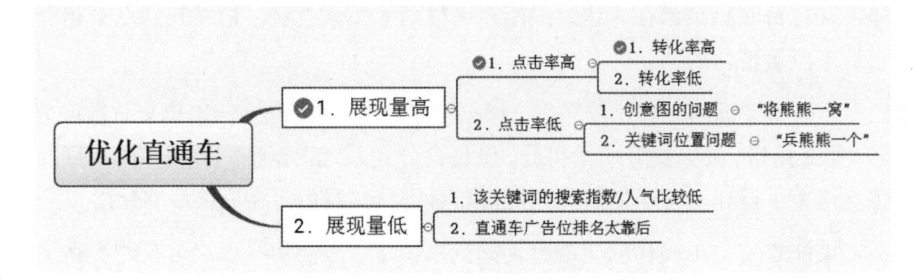

图 5.46　点击率低的原因分析

通过以上的分析优化，有了高展现量、高点击率，难道此时优化就结束了吗？当然没有，接下来就要分析通过关键词进店的流量的转化情况，以此来判断该关键词是否精准。

分两种情况，转化率高与转化率低。高转化率的关键词正是我们所追求的，对于我们的商品来说这意味着关键词比较精准。如果转化率低，那就要分析转化率低的原因，如果自己的宝贝详情页做得比较优秀，那就可以排除详情页的问题。另一个原因，很有可能是这个关键词与我们的商品相关性比较差，建议观察 7 天数据，如果存在这样的词，建议直接删除，不然这种关键词只烧钱，不赚钱。

5.3.25　三种直通车后续维护

现在想做好直通车，可不是添加完关键词、设置好出价就可以的，随着行业的变化，也要不断地对直通车做出调整。那么如何才能做好直通车后续的维护工作呢？主要包括三方面的工作。

1. 调整出价

做生意，竞争是避免不了的，其中最大的竞争就是流量的竞争。可能前期通过各种优化，各个关键词的数据都不错，可是突然有一天，竞争对手杀入，导致直通车数据出现变动，流量数据下滑。

出现这种情况后，需要对关键词出价做出调整，如果商品宝贝有竞争优势，并且在广告费预算上比较充足，那么就参与这场竞争吧。

如果自身宝贝竞争优势不大，广告预算也有限，那么还是避其锋芒，将排名调整到其他位置，这样既能保证好的数据转化，又避免参与到恶性竞争中，对于实力不大的商家来说，这是最好的选择。

2. 添加关键词

并非在做直通车的初期才会添加关键词，其实在整个直通车推广过程中，需要不断挖掘关键词。挖掘关键词的方法，在前面章节中已经有过详细的介绍，大家可以对照目录查阅。

3. 删除关键词

很多推广人员，只顾不断地添加关键词，却从没想过删除关键词。在做直通车推广的过程中，经常会遇到一些展现不错，点击率也不错，但是转化却不好的词，怎么办？留着，还是删除？

有人认为这个词需要继续保留，观点是该关键词有较好的展现量及点击率，能获取到不错的流量，应该保留。这个观点听起来很有道理，但是思考下，会发现它才是直通车"烧钱"的根本原因。

商家每天都会提及流量，却很少有人探究流量的本质是什么。从本质上来讲，流量就是用户。直通车的核心是精准营销，满足精准营销的前提是有精准用户，如果一个关键词各项数据都很好，但是转化率很低，那就说明这个词带来的用户，在商品需求上并没有与我们的商品宝贝很好地匹配，虽然带来了流量，但转化很差，增大点击费用，又没有带来成交，所以先要将这种类型的关键词，降低出价再继续观察投产比，如果还是不好则一定要删除。

5.3.26 深度剖析质量得分

这一节我们稍微深入地说一下质量得分与排名的关系。首先来看下直通车扣费公式：

实际扣费 = 下一名的出价 × 下一名的质量得分 / 我的质量得分 + 0.01

我们仔细观察这个扣费公式，会发现实际扣费的多少，与我们的关键词的出价没有半毛钱的关系，因为公式中并没有"我们的出价"这个参数。

同时关于直通车扣费，还有另一个规则：**实际扣费 ≤ 我的出价**

假设我们把 0.01 元忽略掉，将这个公式变换一下，就会得出下面这个公式：

我的出价 × 我的质量得分 ≥ 下一名出价 × 下一名质量得分

只要我的出价与质量得分的乘积大于其他对手的出价与质量得分的乘积，那么我们的直通车排名就会在其前面，如图 5.47 所示。

排名	质量得分	出价	乘积	扣费
2	A	a	Aa	Bb/A+0.01
1	B	b	Bb	Cc/B+0.01
你的位置	C	c	Cc	Dd/C+0.01
-1	D	d	Dd	Ee/D+0.01
-2	E	e	Ee	Ff/E+0.01

图 5.47 实际扣费与出价和质量得分的关系

决定我们排名的，是质量得分和出价的乘积 Cc，在质量得分不变的情况下，我们的扣费是下一名的质量得分决定的。因此，当出价 c 在（Bb/C, Dd/C）之间时，我们自己出价多少，丝毫不影响关键词的排名和扣费。

毫无疑问，质量得分高低对于排名与扣费都有很大的影响，如果关键词的质量得分比较高，那么不仅整个账户权重较高，而且也可以减少我们的花费。在多数情况下，由于我们刚开始使用直通车,质量得分很难达到10分,这就需要我们尽快把关键词质量得分提升起来。

5.3.27 提升质量得分的两种思路

快速提升质量得分的两种思路

第一种:优化点击率、转化率,慢慢提升。

优点:单日花费较少,资金压力较小。

缺点:周期较长。

增大直通车创意图点击率,提高宝贝转化率,是提升质量得分的关键。一点点地优化,逐步测试,质量得分会有一个明显的提升。

除此之外还有另外一种方式,可以快速提升质量得分。

第二种:快速提升质量得分。

优点:周期短,见效快。

缺点:单日花费较多,资金压力较大。

具体步骤如下:

(1)首先确保直通车点击率较高且稳定,在开始做之前就应该测试优化好,包括宝贝转化率。

(2)将大词或者行业热词提高出价,将该词位置顶在前三位,这样展现较高,流量也高。

⚠️ 提示:

由于设置的出价较高,势必造成单次点击成本很高,对于一般中小商家,这样的点击花费,难以承受,而且克服心理关也不是太容易,毕竟花的都是真金白银。

(3)在推广计划的地域设置上,尽量选择两三个点击指数较好的地域来投放,点击指数高,对提升质量得分有帮助。

(4)在关键词匹配上,选择"精准匹配"方式,因为流量比较精准。

(5)测试周期大概在3~5天,这样质量得分会迅速提升至10分,后续正常维护即可。

⚠️ 提示:

这种方式一般适用规模较大的店铺,要求广告预算充足,但是这样可以在短期内将质量得分提升上去,降低点击花费。

5.3.28 推广常见问题与误区

1. 要流量,还是要精准客户

在竞争日益激烈的今天,直通车已经成为店铺不可或缺的引流工具。在直通车的实际操作中，商家总是谈论流量，却忽略了流量的本质。在店铺不同阶段，对流量需求也不同。在日常的经营中，我们需要的是更多的精准客户，以增大购买可能性，各种流量都要，不精准一定不是什么好事。

2. 添加的关键词真的越多越好吗

如果在设置推广计划的时候，为每个宝贝添加 200 个关键词（因为最多就是 200 个），然后开通多个计划同时推这款宝贝，比如开了 4 个计划，那么就相当于添加了 800 个关键词。这样做是否妥当？

相信有不少商家都这么干过，很明显这已经违背了直通车精准营销的核心。在早期直通车点击花费较少的时候，这确实是一种获取流量的途径，但是放在今天，这样的做法很不科学。

3. 直通车不赚钱，就应该停掉

用直通车推广商品宝贝，单纯看直通车的投入产出，不赚钱已经成为了业内公认的事实。利用直通车推广既然不赚钱，是不是就应该停掉呢？

答案是：不能。

直通车对店铺的帮助，体现在两个方面：一是通过直通车直接完成商品的销售；二是直通车能帮助提升搜索流量。应该从这两方面考核直通车的价值，可以通过将单个成交用户的成本与毛利进行对比，来判断直通车开得到底划不划算。

比如每成交一个用户需要花 20 元，但是商品利润空间在 70 元，那么即使直通车投入产出比是亏损的，最终整体还是有利润的。如果停掉，可能连这点利润都没有了。

5.4 如何做好精选人群

在直通车体系中，除了关键词，还有一个人群概念，本质上来说直通车就是：关键词+人群，这里所说的人群，其实就是直通车里的精选人群功能。下面详细说一下，关键词与精选人群之间该如何配合方能玩好推广。

5.4.1 什么是精选人群

淘宝通过对用户数据的分析，利用多维度人群定向技术，判断目标客户潜在购物需求，从而将推广宝贝展现给目标客户，达到利用宝贝寻找客户的目的。其原理是通过分析买家的购买行为，展现对应类目或者符合买家兴趣点的商品宝贝。

在图 5.48 中，可以看到，系统圈定精准人群主要遵循三种依据。

- **会员属性**：即注册淘宝账号时，用户完善的个人信息，包括年龄、性别、地域等。

- **买家行为**：主要包括搜索、浏览、收藏、加入购物车、购买成交 5 种行为。
- **成交用户属性**：在选择开通精选人群功能时，尽量让宝贝有销量，因为系统会通过判断曾经购买过该宝贝的人群属性，来圈定与其具有相同属性的人群，以判断其可能存在的购买需求。比如大多数商品宝贝被 30 岁左右的年轻宝妈购买，则系统后期会推荐更多相似的人群。

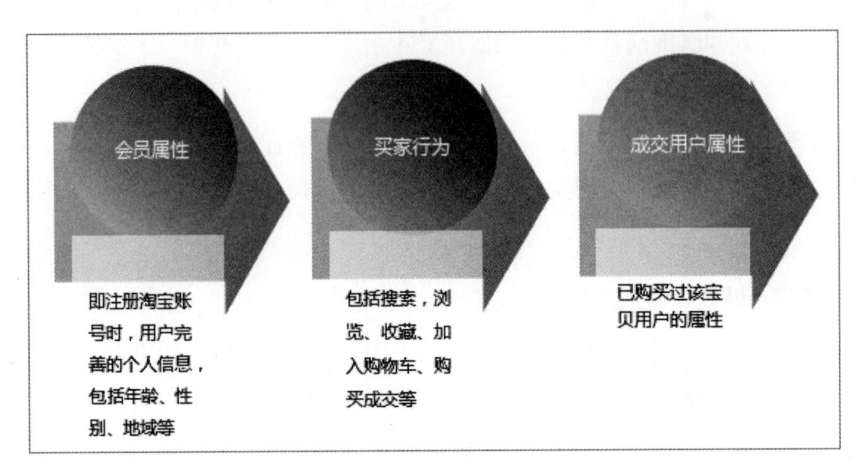

图 5.48　定向人群的三种依据

5.4.2　关键词与精选人群的关系

在搞清楚如何操作精选人群之前，商家一定要先弄清楚，在直通车中关键词与人群的关系。为了方便大家更好地理解，举个例子说明。

比如关键词"平衡车"，我们为该关键词设置出价为 2 元，假设我们现在所处的位置在第 5 名，此时我们在后台添加了一个精选人群，这个人群的属性是"收藏过店内商品的访客"，我们为该人群设置溢价为 10%。

也就是说，一个普通的正常访客搜索"平衡车"时，其会在第 5 名的位置看到广告，而"收藏过店内商品的访客"，所看到的位置要高于第 5 名。

溢价排名出价=关键词出价 + 关键词出价 × 溢价比例

溢价排名出价=2 元+2 元 × 10%=2.2 元

明白了吗？简单来说就是，让更有意向的访客，在更靠前的位置看到商品广告。

5.4.3　如何添加精选人群

打开直通车，进入推广计划，然后找到推广宝贝，在关键词列表旁边的选项就是"精选人群"，各位商家一定要清楚，精选人群是针对单个宝贝进行设置的，不是针对整个推广计划。一起来看下具体怎么设置，如图 5.49 所示。

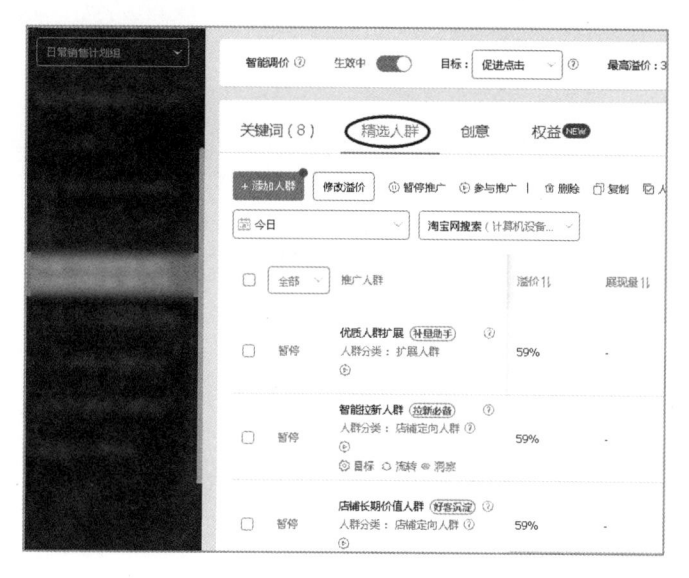

图 5.49　直通车精选人群

在图 5.49 中，直接点击"添加人群"，打开如图 5.50 所示的界面，在该界面上显示有两大类型行业人群榜单。

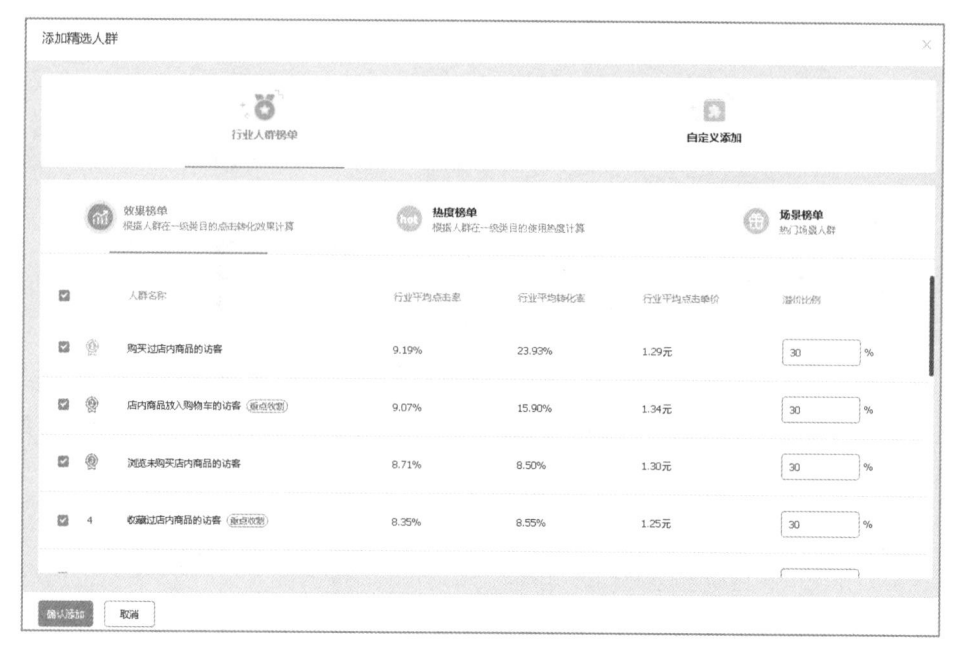

图 5.50　添加精选人群

行业人群榜单下面又有三个细分榜单，主要有效果榜单、热度榜单和场景榜单。

商家直接进行选择即可，勾选相应人群，然后系统默认给出一个溢价比例，也可以手动修改它。

再来看下自定义添加人群，如图 5.51 所示。

图 5.51 自定义添加人群

可以看到，自定义添加人群下也有几个细分类型，有宝贝定向人群、店铺定向人群、行业定向人群、基础属性人群和达摩盘人群。

商家可以自行选择，结合自己店铺目标消费群体进行选择就好，溢价比例我个人不建议一开始就设置得很高，建议大家设置为20%或30%，先把人群添加进去，然后观察人群的数据表现，分析展现点击率及投产比等数据再进行调整。

5.5 看透直通车的本质

很多商家在做直通车的时候很盲目，对直通车认识不清楚，掌握得很片面。网络上到处充斥着"做好直通车的五大秘诀""做好这几步利用直通车轻松赚大钱"等标题党文章，不知误导了多少商家。请不要把直通车想得很神秘，它无非就是一个引流工具而已。

直通车作为商家与消费者之间的桥梁，起到连接的作用。在这条链路上，我们分析一下三者各自的目的与诉求，如图 5.52 所示。

- **商家**：用更低的花费，寻找精准客户，产生更多销售。
- **直通车**：帮助商家寻找客户，同时作为阿里巴巴集团的盈利工具。

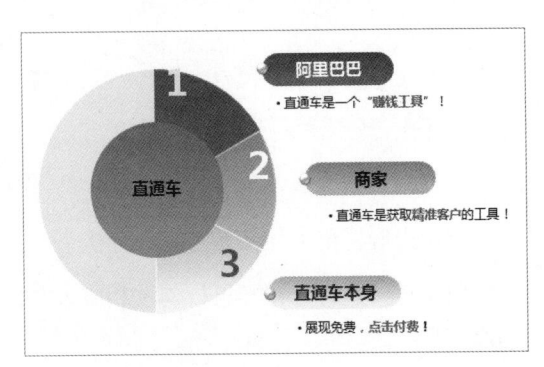

图 5.52 三者的定位

- **消费者**：更方便快捷地找到适合自己的商品，满足自身对商品的诉求。

站在阿里巴巴的角度思考，企业是以盈利为目的的，直通车作为阿里巴巴的一个盈利工具，其最关心的指标是什么？答案是：点击率。因为直通车是按点击付费的，点击率越高，在同等曝光下，点击量越多，平台赚钱就越多。

那么对商家而言，希望用更少的花费，寻找精准客户，产生更多的销售，从而赚取利润。诉求有两个：一是减少花费；二是增大转化率。优化直通车创意图提高点击率，就可以提高质量得分，从而可以有效降低花费。所以假设质量得分不够高，一定是直通车创意图点击率比竞争对手低，因此做好直通车的核心就是优化提升直通车创意图的点击率。

如果想产生更多销售，就优化提升转化率，这些内容在前面已经讲过。需要注意的是，影响转化率的因素较多，要多考虑销售策略和市场销售周期波动等因素。还是那句话，正确的时间，做正确的事，牢记目的。

5.6 直通车运营策略

5.6.1 利用直通车选品测款的方法

店铺在打造爆款的时候，选品至关重要，选出那些市场接受度高的单品，成功的概率就高了很多。正所谓选择大于努力。那么如何才能选出市场接受度高的单品呢？靠个人筛选？未免太过武断，最好的办法就是把不同商品用直通车进行推广测试，最终通过数据来判断。

（1）面对众多商品，首先进行人为筛选，因为商品种类过多，不可能全部拿来测试，一方面会花费大量广告费，一方面会耽误较多时间。所以先人为筛选，把测试范围缩小。在选择过程中商家还要注意，供应链要完善充足。

（2）人为筛选以后，将最终的商品数量定在 5~6 款，然后设计制作创意图，新建直通车推广计划。

（3）在新建推广计划时，尽量保证一个计划只推广 1 个商品，避免彼此之间相互影响，导致数据出现偏差。

（4）在设置推广计划时，不同计划的预算、投放平台、投放时间、投放地域都要保证相同，坚持"数据唯一变量"原则。预算不要太少，避免计划下线。在设置投放地域时，通过"流量解析"查询选择点击指数高的地域，切记不可全地域投放。

（5）开始推广以后，保证流量基数不要过少，至少要保证有 100 个点击，点击量越多最终数据越准确。

（6）最终观察测试商品的数据，选择转化率、收藏、加购、成交等数据好的商品。

5.6.2 账户权重与计划权重的影响

直通车的权重体系有三个，分别是：关键词权重、计划权重、账户权重。

先来说一下什么是账户权重。

比如 A 与 B 两个推广账户，A 每天花费 600 元，且已经持续参与推广 2 年时间了，而 B 每天花 150 元，刚推广了 2 个月，且中间还由于忘记充值，导致计划下线。

在评价 A 与 B 两个账户表现好坏的时候，我相信很多人都会觉得 A 要好于 B。平台规则也会横向对比不同店铺账户的权重高低。影响账户权重的主要因素有：

（1）推广总花费

（2）推广总时长

（3）推广后的数据反馈

再来看下什么是计划权重。计划权重用来衡量单个推广计划的表现好坏，比如在 A 计划中添加了 1 个推广宝贝，该推广宝贝数据表现较好，点击率、转化率、投产比各项数据都很不错。而 B 计划也在推广 1 个商品宝贝，但数据表现就很差，在平台看来 A 计划权重高于 B 计划。

关键词的权重相对比较好理解，它用来衡量单个关键词在推广计划中的表现好坏，每个关键词的质量得分就代表着关键词权重的高低。

账户权重与计划权重，会给直通车推广带来哪些直接影响呢？首先不同推广账户在设置关键词出价的时候，差距会比较大。对于一个比较成熟的账户，设置一个很低的关键词出价，就可以获得一个不错的预估排名，相反新账户在推广初期，需要出较高的价格才会有不错的预估排名，如图 5.53、图 5.54 所示。

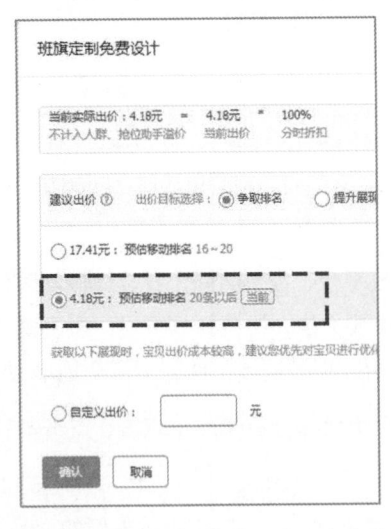

图 5.53　同一个关键词在不同计划中的差异 1　　图 5.54　同一个关键词在不同计划中的差异 2

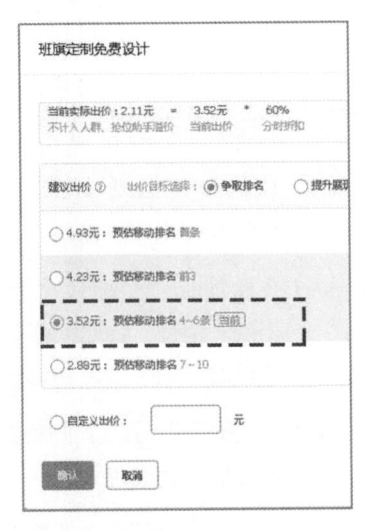

我们可以发现，相同的关键词"班旗定制免费设计"，在其中一个账户中，出价 4.18 元，预估排名在 20 条以后。而在另一个计划中，出价 3.52 元，预估排名在 4~6 条。

5.6.3 "围攻堵截"推广计划布局

基于账户权重与计划权重的影响，如果在同一个计划中添加很多个推广宝贝，则不同宝贝的推广数据会彼此影响，为了避免这种干扰，一个推广计划只推广一个商品宝贝。

与此同时，不同关键词在推广计划中的表现不同，有的关键词搜索量大，竞争也大，有的关键词搜索量小，竞争也小。为保证账户权重，在推广同一商品宝贝时，建议将不同类型的关键词放在不同计划中。

通常情况下，推广计划分为四个类型，如图 5.55 所示。

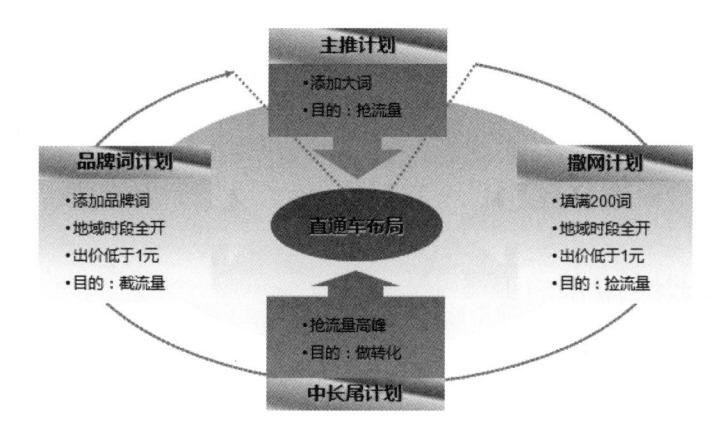

图 5.55 直通车推广计划布局

1. 主推计划

"围攻堵截"计划布局，是我本人自己命名的，主推计划在整个布局中扮演着"攻"的角色。在主推计划里只添加搜索热词，保证排名位置在前 4~6 名以内，同时保证创意图的点击率，这样可以让计划中的关键词质量得分拉升到 10 分。

根据公式综合排名 = 质量得分 × 出价,随着质量得分的提升,点击单价就会降下来。因为该计划是我们的主推计划，其主要目的是抢流量，所以要实时观察排名情况，确保每个关键词都有较好的排名位置，使单品爆款产生更多销售。

2. 撒网计划

撒网计划在"围攻堵截"计划布局中，扮演着"围"的角色，也可以理解为"捡漏"的意思。设置撒网计划的目的是大范围撒网捞流量，所以添加 200 个关键词，前提一定是符合我们的商品自身属性特征的，不相关的关键词坚决不要添加，宁可空缺着，也不要为了凑关键词去添加。统一设置低于 1 元的价格，全时段、全地域地投放。同时可以多设置添加一些精选人群，然后给予 20% 左右的溢价比例。

3. 长尾词计划

长尾词计划，在"围攻堵截"计划布局中，扮演着"堵"的角色。做长尾词计划的目的是抢长尾关键词的流量，所以在设置时，只添加长尾关键词（选词方法前文中已经多次提到）。该计划的目的是转化。

4. 品牌词计划

品牌词计划在"围攻堵截"计划布局中，扮演着"截"的角色，其目的是拦截流量。在同行业当中，有很多品牌词。在设置计划的时候，添加同类目竞争对手的品牌名称词，设置出价低于1元。这样当消费者搜索某品牌名称的时候，自己的推广宝贝也可以得到展现。

其实"围攻堵截"计划布局，并不难理解，只是把关键词做了分类，根据每种关键词的特性，来做相应的投放设置。这种思路对中小商家可能要求有点高，但是可以有针对性地选择其中一个或几个类型去设置，主推计划花费高，则可以跳过，或者设置主推计划的时候，把出价排名设置得不那么靠前，从而减少花费。商家要根据自身实际情况，灵活运用。

5.6.4 优化提升创意图点击率

直通车创意图的点击率非常关键，它直接影响关键词的质量得分，影响整个账户权重，直接决定最终推广效果的好坏。影响直通车创意图点击率的因素有很多，如图5.56所示。

除了商品本身，图片设计得是否吸引人是重点，因为我们很难改变商品的原貌，只能通过各种有创意的图片来吸引人。下面给大家分享几个设计创意图的思路，供大家参考。

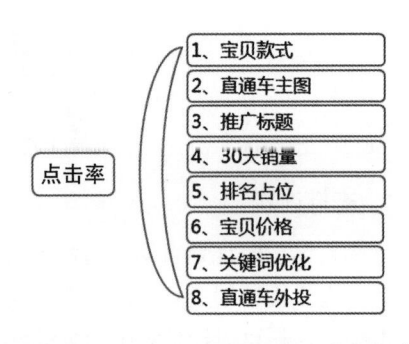

图5.56 影响直通车创意图点击率的因素

1. 突出利益

突出利益是目前最常见的思路，直通车创意图其本质就是广告，价格折扣等信息永远都是最吸引消费者眼球的。如果想做品牌溢价，就不太建议这种设计思路，因为品牌溢价是把商品卖贵，这与该设计思路是想违背的，所以在利用该思路的时候，要结合自己的销售思路而定。一起来看几个利用该思路设计创意图的案例，大家可以学习参考，如图5.57～图5.59所示。

图 5.57　凸显价格　　　　图 5.58　凸显活动即将结束　　　　图 5.59　凸显价格神秘

2. 创意造型

创意造型，也是在设计主图或创意图时常用的思路，优点是很容易吸引眼球，点击率高，缺点是不容易想出来，且一旦有了好的创意，容易被抄袭。另外，创意造型很容易使买家产生好感，从商品视觉呈现上，直接与低价类型商品区别开。如图 5.60 所示，乍一看像一个笑脸，其实是盘子与勺子。如图 5.61 所示，视觉呈现很有个性，有点潮牌的意思，外圈是彩色的内裤，中间有 7 这个数字，指的是一周中的每一天都有不一样的颜色，设计很棒。

图 5.60　创意造型 1　　　　图 5.61　创意造型 2

3. 夸张设计

夸张设计也是一个不错的设计思路，如图 5.62 所示，为了凸显商品粘钩粘得结实，做了类似秋千的设计，上边坐了一只大象，很有意思。

4. 主打隐性需求

如图 5.63 所示，是一个买菜的小拉车，使用人群以中老年为主，按照常规思路去介绍商品卖点的时候，可能会说小车容量大，装的东西多，还有就是轮子结实不容易坏，差不多也就这两个卖点。但是该创意图从另外一个层面为商家主打保护关节，找到了突破口，抓住了中老年群体注重健康的心理。

图 5.62　夸张设计

图 5.63 主打隐性需求

5. 改变模特

6. 改变背景色

作为一个运营者，一定要多看多思考，不断积攒思路与创意。在平时的工作中，只要发现不错的图片或者文案促销形式，保存下来，后期可以借鉴使用。我为大家整理了 100 张比较经典的创意图，做成了一个资源包，分享给大家，你可以扫码联系我领取。

5.7 直通车常见问题解答

1. 问：在直通车账户中，有些关键词的质量得分是 10 分，但是为什么没有什么点击和成交？

    答：首先看下该关键词的行业平均出价，看看是不是自己的关键词排名太靠后导致没有点击。其次同样查一下该关键词是不是本身点击指数就很低，如果点击指数很低，带不来流量与转化，那么建议可以删掉这个关键词，挖掘更有潜质的关键词。

2. 问：为新商品做直通车推广，关键词价格应该设置为多少？是根据行业平均出价吗？大概观察多久以后，就可以提价或者降价？

    答：建议有了基础销量与评价以后再开直通车推广，至于价格如何设置，主要取决于你要排在什么位置，通常排名越靠前，点击率就越高，获取的流量也就越多。如果想快速测试一下新品的受欢迎程度，建议尽量出价高一点。至于观察多久开始进行优化，一般 2~3 天即可，因为时间太短的话，数据存在偶然性，得到的反馈可能不精准，只有展现与流量基数大，最后得到的数据才准确。

3. 问：在开直通车的时候，可以将多个不同类目的商品放在同一个推广计划里吗？

    答：不建议将不同类目的商品放在同一个推广计划中，因为商品所针对的人群存在差异，在设置推广计划时，可能无法精确设置投放时间与地域，并且不同宝贝的权重也不同，也会产生影响。

4. 问：如何降低 PPC（平均点击花费）？现在直通车账户的点击率很差，PPC 太高都不敢花大价钱推广。

   答：根据直通车实际扣费公式得出，影响 PPC 的因素主要是关键词的质量得分，要想提高关键词的质量得分，就要先优化点击率和宝贝的转化率。只有点击率上来以后，质量得分才会提升，单个关键词的权重才会提升，整个直通车的权重也跟着提升，所以前期不必添加太多关键词，等后期整个直通车账户权重上来以后，再继续添加新的关键词，这样质量得分很轻松就能达到 10 分。关键词质量得分高了，PPC 就低了，此时宝贝转化率也不错，就会产生不错的销售，ROI 就会提升。

5. 问：如何优化提升直通车点击率？

   答：影响点击率的因素主要是商品本身和推广关键词与商品的匹配精准程度，越精准点击率越高。比如某用户想要买个鼠标，可能他的搜索路径是这样的：搜索"鼠标"，浏览几个商品后发现"发光鼠标"挺酷的，于是又搜索"发光鼠标"，然后又发现"无线鼠标"挺方便的，于是又缩小搜索范围，搜索"无线发光鼠标"，可见范围越小越精准，宝贝被点击的可能性也越大。其次影响点击率的因素还有：商品主图、商品价格、商品销量、排名位置（一般越靠前点击率越高）。最后还与你所处位置的周边竞争环境有关系，比如你的位置是第 3 位，你的价格是 89 元，销量是 200，而第 1、2、4、5 位置的价格都是 49 元，销量都是 1200，那么你的点击率可能就会较差。

6. 问：挖掘关键词的方式有哪些？

   答：最常用生意参谋—市场—搜索词排行/搜索分析相关词推荐。

7. 问：直通车的点击率与转化率都挺高，高于行业均值一倍以上，但质量得分却下降了，怎么提升？

   答：虽然点击率与转化率是影响质量得分高低的重要指标，但却不能以高于行业多少来判断质量得分提升与否，因为质量得分是一个竞争数据。建议不要只观察一天的数据，3～5 天的数据会更具有参考意义。同时观察你店铺的基础指标，比如好评率、全店转化率、DSR 评分等。

8. 问：某单品宝贝销量累积到 1000 多了，为什么此时的直通车 ROI（投入产出比）反而比之前低了？

   答：先来看下 ROI 的概念和算法，ROI=总产出/总投入。ROI 低的原因有两个：总产出过低或者总投入过大。所以要先判断到底是转化率低的原因，还是客单价过低的原因。如果是由于转化率低导致的，那么分析转化率低的原因。如果宝贝的收藏和加购物车情况不错，并且页面停留时间不错，那么可能是价格因素影响。如果收藏、加购物车等情况表现不好，则建议优化详情页与评价。

9. 问：在某直通车账户中添加了 50 个关键词，其中 20 个词是 10 分，15 个词是 9 分，剩下的都是 7 分、8 分，但是这些词没有展现，应该怎么办？

答：如果关键词没有展现，应该先将该关键词复制到"流量解析"中查看一下该关键词的展现指数，如果展现指数本身就很低，则说明搜索这个关键词的人比较少，建议删除。如果该关键词的展现指数不错，不管是不是 10 分，那都说明你的排名位置太靠后了，建议提高出价增大其在自己账户的展现。

10. 问：某直通车账户每天有 2000 元左右的花费，有时成交会高一些，有时又非常低，具体到某个关键词上，也是有高有低，不知道要不要删除这种词来降低花费，又担心删除后影响整个宝贝的销量，怎么办？

    答：不管是转化率还是其他店铺数据，都不要通过对一天的数据进行分析而下结论，因为数据偶然性比较大，应该观察 7 天的数据或者 14 天的数据，这样得出的结论会准确一些。至于是删除还是保留某个关键词，也要观察 5~7 天，视该关键词的转化情况来定。

11. 问：直通车推广初期，养词的思路是怎样的？

    答：优化提升点击率，然后提高出价使排名靠前，点击率高，点击量也高，点击一段时间（最长 5~7 天），账户中关键词的质量得分就会提升，整个账户的权重就会慢慢提升，然后再添加其他词参与推广。

12. 问：直通车账户数据波动特别大，关键词也没变，请问是什么原因？

    答：其实多数账户都会存在这种情况，遇到这种情况需要先检查一下推广计划的时间比例折扣，看看不同时段的比例折扣，是否设置得过大，导致关键词出价跨度过大，使位置不稳定。

【读者互动交流】：

- 扫码关注服务号，会定期收到刘老师关于电商的视频课程！
- 扫码关注订阅号，会定期收到电商行业资讯解读！

    （1）关注公众号后，回复"老刘"可以添加作者刘老师个人微信，进行店铺问题沟通。
    （2）联系作者，可以领取全书思维导图一份。
    （3）联系作者，可以领取电商运营常用表格一份。
    （4）联系作者，可以领取 20 节店铺后台操作视频一份。
    （5）联系作者，可以领取神秘干货大礼包一份。

其他电商福利，会定期在公众号发布，欢迎关注！

第 6 章 引力魔方：定向精准人群

Chapter Six

在淘系店铺运营过程中，主要的推广工具有直通车、超级钻展、超级推荐、淘宝客、极速推、万相台等，在这些工具中目前就直通车还保持相对较好的独立性状态，其他几个工具则经过演变进化整合等变化很大。而就在最近官方又重新推出引力魔方工具，并且随着该工具的普及，超级推荐与超级钻展等工具将陆续下线，后期它们的功能将全部转移到引力魔方中，如图 6.1 所示。

图 6.1 超级推荐与超级钻展逐步下线的公告

本章主要围绕最新推出的引力魔方工具展开介绍。引力魔方主要通过定向标签人群，从而进行精准投放，使商品宝贝可以直接曝光在有潜在购买意向的人群面前。定向标签人群主要是靠系统对海量用户的行为进行大数据分析，然后将一些用户标记为某种类型商品的潜在意向用户。

简单来说就是系统通过大数据分析，给用户打上标签，商家通过引力魔方查看标签，然后对该标签的人群投放商品广告，从而实现商品的销售。

抛开商品宝贝等其他因素，引力魔方能否做好，主要取决于后台商家选取的人群是否精准。另外，创意图是否能很好地吸引潜在买家点击查看，也是一个关键因素。

6.1 引力魔方概述

随着超级推荐与超级钻展的逐步下线，功能被整合到引力魔方中，引力魔方将成为商家最常用、最主要的推广工具之一。

6.1.1 什么是引力魔方

什么是引力魔方，来看下官方对于该工具的介绍。引力魔方，是融合了猜你喜欢信息流和焦点图的全新的推广产品。信息流模式是唤醒消费者需求的重要入口，全面覆盖了消费者购前、购中、购后的消费全链路；焦点图锁定了用户入淘第一视觉，覆盖了淘系全域人群。

通过两者的有机结合，同时基于大数据和智能推荐算法，帮助商家发掘店铺潜在目标消费者，激发消费兴趣，高效拉新，强效促转化，完成营销闭环，助力提升店铺整体流量，促进店铺生意增长。

根据上述介绍我们可以总结出两大核心点：一是购前、购中、购后的猜你喜欢位置；二是首焦焦点图广告位。

6.1.2 什么是通投与定向

举例：发传单是一种最常见的广告形式，那么业务员在投递广告传单的时候有两种方式：一种是只要看见有人经过，就将广告传单投递上去，不管你是否对商品有购买意向；另一种是根据投递广告传单上的商品，来判断经过的人群中哪些是有潜在购买意向的，然后重点给这些有潜在购买意向的人投递广告传单。

比如业务员投递健身房广告，可以专门挑选那些年轻的小姑娘、小伙子进行投递，而对于老年人则不投递。这就是通投与定向的区别。

在引力魔方中会有关键词词组人群与定向人群，比如关键词"卫生间地垫 防滑垫"，就是一个关键词词组人群。将宝贝加入购物车的人群，就是定向人群。如果关键词词组出价较高，词组的通投流量就会大一些。而如果关键词词组出价低一些，而人群溢价出得高一些，那定向流量就多一些。

6.1.3 引力魔方与直通车的区别

直通车是运营过程中比较常用的推广工具，那引力魔方与直通车有什么区别呢？

首先直通车主要围绕关键词来推广，后台设置关键词出价，当用户搜索该关键词（或者有关联的词）时，系统就会展现推广宝贝。也就是说先有用户的搜索行为，再有直通车的展现。是人在搜索寻找商品宝贝时，宝贝才展现出来的。

而引力魔方则是在猜你喜欢位置，包括购前、购中、购后等全链路位置，是用户在逛淘宝的时候，系统主动推荐商品宝贝给用户，是系统先判断该用户可能存在某种购买需求，然后将宝贝展现出来。

所以二者的区别就是：

（1）直通车：我现在有一个需求，想要解决，主动搜索，然后展现；

（2）引力魔方：我猜你喜欢某个商品，给你看看；

引力魔方就是"我猜你喜欢"，系统可能会猜准，也可能猜不准，但随着平台系统大数据分析技术与推荐机制越来越完善，系统猜测一般是准的，但有一个核心点就是，我喜欢，但并不代表当下就需要，所以引力魔方带来的收藏与加购会多一些。

比如某用户搜索"文具盒女 小学生"，想给自己女儿买一个文具盒，通过搜索浏览对比，购买了一款，系统会猜测你可能对"书包"有潜在购物需求，这样思考的逻辑是说得通的，我可能会购买，但不一定是当下最需要的，系统推荐了几款比较漂亮的书包，虽然我喜欢，但当下不急需，可能会收藏或加购，等以后需要了再买。

6.2 引力魔方基础简介

在手淘端成为成交主场的今天，引力魔方由于其定向的特性，在获取流量方面相较于之前有了很大的提升。主要原因有两个：一是之前平台仍以搜索为主，而现阶段平台在做内容化运营，使得淘宝更具有可逛性，系统在人群标签定向这方面也愈发成熟，使得引力魔方有了更好的技术基础。二是众多中小商家仍以直通车推广为主，导致直通车的竞争激烈，相比较而言，引力魔方的竞争相对就小得多，所以现阶段做推广，引力魔方不失为一个非常优秀的工具。

随着技术的成熟，不管是直通车还是引力魔方，都变得越来越智能化，人为手动参与的设置越来越少，后台点击几个按钮，无须复杂的操作设置，就可以轻松开启推广功能。

6.2.1 引力魔方的后台首页介绍

首先来看引力魔方的后台界面，如图 6.2 所示，在这里可以看到整个账户中的计划情况，包括投放中计划、宝贝故障计划、创意故障计划、即将到期计划、预算故障计划等。下面是阿里妈妈引力魔方此次升级的一些特点，这个了解一下就好，在写作本章的时候，引力魔方刚刚升级推出，后期可能存在相关操作界面更新等情况，但整体的核心玩法与思路应该不会有颠覆式的变化。

图 6.2　引力魔方首页

在下面还可以看到账户整体效果，可以看到单日投放数据与历史投放数据，在写作本章的时候，我们的推广计划多数还在超级推荐和钻展中，引力魔方中只是演示性地设置了两个计划，所以投放的数据并不是很漂亮，如图 6.3 所示。

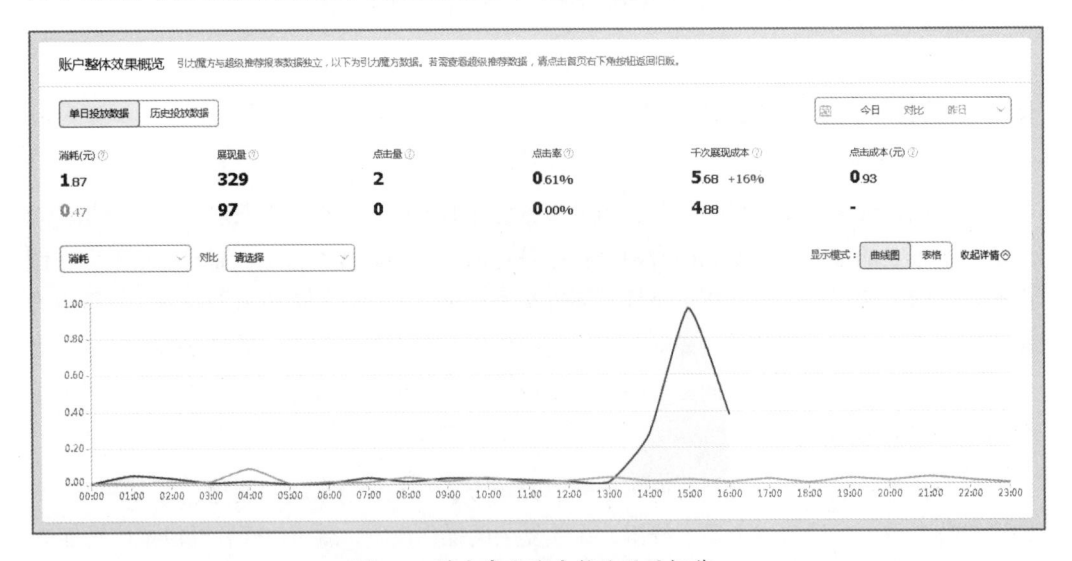

图 6.3　引力魔方账户整体效果概览

6.2.2　引力魔方的两种计划组

整个引力魔方的功能组成相对比较简单，导航菜单主要包含三个核心的功能模块：计划、报表、创意库。此三者中最为核心的操作主要集中在"计划"中，我们点击"计划"后，可以看到"计划""计划组""创意"三个选项卡，如图 6.4 所示。

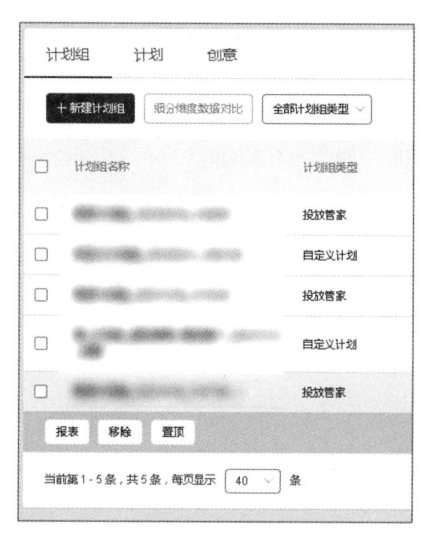

图 6.4 在计划中操作

点击"新建计划组",进入设置计划组界面,有 2 种类型的计划组,分别为:"自定义计划"与"投放管家",如图 6.5 所示。

图 6.5 设置计划组

- **自定义计划**:将自定义投放主体、人群圈层投放至淘宝焦点图、猜你喜欢等核心资源位。
- **投放管家**:系统托管投放,依托大数据能力智能投放。

在早期上线的功能版本中,计划组类型默认就是"自定义计划",后来升级推出了"投放管家"。将计划组分类,主要是为了方便对计划进行管理。

6.3 引力魔方的推广操作

引力魔方整合了超级推荐和超级钻展功能,并做了优化升级。使用引力魔方不仅可以做智能推广,还可以自定义设置推广计划,而且它在易用性上更加优秀。本节带领大家详细了解一下引力魔方的具体操作与设置。

6.3.1 新建推广计划

在引力魔方的首页导航菜单中，直接点击"计划"菜单按钮，然后在下方就可以看到"新建推广计划"的操作选项，如图 6.6 所示。

图 6.6 新建推广计划

点击"新建推广计划"后，系统会提示，需要先选择计划组，也就是当前新建的计划，打算放到哪一个分组下，如果之前设置的计划组都不合适，则可以先去设置一个新的计划组，然后再进行"新建推广计划"的操作，如图 6.7 所示。

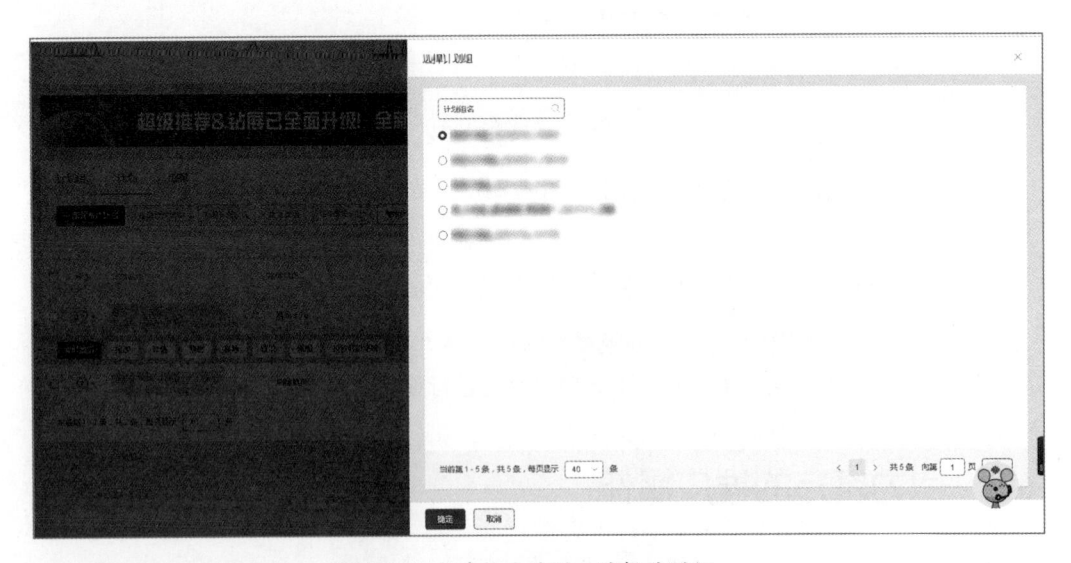

图 6.7 新建推广计划—选择计划组

选择好计划组以后，会自动进入下一步设置，如图 6.8 所示，在这里设置计划名称。对于计划名称，没有特别要求，只要商家自己容易区分即可。

第 6 章　引力魔方：定向精准人群

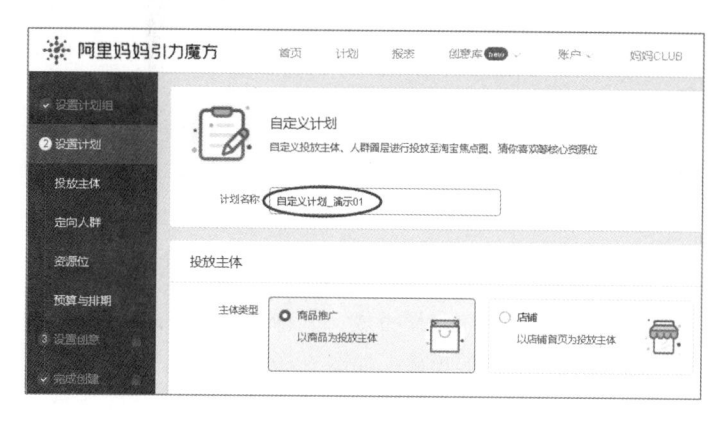

图 6.8　设置计划名称

6.3.2　设置投放主体

投放主体有三种类型：

- **商品**：以商品即单个宝贝链接为投放主体；
- **店铺**：以店铺首页为投放主体；
- **自定义 URL**：自己设置的活动页面，例如淘积木。

不同类型的投放主体，可选择的展示资源位是不同的。若选择"商品"为投放主体，则可选择焦点图与信息流展示资源位进行投放；若选择"店铺"或"自定义 URL"，则只能投放焦点图展示资源位。

通常选择"商品"为投放主体。如果"商品"为投放主体，则最多可选择添加 20 个商品宝贝，如图 6.9 所示。

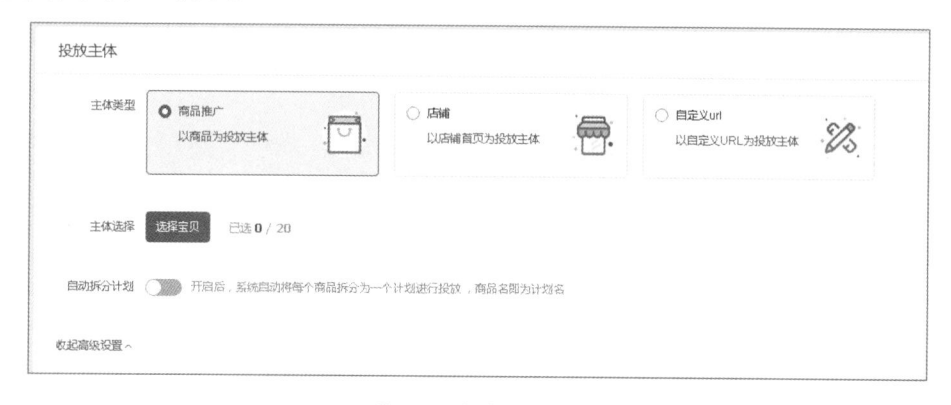

图 6.9　设置投放主体

在图 6.9 中，有一个"自动拆分计划"开关选项，如果此选项处于打开的状态，则系统会自动将每个商品拆分为一个单独的计划进行投放，商品名即为计划名。比如此处商家添加了 5 个商品宝贝，并且"自动拆分计划"选项打开，则最后分别为 5 个商品宝贝各生成一个推广计划，每个计划中有一个商品宝贝链接。

6.3.3 设置定向人群

定向方式有两种。

- **智能定向**：利用大数据分析技术，系统根据访客特征实时计算并智能优选对商家推广内容兴趣度较高的人群，帮助商家高效达成推广目标。

- **自定义**：根据商家的推广目标，圈选细分人群，达成营销目的。

简单来说，智能定向是平台系统来做投放，其他的啥都不用管。而自定义定向则需要商家自己设置人群包进行有针对性的投放，如图 6.10 所示。

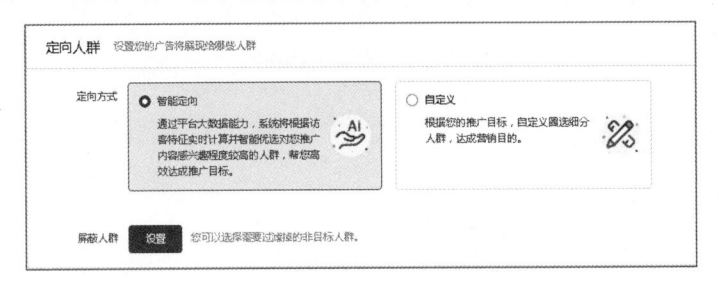

图 6.10　定向方式的选择

自定义的定向方式，具有更强的可操作性，商家可以有针对性地选择人群，所以此处重点介绍一下自定义的定向方式。

选择"自定义"定向方式，界面中会出现"常用人群""更多人群""目标人群扩展""屏蔽人群"等设置项，如图 6.11 所示。

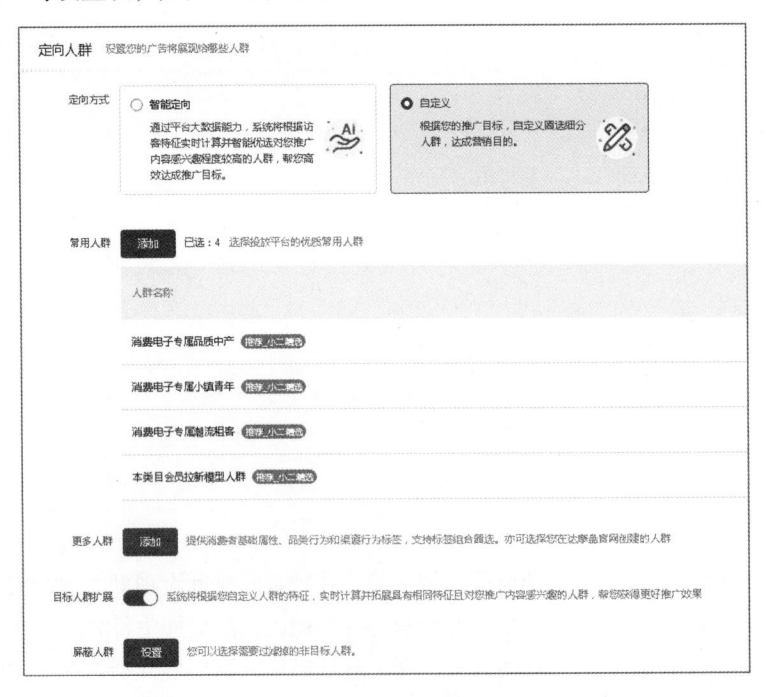

图 6.11　设置自定义定向方式

在"常用人群"这里，系统默认选择了几种人群，商家可以移除或者添加人群，如图 6.12 所示。

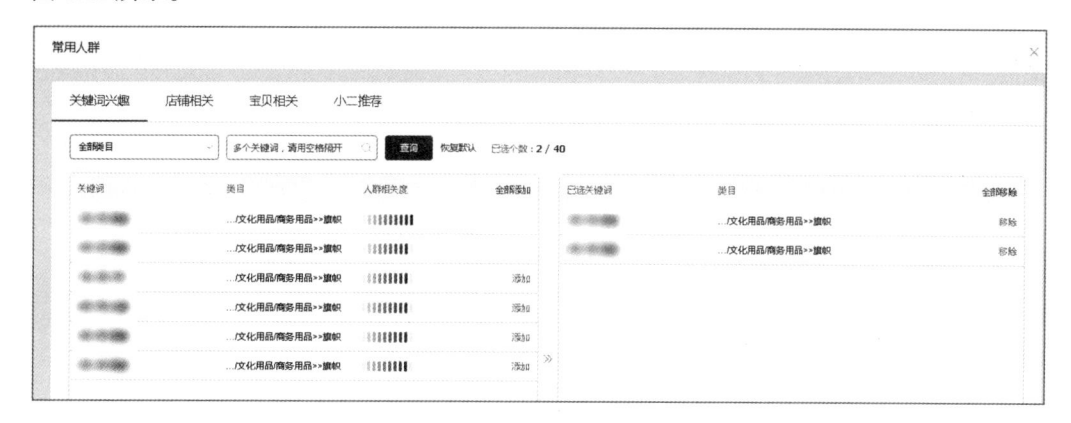

图 6.12　设置常用人群

6.3.4　常用人群的四种类型

如图 6.13 所示，常用人群一般有 4 种类型。

- **关键词兴趣人群**：系统根据商品宝贝的属性信息，自动推荐关键词兴趣人群。商家可筛选这里的人群，也可点击右侧的"添加"按钮，为商品宝贝添加关键词兴趣人群。关键词兴趣人群相对来说较常用，在添加时，要学会筛选，关键词的搜索结果不能是相关性差的商品宝贝，这是为了确保人群的精准性。

- **店铺相关人群**：该类人群主要围绕消费者近期与店铺之间发生的互动行为来划分，比如相似店铺人群、喜欢我店铺的人群等。

  一般向该类人群投放的话，投产比会较高，其也是重点投放的人群。这里需要注意"相似店铺人群"，如果商家自己的店铺属于起步阶段，或者店铺基础相对较弱的阶段，不太建议投放该类型人群，因为在与同类店铺进行比较的时候，你的店铺可能会因为缺乏竞争力，导致转化投产效果较差，所以这一点商家要留意，如果实在拿不准该不该选，也可以添加上测试一下，如果转化投产不错，则可以继续投放，如果转化投产较差，则建议关闭该人群。

- **宝贝相关人群**：该类人群主要指的是，与商家自己店铺的某些宝贝的买家有相同喜好的人群，举个例子，假设有一款商品宝贝 A 已经成长为店铺爆款单品，近期又上一新品 B，也打算重点推一下，该新品的类型与现有爆款单品非常类似，则商家可以选择喜欢 A 单品的人群进行投放。

  该人群又分为两种类型：喜欢我的宝贝和相似宝贝人群。每种人群最多选择添加 5 个单品宝贝。

- **小二推荐人群**：该类人群主要是与活动大促、行业特色、热门场景等有关的人群，具有较强的大促属性。

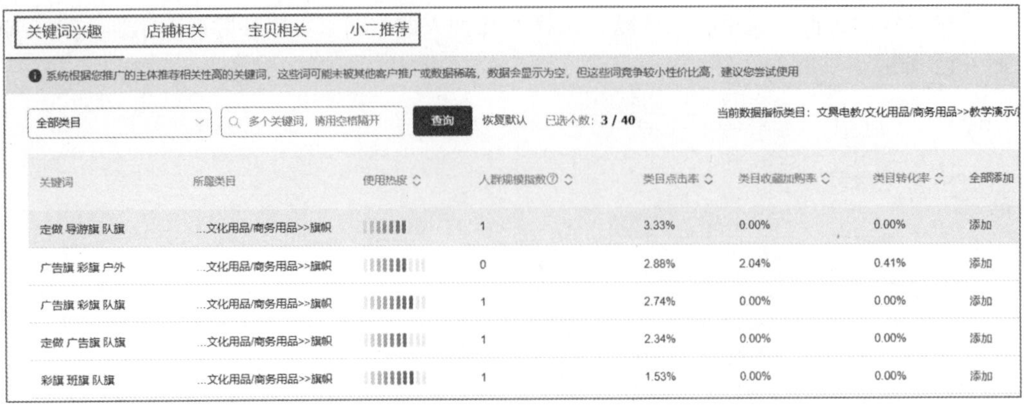

图 6.13 常用人群的四种类型

6.3.5 添加关键词兴趣人群

在设置推广计划时,需要选择推广主体,当商家选择了某个商品宝贝以后,系统会自动推荐一些关键词兴趣人群,不同类目的不同商品可能推荐的关键词兴趣人群的数量不同,商家在设置时以自己后台显示的为准,如图 6.14 所示。

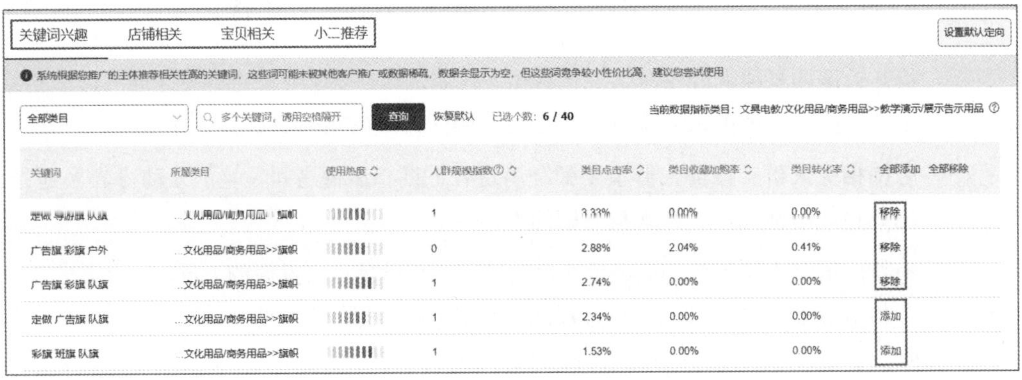

图 6.14 添加关键词兴趣人群

这里系统推荐的关键词兴趣人群相对较少,此时商家可以手动搜索查询,把我们想要添加的关键词输入进去进行查询,从而得到更多结果,如图 6.15 所示。

在添加关键词兴趣人群的时候,建议商家把系统推荐的这些关键词,在淘宝搜索框里搜索一下,通过查看搜索结果来判断是否添加,因为有些关键词看似符合自己的商品宝贝,但在实际的搜索结果中会有不相关的商品宝贝。

例如某商家是卖"卫生间地垫"的,系统推荐了"卫生间地垫"关键词,通过搜索,我们搜索出很多厨房地垫或入户门地垫等商品宝贝,这说明"卫生间地垫"这个词背后的兴趣人群差别较大,所以不建议添加这个兴趣人群,如图 6.16 所示。

图 6.15 手动输入查询关键词

图 6.16 "卫生间地垫"搜索结果

6.3.6 添加店铺相关人群

"店铺相关"人群指的是与我们的店铺有过相关行为联系的人群，如图 6.17 所示。主要包括：

- **相似店铺人群**——选择与本店铺的规模、星级、主营类目、商品风格、商品单价等相似的店铺，圈出近期及实时对其感兴趣的人群。
- **喜欢我的店铺的人群**——近期或者实时对本店有进店、搜索、收藏宝贝、订阅店铺、浏览内容、添加购物车、购买等行为的人群或与上述人群有相似特征的人群。
- **深度行为人群**——近期或者实时对本店铺宝贝有收藏、加购物车、购买等行为的人群。
- **领券未使用人群**——已领取本店铺优惠券（已经领取，但优惠券未过期）且未使用的人群（包含店铺优惠券、单品优惠券等）。
- **粉丝人群**——商家的粉丝人群（包括店铺粉丝、主播粉丝、达人粉丝等）。

图 6.17　店铺相关人群

6.3.7　添加宝贝相关人群与小二推荐人群

宝贝相关人群，指的是店铺内相似款式，可能会被同一群人喜欢，比如商品宝贝 A 与 B 是同款式同风格的，在为 B 推广添加宝贝相关人群时，就可以选择 A 商品宝贝。有喜欢我的宝贝与相似宝贝两种人群，如图 6.18 所示。

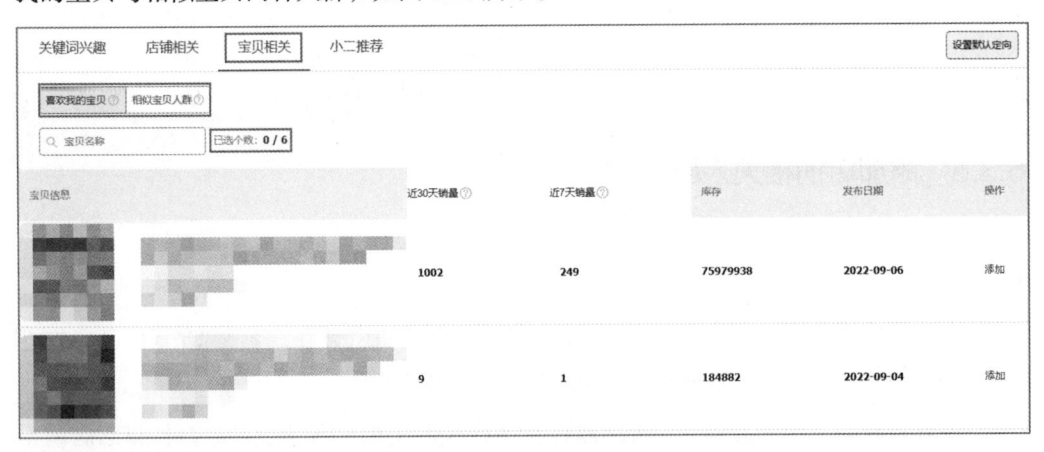

图 6.18　添加宝贝相关人群

小二推荐人群，主要是与平台活动大促、行业特色、直播短视频等热门场景有关的人群，具体的设置操作也相对简单，如图 6.19 所示。

其中，"大促专享"与"拉新破圈"，是日常推广或者店铺参加活动时，比较常用的人群。而"行业特色"中的人群，通过人群标签名称可以看出，该人群相对宽泛一些，会存在人群不精准的情况，在推广时需要谨慎选择，如图 6.20 所示。

图 6.19 小二推荐人群

图 6.20 小二推荐行业特色人群

如果商家做内容化运营，在发布短视频或开通直播的时候，可以选择"直播短视频"中的人群，如图 6.21 所示。

通过观察标签人群名称，来选择有特定用途的人群，比如"淘宝直播拉新必备人群"和"短视频直播热爱人群"，就比较适合在直播推广时进行投放。

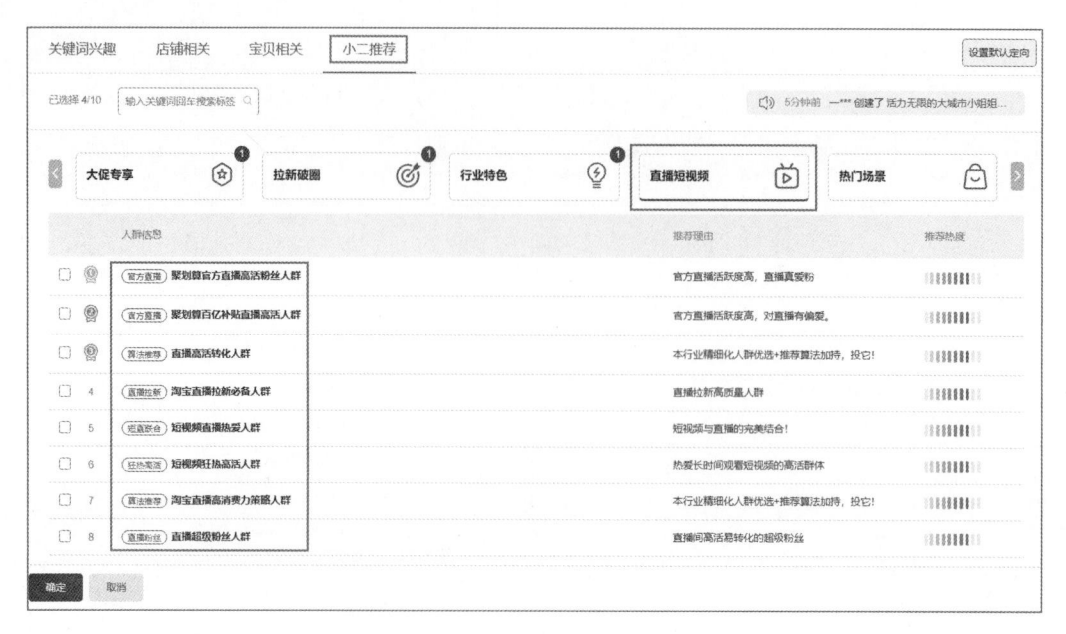

图 6.21 小二推荐直播短视频人群

6.3.8 添加更多人群

设置好常用人群后，还可以继续选择添加更多人群。直接在页面上点击"添加"即可进入操作设置页面，如图 6.22、图 6.23 所示。

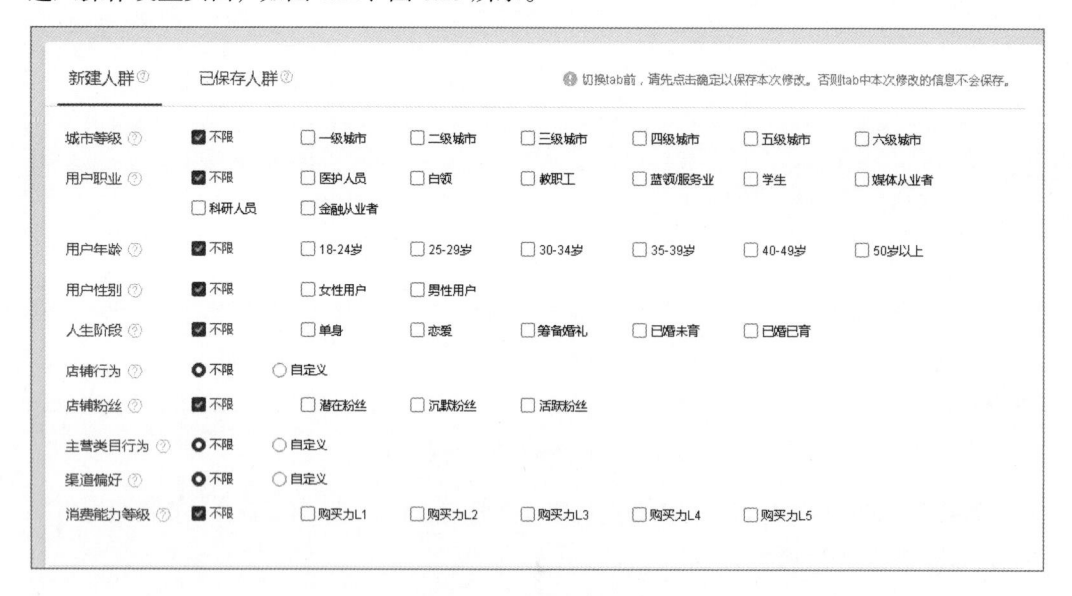

图 6.22 添加更多人群

在图 6.22 中，可以看到很多标签，如消费能力等级、城市等级、用户职业、用户年龄、用户性别、人生阶段、店铺行为等，商家可以结合自己的商品与价格进行有针对性的选择。

图 6.23 更多人群设置

比如，定位中高端的母婴商品，消费能力等级选择中等或者偏高；城市等级选择一二三级城市；用户职业可以把学生排除掉；年龄的话优先选择 30~34 岁、35~39 岁，而 25~29 岁商家可酌情考虑是否选择；用户性别选择女性；人生阶段选择已婚。这样选择基本上就可以保证目标群体有相应的消费能力。

选择完标签以后，在页面右上角可以看到系统预估的覆盖人数，如图 6.24 所示。

图 6.24 覆盖人数

商家还可以把选择的人群进行保存，为该人群起一个名称，方便自己区分。当店铺其他商品宝贝需要推广时，可以直接选择该人群包，方便快捷。

在图 6.24 下方有 4 个比较重要的标签，我们详细解释一下，分别是"店铺行为""店铺粉丝""主营类目行为"和"渠道偏好"。

- **店铺行为**：分为行为和时间，行为有浏览、收藏、加购、购买等。时间有近 7 天、近 15 天、近 30 天、近 90 天等。

  商家可以有针对性地设置，比如最近 30 天，在店铺中有"加购"行为的人群，如图 6.25 所示。

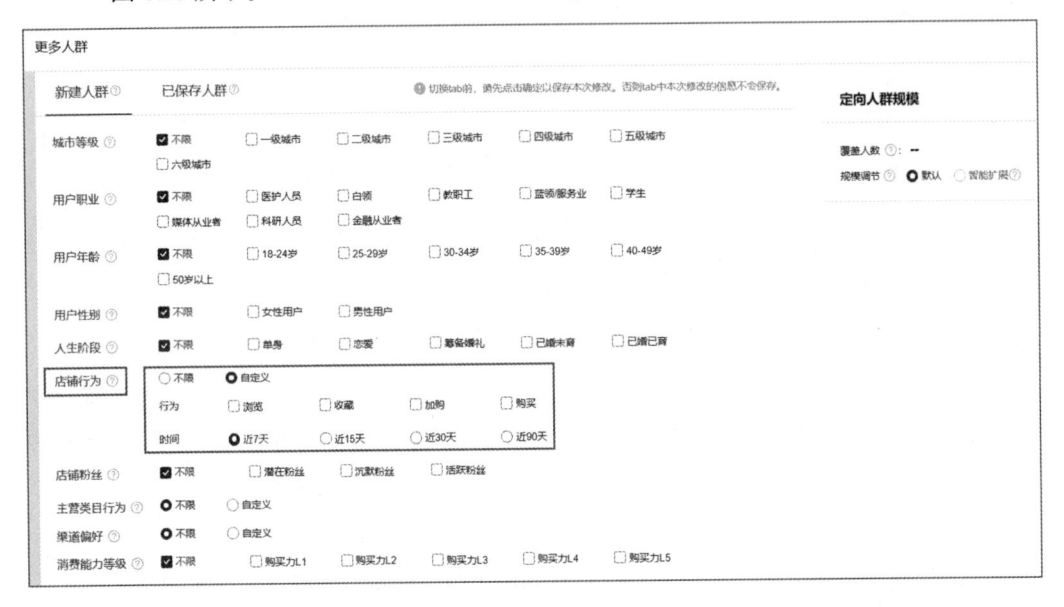

图 6.25　更多人群—店铺行为

- **店铺粉丝**：这个比较好理解，针对店铺粉丝做了分类，比如潜在粉丝、沉默粉丝、活跃粉丝等，如图 6.26 所示。

图 6.26　更多人群—店铺粉丝

- **主营类目行为**：这个标签人群跟店铺行为人群很像，但是它主要针对类目。另外加了行为频次，比如商家设置最近 7 天有收藏行为的为高频次人群，这样的用户可能购买意向相对更强一些，可以做重点投放，如图 6.27 所示。

图 6.27 更多人群——主营类目行为

- **渠道偏好**：指的是消费者偏好从哪一个渠道浏览商品宝贝，比如偏好搜索，偏好推荐，或者偏好活动等，如图 6.28 所示。

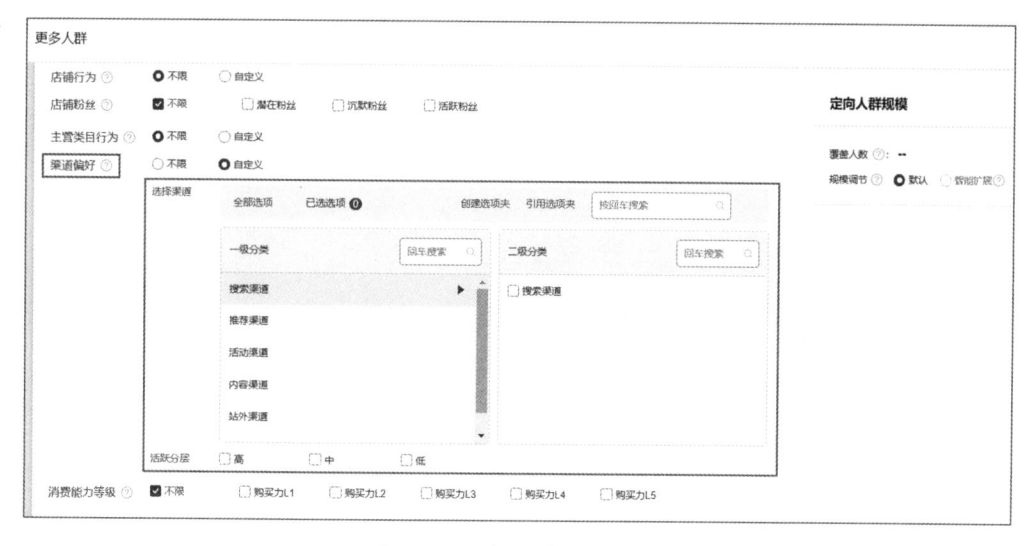

图 6.28 更多人群——渠道偏好

6.3.9 目标人群扩展设置

如果打开了目标人群扩展选项开关，则代表系统将根据商家自己设置的人群及人群特征,实时计算并拓展出具有相同特征的人群,该人群是对商家推广内容感兴趣的人群,因此商家可以获得更好的推广效果。

一般在推广初期,建议将"目标人群扩展"开关关掉,等计划稳定或者商品宝贝达到一个相对有竞争力的阶段后,再尝试打开该开关,以观察计划的转化率、投入产出比等数据。如果与之前的数据相比有明显的下滑,则建议商家再把该开关关掉;如果转化率、投入产出比等数据依旧不错,则该开关可以继续保持打开状态。如图6.29所示。

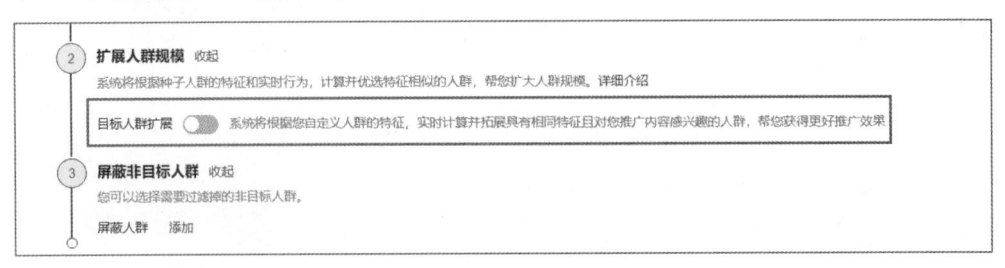

图6.29 目标人群扩展

6.3.10 屏蔽人群设置

无论使用以上哪种人群圈定方法,系统都很难排除感兴趣但已经购买过商品的人群,于是就有了"屏蔽人群"功能,使用该功能可以把此人群排除在投放计划之外,比如商家可以把最近30天购买过商品宝贝的人群屏蔽掉,从而使得推广计划更加精准,如图6.30所示。

图6.30 屏蔽人群

6.3.11 资源位的选择与设置

设置好定向人群以后,下一步就是选择要投放的位置及上传创意图。在前面的章节中,我们提到投放主体有三种:商品、店铺、自定义URL。

第 6 章 引力魔方：定向精准人群

当选择"商品"推广时，可以在手机淘宝首页焦点图位置，以及信息流场景资源位展示。而选择店铺与自定义 URL 时，只能在手机淘宝首页焦点图位置展示，如图 6.31 所示。

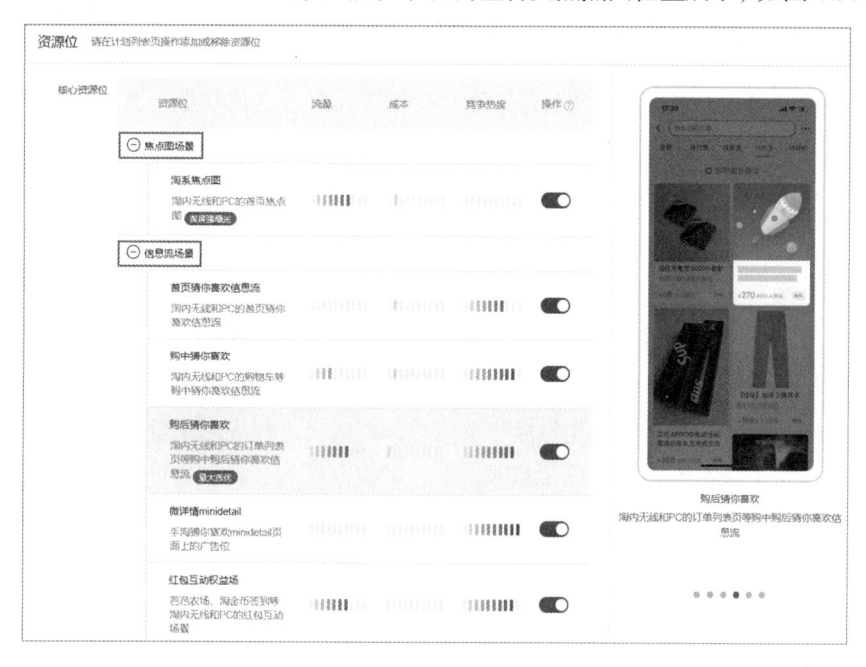

图 6.31 资源位选择

如果商家在设置的时候，不清楚当下选择的资源位，在投放时到底出现在什么位置，则可以查看右侧详细位置说明与位置演示，如图 6.32 所示。

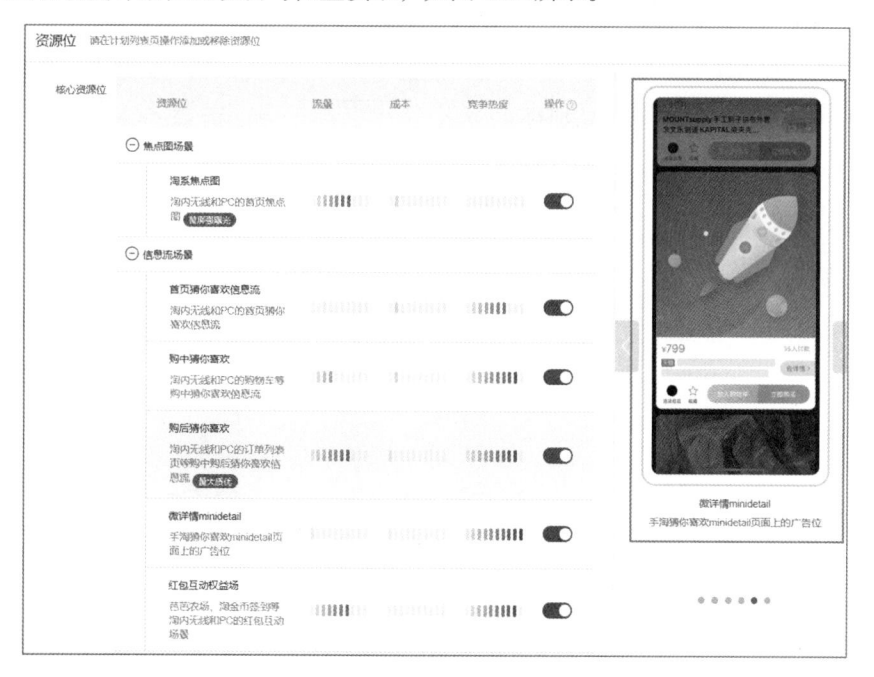

图 6.32 资源位具体位置介绍

6.3.12　常见的四种优化目标

设置了定向人群与资源位以后，下一步就是设置出价。在设置出价的时候，需要选择优化目标，其中包括促进曝光、促进点击、促进加购、促进成交四种。

- **促进曝光**：选择这种优化目标，系统对于曝光进行优化拿量，通过出价/人群/资源位帮助商家筛选更多曝光流量。
- **促进点击**：选择这种优化目标，系统对计划点击进行优化拿量，通过出价/人群/资源位帮助商家筛选更多点击意向流量，与"促进曝光"相比，增加"智能调价"开关。
- **促进加购**：选择这种优化目标，系统对计划加购进行优化拿量，通过出价/人群/资源位帮助商家筛选更多加购意向流量。出价方式为"智能出价"，按点击或者加购出价，按曝光扣费。
- **促进成交**：选择这种优化目标，系统对计划成交进行优化拿量，通过出价/人群/资源位帮助商家筛选更多成交意向流量。出价方式为"智能出价"，按点击出价，按照曝光扣费。

通过上述介绍，我们会发现四种优化目标的主要区别在于，不同目标对应不同的出价方式：

- **促进曝光+促进点击**：主要是手动出价且"促进点击"有"智能调价"开关。
- **促进加购+促进成交**：主要是智能出价。

6.3.13　优化目标促进曝光的出价方式

当选择"促进曝光"优化目标时，可以看到下方的"目标出价"方式有"统一出价"与"详细出价"两种，如图6.33所示。

图6.33　统一出价与详细出价

- **统一出价**：不区分定向人群与展示资源位，计划采用统一出价。比如设置出价为 1 元，则定向人群 A 与资源位 B 的出价都是 1 元。
- **详细出价**：针对每个定向人群进行单独出价，同时对展示资源位进行溢价设置。比如定向人群 A 出价为 1 元，展示资源位 B 溢价为 20%，则 A 人群在 B 资源位上的出价为 1.2 元，如图 6.34 所示。

图 6.34 详细出价设置

6.3.14 优化目标促进点击的出价方式

当选择"促进点击"优化目标时，出价方式同样有"统一出价"与"详细出价"两种，但是多了一项"智能调价"，什么是智能调价？

官方的解释是系统将根据商家设置的目标出价进行智能调节，调价幅度范围为 -100%~100%，如图 6.35 所示。

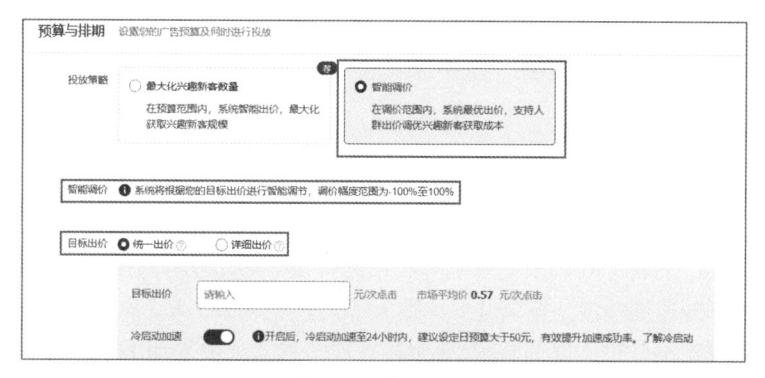

图 6.35 智能调价

- **统一出价**：不区分定向人群与展示资源位，计划采用统一出价。比如设置出价为 1 元，则定向人群 A 与资源位 B 的出价都是 1 元。
- **详细出价**：可针对计划的每个定向人群进行单独出价，同时也可以针对每个展示资源位进行溢价设置。比如定向人群 A 出价为 1 元，展示资源位 B 溢价为 20%，则 A 人群在 B 资源位上的出价为 1.2 元。若同时开启"智能调价"开关，则 A 人群在 B 资源位上的出价区间为 0~2.4 元，如图 6.36 所示。

图 6.36　促进点击详细出价

6.3.15　优化目标促进加购的出价方式

当选择"促进加购"优化目标时，系统不支持手动出价，并且有两种投放策略："控成本（加购收藏）"与"最大化加购收藏量"。

- **控成本**：系统根据优化目标，进行智能出价，控制"平均成本"尽量小于目标出价。这里需要注意的是"尽量"二字，这说明会超预算，所以平台推出《成本保障政策》，详细的政策解读相对比较复杂，商家只需要记住当超过预算较多的时候，系统是会回吐的，以"现金券"的形式返还到账户中。
- **最大化**：在预算范围内，系统根据优化目标智能出价，以尽可能多地获取加购收藏量。选择该策略同样适用《成本保障政策》，如图 6.37 所示。

什么是冷启动加速

在图 6.37 中，有一个"冷启动加速"开关选项，那什么是冷启动加速呢？引力魔方的定向执行流程是，找到潜在目标人群，然后推荐更多相似人群。前期由于计划量过少，且多数为刚开始推广的新计划，因此系统算法在进行预估的时候存在困难，这就导致计划前期获取流量数据的速度缓慢，整个过程少则 1~2 天，多则 3~5 天，有时甚至超过 10 天，在这期间很多对规则不是很清楚的商家，会觉得投放了这么久效果却不理想，从而终止投放，因此平台推出了"冷启动加速"功能，可以帮助计划快速度过该过程。

图 6.37 促进加购

根据官方的规则介绍，开启该功能后，冷启动期将缩短至 24 小时，同时建议商家在设置计划预算的时候，要大于 50 元，原则上预算越多越好，以提升快速过冷启动期的概率。

另外需要注意的是，开启该功能，可能会导致成本有一定程度的上浮，我们可以理解为拿预算换时间，如图 6.38 所示。

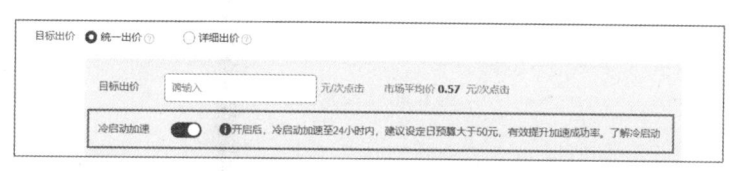

图 6.38 冷启动加速

6.3.16 优化目标促进成交的出价方式

优化目标"促进成交"与"促进加购"非常相似，区别就在于投放策略"控成本（点击）"与"最大化成交量"，其也有"冷启动加速"开关选项，如图 6.39 所示。

图 6.39 促进成交

6.3.17 设置计划预算

设置计划预算相对比较简单，即设置该计划每天最多消耗的金额上限。商家在设置的时候主要考虑几点。

首先是商家本身的广告预算，我个人不建议为每个计划设置太多金额。

因为前文在介绍"冷启动加速"时说过，前期计划量过少会导致系统预估人群不准确而无法放量，这一点官方在介绍"冷启动加速"时也有类似的说明，可见在投放引力魔方的时候，计划数量不能太少，要尽可能多设置一些推广计划，即使这样每个计划的预算平均下来也不应过高，建议在 50 元到几百元之间。

比如商家每天有 600 元预算，在设置推广计划预算的时候，每个计划设为 60 元，新建 10 个计划，要远比一个计划 600 元预算更合适。不明白的商家，仔细想一下，结合前面所讲的内容，只要明白了底层逻辑，就好理解了。

其次需要注意的是，系统规则限定，预算金额必须大于等于 50 元，如图 6.40 所示。

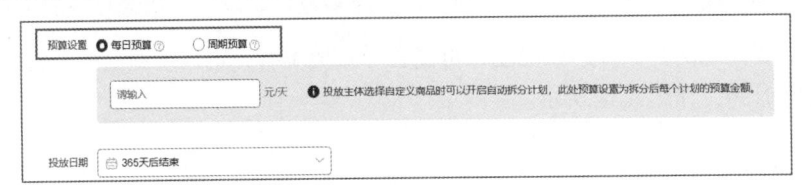

图 6.40 预算设置

6.3.18 设置投放日期

投放日期就是推广计划的生效时长，在设置的时候没有太多技巧，商家想推广多久设置多久即可。另外，如果商家经营的是非标品类目或者所属行业有明显的季节波动，则要根据市场波动情况来设置，比如商家新建了冬季羽绒服的推广计划，那么在冬季快结束的时候，就没必要继续投放了，需要及时上新品，重点推应季新品。

如果商家是经营标品类目的，比如鼠标键盘、智能擦窗机、3C 数码、居家日用品、洗化产品、面膜化妆品、彩妆等，这种商品一年四季基本上都可以销售，此时计划投放日期可以设置得长一点，但最长是 365 天，如图 6.41 所示。

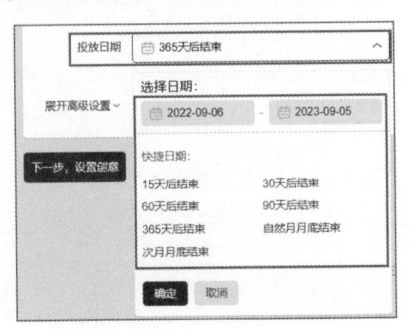

图 6.41 设置投放日期

6.3.19 设置投放地域

投放地域系统默认选的是"使用模板"下的"系统模板（常用地域）"，商家也可以选择"自定义"，手动选择投放地域，如图 6.42 所示。

图 6.42　设置投放地域

6.3.20 设置投放时段

投放时段，系统默认选的是"使用模板"下的"时段全选（系统模板）"，商家也可以自定义，如图 6.43 所示。

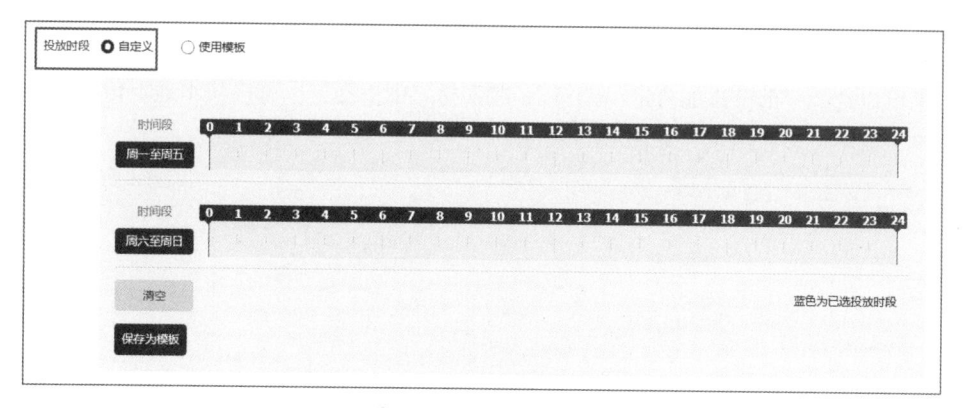

图 6.43　设置投放时段

如果商家所经营的类目没有明显集中购买的时间段，那就可以设置全时段投放或者选择"使用模板"，而如果你经营的类目有明显的集中购买时间段，则可以设置为重点在某个时段投放。

比如家具装修类目相关商品，可能晚上甚至凌晨咨询下单的人也不少，因为有装修需求的消费者，可能多数是白领上班族，白天忙于工作，只有晚上有时间和精力思考琢磨装修的事，以及需要购买什么样的商品。

6.3.21 设置创意

当把定向人群与资源位等设置好以后，下一步就是上传创意图，该创意图就是定向人群在相应的资源位所看到的广告图片。这个图片影响用户最终是否点击商品进行浏览，所以创意图要设计得美观有吸引力，这样点击率才高，如图6.44所示。

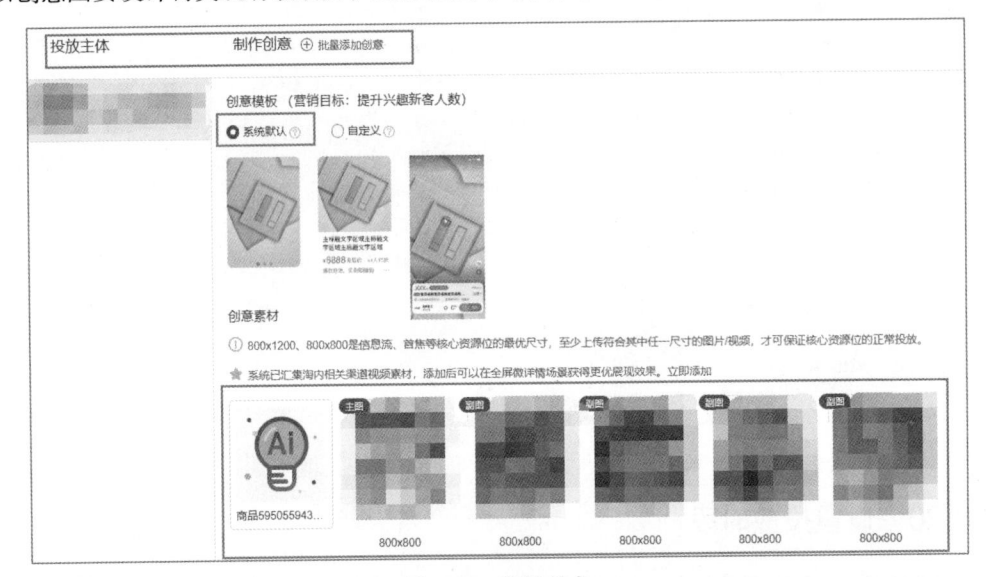

图 6.44 设置创意

系统默认勾选"智能创意"选项，此时会看到页面下方有商品宝贝的主图、副图等图片，商家可以选择这些图片作为创意图。

也可以选择"批量添加自定义创意"，在素材库中选择，也可以从本地上传，上传操作很简单，就不过多介绍了，如图6.45所示。

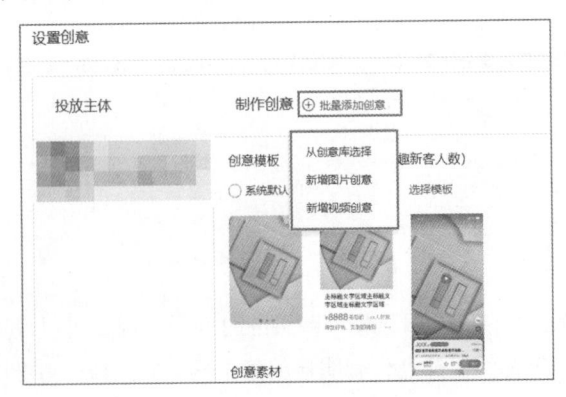

图 6.45 自定义创意

这里商家一定要记住，创意图的核心就是点击率，只有点击率高于同行，当我们的商品宝贝与同类宝贝在一起被展现的时候，才具有争抢流量的能力。

【读者互动交流】：

服务号　　　订阅号

- 扫码关注服务号，会定期收到刘老师关于电商的视频课程！
- 扫码关注订阅号，会定期收到电商行业资讯解读！

（1）关注公众号后，回复"老刘"可以添加作者刘老师个人微信，进行店铺问题沟通。

（2）联系作者，可以领取全书思维导图一份。

（3）联系作者，可以领取电商运营常用表格一份。

（4）联系作者，可以领取20节店铺后台操作视频一份。

（5）联系作者，可以领取神秘干货大礼包一份。

其他电商福利，会定期在公众号发布，欢迎关注！

第 7 章 淘宝客：寻找卖货帮手

Chapter Seven

淘宝客，对商家而言已经不是什么新鲜事物了，由于其按成交计费，相比于其他付费推广工具，它可以有效地避免只消耗不成交的尴尬局面，可以很好地帮助商家减少运营风险。

要想做好淘宝客推广，卖家需要调整心态，不能被动等待或者以高姿态去跟淘宝客沟通，因为商家与淘宝客之间是合作的关系，所以商家应当把淘宝客看作自身的合作伙伴，以实现互利共赢。

7.1 淘宝客基本介绍

目前淘系商家的运营工具越来越丰富，有直通车、引力魔方、万相台、极速推、淘宝客等。直通车围绕关键词+精选人群进行推广；而引力魔方+极速推+万相台围绕人群定向进行推广；淘宝客是区别于其他的推广工具，主要围绕成交，按效果付费。

7.1.1 什么是淘宝客推广

淘宝客推广是专为商家打造并按成交计费的推广模式。淘宝客从淘宝联盟拿到商家推广商品的"推广链接"，通过聊天工具、社交 App、社群等渠道推广商品宝贝，消费者通过"推广链接"购买商品宝贝且完成交易。淘宝客会从商家这里获取一定比例的佣金。淘宝客类似商家招募的业务员，每卖出一件商品宝贝，按照之前的约定收取一定的佣金。

7.1.2 淘宝客推广的优势

1. 淘宝客数量众多

淘宝客一直是互联网上自由职业者获取收入的方式之一，随着互联网的发展，人们花费在网上的时间也越来越多，除了游戏、电影、交流、娱乐，互联网也是获取财富的一种方式，一些比较厉害的淘宝客可以一天赚取几千上万元佣金，甚至是几十万元。

2. 资金压力较小

淘宝客是按成交计算佣金，不像其他推广工具是按点击或者展现收费，只要佣金率在毛利范围内，商家就有利润空间。

3. 展现、点击全部免费，只有成交且交易完成才会支付佣金。

7.1.3 商家对淘宝客的四大错误认识

淘宝客由于是成交付费的形式，故受利益驱使众多淘宝客会挑选性价比高且佣金率高的商品，如果商品没有足够吸引人的价格优势，多数淘宝客不会选择推广你的宝贝。

错误认识一：认为淘宝客带来的流量较少

很多商家都会有这样的认识。在查看店铺流量构成时，可以清晰地看到各个渠道的流量总数，淘宝客流量的确很少，有的甚至是个位数。其实造成这种结果是有原因的，要想做好淘宝客，并不是开通计划、设置好佣金，然后等待就可以的，商家需要主动去联系招募优秀的淘宝客，不是淘宝客带来的流量少，而是淘宝客的运营工作没有做到位。

错误认识二：没有认识到淘宝客后期的威力

淘宝客推广是一个慢慢积累的过程，是一个由"量变"到"质变"的过程，初期可能只有10个淘宝客在帮店铺推广宝贝，通过慢慢积累，当有100个淘宝客在帮店铺推广宝贝时，就会是另一番景象。

错误认识三：商品利润太低，没办法设置过高的佣金率

电商与传统生意有一个很大的区别，就是对销量的重视程度。但是在网上由于消费者无法真实感知商品的好坏，当两个商品的价格、功能、款式等相差无几的时候，很多消费者会选择销量高的商品，所以销量自然而然就成了被关注的焦点。

商品卖得多意味着比较受欢迎，这是大众在购物时常规的思维方式。很多商家在打爆款时，为了冲销量，不惜花费巨额广告费。但是，花巨额广告费也不一定有很高的成交量。

所以商家就会想，为何不把价格调低？这样一来商品宝贝的转化率必然提升，淘宝客也愿意去推广，虽然单件商品的佣金低了很多，但是在量的积累下佣金也是很可观，所以众多淘宝客还是愿意推广这样的商品。

错误认识四：存在心态问题，认为淘宝客瓜分自己的利润

如前面说的，成交一单要将其中的部分利润分给淘宝客，这也比花费了广告费还不成交要好很多，互利共赢才是最好的结果，存在此类问题的商家需要努力调整好心态。

7.1.4 淘宝客佣金计算规则

淘宝客是区别于其他的付费推广工具，它是按照成交付费的，准确来说是按照实际成交价格，乘以约定的佣金率来付费。消费者确认收货后，系统会自动扣除佣金。这里需要注意的是，运费是不会算在实际成交金额中的。

举例：小刘的订单付款金额是205元，运费是5元，佣金比例是10%，则实际计算的佣金=（205-5）×10%=20元。

只有确认收货后，才会扣除佣金，申请退款的订单是不结算佣金的。

7.1.5 类目佣金与主推佣金的区别

在后台设置的时候，有时需要设置一个类目佣金率，但同时还需要针对单个商品宝贝设置一个佣金率，当这种情况出现时，系统会按照哪个佣金率来计算佣金呢？

举例：假设店铺某个类目一共有20款商品宝贝，类目佣金率为10%，然后针对该类目下某个主推商品宝贝A，单独设置了15%的佣金率。在实际结算的时候，A的佣金率为15%。如果在该类目下没有单独设置主推佣金，则统一按照10%来结算。

7.1.6 不同计划佣金规则

在淘宝客推广工具下，有很多不同类型的推广计划，假设A计划添加了主推商品宝贝，B计划也添加了主推商品宝贝，两个计划同时添加了该商品宝贝，且A计划的佣金率为5%，B计划佣金率为8%，那此时该如何结算佣金呢？

这个主要看买家到底是点击A计划还是B计划下单成交的，系统按照实际进店的渠道所在的计划来结算。

7.1.7 淘宝客的跟踪逻辑

很多商家可能会有疑问，当用户点击淘宝客链接进店后，可能没有直接下单购买，离开了，又或者加购收藏了商品宝贝，在几天后才下单付款的，此时该怎么计算佣金？

商家朋友们要了解淘宝客的跟踪逻辑，当有买家点击淘宝客的推广链接后，系统会跟踪15天的时间，只要在15天内在该店铺下单购买，系统都会结算扣除佣金。

举例：某买家在5号的时候，点击了淘宝客的推广链接进店，后面15天内只要进入该店铺，无论购买几次，系统都会扣除佣金。如果下单购买的时间超过了15天，则系统不扣除佣金。

7.1.8 淘宝客成交金额计算

平台围绕促销推出了很多营销工具，比如优惠券、淘金币、集分宝等，在淘宝客推广中，如果买家使用了优惠券或者淘金币，那最终的实际成交金额该如何计算呢？

- **优惠券**：如果买家在付款的时候，使用了优惠券，优惠券所抵扣的金额，在计算佣金的时候，系统是不计入的。举例：如果某商品宝贝，单价为160元，满150元可以用30元优惠券，假设佣金率为10%，则佣金=（160−30）×10%=13元。

- **淘金币**：如果买家在付款的时候，使用了淘金币，淘金币所抵扣的金额，在计算佣金的时候，系统是不计入的。举例：如果某商品宝贝，单价为100元，买家利用淘金币抵扣了5元，假设佣金率为10%，实际支付了95元，则佣金=（100−5）×10%=9.5元。

- **集分宝**：如果买家在付款的时候，使用了集分宝，集分宝所抵扣的金额，在计算佣金的时候，系统是计入的。举例：如果某商品宝贝，单价为100元，买家利用集分宝抵扣了5元，假设佣金率为10%，实际支付了95元，则佣金=100×10%=10元。

总结：优惠券抵扣的金额，系统结算佣金时会剔除；淘金币抵扣的金额，系统结算佣金时会剔除；集分宝抵扣的金额，系统结算佣金时不剔除。

7.1.9 退款订单佣金结算规则

淘宝客的佣金结算是在买家确认收货后进行的，那么此时有几种情况。

1. 确认收货前

（1）买家收到货后，并没有确认收货，而是对商品宝贝不满意，发起了退款申请并且是退全款，对于这种情况，商家按正常流程处理退款申请即可，此时系统不会结算佣金。

（2）买家收到货后，并没有确认收货，而是发现商品宝贝在运输过程中发生磕碰，导致商品宝贝存在瑕疵，但不影响正常使用，买家联系客服协商，退10元。假设商品售价100元，买家申请了仅退款，退了10元，那么系统会按照90元结算佣金。

2. 确认收货后

（1）买家已经确认收货，但是发起了售后退款申请。只要在确认收货的当月，在下个月15号以前，买家发起售后退款申请，系统可以同步淘宝的订单维权状态，只要在15号以前完成退款，系统会返还佣金。

（2）假设在次月15号以前无法完成退款申请，则可以联系官方客服提供订单编号及情况说明进行人工处理。

7.2 淘宝客推广设置

淘宝客推广的操作相对比较简单，新建一个推广计划，添加要推广的宝贝，然后设置佣金率，就可以开始推广了。其实在整个淘宝客推广过程中，最核心的点有两个：第一是如何寻找到更多优秀的淘宝客；第二是如何让众多优秀的淘宝客愿意参与推广。

7.2.1 淘宝客后台操作界面说明

在讲解具体操作之前，先来看一下淘宝客操作首页。其菜单选项相对比较简单，如图 7.1 所示，页面下方是推广计划，如图 7.2 所示。

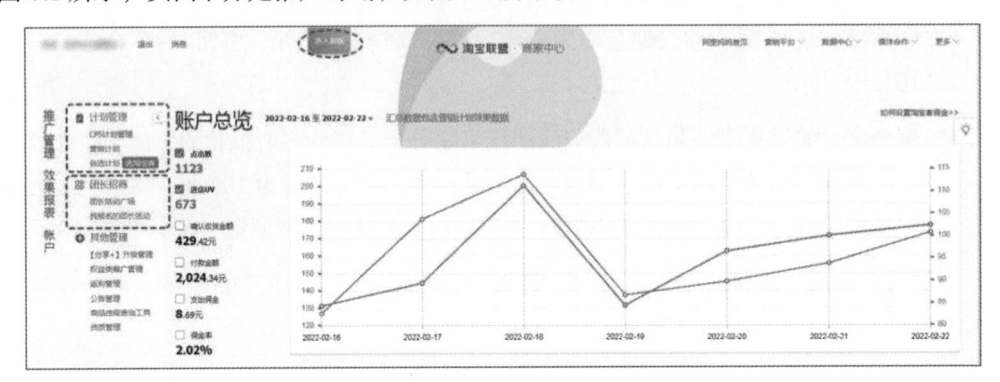

图 7.1 淘宝客首页

图 7.2 淘宝客首页—推广计划

在写作本章时，淘宝客后台界面进行了升级，在图 7.1 的左上角位置，有一个"进入新版"的切换按钮，点击该按钮可以进入新版后台操作界面，如图 7.3、图 7.4、图 7.5 所示。

图 7.3 淘宝客首页—今日实时数据

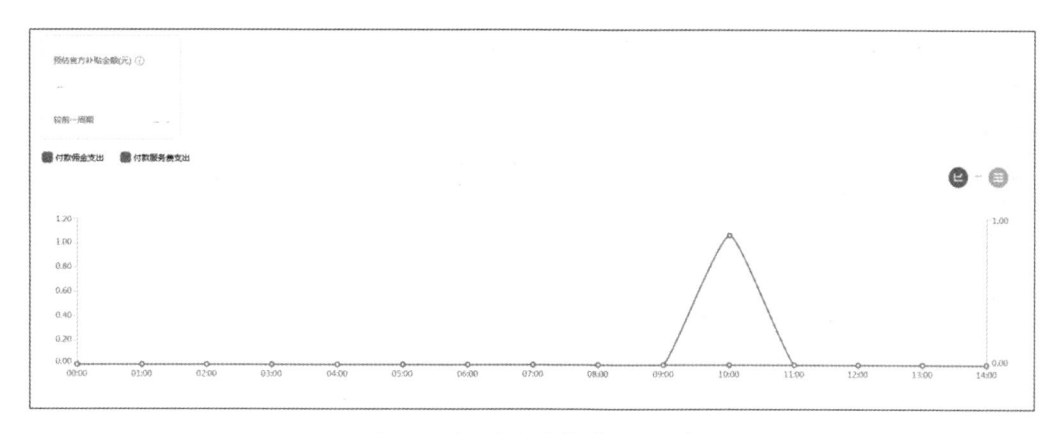

图 7.4　单日数据走势（0~24 点）

图 7.5　推广产品看板

在淘宝客后台操作中，有一个比较重要的模块"计划管理"，该模块中包含不同类型的推广计划。另外，还有联系招商团长的相关操作。

可能有些读者看到截图数据，会疑惑为什么数据不理想？是不是淘宝客本身效果就不理想？因为截图中的店铺经营的是广告定制品类目，对此没有需求的人，即使看到也不会购买，因为用不到，它不像快消品、食品、居家日用品等类目受众广，所以数据量比较小。

7.2.2　淘宝客计划管理

"计划管理"下主要是关于淘宝客的各类推广计划。从大类上来分，主要有"商品"与"全店"两种类型。

针对商品主要是"营销计划"。

针对全店主要有"定向计划""自选计划""淘花计划""通用计划"四类。

还有一个"计划管理"选项，如图 7.6 所示。

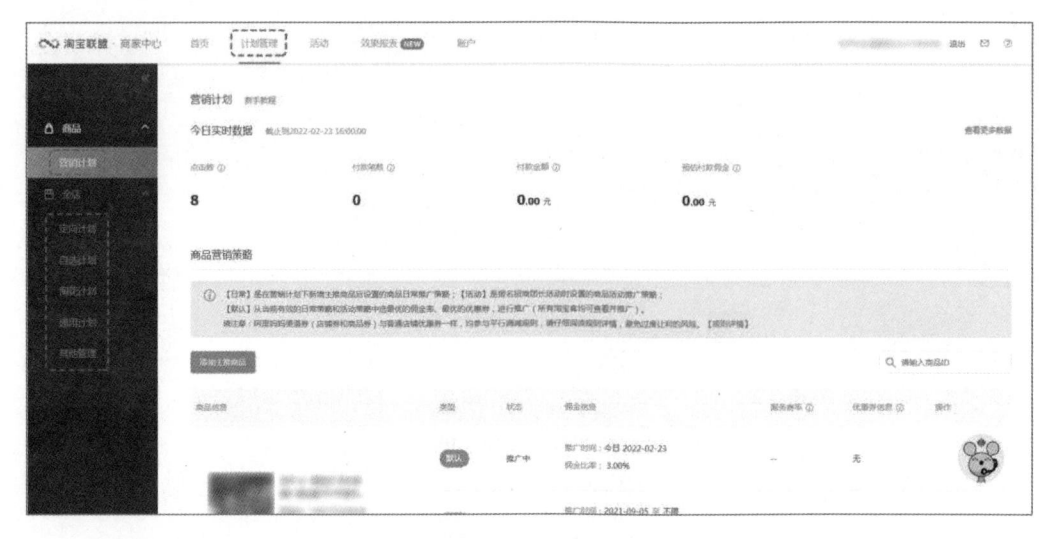

图 7.6 计划管理

7.2.3 营销计划设置

设置营销计划的步骤并不烦琐,只需要选择商品,然后设置佣金率即可。同时有三种商品营销策略,分别是"默认""日常""活动",那么三种营销策略有什么区别呢?

- **日常**:当在营销计划下新增主推商品宝贝后,设置的商品日常推广策略。
- **活动**:是报名招商团长活动时设置的商品推广策略。
- **默认**:从当前正在生效的营销策略中,选择最优佣金率,最优的优惠券,进行推广,所有淘宝客均可查看并且推广。

第一步:选择主推商品,点击"添加主推商品",然后选择要参加推广的商品宝贝即可,如图 7.7、图 7.8 所示。

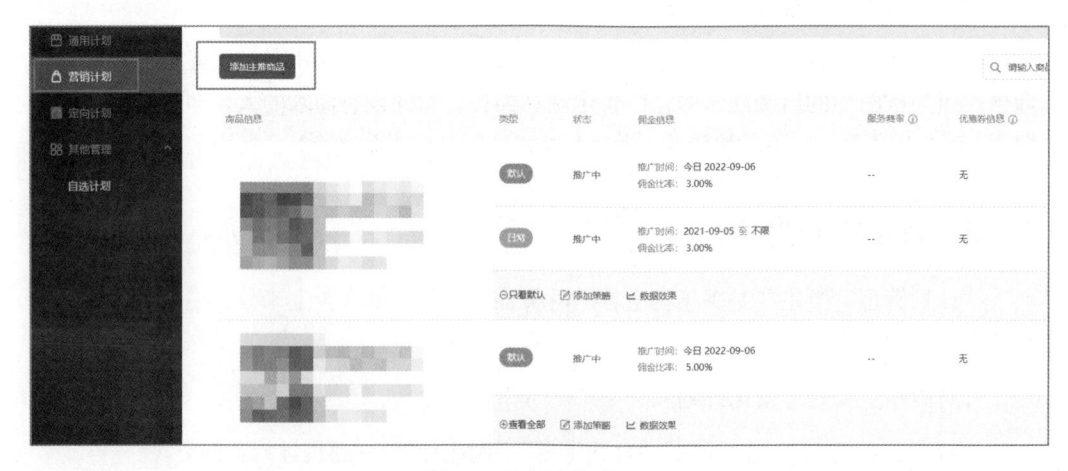

图 7.7 添加主推商品

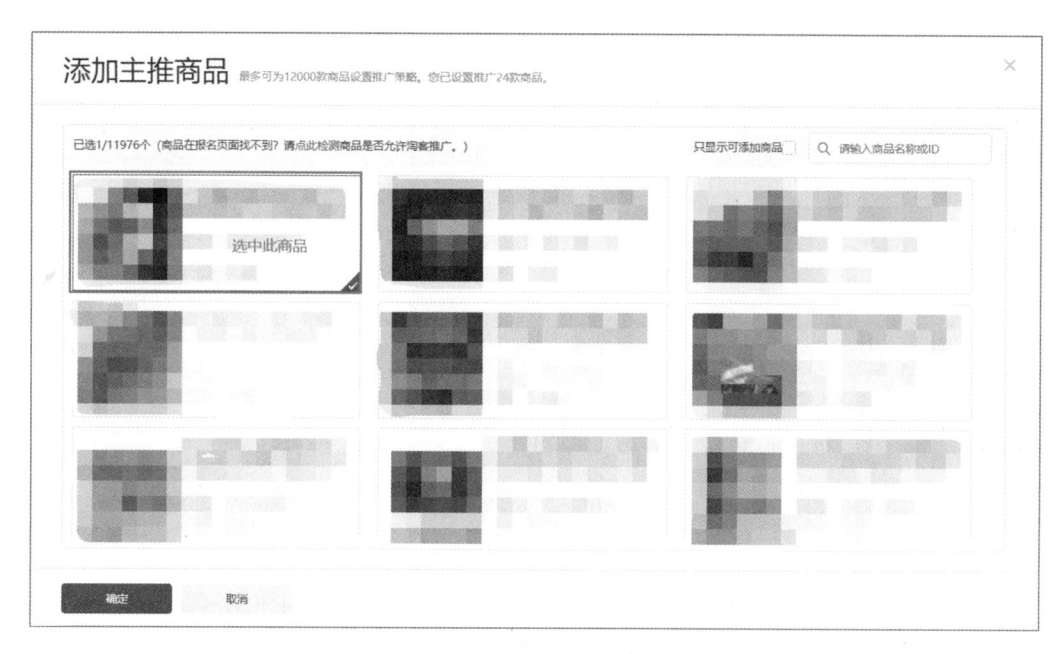

图 7.8 选择要添加的商品

第二步：设置推广时间与佣金率，推广时间可以设置为从当前时间开始到不限，也就是一直处在推广状态中。佣金率商家结合自己的毛利情况设置即可，原则上佣金率越高，参与推广的淘宝客积极性越高，如图 7.9 所示。

图 7.9 设置推广时间与佣金率

7.2.4 定向计划设置

什么是定向计划？简单来说就是商家设置一个计划，该计划是针对指定的淘宝客而设的，通过该计划可以追踪淘宝客们的推广效果。

大致流程是，商家创建计划，然后淘宝客查看该定向计划的详细介绍，如果淘宝客打算参与推广，则可以发起申请，然后商家审核该淘宝客，通过后该淘宝客即可参与到该计划的推广中，如图 7.10 所示。

图 7.10　淘宝客定向计划

图 7.10 中的"计划列表"下显示了已经创建好的计划，商家需要注意的是，未开始的计划和推广中的计划，最多可创建 50 个。点击"新建计划"，就会进入创建页面，如图 7.11 所示，首先需要填写计划名称与描述。

图 7.11　新建计划

这里的计划名称与描述，淘宝客是可以看到的，所以商家在填写的时候，尽量写得直观一些，比如计划名称可写为"母婴类目 20 元优惠券，30%高佣金计划"。在编写计划描述的时候，围绕产品与佣金等情况填写即可，比如，"母婴产品尿不湿，单价 150 元，阿里妈妈优惠券 30 元，佣金率 20%，好出货，品质有保证，供应充足"等，把淘宝客最关心的信息写出来。

然后设置推广日期及类目佣金，如图 7.12 所示。

至于推广日期，商家结合日常运营节奏设置即可。需要注意的是，计划一旦进入推广中，将无法修改开始日期。

第 7 章 淘宝客：寻找卖货帮手

图 7.12　定向计划—推广设置

然后是类目佣金的设置，如果店铺存在多个类目，则每个类目都需要单独设置，截图中的店铺所销售的商品宝贝，都同属一个类目，所以此处只看到一个类目。商家在设置的时候，根据自己店铺后台实际情况设置即可，类目佣金率不必设置得太高，一般在 10% 以内即可，也可为 3% 或者 5%。

设置完类目佣金后，就是设置主推商品的佣金，最多选择 50 个主推商品，一般主推商品的佣金率高于类目佣金率。

类目佣金和主推商品单独的佣金，其实很好理解，通俗地说就是，比如商家店铺里有 30 款商品宝贝，只要淘宝客帮我推广成交一单，就会得到 5% 的佣金，而在这 30 款商品宝贝中，有 A、B、C、D 四款宝贝是主卖商品，只要能成功推广成交这四款商品，就会得到 10% 的佣金。

然后是寄样设置，是不是提供样品？淘宝客看完样品后，是否需要邮寄回来？假设需要邮寄，回寄的地址是什么？联系钉钉号或者旺旺号，按照实际情况填写即可，这些并无标准，商家自行衡量设置即可。填写完这些信息后，点击"确认创建"按钮，即可完成创建，如图 7.13 所示。

图 7.13　定向计划—寄样设置

已创建好的计划，在计划列表那里是可以看到的，如图 7.14 所示。

图 7.14 计划列表

可以点击计划名称，查看计划详情。在这里也可以看到申请该计划的淘宝客，如图 7.15 所示。

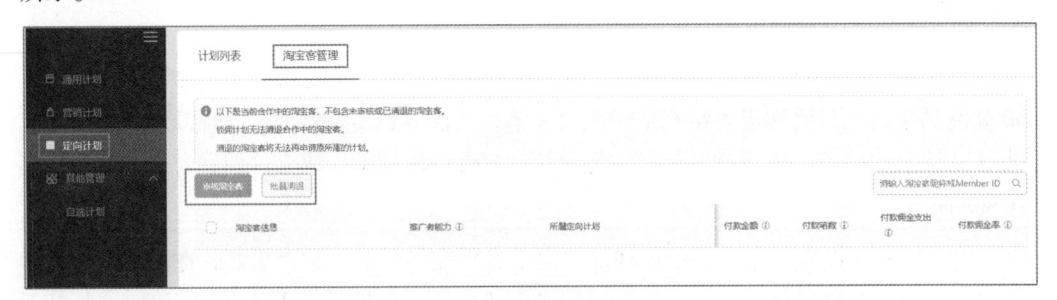

图 7.15 淘宝客审核

7.2.5 自选计划设置

自选计划与定向计划非常类似，是公开自动审核的定向计划的升迁版，与定向计划的区别有二：

（1）自选计划有且仅有一个；

（2）商家可自行选择是否参与自选计划，后台有计划开启 / 关闭的操作按钮。

在自选计划中也需要设置类目佣金、主推商品佣金，区别在于淘宝客不需要申请，所有淘宝客都可以参加，并且商家在后台可以看到参与的推广者。如果商家不打算让某个推广者继续推广，可以暂停其推广资格，如图 7.16 所示。

第 7 章 淘宝客：寻找卖货帮手

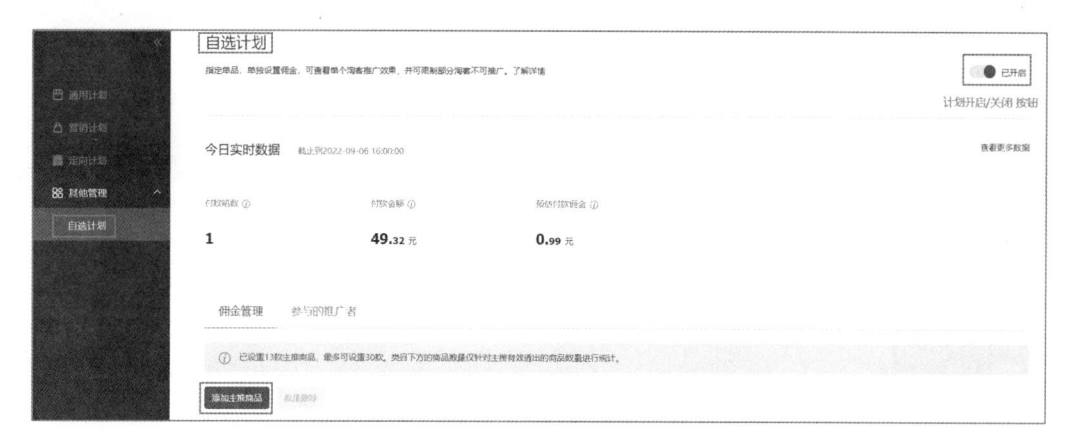

图 7.16 自选计划

点击左下角的"添加主推商品"，进行商品宝贝添加，然后分别针对商品宝贝设置佣金，如图 7.17 所示。

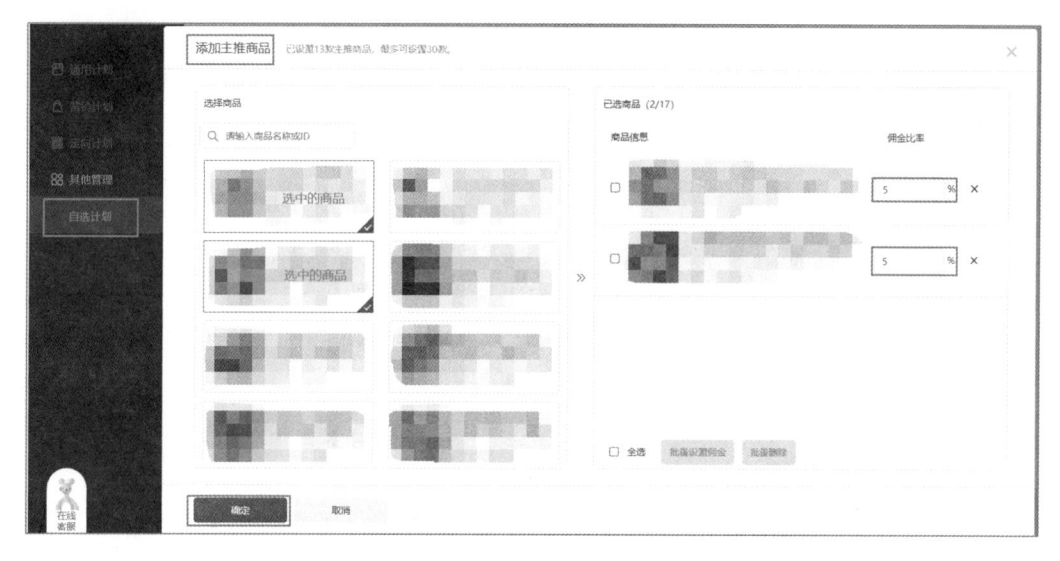

图 7.17 自选计划—添加商品

自选计划的类目佣金设置在"佣金管理"下面，如图 7.18 所示。

推广计划生效一段时间后，在"参与的推广者"下可以看到参与该计划推广的淘宝客，同时还有推广数据，如图 7.19 所示。

这里显示有参与推广的淘宝客的旺旺名和 PID，如果遇到合作比较好的淘宝客，商家可以添加该淘宝客的旺旺，后期可以单独联系。这样经过一段时间的积累，店铺就可以积攒下很多优质的淘宝客。

同时官方对每个淘宝客，有三个维度的评估：流量能力、成交能力和推广单价。在这里还可以看到近 30 天该淘宝客带来的点击与成交金额等。

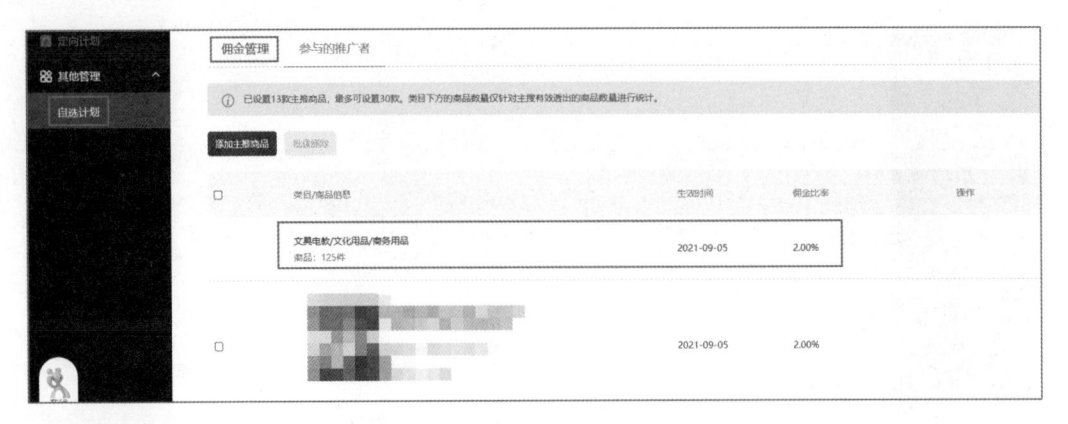

图 7.18　自选计划—类目佣金设置

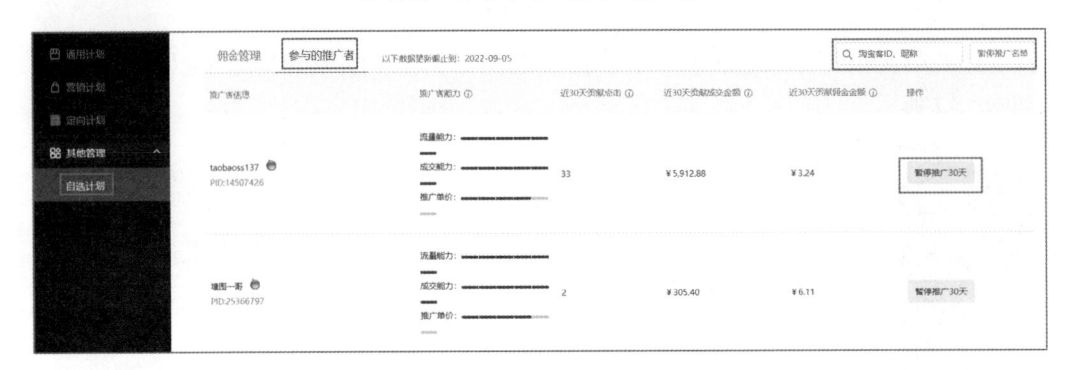

图 7.19　参与的推广者

能带来点击但成交额却很少的淘宝客，说明其带来的点击访客不精准，会拉低店铺的转化率，商家可以对该淘宝客采取"暂停推广 30 天"的处理。

7.2.6　淘花计划设置

淘花计划也是定向计划的一种，只不过是针对原村淘商家的。"淘花"是一款基于县域社交网络的导购营销平台，它通过对县域渠道的分析使得推广更精准。"淘花计划"主要针对下沉市场，吸引县域渠道优质的推广者来推广商家的商品宝贝。

淘花计划与"自选计划"也很像，淘花计划同样有且仅有一个，商家可以自由选择是否开通，操作流程同样是设置类目佣金、主推商品佣金。在淘花计划中最多可以添加 30 个商品宝贝。具体操作界面如图 7.20 所示。

计划开通后，要先设置类目佣金率，在"佣金管理"下直接设置即可，设置后第二天生效，如图 7.21 所示。

在填写佣金率的时候，系统提示佣金率为 6%~90%，无法设置小于 6% 的佣金率。我们查阅了官方规则发现，在"淘花计划"中设置类目佣金时，官方有最低佣金参照，也就是说商家在设置佣金的时候，必须要大于官方给出的基础佣金。篇幅有限，平台类目众多，暂不过多介绍，商家知道有这回事即可，各个类目的基础佣金要求，大家可以参考官方的介绍。

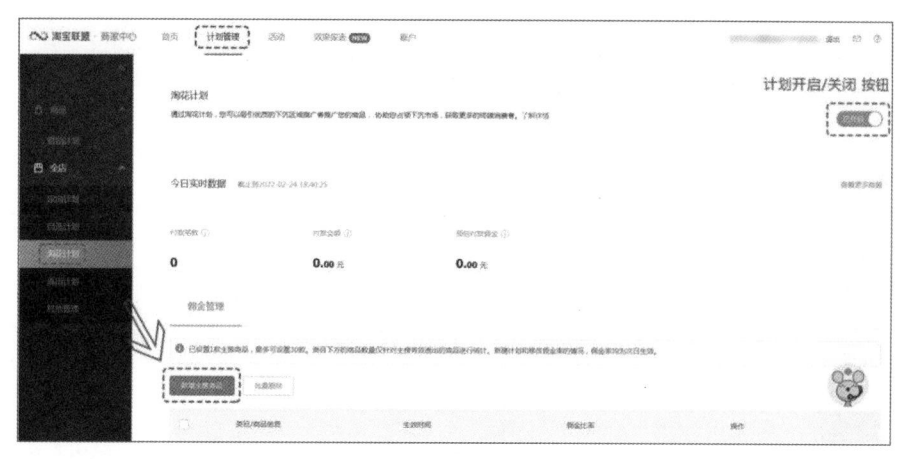

图 7.20 淘花计划

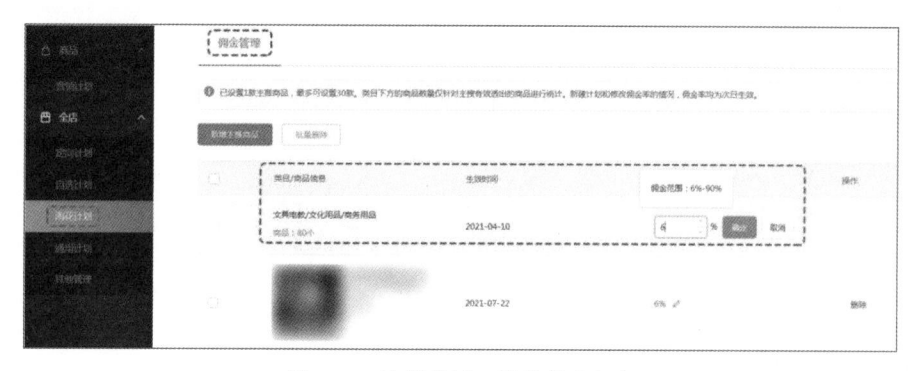

图 7.21 淘花计划—设置类目佣金

完成类目佣金设置后，可添加主推商品并设置佣金。在图 7.20 中直接点击"新增主推商品"，然后选择商品，设置佣金率（设置后第二天生效），如图 7.22 所示。

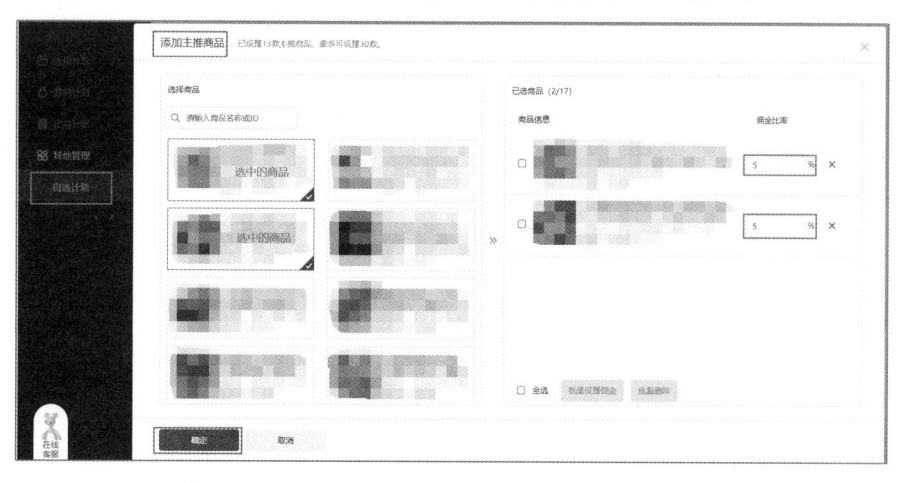

图 7.22 选择商品并设置佣金率

淘花计划设置完成后，可查看该计划的推广数据，点击"查看更多数据"即可查看，如图 7.23 所示。

图 7.23　查看淘花计划推广数据

7.2.7　通用计划设置

在计划管理中，点击"通用计划"。如图 7.24、图 7.25 所示，通用计划设置相对简单，只需要设置一下佣金率即可。

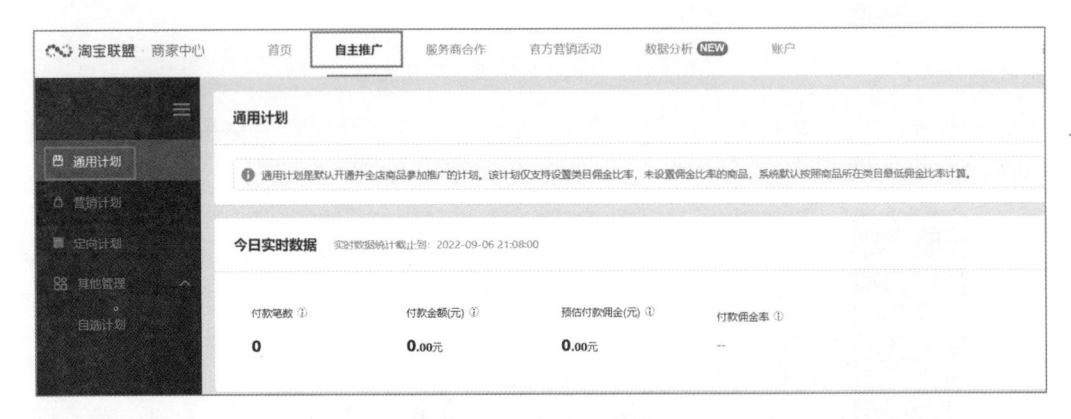

图 7.24　计划管理—通用计划

第 7 章　淘宝客：寻找卖货帮手

图 7.25　在通用计划中设置佣金率

7.2.8　分享+管理设置

分享+管理是从官方平台升级的商家商品详情页分享功能，它通过现金红包等强刺激，为店铺带来新的基于社交关系的精准流量。

商家可通过页面的开关按钮来开启或关闭该功能，通常情况下处在"已开启"状态。分享带来的用户成交后商家才支付一定佣金，按照成交付费，ROI 可控，如图 7.26 所示。

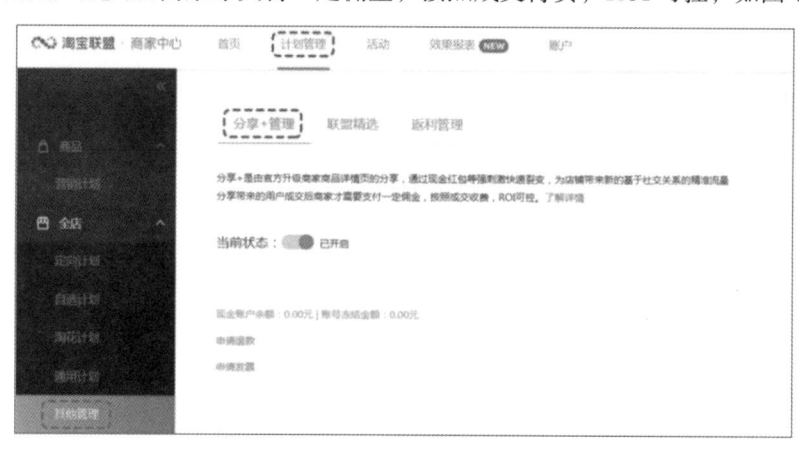

图 7.26　分享+管理设置

7.2.9　联盟精选设置

联盟精选有三种类型，如图 7.27 所示，分别是：

- 权益类产品；
- 宝贝权益购；

- 预售有礼。

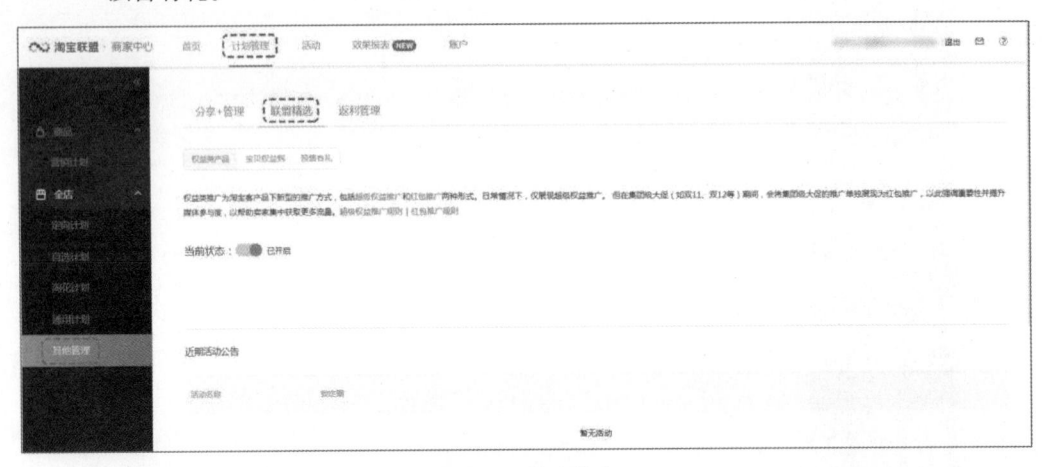

图 7.27 联盟精选

权益类推广为官方针对淘宝客推出的新型推广方式，包括超级权益推广和红包推广两种形式。日常情况下，仅展现超级权益推广。只有在平台大促的时候，比如"双 11"或"双 12"，才会展现红包推广，以实现更多流量的获取。

这并非核心功能，商家仅作了解即可，页面只有一个开关选项，通常情况下处在"已开启"状态。

7.2.10 返利管理设置

返利也是淘宝客推广的一种形式，指的是淘宝客在推广成功售出一单后，假设商品单价为 100 元，佣金率为 20%，那淘宝客就可以获得 20 元佣金，而返利指的是这 20 元佣金，不全被淘宝客赚取，其中一部分会返还给消费者。这种平台 App 也比较常见，比如某花生 App，就可以实现返利，或者以销售折扣的形式提供给消费者。通常情况下，该功能处在"已开启"状态，如图 7.28 所示。

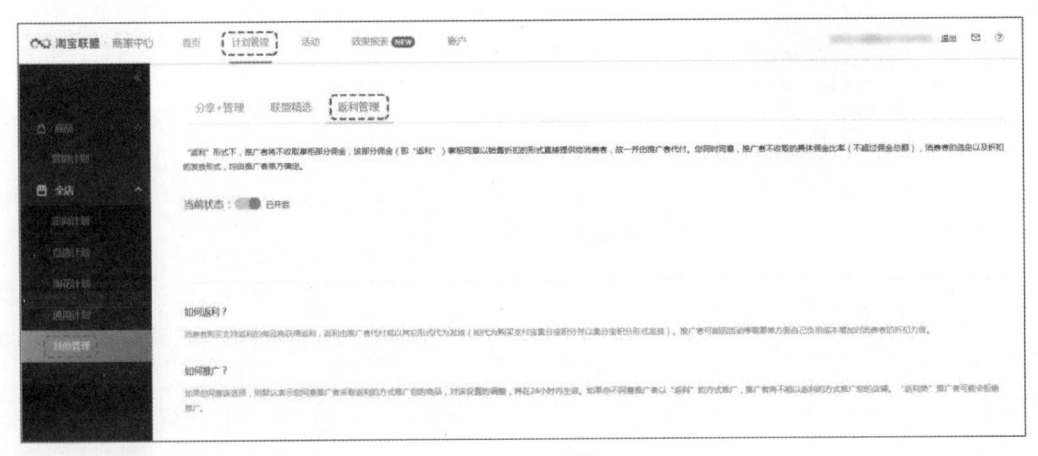

图 7.28 返利管理

7.3 招商团长

什么是招商团长？指的是有特定渠道推广能力的人，通俗地说就是"包工头"，商家报名团长的招商活动，佣金给淘宝客赚走，团长赚的是服务费。

在后台"活动"菜单下，有三大主体功能，如图 7.29 所示。

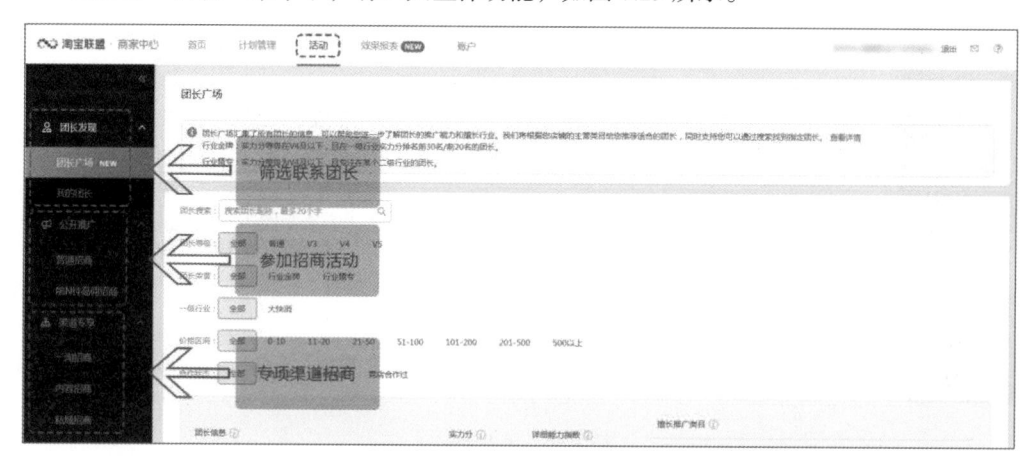

图 7.29 三大主体功能

- **团长发现**：方便商家主动寻找并筛选优质招商团长。
- **公开推广**：可以直接在线报名团长的招商活动。
- **渠道专享**：针对不同类型的渠道，有针对性地报名参与。

为了方便商家更好地熟悉该功能结构，我们特意制作了一个图片说明，如图 7.30 所示。

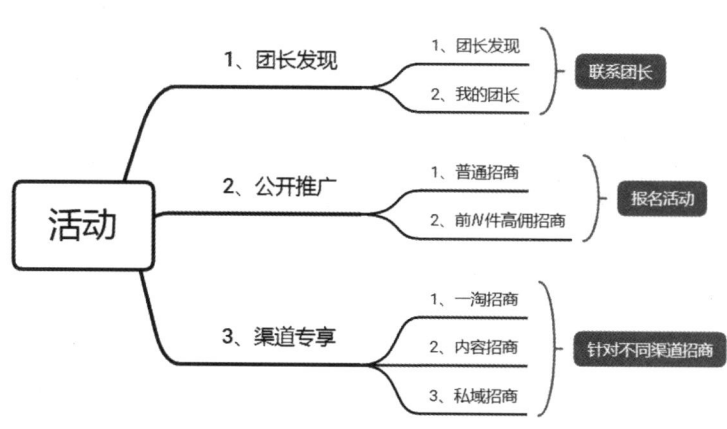

图 7.30 招商活动下的三大主体功能

7.3.1 什么是团长广场

商家通过什么渠道来联系这些招商团长呢？在此之前一般是团长下的工作人员主动联

系商家，进行一对一沟通，商家要是觉得可以，则在后台直接报名该团长的招商活动。招商团长寻找商家很困难，而商家做淘宝客推广的时候，也联系不到团长，这是一个很大的痛点，所以最近官方上线了"团长广场"功能，商家可以使用该功能，主动筛选团长，并且联系报名参加相关活动，如图 7.31 所示。

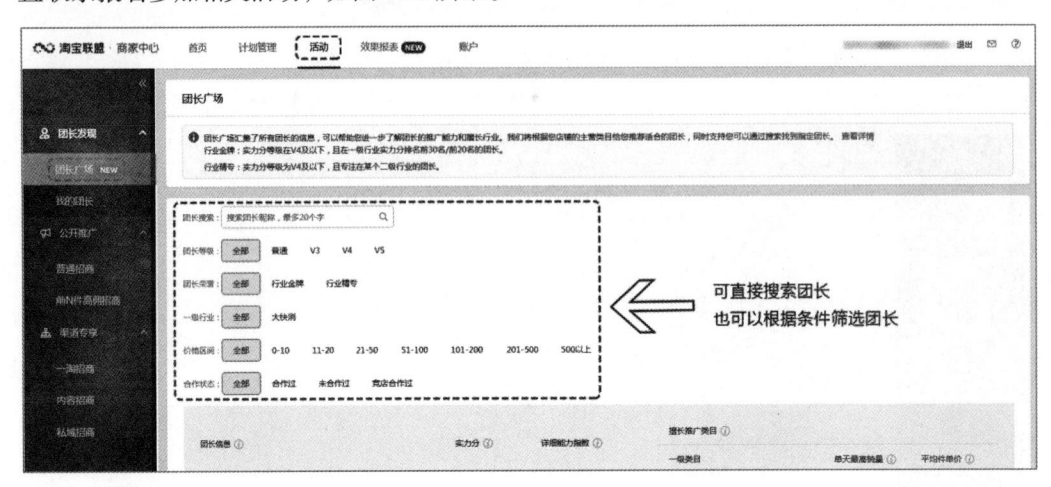

图 7.31　团长广场

在图 7.30 中，可以直接搜索团长昵称，也可以根据条件检索筛选。

7.3.2　团长筛选维度说明

在筛选团长的时候，有一些筛选条件不太好理解，下面简单说明一下。

- **团长等级**：有普通、V3、V4、V5 几种类型，数字越大等级越高，代表团长的综合能力越强。
- **团长荣誉**：行业金牌与行业精专，行业金牌代表在一级行业综合能力强，行业精专代表在二级行业综合能力强。
- **一级行业**：选择"一级行业"后，只会展示有该行业推广销量的团长。当同时筛选行业金牌和一级行业时，只会展示有该一级行业金牌的团长。
- **二级行业**：

  （1）只有点击选择"一级行业"后，系统才会显示出"二级行业"选项。

  （2）筛选二级行业后，只会展示有该行业推广销量的团长。

  （3）当同时筛选行业精专和二级行业时，只会展示有该二级行业精专的团长。
- **价格区间**：选择价格区间，系统会显示有该价格区间推广销量的团长。
- **合作状态**：合作状态有"合作过""未合作过""竞店合作过"三种，选择不同的合作状态，系统会显示该状态下的团长。

7.3.3 查看团长筛选结果

根据筛选条件筛选后，可以看到筛选结果，如图 7.32 所示。

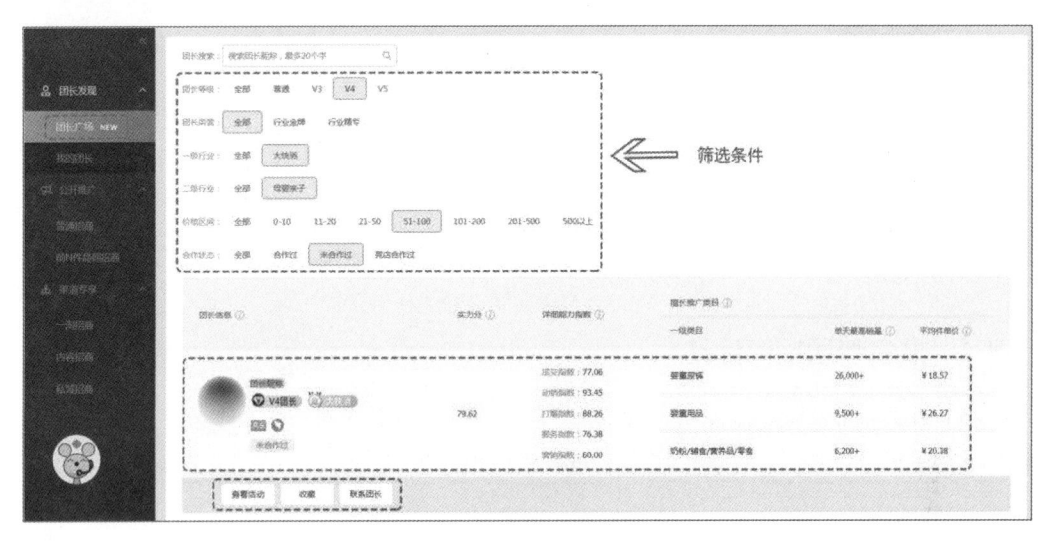

图 7.32　查看团长筛选结果

可以看到团长昵称、实力分、详细能力指数、擅长推广的类目、单天最高销量、平均件单价等信息。点击"查看活动"可以看到该团长发起的活动，如图 7.33 所示。

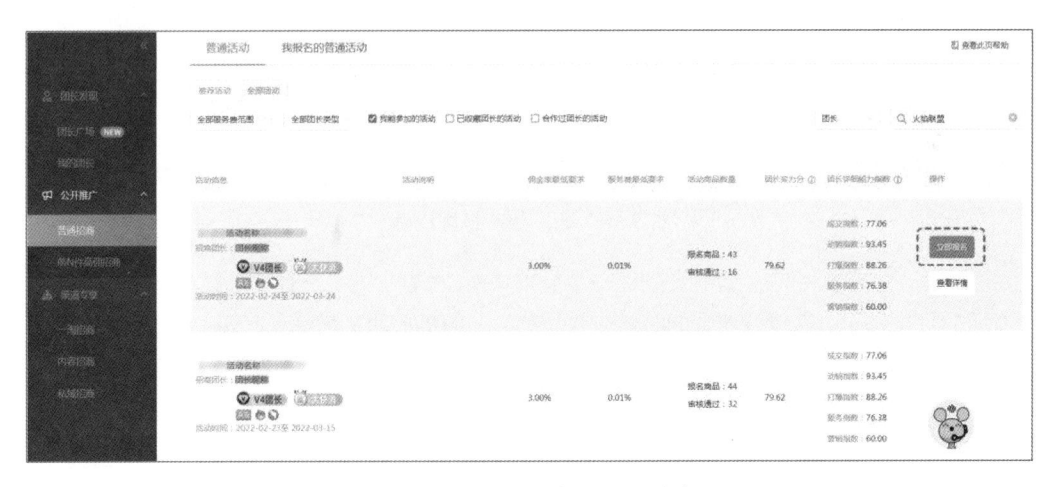

图 7.33　该团长发起的活动详情

在图 7.32 中，也可以选择"收藏"该团长，或者点击"联系团长"进行沟通。收藏了该团长后，可在"我的团长"菜单中看到该团长，如图 7.34 所示。

图 7.34　我的团长——已收藏

7.3.4　报名普通招商活动

报名普通招商活动，流程相对简单，只需要找到合适的活动，点击"立即报名"，然后选择商品宝贝，设置佣金，即可完成，如图 7.35 所示。

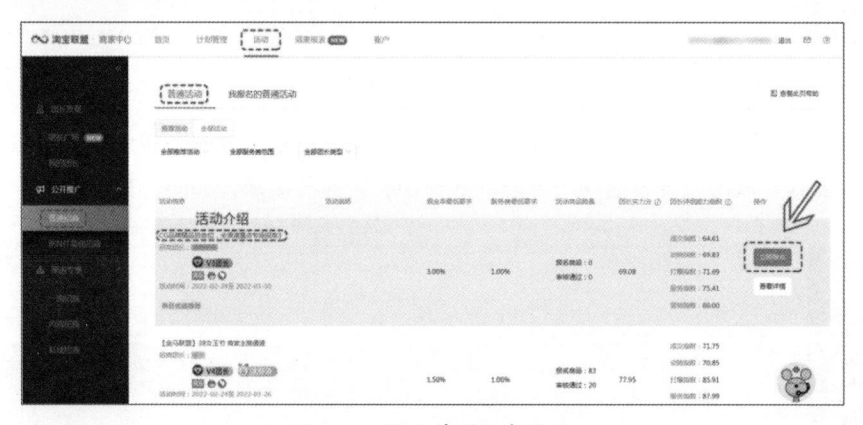

图 7.35　报名普通招商活动

当点击"立即报名"后，会跳转到下一个设置页面，商家只需要选择添加参与推广的商品，然后设置佣金即可。在设置佣金的时候，要注意活动的最低佣金率要求，如图 7.36 所示。

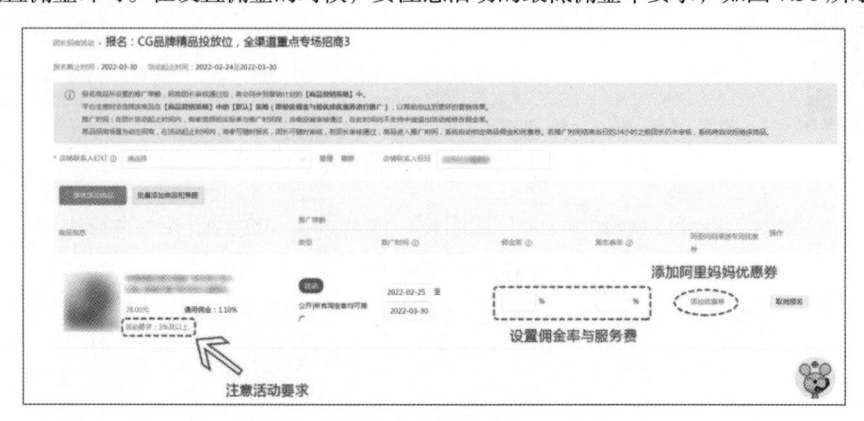

图 7.36　选择商品并设置佣金率与服务费

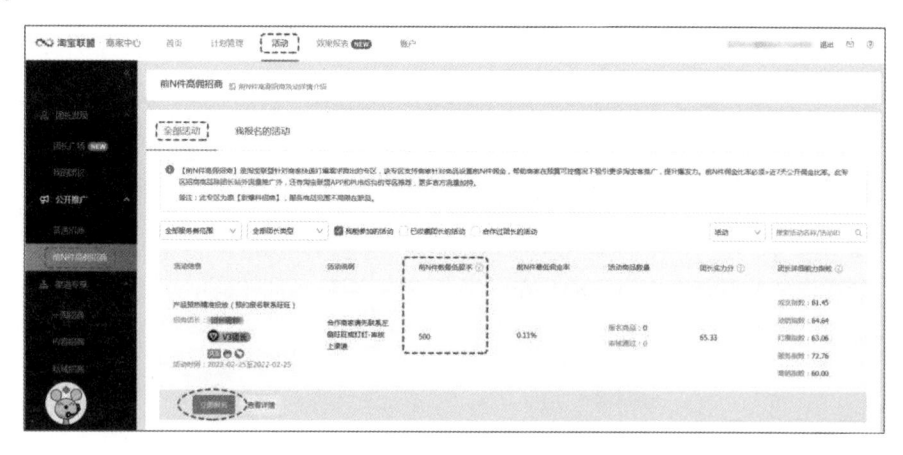

7.3.5 报名前 N 件高佣招商活动

前 N 件高佣招商活动与普通招商活动有点类似，区别在于加了一个前 N 件高佣的商品数量要求。整个推广过程分为两个阶段：一个是前 N 件阶段；一个是普通活动阶段。

在流量方面，报名前 N 件高佣招商活动，不仅可以利用团长的渠道流量，同时官方也会给予流量加持，其中有淘宝联盟 App 和 PUB 后台专区推荐。具体设置操作，如图 7.37 所示。

图 7.37 报名前 N 件高佣招商活动

在"全部活动"下商家可自行筛选活动，报名后需要团长审核，通过后方可参与活动。在"活动说明"这里可以看活动介绍，商家需要先通过左边的旺旺与钉钉，与团长沟通，审核参与活动的相关事宜。

报名操作流程也相对简单，先选择要参与推广活动的商品，然后设置佣金即可，如图 7.38 所示。

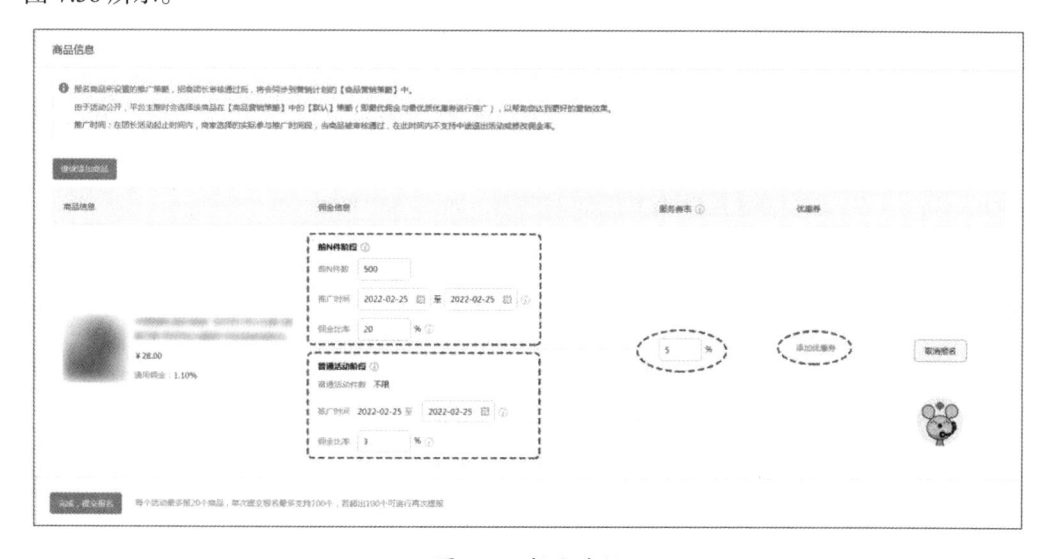

图 7.38 报名过程

在设置时有几点注意事项。

- **前 N 件最低要求**：报名前 N 件高佣活动最低要求的商品件数，默认最低是 500 件，不同类目可能要求不一样，商家可查看后台具体要求数量。在最低件数要求的基础上，商家可根据库存情况进行设置。

- **活动阶段**：分为前 N 件阶段与普通活动阶段，在设置两个活动阶段开始与结束时间上要注意，开始时间要一致，但普通活动阶段的结束时间要晚于前 N 件阶段或与其一致，并且前 N 件阶段的活动周期要小于等于 7 天。

- **佣金率**：为了最大化地激励淘宝客的推广热情，前 N 件阶段的佣金率要大于最近 7 天的公开佣金率（定向计划除外），并且也要根据团长设置的活动要求来定，以截图演示的案例来说，前 N 件阶段佣金率要大于 20%。

- **报名时间**：如果某商品宝贝参加了一个前 N 件高佣招商活动，则该商品宝贝可以继续报名参与普通招商活动。在已报名的前 N 件高佣招商活动还未结束前，是无法报名参与另一个前 N 件高佣招商活动的。

7.4 渠道专享

渠道专享主要围绕特定渠道进行淘宝客推广，主要有一淘招商、内容招商、私域招商等，是对淘宝客推广的一种补充。

7.4.1 一淘招商

最早一淘招商刚推出的时候是作为比价工具存在的，后来进行了转型，开始往内容化、会员权益的方向转变。据官方消息，一淘网的销量计入淘宝天猫搜索权重。

一淘招商的设置操作流程也相对简单，首先选择"活动"，找到适合自己店铺类目的活动，然后立即报名，再添加要参与推广的商品宝贝，设置好佣金与服务费率。与其他招商活动不同的是，一淘招商需要为商品添加创意图，如图 7.39 所示。

点击"一淘招商"选项后，会看到"超级返活动广场"，然后就可以看到所有的活动列表。活动类型有以下三种。

- **品牌活动**：针对单个店铺维度，也可以用于同一品牌授权下的多个店铺，可报名参加多款商品活动，在一淘首页单场活动展示。

- **主题活动**：由一淘官方发起，众多商家可以参与，在一淘首页单场活动展示。

- **限时抢购**：单品维度分时段展示打造秒杀抢购氛围的活动，在一淘 App 端独立限时抢区块展示。

第 7 章 淘宝客：寻找卖货帮手

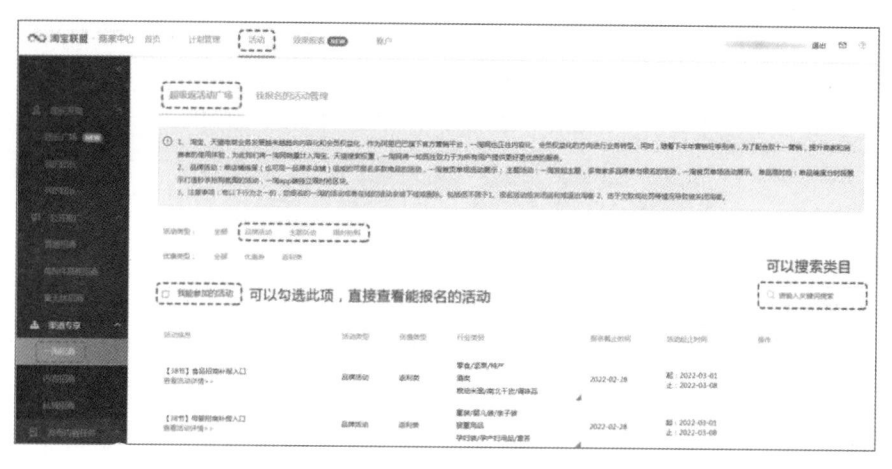

图 7.39 一淘招商

筛选适合自己店铺类目的活动，如果寻找比较烦琐，则可以直接在搜索框输入相关类目词搜索，如图 7.40、图 7.41 所示。

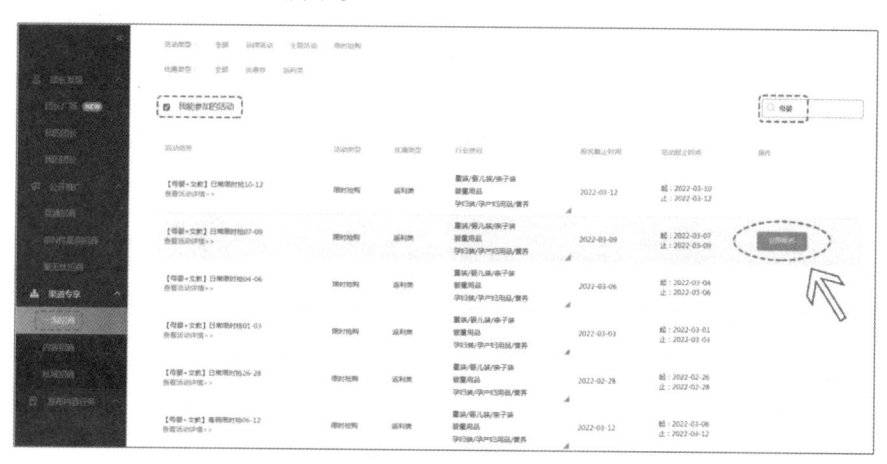

图 7.40 选择活动

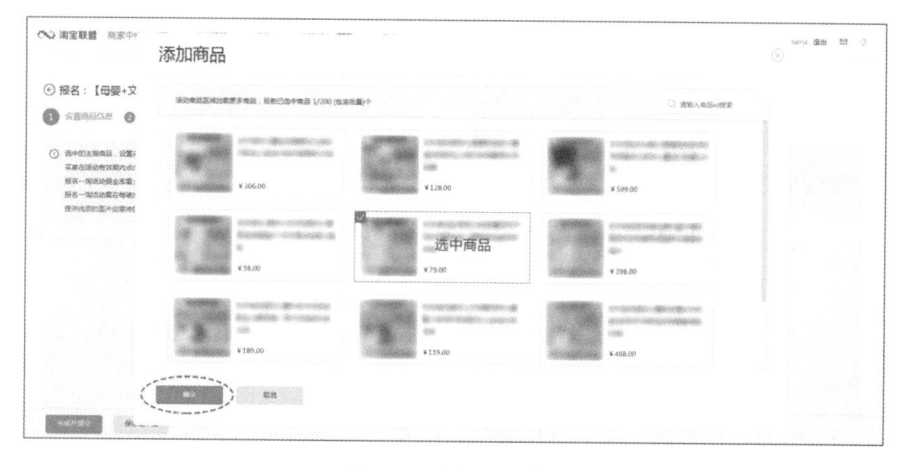

图 7.41 选择添加商品

选择添加完商品后，设置佣金率和服务费率。通过我们的观察，一淘招商活动对佣金率的要求普遍较高，起步门槛都达到了 50%，如果商家的商品毛利率不高，不建议做一淘招商推广，可以尝试参与前文中介绍的其他类型的营销计划，如图 7.42、图 7.43 所示。

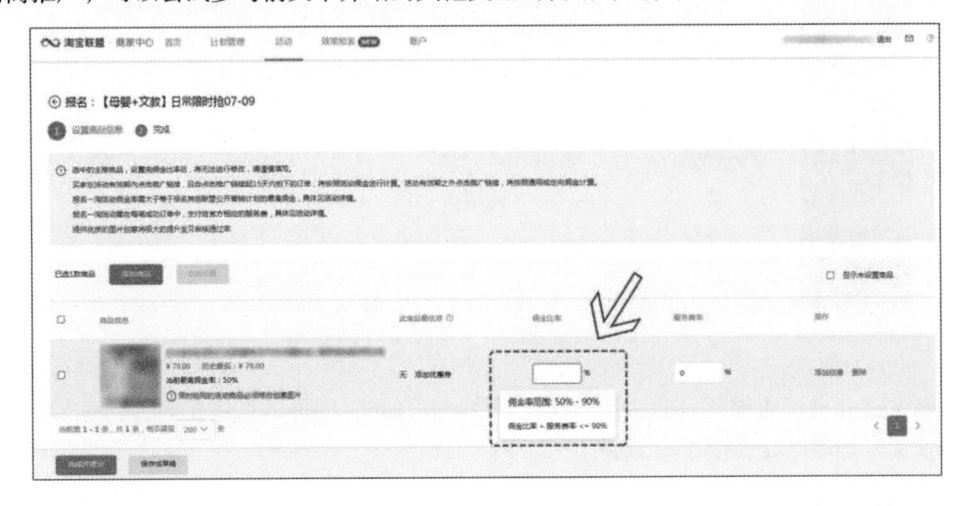

图 7.42　设置佣金率

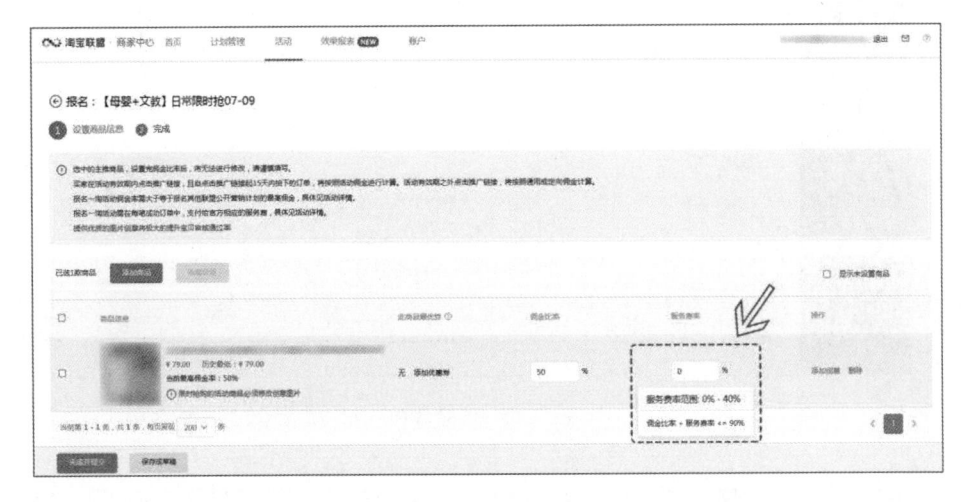

图 7.43　设置服务费率

设置完佣金率与服务费率后，需要添加创意图，如果商家上传的创意图比较优质，则可以增大审核通过率。那具体上传图片有什么要求呢？如图 7.44 所示。

商家可以在后台上传页面自行查看具体要求，同时也有示例，在此为大家简单总结一下。

（1）图片比例为 1:1，正方形图片，且高度和宽度都大于等于 500 像素，文件大小不超过 800KB。

（2）Logo 打在图片左上角，占比要小，不能占太多空间。

（3）背景尽量为白色，注意是尽量，不是强制要求。

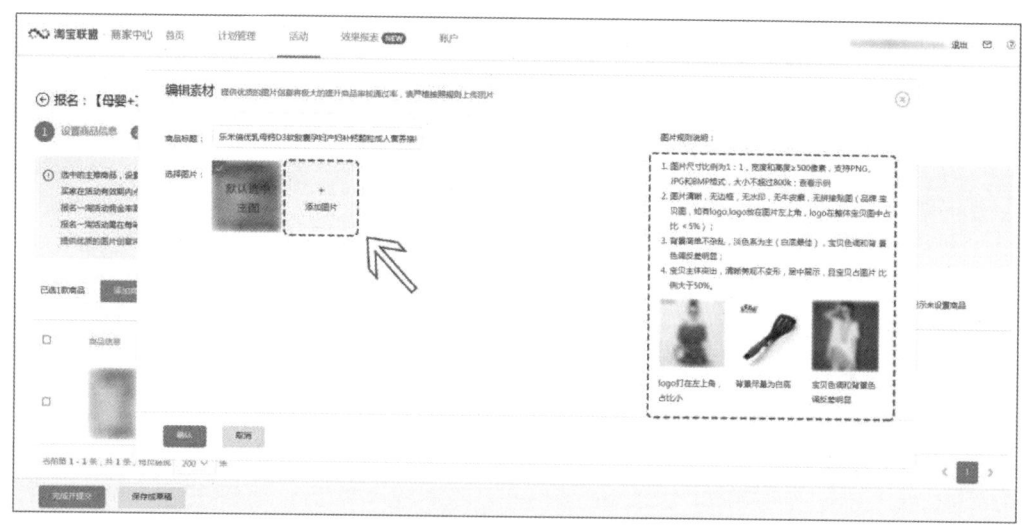

（4）商品宝贝色调与图片背景色调反差要明显，这样更容易凸显商品主体。

图 7.44　添加创意图片

7.4.2　内容招商

内容招商主要围绕站外内容场景，比如图文资讯、短视频、直播类等内容平台，包括但不限于抖音、快说、微博、今日头条等 App 平台。

报名流程也相对比较简单，查看并筛选活动，跟团长沟通具体事宜，然后再选择商品宝贝报名，设置佣金率等，如图 7.45、图 7.46 所示。

在图 7.45 中，可以看到有些活动说明里团长留下了微信或钉钉联系方式，商家可添加与团长进行联系，沟通报名活动事宜，也可以点击招商团长下方的阿里旺旺与钉钉图标进行联系。

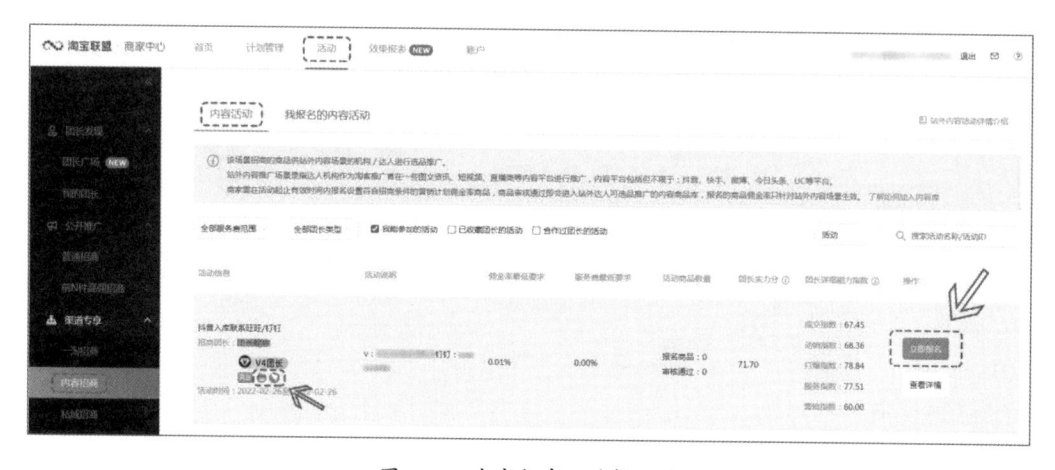

图 7.45　内容招商—选择活动

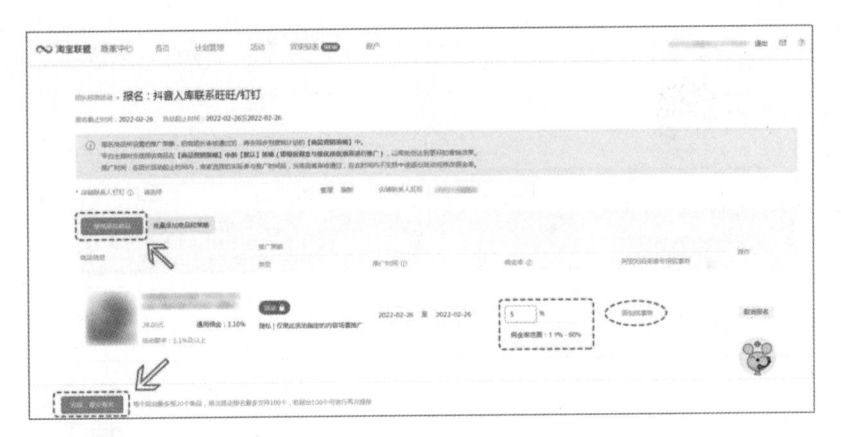

图 7.46 添加商品并设置佣金率

7.4.3 私域招商

私域招商与普通招商很类似，是招商团长发起的特定招商活动，需要邀请淘宝客，并且淘宝客接受邀请后，商家报名的私域招商活动，佣金率只对接受邀请的淘宝客公开。报名流程也相对简单，筛选活动，然后联系招商团长，沟通活动情况，沟通明确后，再进行报名，添加参与推广的商品宝贝，然后设置佣金率即可，如图 7.47、图 7.48 所示。

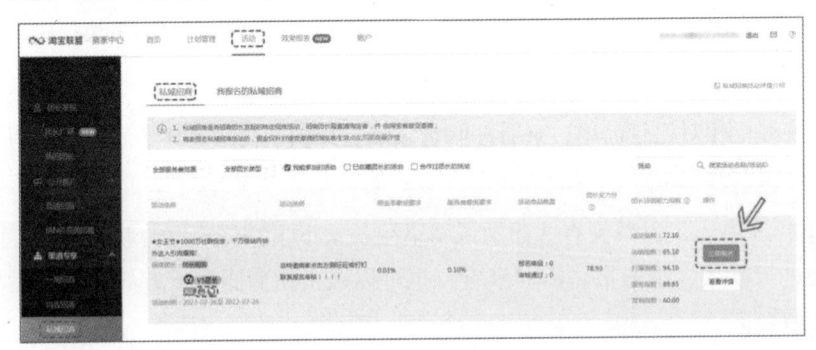

图 7.47 私域招商—选择活动

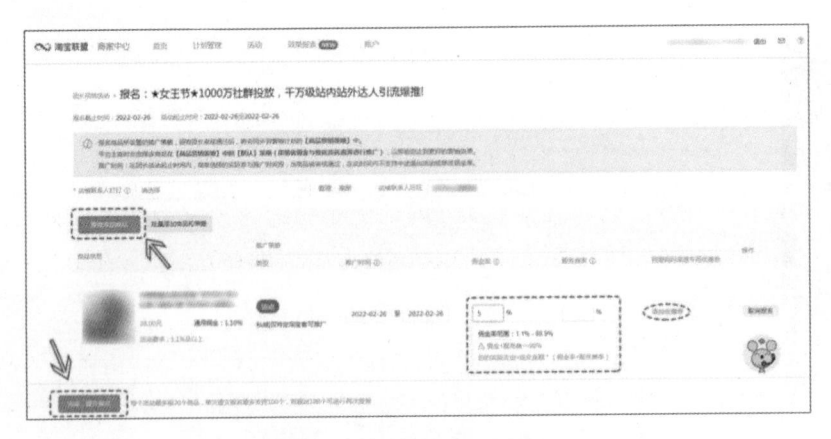

图 7.48 设置佣金率与服务费率

7.5 淘宝客运营

在前文中,已经为大家分享了各种推广计划及招商活动,那么在实际运营中,商家该如何使用这些工具,才能有效地提升店铺业绩?相比于之前,现在做淘宝客推广要简单得多,要想快速起量,直接联系有实力的团长即可。

7.5.1 新店铺如何选择淘宝客

新店铺刚开始各项基础都不完善,此时若想通过淘宝客来推广,一定要明确目的。新店铺想通过淘宝客直接赚取利润相对困难,新店铺最需要解决的问题是销量和人气。

所以建议新店铺刚开始的时候,利用前 N 件高佣招商活动,快速突破销量瓶颈,尤其是那些标品类目,销量的多少也会影响转化率,所以起量很关键。

前 N 件高佣招商活动结束后,则可以使用营销计划、定向计划、自选计划中的一种计划,将佣金率设置得相对高一些,同时结合商品宝贝的利润空间,放低对利润的要求。

7.5.2 不同商品宝贝不同定位

针对店铺中不同宝贝,在参与淘宝客推广的时候,要有所区别,把精力重点放在主推商品宝贝上,不管是新品期冲量,还是稳定期维持销量,一定要有工作重心。

对于店铺其他非主推的商品宝贝,则可以设置一个营销计划,设置一个不影响利润空间的佣金率,正常开着就行,不指望该类型的商品通过淘宝客出很多订单,偶尔有即可,作为对店铺流量渠道的补充,以减小店铺整体滞销率,提升店铺整体权重。

【读者互动交流】:

服务号　　　　订阅号

- 扫码关注服务号,会定期收到刘老师关于电商的视频课程!
- 扫码关注订阅号,会定期收到电商行业资讯解读!
  (1)关注公众号后,回复"老刘"可以添加作者刘老师个人微信,进行店铺问题沟通。

（2）联系作者，可以领取全书思维导图一份。

（3）联系作者，可以领取电商运营常用表格一份。

（4）联系作者，可以领取 20 节店铺后台操作视频一份。

（5）联系作者，可以领取神秘干货大礼包一份。

其他电商福利，会定期在公众号发布，欢迎关注！

第 8 章　淘宝数据化运营

Chapter Eight

一个专业的电商商家，一定要懂得数据分析，并且要看到数据背后所反映的问题，找到解决办法，并根据数据变化来判断下一步的运营工作安排。很多商家一听到数据分析，就会头大，觉得很复杂很深奥，其实不然，店铺的数据分析并没有太复杂，数据指标与维度也就那么几个，只要商家稍加学习，看懂数据并且分析数据是很容易的。

8.1　数据分析的重要性

举个例子，说明数据分析的重要性。

有两名大学生分别是小张与小王，二人勤工俭学积极进取，利用在学校的空闲时间，创业做点小买卖。他们分别从批发市场进了一批商品，打算在业余时间摆地摊进行销售。坚持几天之后，小张每天的销售额总是比小王多很多，这令小王无比烦恼，于是小王就思考自己到底哪方面做得不够好，小王通过反思总结出以下几点：

（1）商品市场接受度不高。

（2）卖的价格高，学生群体接受起来有难度。

（3）位置不好，所以客流量较少。

（4）不具备销售技巧，成交率低。

（5）缺乏沟通表达技巧。

小王通过反思觉得可能存在以上 5 个问题，可是自己仍旧不确定到底是哪个问题导致自己的销量不好，所以需要逐个去测试。

如果两人的生意放在线上开展，则可以通过观察店铺数据，直接进行对比，就会快速准确地知道问题出在什么地方。

所以数据对一家企业而言非常重要，可以通过数据进行销售走势的判断，市场是在走上坡路还是下坡路。数据是直观的，商家可以通过观察数据，找到问题背后的原因，有针对性地进行优化，才能使店铺销售额稳步增长。

8.2 三种常见的数据分析方法

数据分析,已经是一门学科,我们需要使用专业分析方法来深度挖掘数据背后的问题。但是做淘宝天猫或者其他电商交易平台的数据分析,不需要那么专业,学会基本的数据分析方法即可。

下面介绍三种常见的数据分析方法。

1. 对比分析法

在做数据分析的时候,我们看到的往往是单个数据,其实单个数据的作用并不大。比如有一天运营给老板汇报说:"今天是 5 月 1 日,昨天爆款单品的销量是 470。"我们从这句话当中仅仅可以得到一个信息,那就是昨天爆款的销量为 470,如图 8.1 所示。

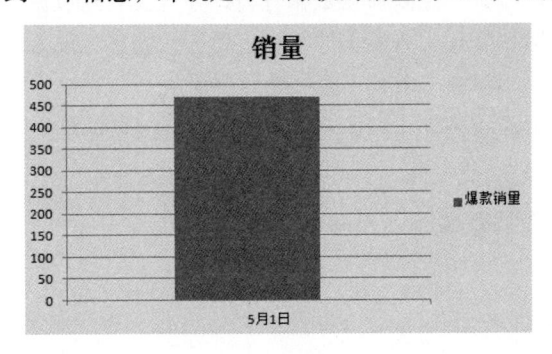

图 8.1 单日销量数据分析

如果将 4 月 30 日的数据和 5 月 1 日的数据放在一起分析,就会得到更多信息,如图 8.2 所示。我们不仅知道 5 月 1 日的销量,并且通过与 4 月 30 日的数据对比,发现 5 月 1 日的销量低了很多,那么此时商家就应该去分析数据低的原因是什么。是流量减少了?还是转化率下降了?或者是其他原因。这就需要继续深度挖掘背后的原因。

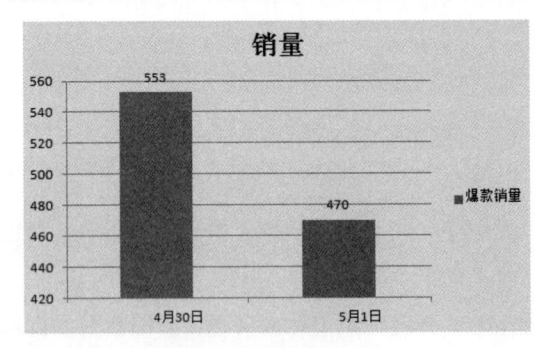

图 8.2 两天数据对比分析

如果再把 5 月 2 日的数据也加进来进行统计分析,那么得到的信息又会不一样,如图 8.3 所示。5 月 1 日的销量相对减少,可能是市场行业波动或者遇到节假日的原因,导致单天的销量下降,但到了 5 月 2 日销量继续回升,那我们判断可能属于偶然事件。

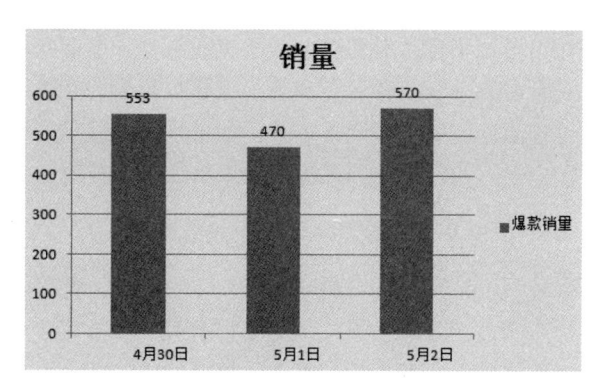

图 8.3　三天数据对比分析

如果 5 月 2 日的数据和 5 月 1 日的相比，仍旧是下降的，那商家就应该仔细排查原因了，看到底是流量出了问题，还是遇到竞争对手在搞大促销活动。分析出原因后，就可以找到相应的解决办法加以应对，如图 8.4 所示。

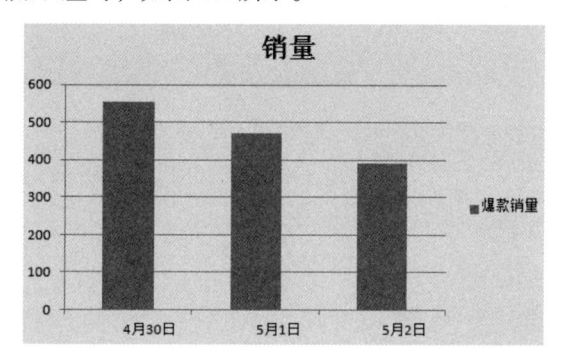

图 8.4　三天数据持续下滑

2. 拆分法

拆分法也是数据分析常用的方法，就是把一个问题不断地拆分，拆分到细节上，然后在细节上找出问题的存在点，进而加以解决。最典型的就是营业额公式：

$$销售额 = 流量（访客）\times 转化率 \times 客单价$$

如果店铺销售额持续走低，应该如何利用拆分的方法来找到问题的根源呢（如图 8.5 所示）？

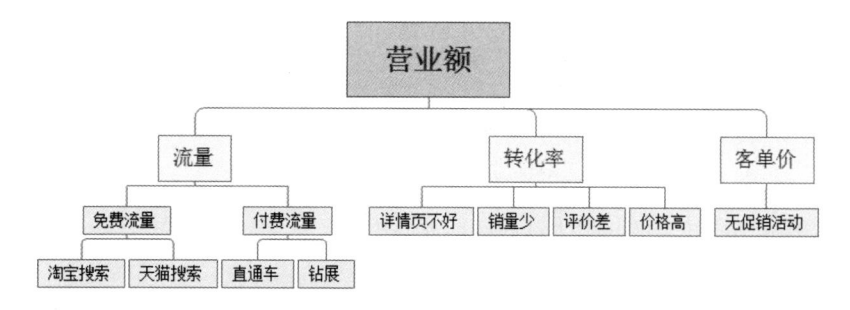

图 8.5　利用拆分法来分析数据

在图 8.5 中，利用拆分法来逐步分解营业额的组成部分，营业额持续走低，一定是流量、转化率、客单价三者中的一个或者多个变小了，导致最后的乘积变小。然后再将流量逐步拆分，看到底是付费流量还是免费流量小了，如果是付费流量的话，到底是哪一个付费渠道的流量变小了。一点点找到问题的根源，如果再继续拆分就拆分到展现与点击率，查找问题的根源，然后进行优化提升。

3. 漏斗分析法

漏斗分析法也是常用的数据分析方法，多用于付费推广的数据优化。我们知道从最初的展现到最终的成交，数据是逐步减少的，要想使最终的成交变大，只有让"漏斗"的开口更大，如图 8.6 所示。

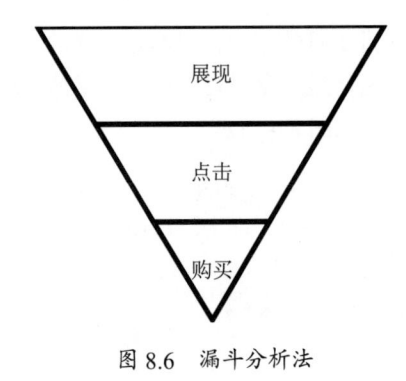

图 8.6　漏斗分析法

8.3　店铺成交数据分析

做电商运营离不开数据分析。在淘宝天猫的商家当中，有两类人群是比较常见的，一类是提到数据就头大，对他们而言那些数据真的就只是数据而已，不懂得看数据，也不会看数据。

还有一类人就是不断地分析数据，分析流量，太过于沉浸在数据分析当中，却忽略了其他环节。对电商运营而言，不可过分沉迷数据而忽略其他，也不能忽视数据做事全凭感觉。如何去解读数据从而揭开数据背后的秘密，从一个更宏观的角度去分析问题，这才是关键。

8.3.1　提高营业额的两大关键三大重点

运营店铺最终的目的是实现盈利，那么如何才能实现盈利呢？首先看这个公式：

$$利润 = 利润率 \times 销售额$$

通过公式可以得出，要想增大利润有两种办法：

（1）增大利润率

（2）提升销售额

增大利润率的方法有两种：

（1）降低生产成本

（2）提高产品售价

如果在产品没有竞争力的情况下，贸然提高产品售价，往往会适得其反。产品同质化严重，消费者在购买产品时，价格是一个主要的考虑因素。所以对于提高售价，一定要慎重，因为可能不仅不能带来利润改观，还有可能造成更多的损失。产品设计确实比同行要好，品质做工确实很棒，提价要有提价的理由与底气。

降低生产成本也是可以增大利润率的，但是这里有一个前提，就是保证产品质量，如果降低生产成本是以牺牲产品质量换来的，那会带来很多问题，如：

（1）造成严重的售后问题。

（2）伤害消费者，影响口碑。

（3）降低品牌价值，未来很难实现溢价。

商家可以尝试减少周边生产成本，比如将库房从市区移至郊区，提高员工生产劳动力，优化生产线，减少生产错误率，轻量化包装，减少快递运输成本，等等，一系列周边开支都是可以优化的。

除了增大利润率，另一方面就是增大营业额。一起来看一下电商行业的营业额是如何得出的，公式如下：

销售额 =（点击率 × 展现量）× 转化率 × 客单价

要想提升销售额，可以从这三方面入手，分别是：

- 流量
- 转化率
- 客单价

后续的多数工作，都是围绕这三点来展开的，如图 8.7 所示。

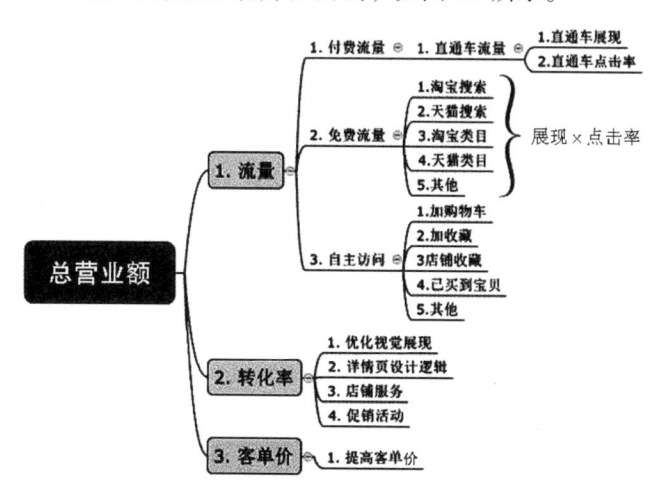

图 8.7 提高营业额的三个核心点

8.3.2 根据数据分析问题

为了方便查看，在统计数据时，需要制作一张表格，将主要数据统计在此，如图 8.8 所示。

时间		交易数据						流量数据				当日记录
日期	星期数	成交金额	成交人数	新顾客	老顾客	成交商品数	支付转化率	客单价	访客数	浏览量	跳失率	人均浏览量	平均停留时间	备注
1	周日	30413	714	593	121	1018	4.79%	41.09	14796	37228	61.86%	2.5	102	
2	周一	29007	706	617	89	1046	4.74%	42.60	14894	36962	61.52%	2.48	108	
3	周二													
4	周三													
5	周四													
6	周五													
7	周六													
8	周日													
9	周一													

图 8.8 店铺经营报表

统计完数据后，需要对数据进行总体分析，查看哪些数据指标偏低，然后找出相应的解决办法。

例如，人均浏览量偏低，说明店铺产品线不够丰富，以及手淘首页产品布局不合理。

例如，策划促销活动，开展满减活动，客单价可能会提升。

例如，有些时候店铺无任何改动，突然某天流量就下降了，转化率下降了，那很有可能是有竞争对手在搞促销或者在抢流量。

> ⚠️ **提示：**
> 店铺经营异常，都是可以从数据上反映出来的。运营人员每天都要统计记录这些数据，并且记录好当日的操作，这样不仅可以帮助优化整个运营环节，还为后续年度的运营工作提供了一个良好的参考。

8.4 店铺数据分析概况

店铺销售额的多少与流量存在着正相关关系，店铺流量的构成反映了运营工作做得是否到位。

比如，付费流量占比较多，说明店铺没有一款能够持续带来免费流量的爆款产品。

比如，转化率比较低，可能存在三方面原因：一是可能视觉呈现不好；二是可能产品定价过高；三是近期店铺推广带来的流量不精准。把可能存在的原因罗列出来，再逐一排查。

运营过程中的一系列问题，都可以通过分析数据，找到问题根源，从而找到需要加强优化的地方。

8.4.1 常见的数据概念

首先介绍几个店铺运营中常见的数据概念。

- **流量（UV）**：指访客数。
- **浏览量（PV）**：指单个访客浏览宝贝的次数。比如，一个访客查看了 5 个宝贝，对这 5 个宝贝来说，分别算 1 个浏览量，对店铺算 5 个浏览量。
- **转化率**：指每一百个访客中成交访客占比。比如 100 个访客成交了 5 个，则转化率为 5%。
- **客单价**：当天总成交金额/总成交人数，代表每个成交人数的平均消费金额。
- **店铺收藏**：指收藏店铺的数量。
- **宝贝收藏**：指收藏单个宝贝的数量。
- **跳失率**：指一天内，店铺浏览量为 1 的访客数/店铺总访客数，即访客中，只有一个浏览量的访客占比。该值越低表示流量的质量越好。多天的跳失率为各天跳失率的日均值。比如某访客首次进店铺，浏览了一个宝贝，就离开了，就算一个跳失。如果首次浏览了 A 宝贝，然后从 A 宝贝点击进入 B 宝贝，则不算跳失。

8.4.2 生意参谋的使用

首先在店铺后台打开生意参谋工具，在首页可以看到数据总体情况。

1. 实时概况

实时概况主要显示当前店铺支付金额、访客数、支付买家数、浏览量、支付子订单数等数据。数据实时更新，有助于我们及时掌握店铺运营情况，如图 8.9 所示。

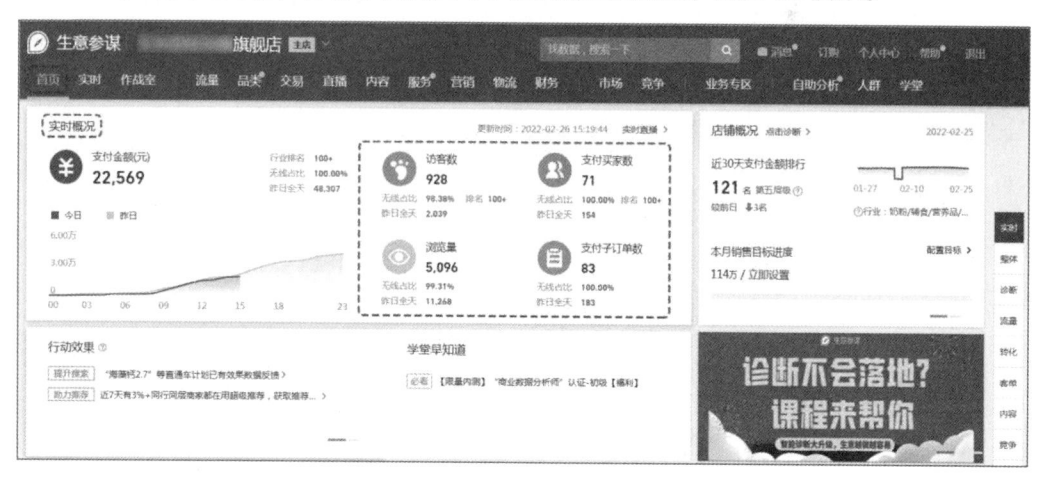

图 8.9　生意参谋—首页—实时概况

2. 整体看板

整体看板主要显示过去一天的店铺经营情况，是按天数显示的，包含支付金额、访客数、支付转化率、客单价、成功退款金额、直通车消耗、引力魔方消耗等数据，如图 8.10 所示。

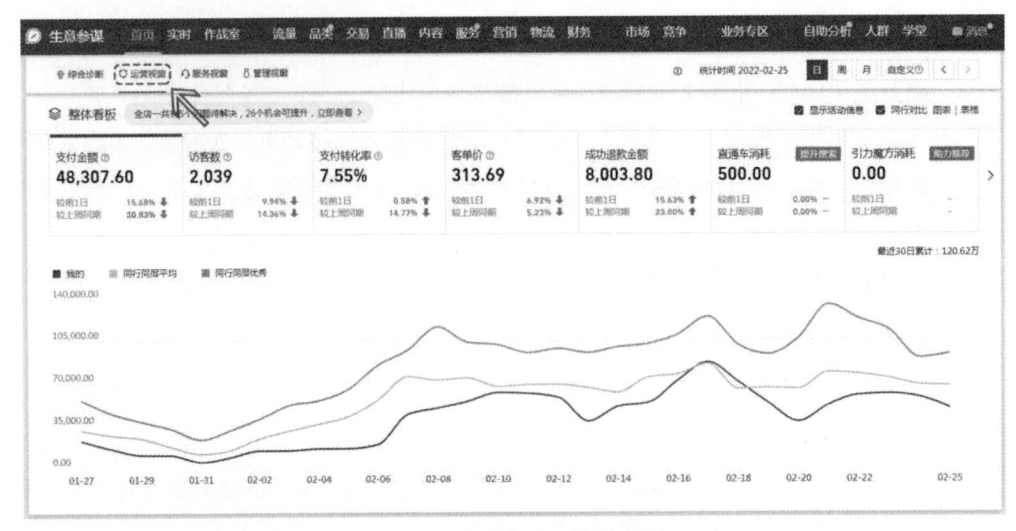

图 8.10 生意参谋—整体看板

3. 流量走向

流量看板展示店铺的跳失率、人均浏览量、平均停留时长，以及店铺的二级流量来源。可以看到来源渠道及总体访客数，还有该流量渠道的下单转化率，如图 8.11 所示。

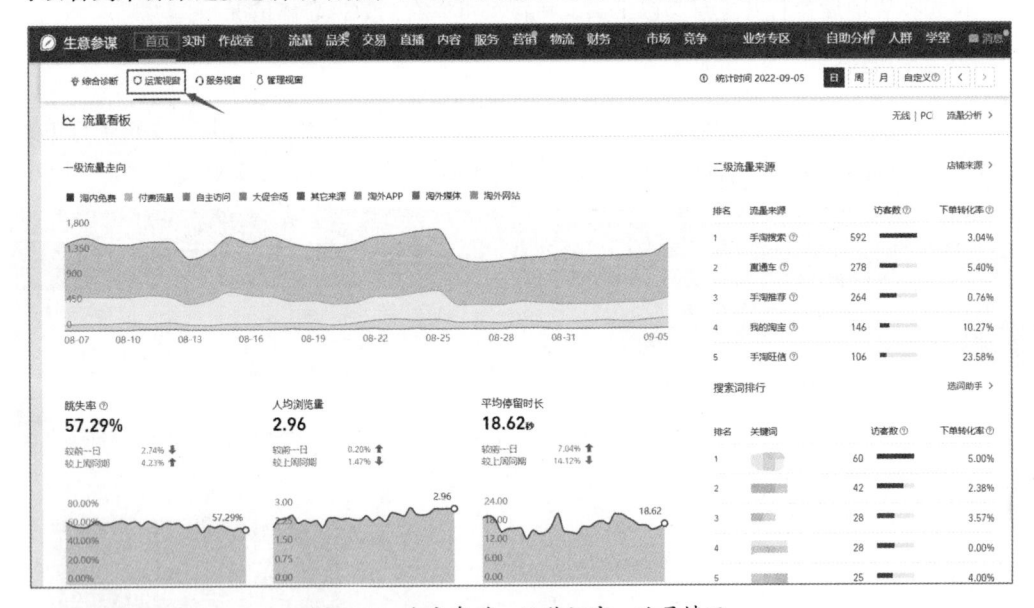

图 8.11 生意参谋—运营视窗—流量情况

8.4.3 提取数据并分析

整个店铺的流量构成大致分 4 部分，分别是：

- 付费流量
- 淘内免费

- 自主访问
- 淘外流量

这些数据在生意参谋中都可以看到。为了方便直观地看这些数据，这里特意制作了一张表格，将这些数据按照日期进行统计。然后查看每个数值，根据数值高低进行有针对性的分析优化。并且在表格中记录当天的优化动作，通过查看后续的流量变化，来判定该优化动作是否有效，如图 8.12 和图 8.13 所示。

时间		付费流量				淘内免费									
日期	星期数	淘宝客	直通车	钻展	聚划算	淘宝搜索	天猫搜索	淘宝站内其他	淘宝足迹	阿里旺旺	淘宝类目	淘宝首页	淘宝其他店铺	积分俱乐部	天天特价
1	周日														
2	周一														
3	周二														
4	周三														
5	周四														
6	周五														
7	周六														
8	周日														
9	周一														
10	周二														
11	周三														
12	周四														

图 8.12　统计店铺流量（1）

店铺流量统计报表																	
	自主访问						淘外流量										
淘金币	已买到商品	购物车	直接访问	宝贝收藏	店铺收藏	我的淘宝首页	淘外流量其他	卷皮网	搜狗	360搜索	百度	QQ空间	折800	新浪微博	美丽说	蘑菇街	腾讯微博

图 8.13　统计店铺流量（2）

8.5　店铺数据分析实操

生意参谋中的数据维度很多，对很多新手来说，运用好生意参谋是有难度的。本节围绕运营过程中最常用的一些分析方法，来告诉商家分析数据的思路与实操步骤。

8.5.1　分析数据的 4 个核心方向

生意参谋中的功能菜单中涉及的数据维度非常多，对于新手商家来说，很容易蒙圈，不知道如何利用好这些数据维度。

建议各位商家先从复杂的数据概念中跳出来思考，你开一家店，你会最在意哪些方面的数据呢？大家先不要往下看，先思考一下。

总结下来无非几个方面：

（1）想了解自己店铺每天的经营情况。

（2）想了解自己店铺每天的流量情况，包含全店流量情况与单品爆款的流量情况。

（3）想了解行业大盘数据情况，及时掌握大盘是上升趋势还是下滑趋势。

（4）想了解同类目竞品店铺的成交情况与竞品爆款的流量情况。

有了这4个方向，就有了分析数据的目的。

8.5.2 统计分析店铺经营数据

店铺单日经营情况，包括成交金额、访客数、支付转化率、客单价、成功退款金额、退款率、直通车消耗、引力魔方消耗、店铺 DSR 等数据维度，如图 8.14 和图 8.15 所示。商家可以做一个 Excel 表格，将每天的数据统计到表格中。

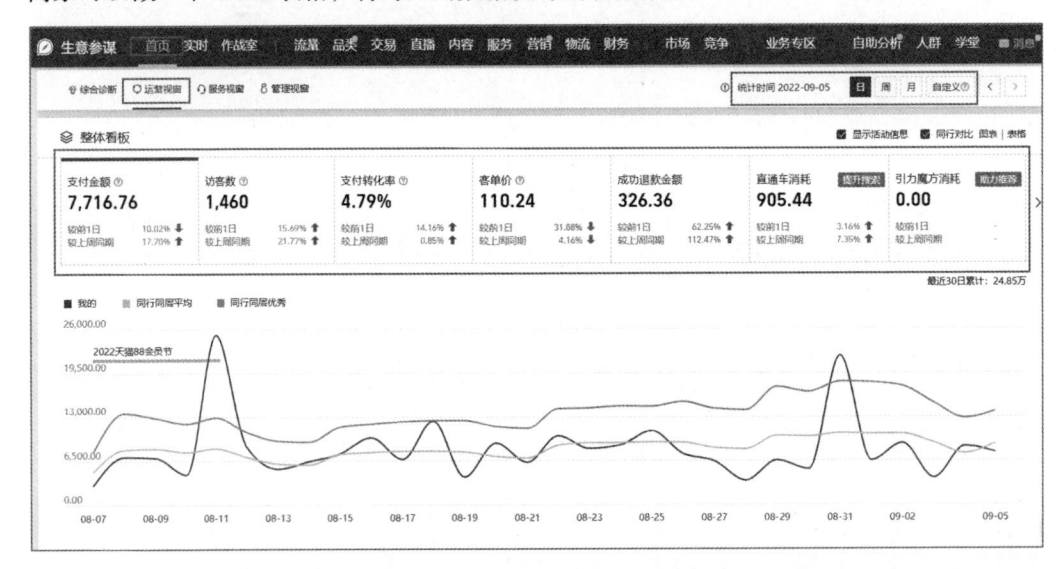

图 8.14 生意参谋—首页—运营视窗

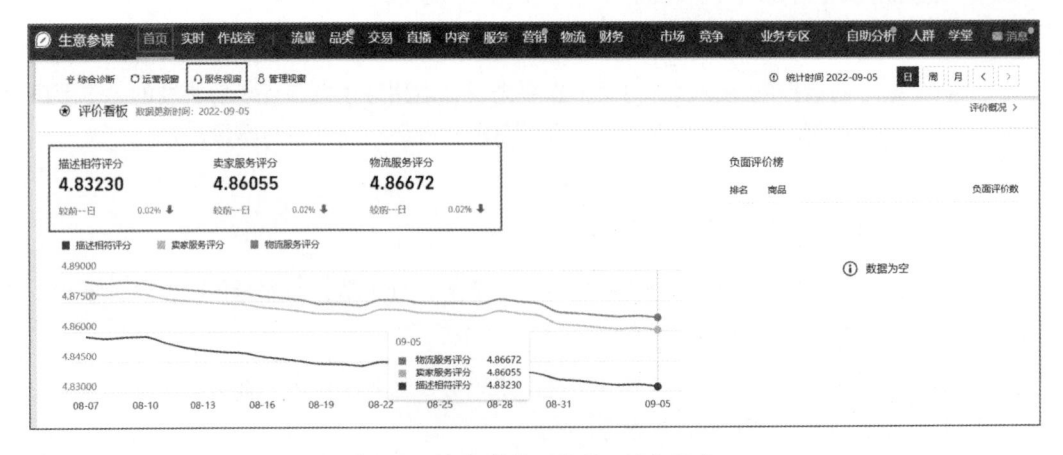

图 8.15 生意参谋—首页—服务视窗

8.5.3 分析单品爆款流量数据

商家在推单品爆款的时候,一定要关注单品爆款的流量变化情况,比如付费推广占比、搜索流量、推荐流量的变化。前期付费流量占比可能稍多一些,随着单品爆款的权重提升,搜索流量与推荐流量会有所提升,所以商家要知道去哪里查看这些流量数据,如图 8.16、图 8.17 所示。

找到店铺中主推的单品爆款,然后点击"商品来源",即可看到该单品宝贝的来源明细,手淘搜索带来多少访客?手淘推荐带来多少访客?我的淘宝带来多少访客?直接进行统计分析即可。

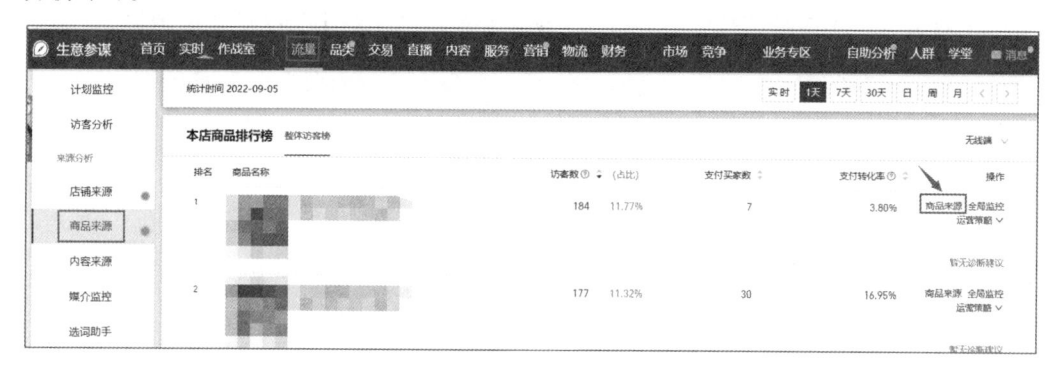

图 8.16 生意参谋—流量—商品来源

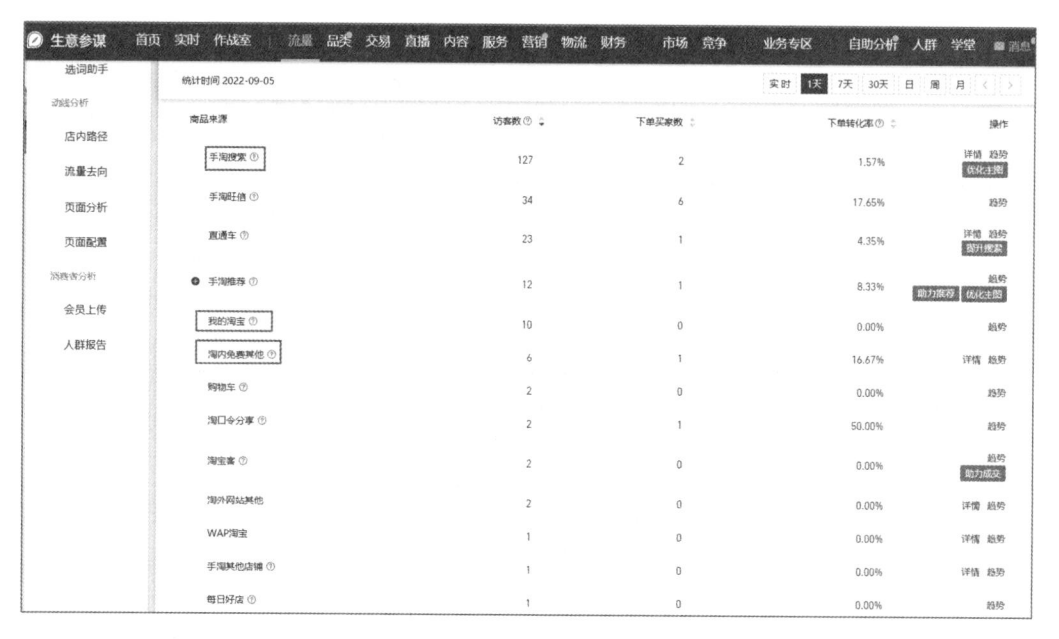

图 8.17 单品流量来源详情

8.5.4 分析行业类目数据

分析行业类目数据,需要用到生意参谋中的"市场洞察"功能,该功能分为两个版本:

基础版与专业版。市场洞察属于平台收费的功能模块，基础版费用大概在 1200 元/年，专业版较贵，大概在 9000 元/年。中小商家订购基础版就足够了，实力比较强的大商家可以选择专业版。（特殊说明：这个工具是阿里官方推出的收费工具，与我本人无关，也不是我个人打广告，读者切勿误解，订购价格可能会有所变动，商家以后台显示为准！）

在生意参谋导航菜单中，直接点击"市场"即可进入该功能页面，如图 8.18 所示。商家需要选择行业类目，才可以看到该类目下的数据。

如图 8.19 所示，可以看到市场大盘的趋势，以及各个数据维度的具体数值。数据的时间周期，可以是单日，也可以为 7 天，也可以为 30 天，在页面右上角选择切换即可。

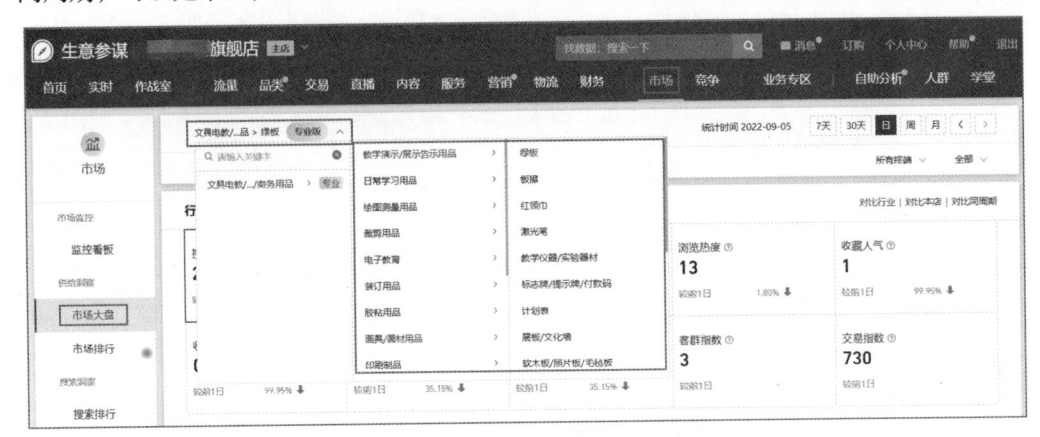

图 8.18　生意参谋—市场—选择类目

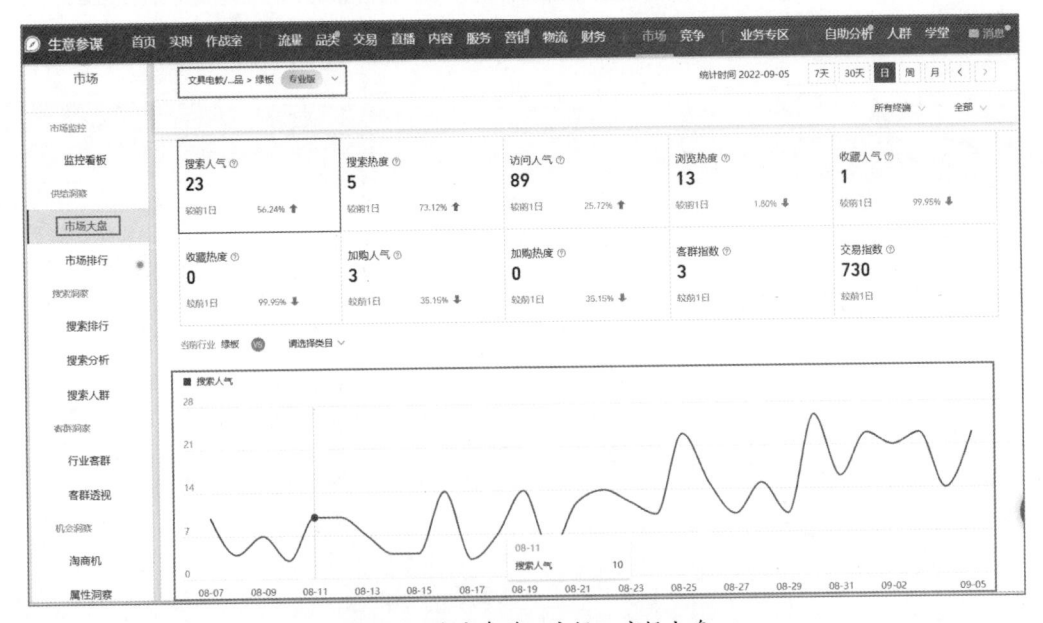

图 8.19　生意参谋—市场—市场大盘

在图 8.19 中，还可以看到市场排行，也就是当下时间周期内，销售最好的店铺排名，这些店铺就是行业 TOP 级别的大商家的店铺，可以着重看下这些店铺，将自己的店铺与之对比一下，找找差距进行学习。

8.5.5 跟大商家学什么

可以重点分析一下大商家的以下方面：

（1）大商家的商品布局，全店有多少款商品？

（2）每款商品大概什么价位？

（3）店铺的促销活动是什么？

（4）手淘首页是如何进行商品布局的？

（5）视觉呈现用的什么色调？

（6）主图视频展示哪些信息？

（7）充当买家跟客服咨询一下，看客服是怎么处理问题的？

找到对标店铺，进行像素级别的学习，尽可能缩小差距，这是店铺成长最快的方法。

8.5.6 添加设置监控店铺

运营店铺，需要找到对标店铺，也就是竞争对手，时刻关注竞品店铺的运营动态，确保第一时间发现变化，然后积极应对，比如某竞品店铺走了一大波淘宝销量，试图与同行店铺拉开销量差距，那此时我们可以综合考虑是否跟进动作。这就是监控店铺的最大价值点，避免我们的店铺被竞品店铺甩得越来越远。

监控店铺的操作设置非常简单，在生意参谋导航菜单中，找到"竞争"选项，即可进入添加监控店铺的页面，如图 8.20 所示。

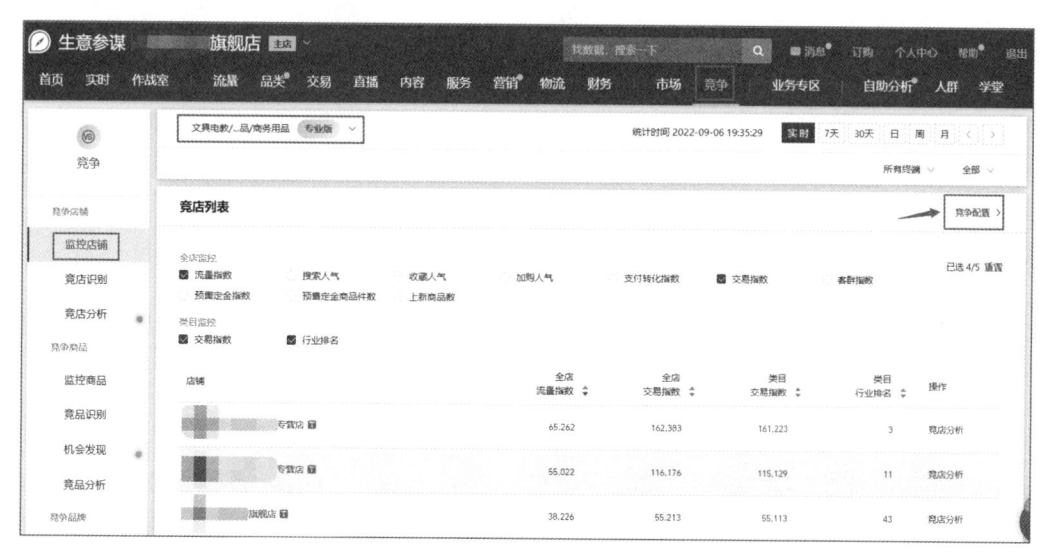

图 8.20 监控店铺—竞争配置

添加竞争店铺的时候，输入店铺首页链接，或者店铺名字（全称），即可添加，如图 8.21 所示。需要注意的是，订购开通标准版市场洞察功能后，在设置竞争店铺时有数量限制，无法添加太多。

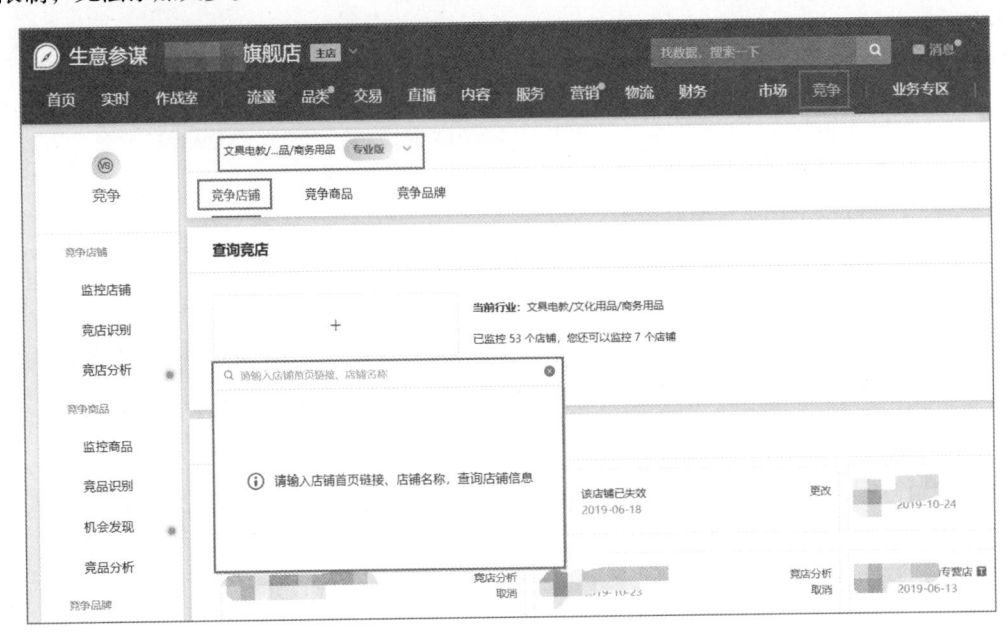

图 8.21 添加竞争店铺

8.5.7 竞争店铺分析

不仅要监控竞争店铺，还要与竞争店铺进行对比，从数据层面来看店铺间的差距。直接在"竞争"菜单下，点击"竞店分析"，选择要进行对比的店铺，如图 8.22 所示。

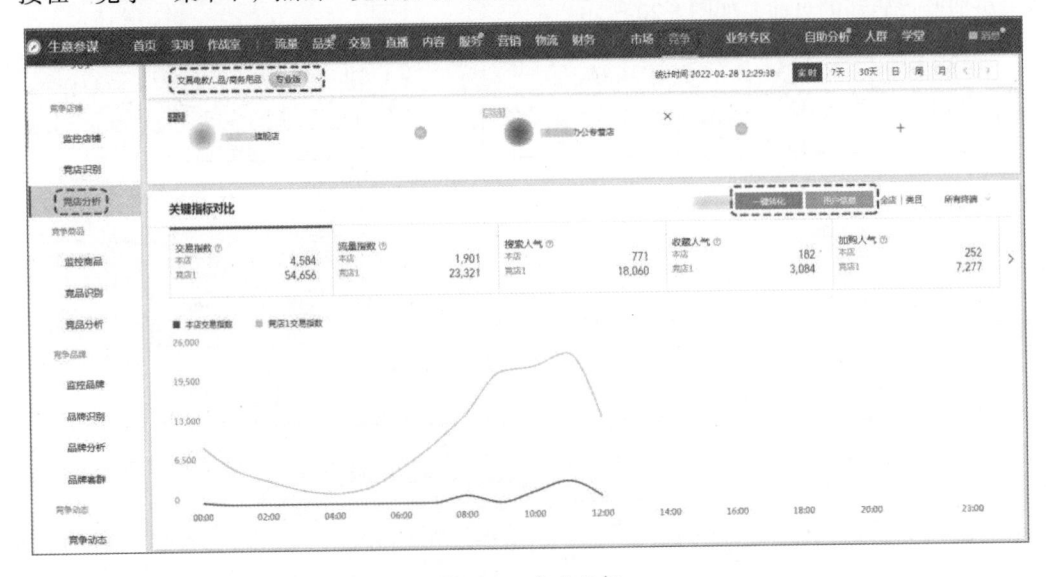

图 8.22 竞店分析

因进行竞店分析需要使用市场洞察专业版，所以这里我们用另外一个类目的店铺进行演示，同时我们会用到一个小插件，将这个小插件安装到浏览器中，用浏览器查看店铺，而不是使用千牛工作台进行访问。该工具可以把页面上的数据，进行可视化处理，这样我们分析数据的时候，会更加方便。

为避免广告嫌疑，暂不公布该小插件名称，如果大家想详细了解，可以直接联系我，我把该插件的下载使用方法发给大家。另外，大家有任何电商问题，也可以与我深入沟通。

在图 8.22 中，点击"一键转化"，就可以更方便地查看数据，如图 8.23 所示。我们可以看到数据有两大类：一是截止到现在店铺成交数据的汇总；二是每小时的成交数据。

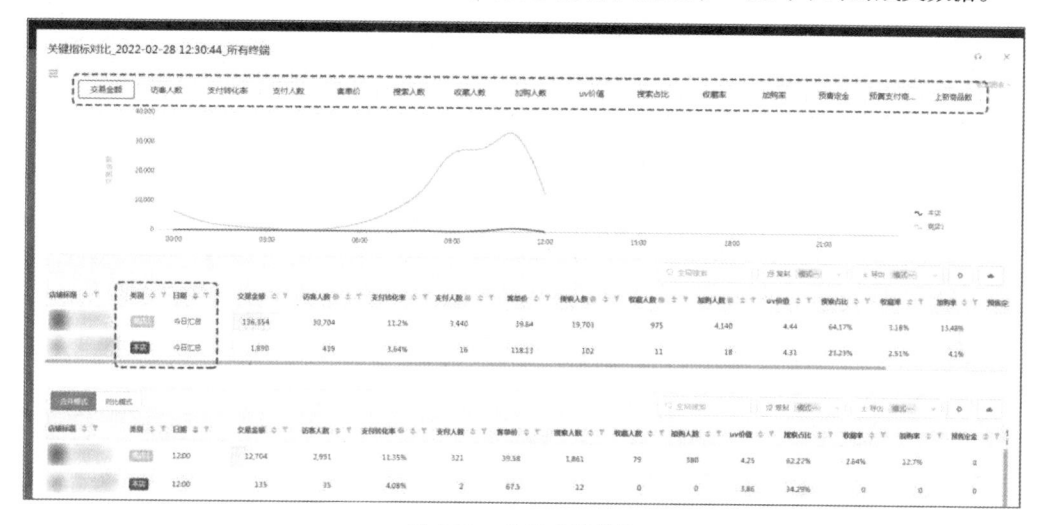

图 8.23　转化后的数据

在图 8.23 中，可以看到竞品店铺的交易金额、总访客人数、支付转化率、客单价、UV价值、搜索占比、收藏率、加购率等数据维度。不仅可以看到今日的汇总数据，还可以看到每小时的各项数据，如图 8.24 所示。

图 8.24　每小时的各项数据

8.5.8　添加设置监控宝贝

除了与同行进行店铺层面的对比，更要进行商品宝贝之间的对比，尤其是爆款单品，需要及时分析竞品的数据变化，从而找到下一步的运营方向。在导航菜单"竞争"下的"竞品分析"中，进行竞品配置，如图 8.25 和图 8.26 所示。

图 8.25　竞争分析—竞品配置

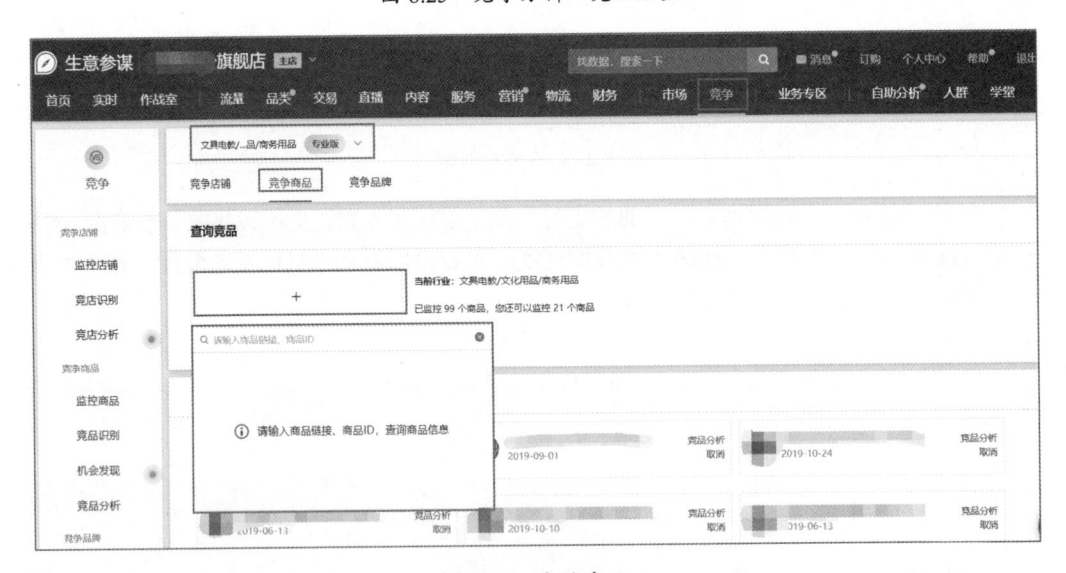

图 8.26　查询竞品

在查询竞品的时候，可以输入宝贝链接，也可以输入宝贝 ID（就是宝贝链接中 id=后面的一串数字），都可以查询到要监控的竞品宝贝。

8.5.9　竞品宝贝分析

完成竞品宝贝配置以后，下一步就是将我们的商品宝贝与竞品宝贝进行数据对比分析，如图 8.27 所示。

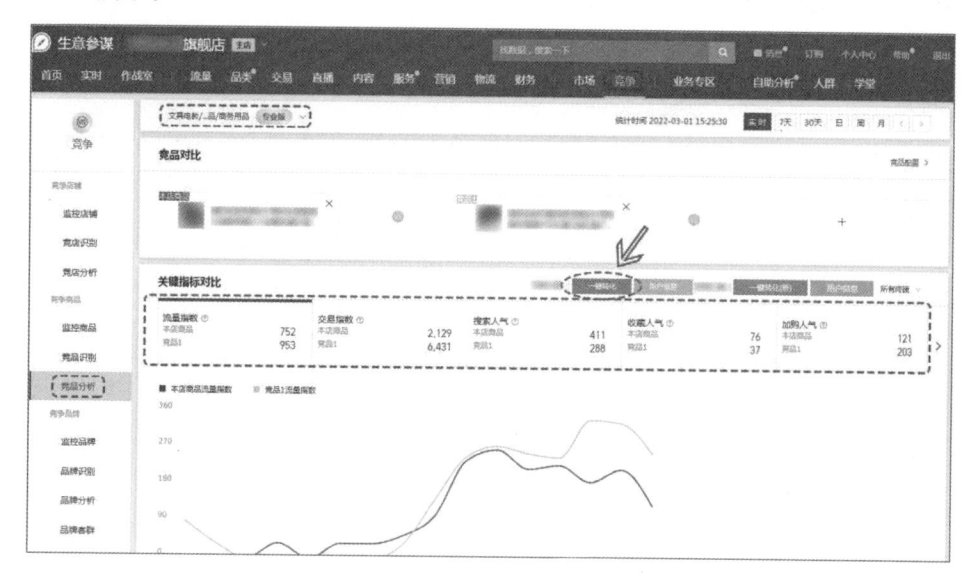

图 8.27 竞品对比

可以看到，都是一些关键指标的对比，有流量指数、交易指数、搜索人气、收藏人气、加购人气等，均是一些"指数"或"人气"类型的数据。

这里各位商家要注意，指数或人气类型的数据，并不等于实际人数或者次数，而是官方对数据做了特殊的加密保护以后，换算成的数值，仅用于数据指标之间的横向对比。坦白来说，指数或人气类型的数据，对商家的参考意义不大，所以我们要借助一个插件工具进行转化。在图 8.27 中，可以看到"一键转化"的字样，这就是我们安装的插件，转化后的数据如图 8.28 所示。

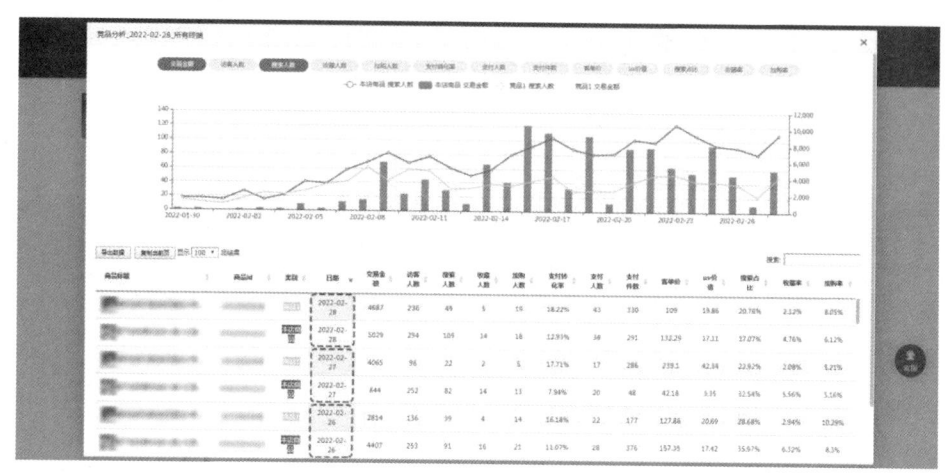

图 8.28 转化后的数据

在图 8.28 中，可以看到所有的指数或人气类型的数据都没有了，直接变成了实际的数据，比如交易金额、访客人数、收藏人数、加购人数、客单价、UV 价值等，并且可以以天为单位，跟竞品宝贝直接进行对比。

商家可以在页面上直接进行对比分析，也可以把数据下载下来，在 Excel 表格中对数据进行进一步加工处理，如图 8.29 和图 8.30 所示。

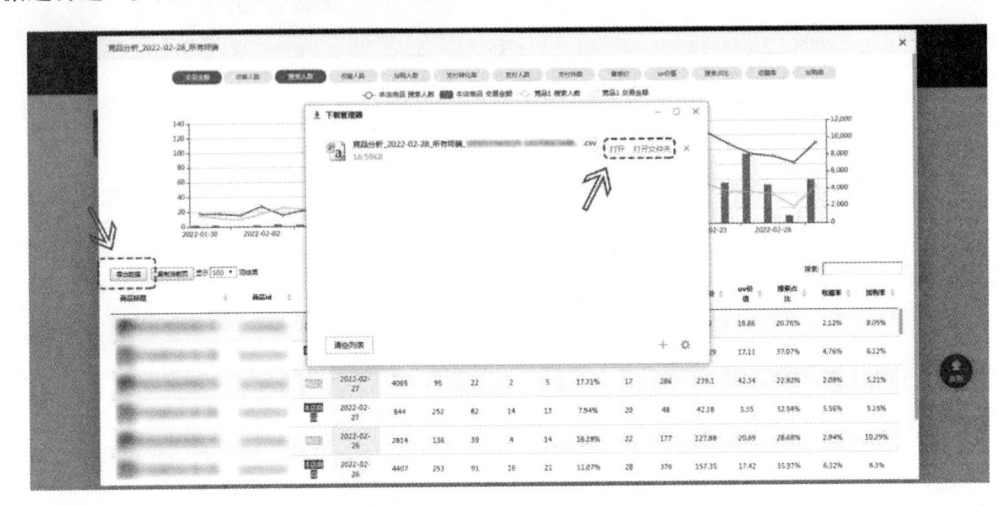

图 8.29 导出数据

图 8.30 做成 Excel 表格形式

8.5.10 引流关键词与成交关键词分析

分析自己商品宝贝的引流关键词（以前叫"入店词"），可以得知自己的宝贝是通过哪些关键词被访客搜索到的，商家可以将这些词加到直通车中，进行有针对性的推广。还有成交关键词，就是能直接为商品宝贝带来订单的关键词，针对该类型的词，可以利用引力魔方的关键词人群功能，去挖掘更多高潜在购买意向的人群，如图 8.31 和图 8.32 所示。

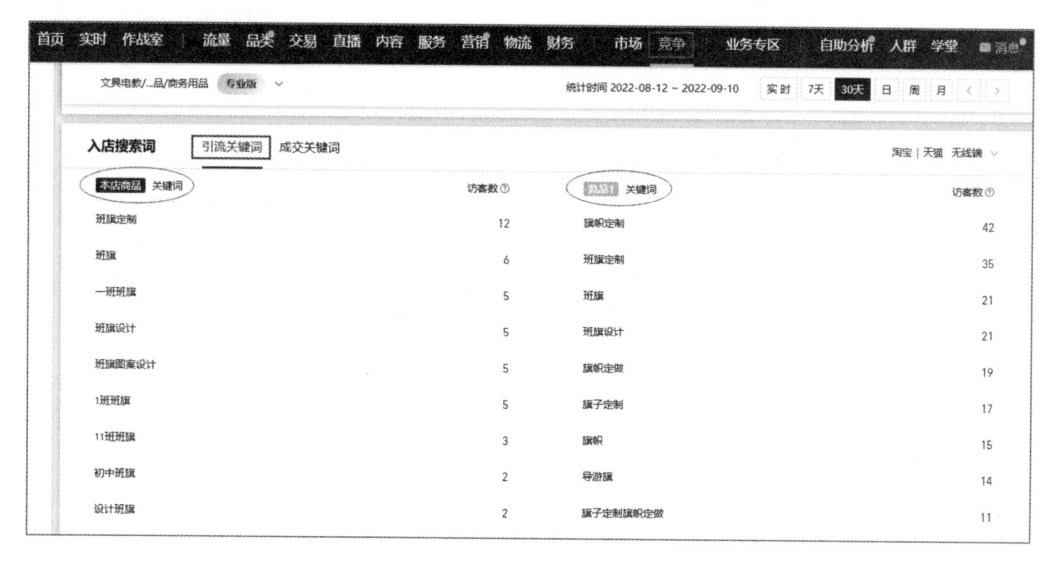

图 8.31　引流关键词

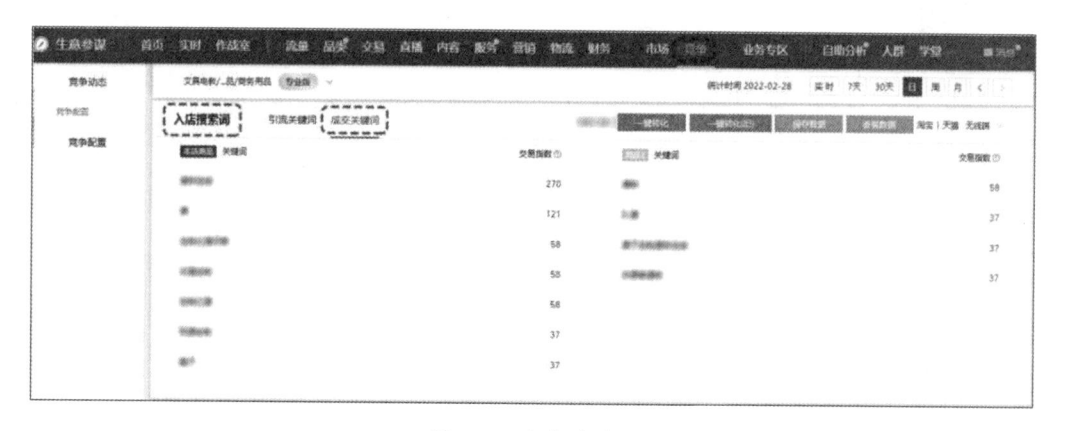

图 8.32　成交关键词

8.5.11　入店来源分析

入店来源我们可以简单地理解为"渠道",也就是买家都是通过哪些渠道进的店,渠道越多越好,从每个渠道进的访客越多越好,这不难理解,如图 8.33 所示。同样我们可以使用"一键转化"功能,进行更直观的分析,如图 8.34 和图 8.35 所示。

图 8.33 入店来源

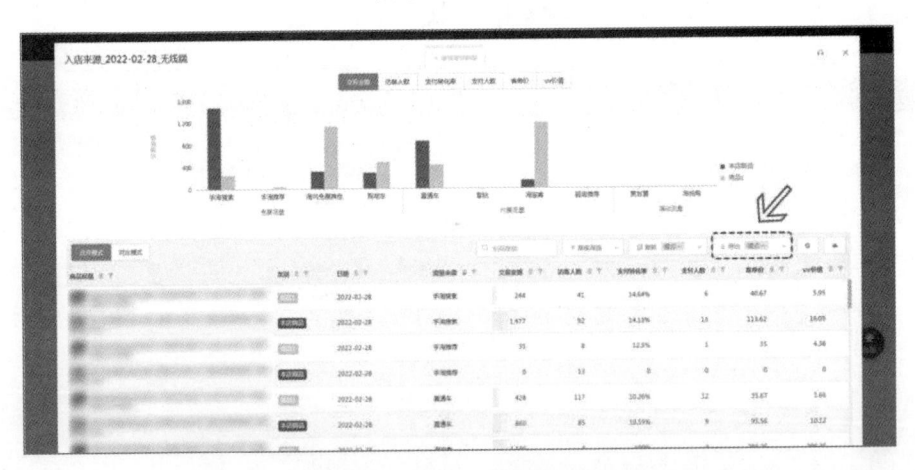

图 8.34 转化入店来源数据

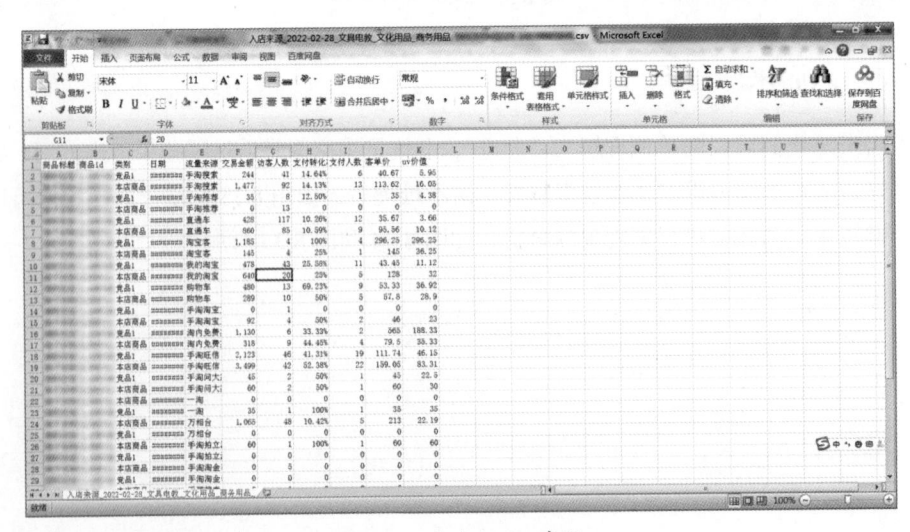

图 8.35 导出 Excel 表格

【读者互动交流】：

服务号　　　订阅号

- 扫码关注服务号，会定期收到刘老师关于电商的视频课程！
- 扫码关注订阅号，会定期收到电商行业资讯解读！

　　（1）关注公众号后，回复"老刘"可以添加作者刘老师个人微信，进行店铺问题沟通。

　　（2）联系作者，可以领取全书思维导图一份。

　　（3）联系作者，可以领取电商运营常用表格一份。

　　（4）联系作者，可以领取 20 节店铺后台操作视频一份。

　　（5）联系作者，可以领取神秘干货大礼包一份。

其他电商福利，会定期在公众号发布，欢迎关注！

第 9 章　短视频内容化运营

Chapter Nine

随着直播短视频形式的出现，消费者已经不满足于看图文内容，更喜欢短视频或直播的形式，因为更直观，不仅可以看到实物商品，还可以看到具体使用方法与使用场景，互动感也比较强，容易建立起信任感。

同时当前平台用户增长进入存量时期，为了更好地留住用户，平台转型内容化，通过好的内容吸引用户，从而挖掘后续的潜在兴趣需求。

9.1 什么是内容化运营

淘系电商平台的运营思路是，用户通过搜索来寻找自己想要的商品，这样做的前提是用户明确地知道自己想要什么商品。但是随着商品的种类越来越多，或者基于现在的生活状态，用户感觉没什么需要的，众多商品不被人知。

9.1.1 平台为何要做内容化转型

当前已经由增量市场转向存量市场。作为平台端，需要思考用户把时间都花在了什么地方。正在阅读该部分内容的读者，也可以思考一下，你的一天，时间都花在哪些 App 上，微信、抖音、快手、知乎、淘宝、今日头条，等等。

谁能更多地占据用户的时间，谁就可以获得更多商业价值，因为在与用户的长时间的接触中，可以探索出更多的商业模式。所以手淘端的内容化转型，其本质是在与其他 App 抢占用户时间。

年轻一代消费群体正在崛起，他们的消费习惯与购物心理有所不同，喜欢新奇特，注重个性化，有时选择购买的一件商品，可能是一种身份标签，或者有融入一个圈子的社交属性。

> **提示：**
> 商业的竞争已经演变为用户时间的竞争。

9.1.2 什么是淘宝达人

淘宝达人（达人创作者）是指淘宝平台内的特殊群体账号，它们往往代表着某些消费主张、时尚观点、独家解读等。通过在图文内容或短视频中分享商品使用体验，来达到引导消费者成交的目的。

简单来说，可以把淘宝达人理解为内容产出者，借助优秀的内容推广商品，如图 9.1 所示。

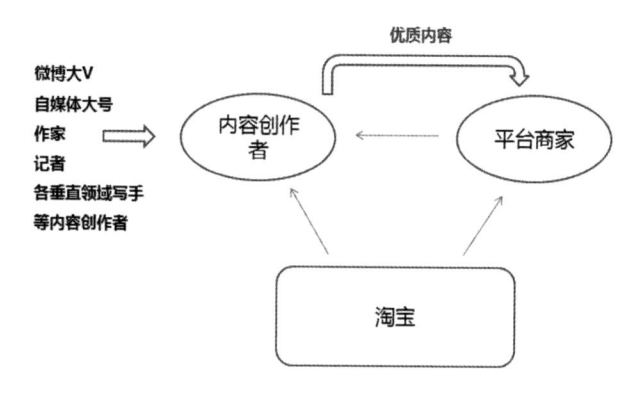

图 9.1 淘宝达人的角色

9.1.3 如何成为淘宝达人

在阿里·创作平台上（we.taobao.com）注册淘宝达人账号，如图 9.2 所示。

图 9.2 阿里·创作平台

为了更好地服务商家，平台下的微淘已于 2021 年 3 月 1 日升级为"订阅"，该板块将不再分发淘宝达人的内容。官方公布从 2021 年 3 月 10 日开始，达人认证申请逐步关停。

商家可能会有疑问，达人的内容不在"订阅"里出现，那到什么地方了呢？答案是：逛逛。

9.1.4 手淘—订阅

原来的微淘内容板块升级为"订阅"，在手淘首页的顶部导航菜单中可以直接看到该选项，如图 9.3 所示。之前关注过的店铺，全部被整合到"订阅"板块下，包括店铺之前发布的内容。

9.1.5 如何发布订阅

如何发布订阅？在后台导航菜单"内容运营中心"，找到"发订阅"选项，如图 9.4 所示。点击进入就可以看到具体的操作界面，如图 9.5 所示。

图 9.3 手淘首页—订阅

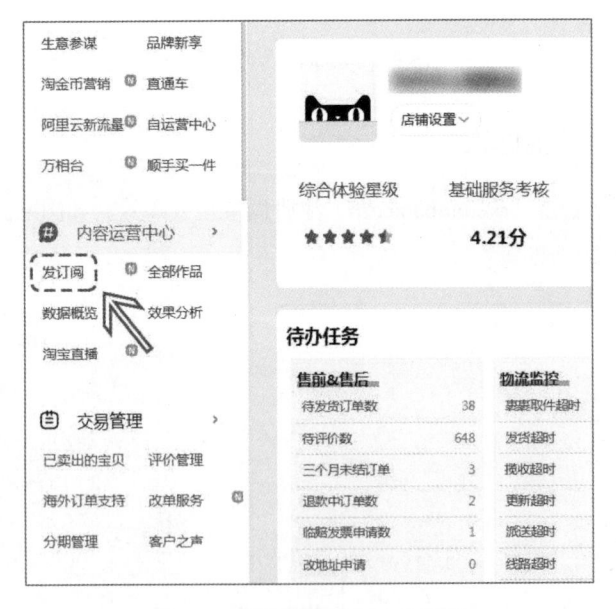

图 9.4 内容运营中心—发订阅

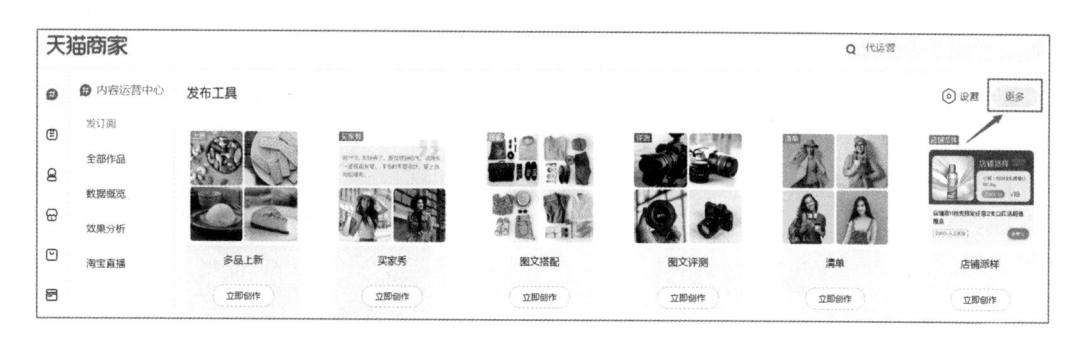

图 9.5 发订阅操作界面

商家可以在后台选择要发布的内容形式，比如多品上新、买家秀、图文搭配、图文评测、清单等。

还可以点击右上角的"更多"，查看更多内容形式。具体的内容编辑操作非常简单，比如选择发布"多品上新"，点击"立即制作"，然后根据页面要求，填写相关信息即可，都是可视化操作界面，此处暂不做过多介绍。

9.1.6 手淘—逛逛

在手淘首页底部，有一个非常重要的入口，即"逛逛"，如图 9.6 所示。

进入逛逛板块，可以看到内容化信息，其中包括短视频和一些达人分享的商品使用体验，如图 9.7 所示。

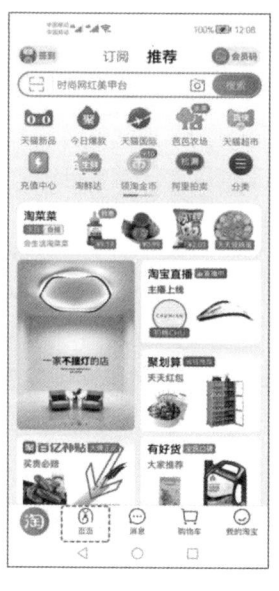

图 9.6 手淘逛逛入口　　　　图 9.7 逛逛内容

该模块下的展示内容采用信息流模式，当你发现一个感兴趣的内容时，可直接点击查看详细内容，还可以挂上商品宝贝链接，供潜在买家直接点击下单购买，如图 9.8 和图 9.9

所示。逛逛信息展示板块并不复杂，商家可以自己熟悉一下，后面将重点给大家讲讲如何运营发布逛逛内容。

图 9.8　浏览单条逛逛内容

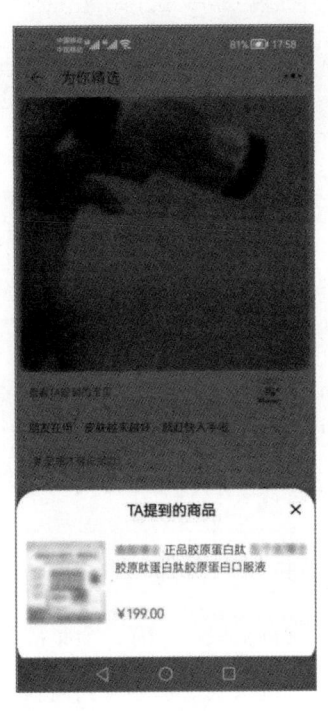

图 9.9　查看内容中挂的商品宝贝链接

9.2　内容化运营实操

内容化运营的操作主要集中在了逛逛，本节将为商家解读如何运营逛逛，以及如何发布逛逛内容等。

9.2.1　熟悉光合平台

内容化运营的操作，被整合到了光合平台（guanghe.taobao.com），如图 9.10 所示。商家直接点击"立即开启"即可进入淘宝光合平台，如图 9.11 所示。

在图 9.11 中，可以看到左侧是操作菜单。这里商家要注意，菜单"创作权益"下有一个"基础服务"选项，不管是商家还是达人，务必点进去看下店铺或账号需要开通的功能，比如达人创作者账号可以申请开通挂商品宝贝链接的功能，如果有用户通过该逛逛内容种草并且最终下单购买的话，达人创作者就可以获得相应的佣金。

图 9.10　淘宝光合平台

图 9.11　淘宝光合平台首页

9.2.2　光合平台三大功能

光合平台的菜单选项并没有特别难理解的，商家点击查看熟悉一下即可。在图 9.11 的中间位置，有三个非常重要的发布工具入口，分别为：

- 发逛逛短视频
- 发逛逛图文
- 发猜你喜欢视频

在图 9.11 的下面可以看到账户中所有作品的数据情况，如图 9.12 所示。还可以看到官方推荐的一些活动，点击右边箭头能查看更多活动。参与这些活动，会得到更多曝光展现。

如果商家或达人创作者在创作短视频的时候，没有思路和创意，不知道拍什么主题，则可以查看"创作灵感"下面的话题推荐，借鉴或者参与某些话题，如图 9.13 所示。

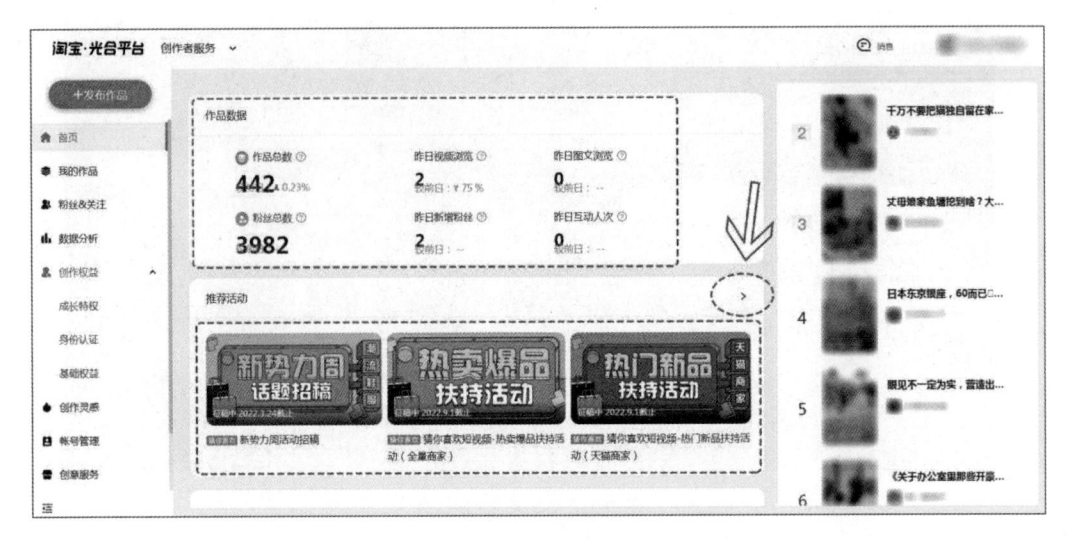

图 9.12　作品数据

图 9.13　创作灵感—精选话题

9.2.3　热门作品榜与热门达人榜

还可以借鉴页面最右侧"热门作品"中的优质短视频作品。点击右侧箭头，可以查看更多热门作品，还可以根据分类进行筛选，如图 9.14 和图 9.15 所示。

除了可以查看热门作品，还可以查看"热门达人榜"，以及达人在榜单的排名变化与达人的作品，如图 9.16 所示。

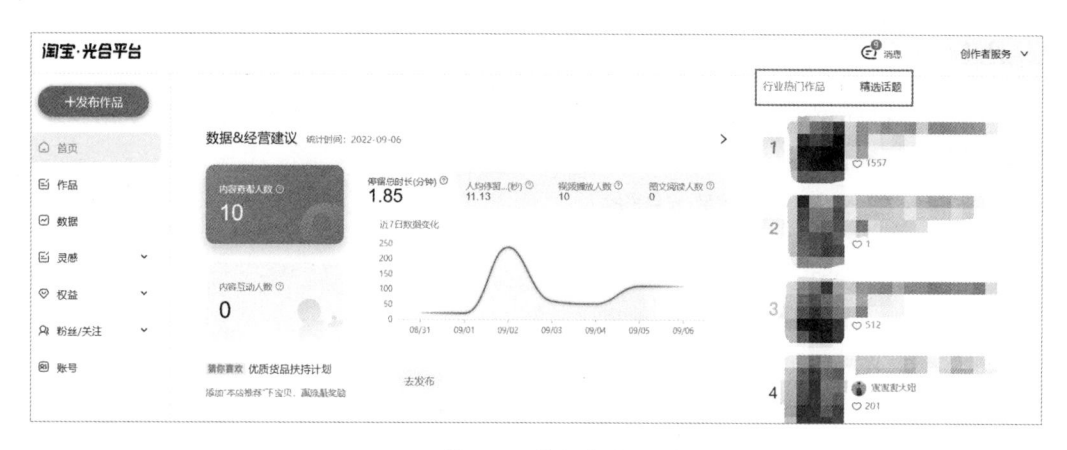

图 9.14　热门作品

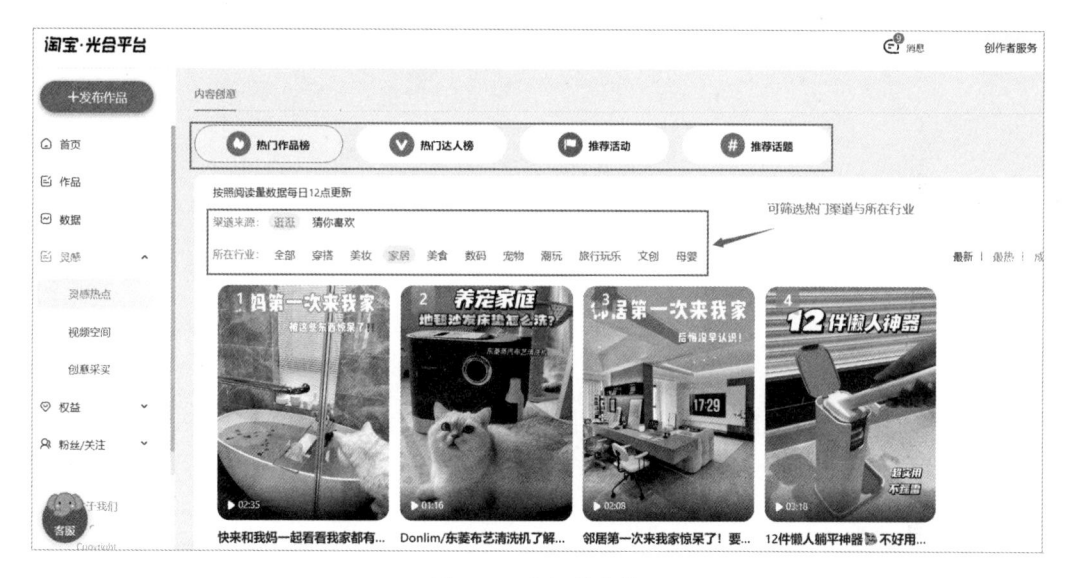

图 9.15　热门作品榜

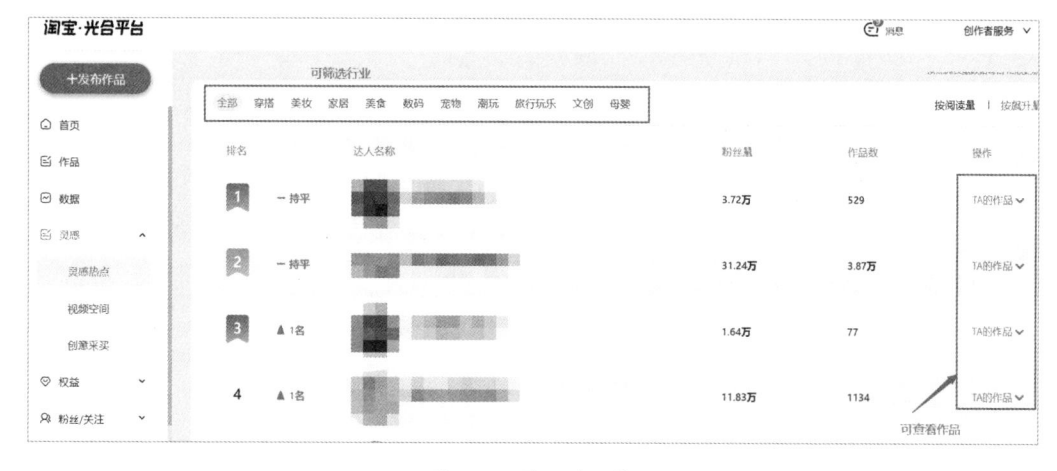

图 9.16　热门达人榜

9.2.4 如何发布逛逛短视频

直接在首页位置，点击"发逛逛视频"即可进入操作界面，如图 9.17 和图 9.18 所示。

图 9.17 发逛逛视频

图 9.18 编辑视频信息

- **添加视频**：点击文件直接上传或者拖拽文件上传，视频格式为 mp4、mkv、mov，视频清晰度为 720p 以上，文件最大不超过 1.5GB，视频时长要在 15 分钟以内。
- **输入正文**：字数要在 1000 字以内。
- **设置封面**：上传完视频后，自动生成封面。
- **关联商品/店铺**：设置关联商品/店铺，最多可添加 6 个。
- **添加话题**：点击可添加话题，直接选择即可，添加后可以获得更多曝光展现，如图 9.19 所示。

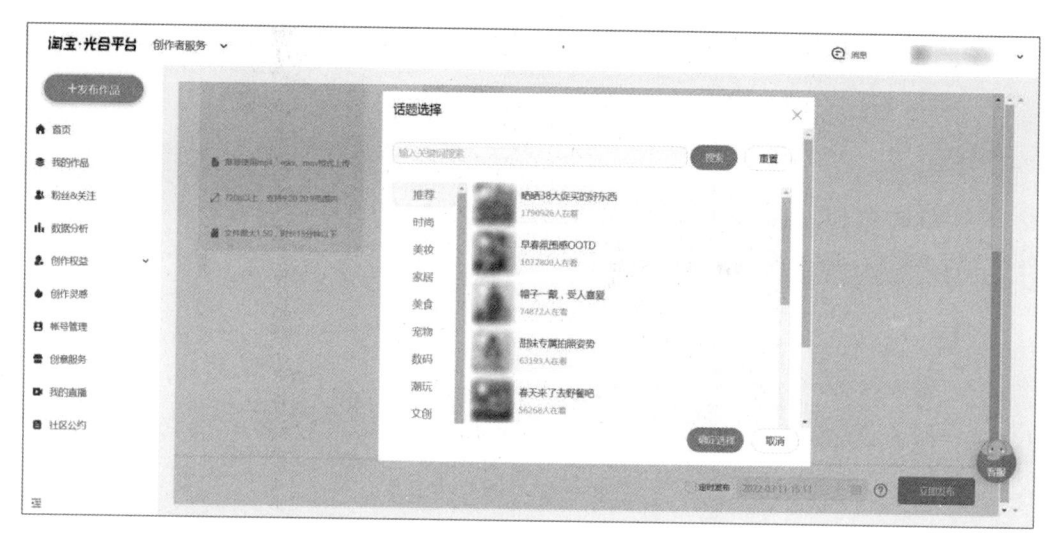

图 9.19 添加话题—话题选择

- **添加地点**：可选择当前地点或者不显示地点。

在发逛逛视频的整个操作中，注意三点：

（1）思考视频内容的选题方向、内容展现形式和视频文案等。

（2）视频封面，直接影响视频是否被点击观看。

（3）视频标题，是否能让用户产生共鸣或好奇心。

9.2.5　视频文案写作的三个要点

1. 通俗简单直接

很多商家在写文案时，抓不住重点，用户看后无感。

比如：

- 春季搭配推荐，不一样的九分裤
- 篮球拖鞋新穿法，风格百变穿搭

可以进行以下修改：

- 身材不好，九分裤来拯救
- 拖鞋这样穿，新潮男的打开方式

前后对比来看，前面的文案用户看完会觉得跟自己没有关系，而修改后的文案，能很好地引起用户的关注。

总结下来就是：

怎么做加上会得到什么好处或能解决什么困扰。

2. 营造场景感

灵活运用场景营销，可以给用户想象空间，文案会显得更加生动。

比如：

- 挑选蓝牙耳机应该注意这几点
- 消除痘痘，推荐你用这款香皂

修改后：

- 挑选蓝牙耳机的 5 大技巧，闭眼买准没错
- 用了这款香皂，夏天不再遮遮掩掩

总结下来就是：

用生动形象的场景画面，来替代效果描述

某个技巧会得到什么效果，效果用画面感描述

3. 适当渲染

直接来看案例，比如：

- 写作高手揭秘创作过程
- "双 11" 马上结束，赶紧买买买

修改后：

- 他花了 5 个小时写了别人 100 个小时都写不完的文章
- 最后 1 小时，错过等一年

总结下来就是：

用数字表示反差，强调达到的某种效果

剩余时间，能做什么事/要付出什么成本

9.2.6 如何发布逛逛图文

发布逛逛图文与发布逛逛视频的操作非常相似，直接点击首页的"发逛逛图文"即可进入编辑页面，如图 9.20 和图 9.21 所示。

- **上传图片**：最多可上传 9 张图片，且为商品宝贝真实图片。
- **输入正文**：可输入 10~1000 字，围绕商品宝贝的描述介绍。
- **关联宝贝/店铺**：最多可关联宝贝/店铺 6 个。
- **添加话题**：直接选择与该图文相关的话题，添加即可，可以获得额外曝光。
- **添加地点**：可以选择当前地点，也可以选择不显示。

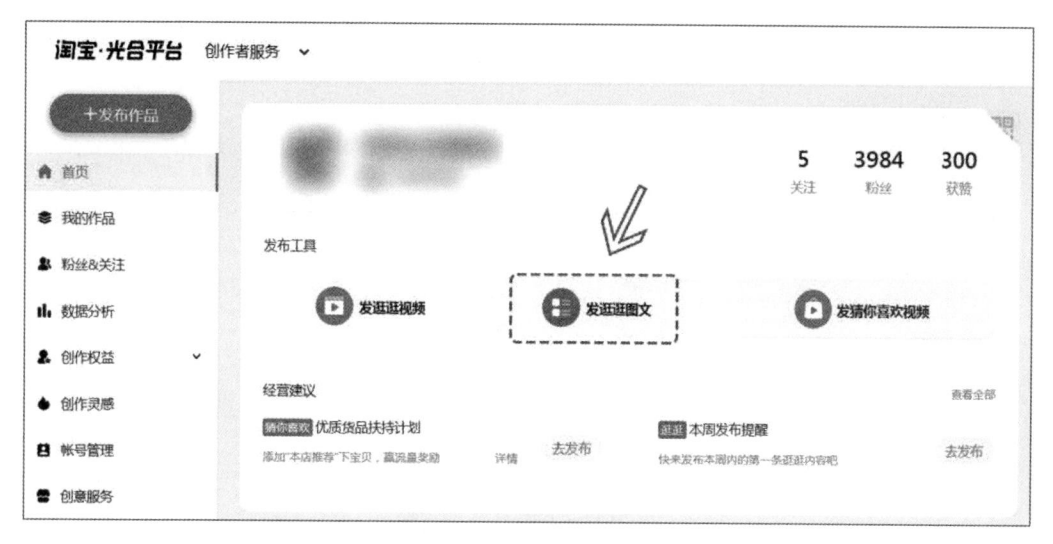

图 9.20　发逛逛图文

图 9.21　逛逛图文编辑页面

操作流程非常简单，不管是逛逛视频还是图文，核心还是内容，内容要有价值，不然用户也不会感兴趣，起不到种草的作用。我们整理了很多优秀的案例，各位商家可以联系领取，以便借鉴或有针对性地学习。

9.2.7　如何发布猜你喜欢视频

直接在首页点击"发猜你喜欢视频"，即可进入编辑页面，如图 9.22 和图 9.23 所示。

在图 9.24 中，添加互动挂件，可以选择不使用挂件，也可以选择添加优惠券。当该猜你喜欢视频被感兴趣的用户看到后，可以领取优惠券下单购买。

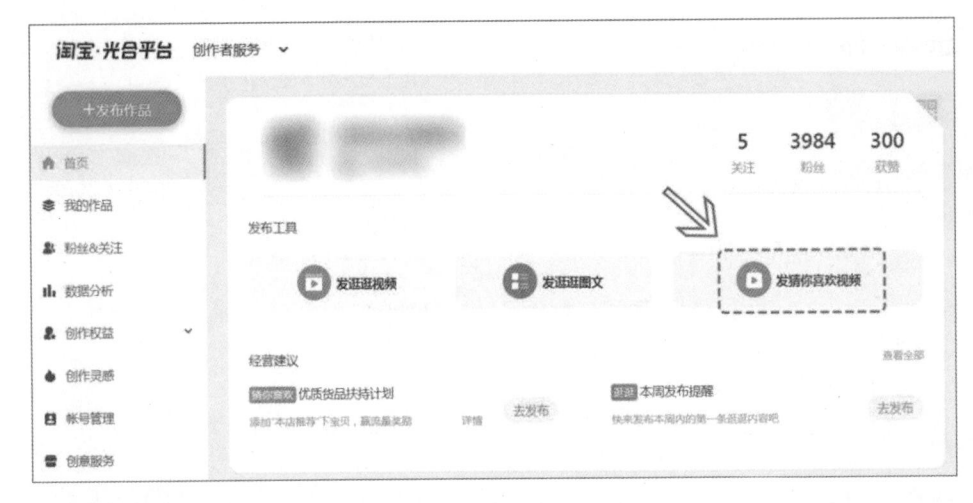

图 9.22 发猜你喜欢视频

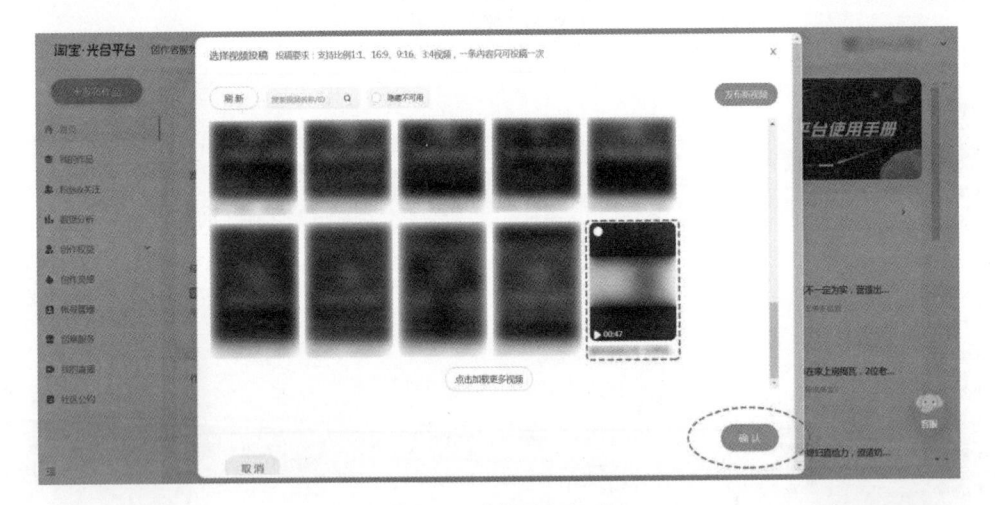

图 9.23 选择视频投稿

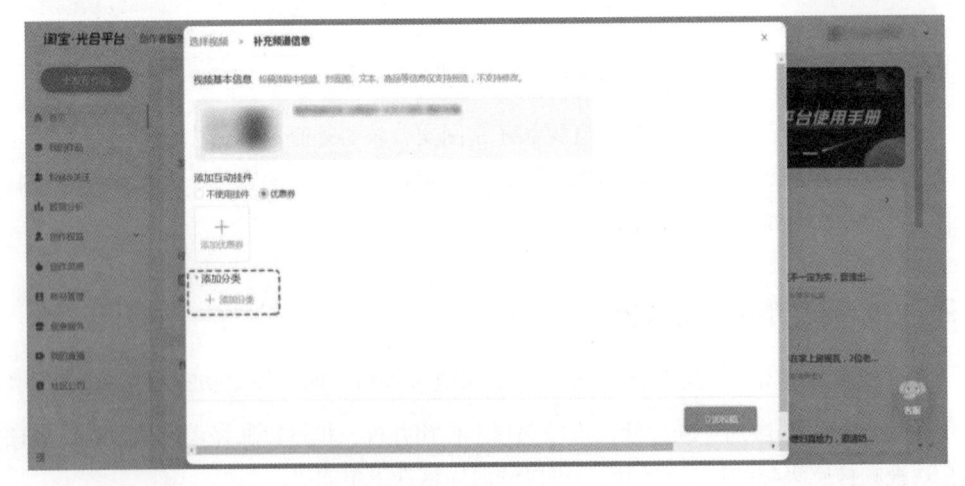

图 9.24 补充频道信息—添加分类

添加分类，就是为该视频内容选择一个类型，结合视频内容选择就好，如图9.25所示。

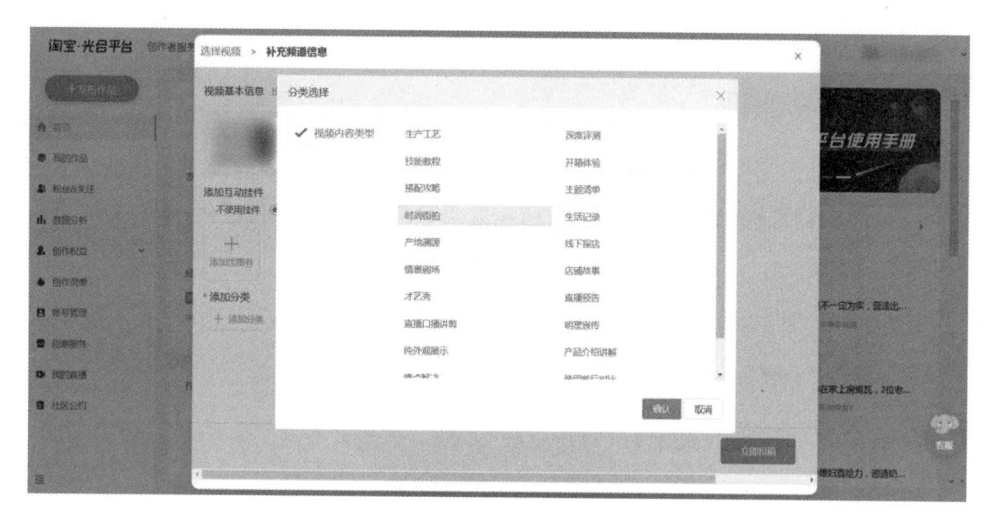

图 9.25　分类选择

9.2.8　基础权益

在左侧菜单"创作权益"中，有一个"基础权益"选项，前文也提到过商家不要忽略该选项，因为有些功能是需要去申请开通的。

比如发逛逛内容时可以挂店铺宝贝链接，很多新手商家在发布逛逛内容的时候，总是无法挂商品宝贝链接，原因就在这里，如图9.26所示。

图 9.26　基础权益

在图9.26中，会看到认证特权，有个人认证与企业认证，如果你是达人创作者就选择"个人认证"，如果是商家则选择"企业认证"。认证后会有相应的特权，比如搜索排序优先、平台推荐、尊享 V 标等。内容动态激励、商品推广和种草任务这三项主要针对达人创作者。

9.2.9 内容动态激励

什么是内容动态激励？简单来说就是，只要达人创作者所创作的内容，达到官方的要求，可以给予额外的动态激励。内容的审核标准主要围绕：阅读规模、内容互动、进店引导、内容质量等。

开通的条件主要有：

（1）非淘宝/天猫商家。

（2）绑定个人（中国大陆）支付宝或企业支付宝，并且开通淘宝客或成为逛逛机构达人。

（3）创作者层级，至少为优质创作者（G3 及以上）。

该功能开通后，不是永久享有的，而会实时考核，只要连续 2 次未达到优质创作者的创作层级，平台将取消内容动态激励权限，之前的历史动态激励的款项正常结算并发放，如图 9.27 所示。

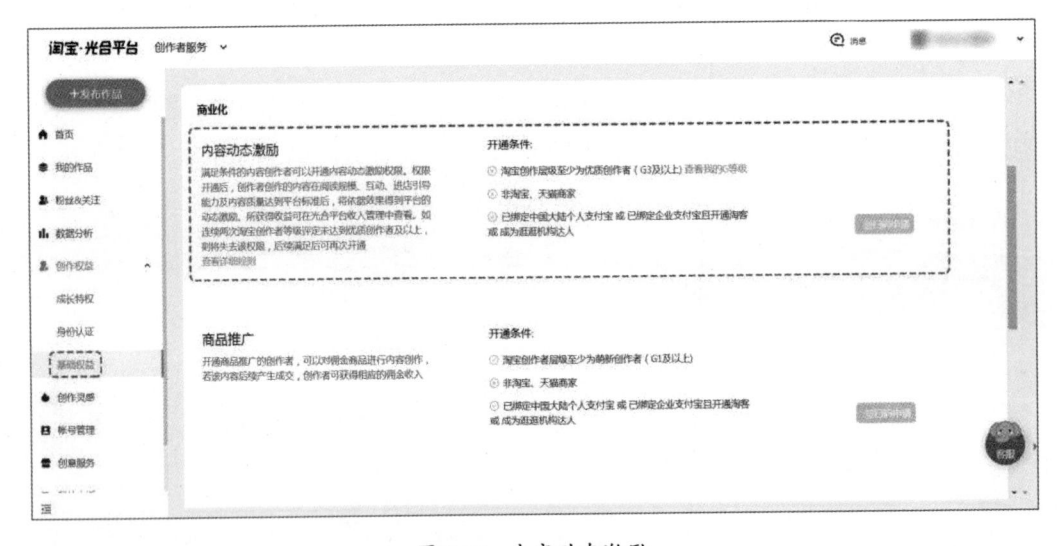

图 9.27 内容动态激励

9.2.10 商品推广

什么是商品推广？就是商家可以针对商品宝贝设置一个佣金率，创作者可以根据商品与佣金率来决定是否为其创作内容，如果创作了内容且该内容之后被消费者浏览到，并且由此产生了成交，则创作者可以获得相应的佣金收入。

- 商家：提供商品宝贝，设置佣金率。

- 创作者：围绕商品宝贝创作内容。

消费者看到内容，被种草且下单购买该商品宝贝，创作者可以获得相应的佣金，如图 9.28 所示。

开通商品推广功能的条件：

（1）非淘宝/天猫商家。

（2）创作者层级，至少为萌新创作者（G1 及以上）。

（3）绑定个人（中国大陆）支付宝或企业支付宝，并且开通淘宝客或成为逛逛机构达人。

图 9.28　商品推广

9.2.11　种草任务

开通种草任务的创作者，将具有逛逛官方认可的种草任务推广资格，可以与品牌或商家进行商业合作。在前面章节中提到了，商品推广主要针对有佣金率的商品宝贝，而种草任务则针对品牌商家，如图 9.29 所示。

种草任务开通的条件：

（1）非淘宝/天猫商家。

（2）粉丝数≥5000。

（3）逛逛精选作品数≥10。

（4）绑定个人（中国大陆）支付宝或企业支付宝，并且开通淘宝客或成为逛逛机构达人。

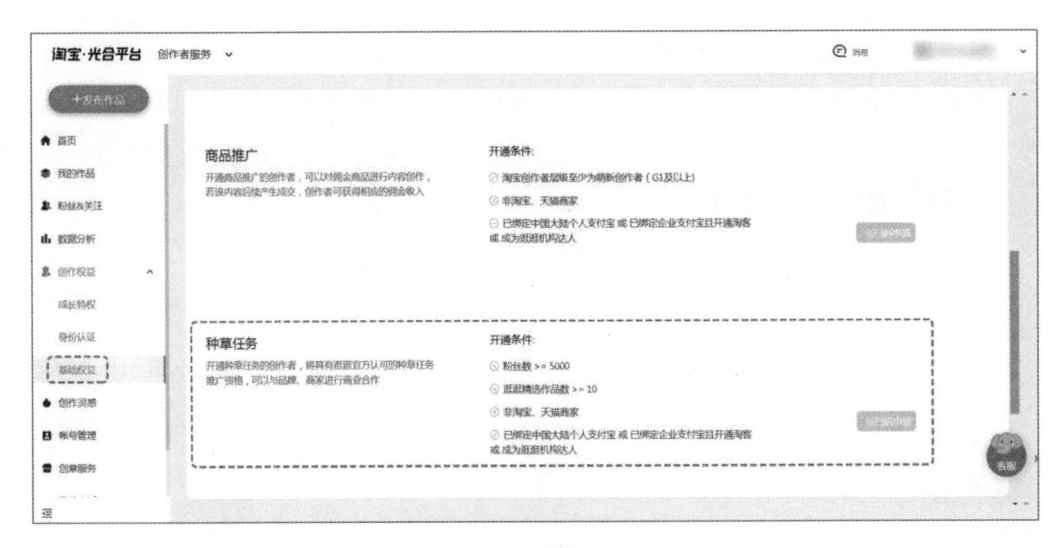

图 9.29 种草任务

9.2.12 逛逛发布与猜你喜欢发布

逛逛发布与猜你喜欢发布功能主要是针对商家的，什么是逛逛发布？就是商家在发布逛逛内容时，支持推广店内的商品宝贝。

猜你喜欢发布，主要是商家在发布猜你喜欢视频的时候，支持推广店铺内的商品宝贝。这两项功能权限的开通门槛并不是很高，商家进入后台后，直接申请即可，如图 9.30 所示。

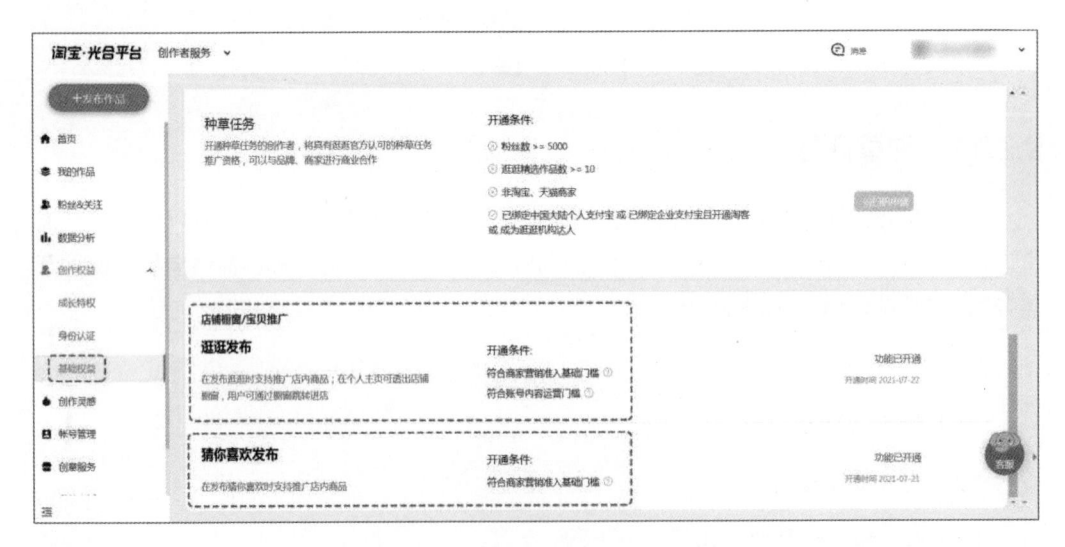

图 9.30 逛逛发布与猜你喜欢发布

9.2.13 逛逛运营的内容规划

很多商家在运营逛逛的时候，时间一久就不知道发什么内容了，也有很多商家只有在准备发的时候，才开始思考要发些什么，最终导致发布的内容不成体系，内容风格也大相径庭。

如果准备发逛逛，一定要先做好定位，不能把逛逛当成一个发广告的工具。那么到底如何定位呢？在这里给大家一个建议：围绕商品，扩展人群，明确需求。

举例说明，比如卖化妆品的店铺，内容定位围绕"如何让皮肤更健康"这个点来做，可以发布一些护肤常识、保养技巧、饮食建议、作息时间、化妆技巧、如何选购适合自己的化妆品等内容。又比如，母婴店铺，可以围绕"宝妈成长指南"来定位，可以发布一些育儿经验、合理搭配营养等内容。

关于内容定位，总结下来就是，商家所销售的商品能让消费者获得什么，或者能解决消费者什么痛点，商家就以此来定位并进行延伸，发布相关内容。

【读者互动交流】：

服务号　　　　订阅号

- 扫码关注服务号，会定期收到刘老师关于电商的视频课程！
- 扫码关注订阅号，会定期收到电商行业资讯解读！

　　（1）关注公众号后，回复"老刘"可以添加作者刘老师个人微信，进行店铺问题沟通。

　　（2）联系作者，可以领取全书思维导图一份。

　　（3）联系作者，可以领取电商运营常用表格一份。

　　（4）联系作者，可以领取20节店铺后台操作视频一份。

　　（5）联系作者，可以领取神秘干货大礼包一份。

其他电商福利，会定期在公众号发布，欢迎关注！

第 10 章　直播运营

Chapter Ten

随着互联网硬件的升级，网络传输速度越来越快，淘系电商从早期的图文时代，已经转向了短视频直播的时代。直播的形式更为直观，互动性也更好，也更容易让消费者产生信任感。

10.1　直播概述

本章主要围绕淘宝直播的入驻开通及三个直播工具来讲解，同时也会讲解如何在手机端开一场直播。

10.1.1　淘宝直播的三个平台

淘宝直播有三个主要的平台，分别是：

淘宝主播 App、淘宝直播 PC 客户端及（新）主播中控台。

（1）淘宝主播 App，达人或者商家都可以开通入驻。达人在开直播时，如果选择有佣金率的商品宝贝，来进行直播讲解从而带货销售，那么一旦成交，带货主播会得到相应的佣金，如图 10.1 所示。

（2）淘宝直播 PC 客户端，是专业直播团队及商家进行电脑端直播的工具。

（3）（新）主播中控台，是控制直播前、中、后全链路的工具平台。

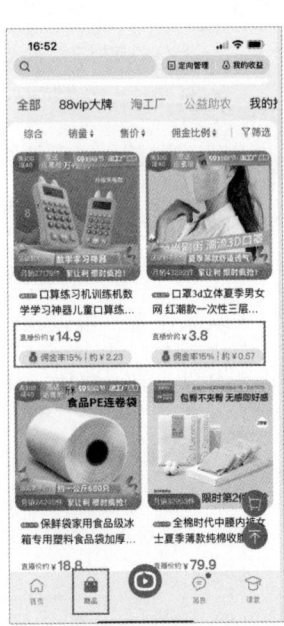

图 10.1　淘宝主播 App 上面的佣金商品

这三个平台各有侧重，不要搞混了。

10.1.2 如何入驻开通淘宝直播

入驻开通淘宝直播的流程并不复杂，首先下载"淘宝主播 App"，登录账号以后，点击"立即入驻"，然后完成实人认证，即可成功入驻开通淘宝直播，如图 10.2、图 10.3 和图 10.4 所示。

图 10.2　下载淘宝主播 App

图 10.3　立即入驻

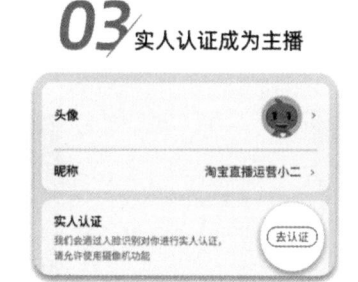

图 10.4　实人认证

10.1.3 如何在手机端开直播

手机端的直播操作非常简单，但在实际运营中，推荐大家尽量在 PC 端开直播，PC 端的功能更丰富，且硬件性能也更强大，整个直播过程看起来更加流畅，体验感更好。同时在电脑端直播可以接外部摄像头，不管是清晰度还是分辨率，都比手机的前置摄像头要高。

在手机端开直播，需要下载"淘宝主播 App"，然后登录账号，就可以进入操作界面，如图 10.5 所示。点击下方的红色按钮，可以创建直播，如图 10.6 所示。

在图 10.6 中，可以选择显示位置信息，也可以不显示。选择频道，可以获得更多曝光。另外，在直播过程中可以切换摄像头，如果需要真人出镜直播，则可以设置"滤镜美颜"，如图 10.7 所示。

图 10.5　创建直播

图 10.6　编辑直播信息

同时还可以选择是否开启"直播间语音播报"功能（如图 10.8 所示），开启后，直播间有新用户进入或者有新评论等，系统会播报这些信息。语音播报的内容只有主播可以听到，直播间内的粉丝是听不到的。

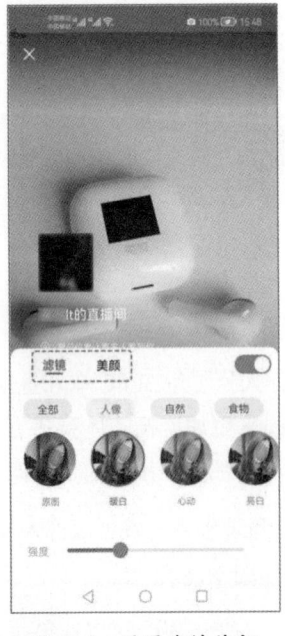

图 10.7　设置滤镜美颜

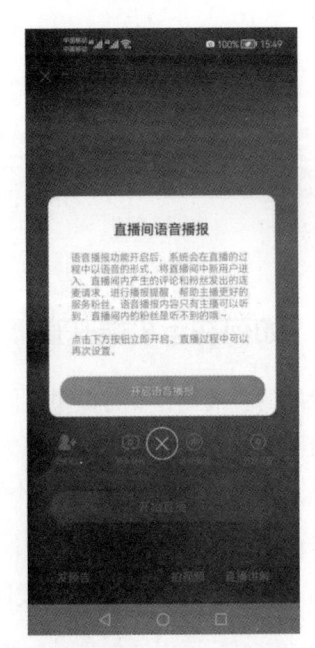

图 10.8　语音播报

在图 10.6 中，有一个"开播设置"项，点击该项可以对直播间进行更多的设置，如图 10.9 所示。

在"开播设置"中可以进行直播间装修、评论匿名、接听连麦、音乐模式、画面亮度等设置，商家根据实际需求设置即可，非常简单。所有设置操作完成后，直接开播即可，如图10.10所示。

图 10.9　开播设置

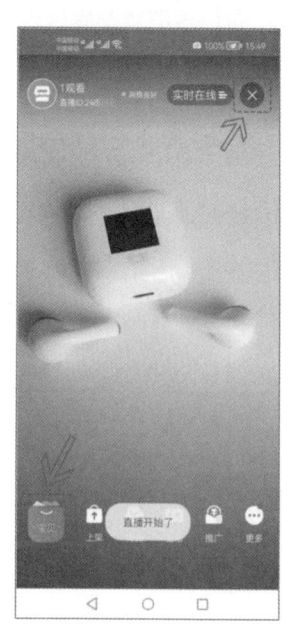

图 10.10　开始直播

在图10.10的左下角有一个"宝贝"图标，点击此图标可以查看直播中的商品宝贝。如果想结束直播，则可以点击右上角的"×"号图标，来终止直播或者暂时退出直播，如图10.11和图10.12所示。

图 10.11　终止直播或暂时退出直播

图 10.12　结束直播

10.2 直播安全带货规则

直播面向很多消费群体，为了规范直播，官方出台了许多直播规则，商家和主播们必须了解并掌握这些规则，否则一旦触犯规则，轻则会被提示违规，严重的还会被限制直播。

10.2.1 淘宝直播三种违规介绍

淘宝直播违规大致分为：一般违规、严重违规和特别严重违规。

如果在直播时，出现违规，平台会采取公示警告、取消单场浮现、拉停直播、删除违规信息等措施。同时基于影响或风险的大小等情况，进行计次或不计次，次数会影响后续对账号的处罚。

违规类型	
一般违规	严重违规
发布低质量直播内容	发布违禁信息
发布不当信息	推广假冒商品
骚扰他人	推广材质不符或不合格商品
不当使用信息	发布侵权信息
描述不当	扰乱市场秩序
违背承诺	

关于严重违规，指的是出现以下违规情况且情节特别严重的：

（1）危害国家安全，破坏政治与社会稳定。

（2）展示色情信息。

（3）违反法律法规。

（4）不正当牟利。

以上都属于严重违规，商家直播时务必遵守相关法律规定。

10.2.2 淘宝直播封面图规范

在发布直播的时候，需要上传封面图片，有些商家为了吸引消费者点击，在图片上动了很多小心思，殊不知这已经违规了。我们来看看对直播封面图的要求。

（1）日常直播间的封面图（除平台特殊要求外），不允许有文字，在设计图片时可以使用官方提供的贴纸或角标等，其上带有大促或其他元素内容，并且贴纸与角标上的文字不允许自己修改。

（2）封面图片中的商品切勿杂乱堆砌，如果需要展示多个商品则在设计图片时将商品摆放整齐。

(3)不要在封面图片中加其他元素,比如爱心、比心或者表情包等,影响美观度。

(4)封面图片不要使用拼接很明显的图片,并且不能在图片上加播放器的开始/暂停按键,另外,图片也不能加外边框。

(5)如果封面图片中需要加儿童模特,则需要在直播标题中,写明是童装还是童鞋或其他与儿童相关的商品,系统才会审核通过。若商品与儿童模特不相关,将不予审核通过。

(6)封面图片不能使用明星照片,如果有授权或者合作协议,则商家需要提前跟官方报备。另外,封面图片不能与直播内容无关,否则也将不予审核通过。

以上为官方对直播封面图的要求。如果商家出现以下情况,则会被判定为一般违规:

(1)封面图片中存在模特,过度 PS 模特人脸或某个特定部位等,会违规,且图片不能引起用户不适,比如血腥场景等。

(2)封面图片为洗澡泡澡等图片,不能有敏感部位特写。如果封面图片为模特展示类图片,则不得有不雅动作或者姿势等。总之一切有违公序良俗的,都将被判违规,接受平台处罚。

10.3 新主播中控台

在写作本章节的时候,主播中控台刚刚更新升级,官方为了区分,称之为"新主播中控台"。

10.3.1 主播中控台简介

主播中控台与淘宝直播 PC 客户端的后台非常相似,也非常容易混淆,那么两者到底有什么区别呢?我们来对比一下主播中控台与淘宝直播 PC 客户端的左侧菜单选项,如图 10.13、图 10.14 所示。

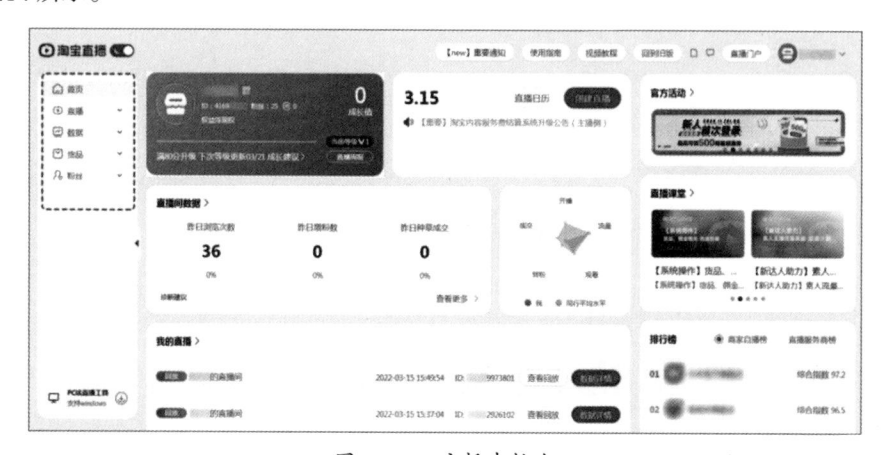

图 10.13 主播中控台

图 10.14　淘宝直播 PC 客户端

通过对比可以发现，主播中控台多了"货品"和"粉丝"这两个选项。

另外，主播中控台主要是用来管理整个直播活动的。

而在淘宝直播 PC 客户端也可以创建直播，其主要功能是作为直播工具。

所以二者虽然界面很相似，但功能侧重点却不同。下面我们讲解主播中控台的各项功能。

10.3.2　主播中控台功能介绍

如何找到并且进入主播中控台，商家要牢记这个链接地址：https://taolive.taobao.com/，也可以在百度中直接搜索"淘宝直播"，找到带有"官方"图标的链接，点击进入即可，如图 10.15 和图 10.16 所示。

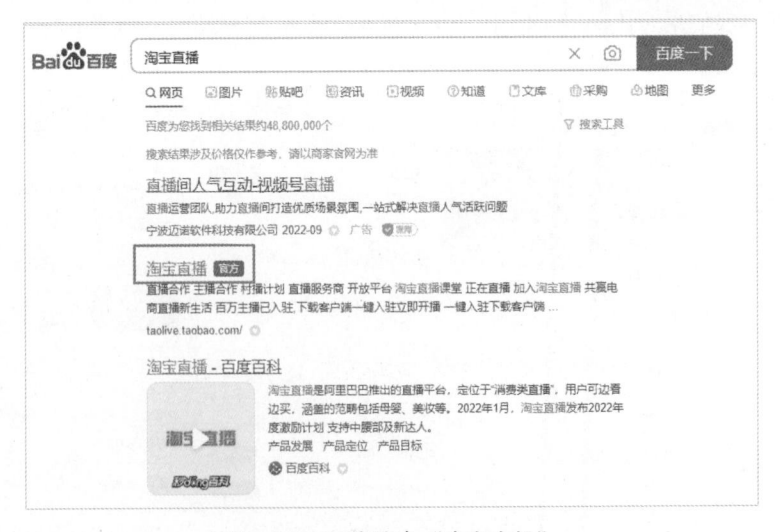

图 10.15　百度搜索"淘宝直播"

第 10 章　直播运营

图 10.16　淘宝直播首页

在图 10.16 中，当将鼠标放置在"立即直播"选项上时会出现一个下拉框，找到"直播中控台"点击进入即可，如图 10.17 和图 10.18 所示。

图 10.17　主播中控台首页 1

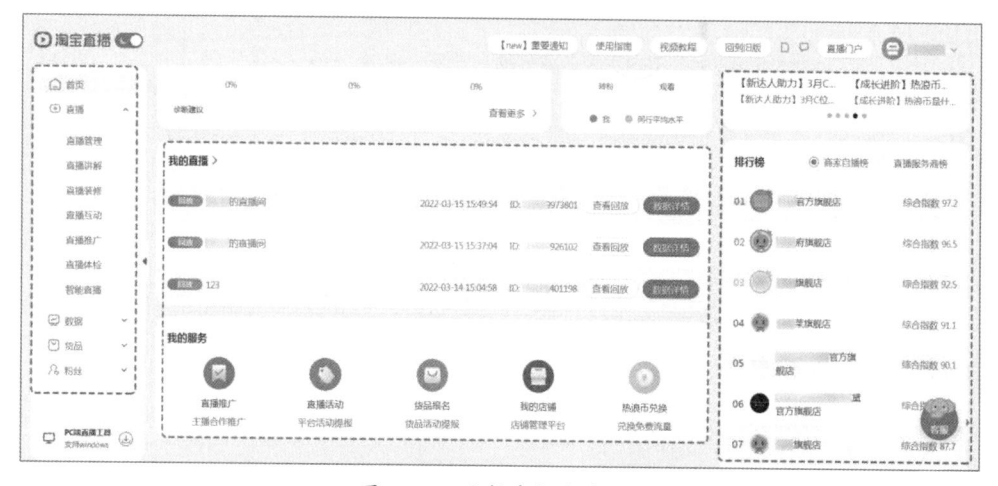

图 10.18　主播中控台首页 2

主播中控台首页大致分为以下几个功能区：

- 左侧：导航菜单功能选项。
- 中间：店铺基本信息、直播间数据、我的直播、我的服务等。
- 右侧：官方活动、直播课堂、排行榜（商家自播榜与直播服务商榜）。

10.3.3 创建直播与直播管理

创建直播的方式有两种，可以在主播中控台首页顶端位置，直接点击"创建直播"按钮，也可以点击左侧导航菜单"直播管理"，然后点击"直播管理"页面右上角的"创建直播"按钮，如图 10.19 和图 10.20 所示。之后即可进入"创建直播"的信息编辑页面，如图 10.21 所示。

- **直播间类型和屏幕**：选择普通直播间，竖屏。
- **封面图和标题**：封面图大小要在 2MB 以内，标题不能超过 10 个字。关于封面图与标题的注意事项，在安全带货规则章节中详细讲过，商家在编辑的时候，一定不要犯错误，以免受到处罚。

图 10.19 主播中控台首页—创建直播

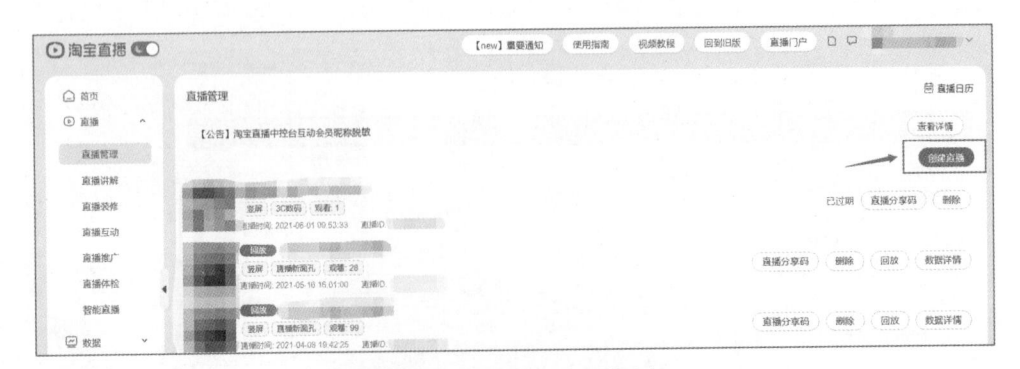

图 10.20 直播管理—创建直播

图 10.21 创建直播—编辑直播信息

- **直播时间和地点**：选择开始直播的时间与地点，如果不想显示地点，则可直接选择"在火星"选项。

- **频道栏目**：即直播中所讲解的商品属于哪个类型，选择类型能使看直播的人群更精准，所以商家务必真实选择，如图 10.22 所示。

图 10.22 选择频道栏目

除了以上必填信息，页面下方还有一个非必填项，在创建过程中，建议商家尽量把这些信息也填写一下，这样方便系统根据这些信息来判断直播受众群体，从而更好地匹配人群，如图 10.23 所示。

图 10.23　非必填项

- **简介**：主要介绍直播商品的优点与差异化卖点，以及优惠促销形式，可以帮助解决消费者的哪些需求痛点等。
- **添加预告视频**：可以针对直播录制一个预告视频，可以将直播能带来哪些福利，提前透露给消费者，让消费者提前关注，预告视频有点像活动预热。比如，哈喽大家好，在某月某日几点，我们将开启某某活动，来到直播间可以抢到什么优惠，还能参加抽奖，奖品是某某大牌的某个商品，限量×个，赶紧关注直播间，我们不见不散。大致思路是这样，各位商家可以根据实际情况去完善。
- **直播宝贝**：把要直播的商品宝贝添加进去，等到直播开始的时候，在直播间就可以直接看到商品。如果店铺商品宝贝数量较少，在直播的时候，可以将商品宝贝全部添加到直播间里，直接选择"店铺商品同步直播"选项即可。

当买家点击直播间宝贝口袋时，在右上角可以看到"全部商品"按钮，点击"全部商品"按钮后，系统会个性化地展示店铺里的商品宝贝，如图 10.24 和图 10.25 所示。

图 10.24　宝贝口袋—全部商品　　　　图 10.25　全部商品

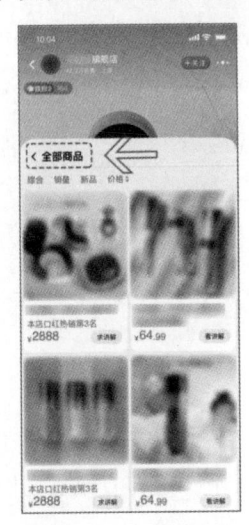

当所有信息编辑完成后，点击"创建直播"按钮，即可完成创建。

10.3.4 直播讲解

直播讲解主要是对单个商品宝贝的讲解，大致分为几个部分，如图10.26所示。

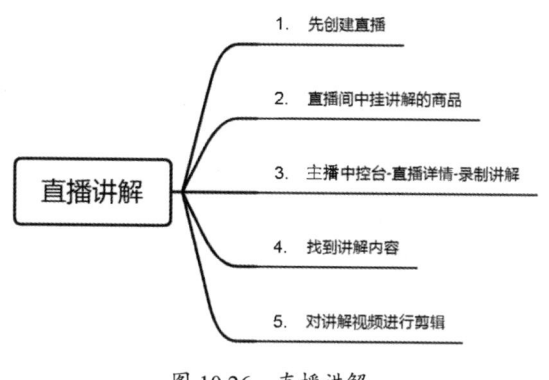

图 10.26 直播讲解

先创建直播，然后添加本场直播需要讲解的商品宝贝，即可开始直播。直播开始后，在后台"直播管理"中，找到该场次的直播，点击"直播详情"可查看直播详情，如图10.27所示。

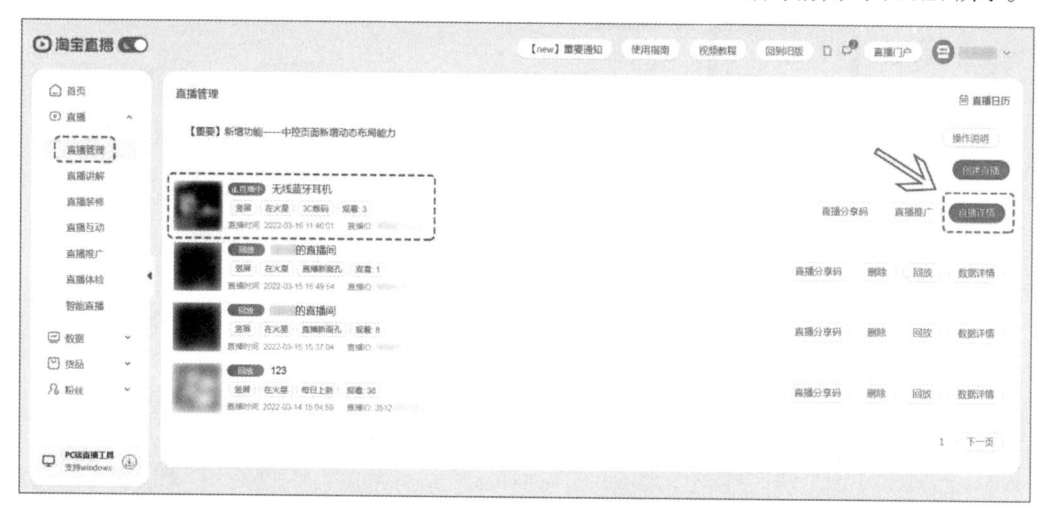

图 10.27 查看直播详情

在"直播详情"页面，可以看到本场直播的数据情况，如在线人数、成交金额、观看次数等。在下方的"宝贝口袋"那里，可以看到商品，点击其后的"开始讲解"按钮，就可以录制直播过程中的讲解内容，如图10.28所示。

当讲解完一个商品，准备讲解下一个商品时，在主播中控台点击"结束讲解"按钮，如图10.29所示。

结束讲解后，点击左侧菜单"直播讲解"，即可看到讲解的视频回放，还可以点击右下角的"编辑讲解"选项对视频进行编辑裁剪。如果对本次讲解不满意，也可以删除视频。

如图 10.30 所示。

图 10.28 开始讲解

图 10.29 结束讲解

图 10.30 编辑讲解视频

在编辑讲解视频的时候，有几个注意事项：

（1）单个讲解视频长度不能低于 20 秒，且不超过 10 分钟。商家在裁剪的时候，可以在时间轴进行标记，保留最有价值的视频内容。编辑完成后点击"保存更改"按钮即可。

（2）点击"下载视频"按钮，在视频转码结束后，可以将 MP4 格式的视频下载保存到本地。在转码过程中，切记不要关闭弹窗，如图 10.31 所示。

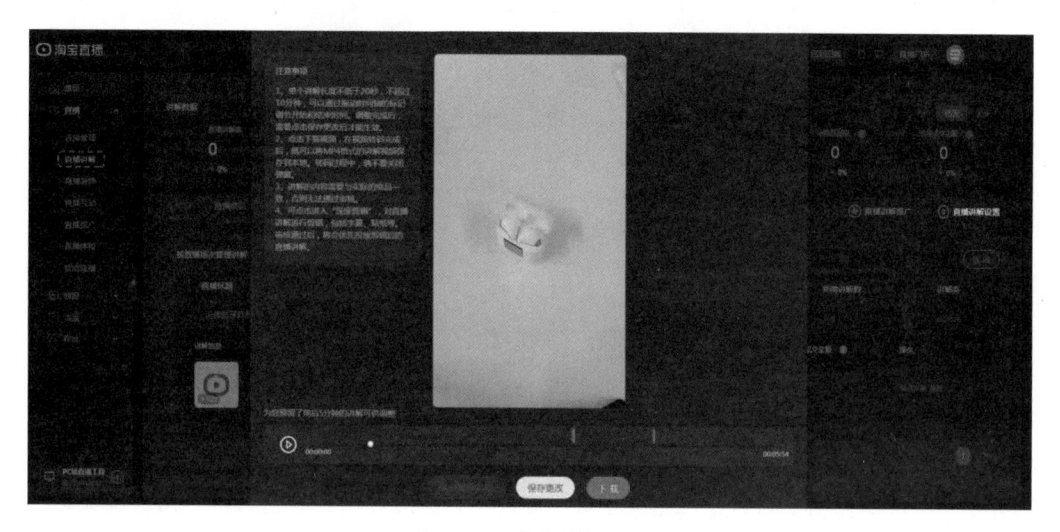

图 10.31　裁剪讲解视频

细心的商家会发现，在图 10.30 中，在状态那里提示"审核不通过，不符合公域投放标准"，这是为什么呢？

因为在上传封面图片的时候，图片有水印，这张图片是从京东平台下载的，目的是为了测试一下系统的稽查能力，在直播开始不到 1 分钟，就收到了这条违规提示，可见系统的稽查能力是非常强的。再次说明在做直播的时候，一定不要违规。

10.3.5　直播装修

装修直播间不仅可以让直播画面更好看，还能展示出很多非常有价值的信息。点击主播中控台左侧菜单"直播装修"，就可以对直播间进行装修，如图 10.32 所示。

直播间的装修分为模板装修与自定义装修，如果选择模板装修，则直接在主播中控台即可完成装修。如果选择自定义装修，则需要下载 PC 端直播工具。装修操作非常简单，直接选择编辑具体信息即可，全部都是可视化操作。

图 10.32 直播装修

10.3.6 直播互动

直播互动主要是与粉丝进行互动。在左侧导航菜单"直播互动"下可查看所有的互动组件。直播互动一般有几种目的,包括拉新涨粉、时长提升、商品转化、人群营销等。在写作本章节的时候由于官方正在迭代某些功能模块,因此点击查看"人群营销"模块,其下暂无数据,如图10.33、图10.34、图10.35所示。

图 10.33 直播互动—拉新涨粉

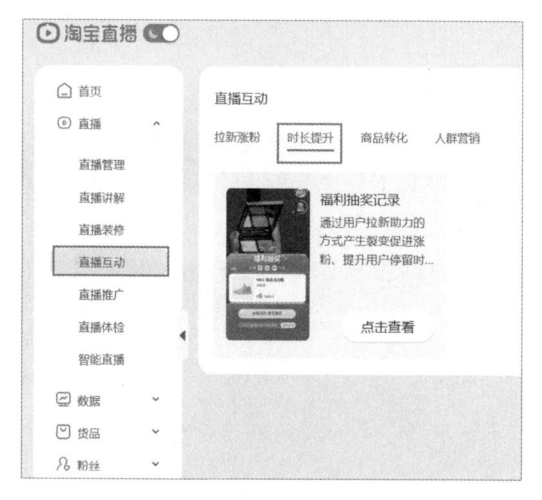

图 10.34 直播互动—时长提升

图 10.35 直播互动—商品转化

这些直播互动组件的设置非常简单,商家可在直播的时候,分别设置一下,以测试不同的效果。另外,官方也提供了每个功能组件的使用手册,商家在设置的时候可以查看,如图 10.36 所示。如果商家不知道在哪里查看,则可以联系我,我会告知大家。

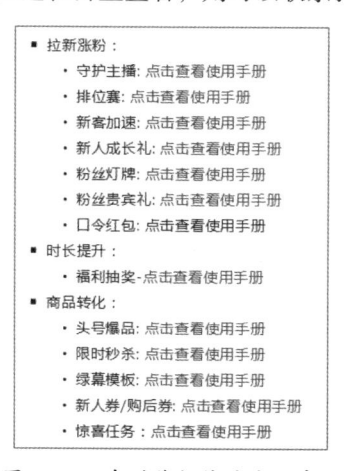

- 拉新涨粉:
  - 守护主播:点击查看使用手册
  - 排位赛:点击查看使用手册
  - 新客加速:点击查看使用手册
  - 新人成长礼:点击查看使用手册
  - 粉丝灯牌:点击查看使用手册
  - 粉丝贵宾礼:点击查看使用手册
  - 口令红包:点击查看使用手册
- 时长提升:
  - 福利抽奖-点击查看使用手册
- 商品转化:
  - 头号爆品:点击查看使用手册
  - 限时秒杀:点击查看使用手册
  - 绿幕模板:点击查看使用手册
  - 新人券/购后券:点击查看使用手册
  - 惊喜任务:点击查看使用手册

图 10.36 各功能组件的使用手册

10.3.7 直播体检

在左侧导航菜单栏中，可以看到"直播体检"菜单，该菜单中包含了过往直播时所出现的违规信息，可以点击进去查看详细的违规原因。同时还包含了预检功能，以便提前对即将参与直播的商品宝贝、讲解脚本等进行检查，以免在直播中出现违规情况，如图10.37所示。

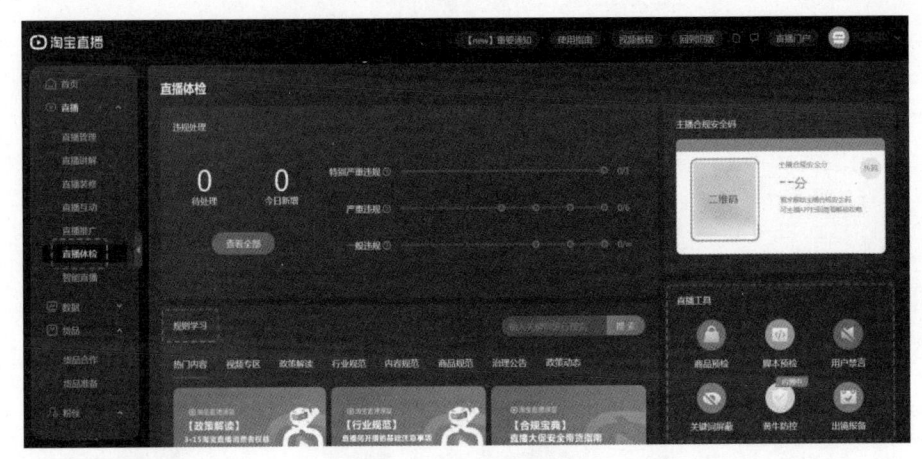

图 10.37　直播体检

我们先看一下直播体检的功能分区，可以看到，左侧导航菜单的中间（上）部分主要围绕直播的违规处理信息，点击"查看全部"即可看到之前的违规信息，中间（下）部分主要是规则学习，解读相关政策规则，商家或主播可以学习一下这些规则。

在页面的右下角是"直播工具"，有商品预检、脚本预检、用户禁言、关键词屏蔽、黄牛防控、出镜报备等工具。

商品预检和脚本预检工具在下一节单独讲解，这里先说其他几个工具。

- **用户禁言**：在直播间中，总会遇到一些捣乱的用户，由于对直播的留言评论所有直播间的粉丝都可以看到，为了防止造成不良影响，可以设置某些用户禁言，使其无法在直播间里留言。
- **关键词屏蔽**：目的也是更好地管理直播间，商家设置好屏蔽关键词，然后在直播的时候，如果粉丝留言评论中带有该被屏蔽的关键词，则该评论将无法显示出来。
- **黄牛防控**：在写作本章节的时候，该功能处在内测阶段，后期商家可以点击进去查看具体操作与设置。
- **出镜报备**：根据相关规定，出镜的主播要事先报备，使用淘宝主播App扫码登记即可。

10.3.8　商品预检和脚本预检

在直播中，商品宝贝的图片文案和主播的话术，是非常容易违规的，所以对商品和脚本进行预检是非常有必要的。在图 10.37 中，直接点击右下角的"商品预检"，即可进入操作流程，如图 10.38 所示。

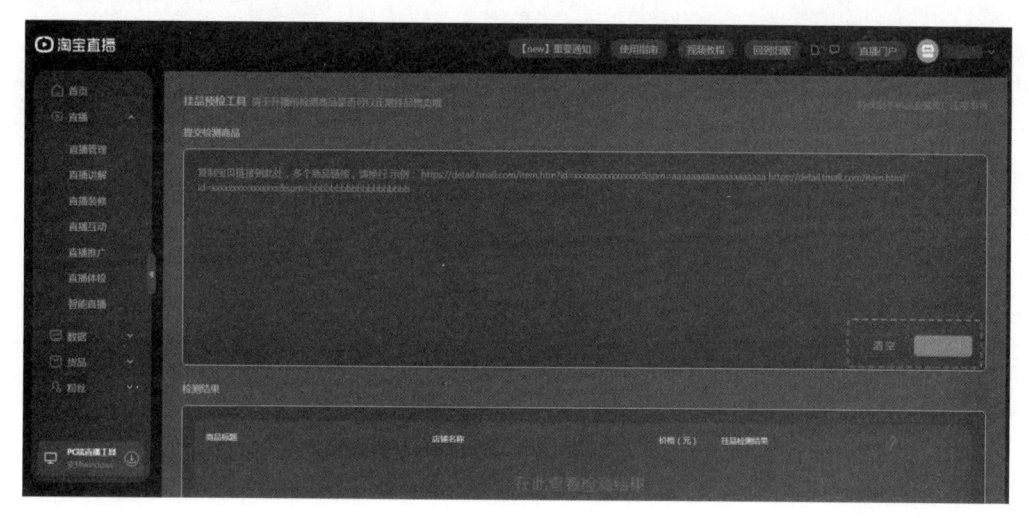

图 10.38　商品预检

将参与直播的商品宝贝链接复制到输入框里即可，如果有多个链接，则一定要换行输入。输入完后点击右下角的"提交检测"即可进行检测，检测结果显示在下方。

同样，在图 10.37 中右下角点击"脚本预检"可进入脚本预检流程，如图 10.39 所示。首先点击"新建检测任务"。

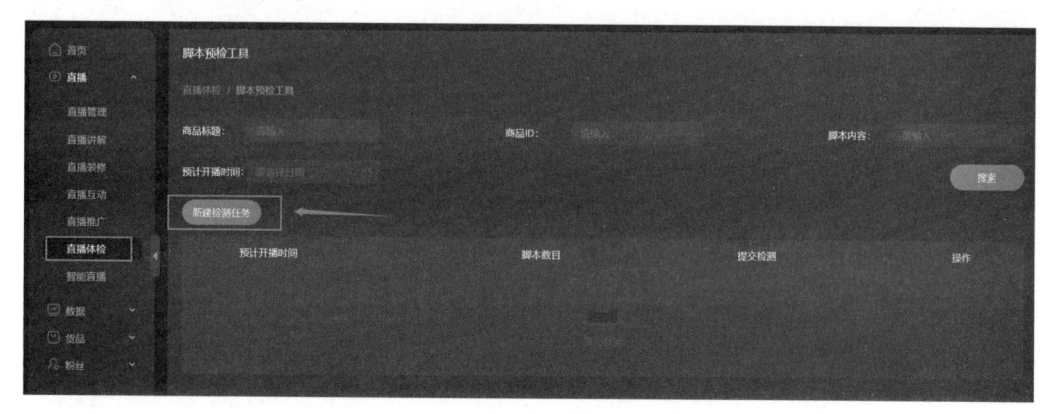

图 10.39　脚本预检

如果脚本是文本格式的，则直接复制进去检测即可。如果是 Excel 格式的文档，则点击右上角的"使用 Excel 导入"功能进行检测。脚本输入完成后，点击右下角的"提交检测"即可开始检测，如图 10.40 所示。然后等待检测结果，根据系统提示可做相应的优化修改。

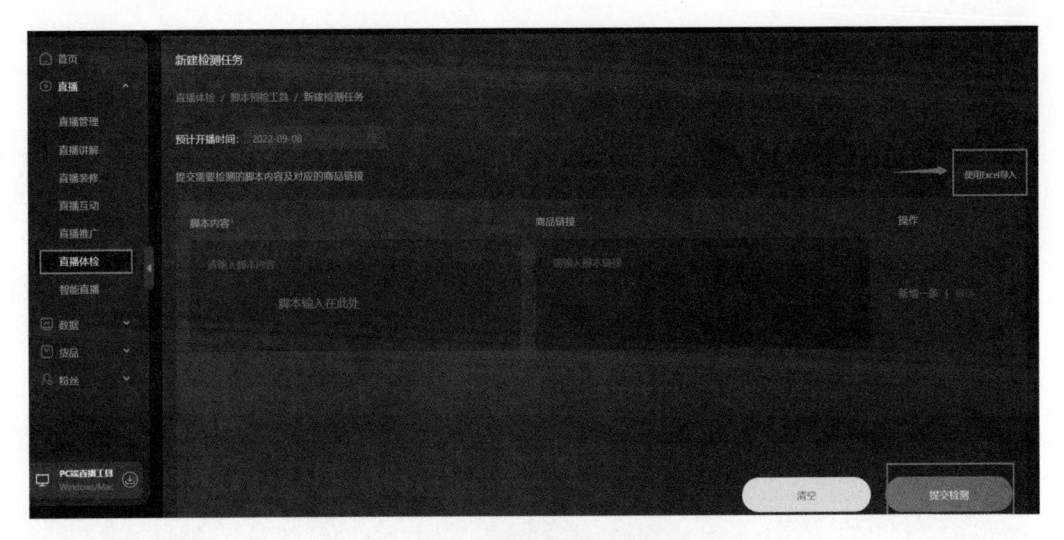

图 10.40　对输入脚本进行检测

10.3.9　智能主播

智能主播有点类似于客服中的"店小蜜",设置好问题后,系统会自动回复相关问题。在左侧导航菜单栏中点击"智能主播"即可进入设置,如图 10.41 所示。

图 10.41　智能主播设置

在图 10.41 中,可以点击右下方的"新增问题"来添加问题。如果已经为店铺设置了"店小蜜"知识库,则可以直接同步知识库里的问题。如图 10.42 所示,是我们设置的智能主播。

图 10.42　智能主播

10.3.10　管理代播主播

有些直播需要连续开播五六个小时甚至更长时间，如此长的开播时间对主播体力是个非常大的考验，这种情况下通常有多个主播同时参与直播。举个例子，一场预计 6 个小时的直播，商家安排 3 个主播参与，每个主播直播 2 个小时，其中 A 负责前 2 个小时的直播，B 负责中间 2 个小时的直播，C 负责最后 2 个小时的直播。

那么问题来了，在整个直播过程中是在不断卖货的，商家该如何考核 A、B、C 这三位主播的能力与业绩呢？

所以官方就推出了"管理代播主播"功能，让每位主播在开播的时候，先打卡，打一次卡形成一个时间戳，直播结束后在分析整场成交数据的时候，就会非常清晰地区分开不同主播所产生的销售额，如图 10.43 所示。

图 10.43　管理代播主播

在图 10.43 的右上角可以看到"管理代播主播"的功能菜单，点击进入管理页面，如

图 10.44 所示。系统支持添加新的主播，编辑主播名称与手机号即可完成添加。

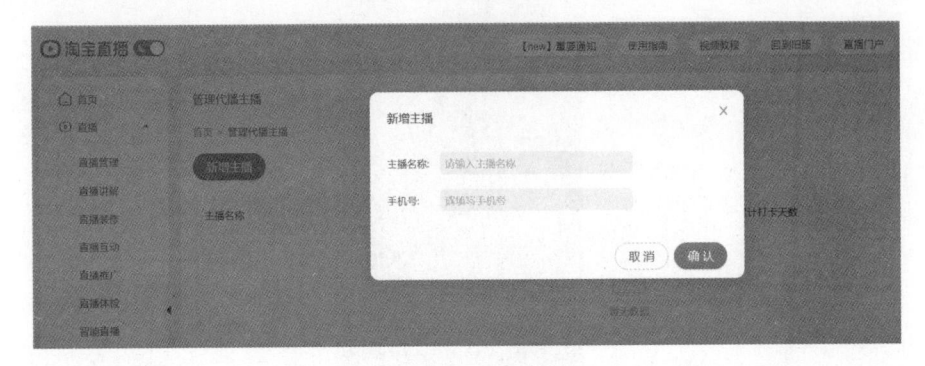

图 10.44 新增主播

添加完主播信息以后，当主播在淘宝 PC 客户端开始直播的时候，页面中间上方会出现"代播打卡"选项，选择要直播的主播，点击"上播打卡"。主播下播时点击"下播打卡"。

接下来重点介绍一下对代播主播的管理操作，可以执行冻结、删除、编辑、打卡记录等操作（如图 10.45 所示）：

图 10.45 管理主播的操作

- **冻结**：如果该主播最近暂时无法为商家直播，则可以选择冻结该主播。
- **编辑**：可以修改主播名称与手机号信息。
- **打卡记录**：可以查看该主播的打卡记录。
- **删除**：注意，对于删除操作要谨慎，因为如果你删除了某个主播，在后台管理界面虽然看不到该主播的信息，但是系统后台数据中还会有该主播的数据，因为你是无法抹除该主播对直播成交金额的贡献的。

假设商家删除了某主播的信息，当后续还想再次合作时，将无法添加该主播的信息，因为该主播名称已在系统数据库中存在，添加时系统会认为名称重复，除非更改主播名称。所以"删除"功能商家要谨慎使用。

10.3.11 如何分析代播主播数据

上一节讲了如何管理代播主播，那么多个主播参与同一场直播，如何从数据层面分析每位主播的直播能力？在左侧菜单栏中，有一个"数据—代播分析"功能菜单，点击它即可查看每位代播主播的数据情况，如图 10.46 所示。

图 10.46　分析代播主播数据

在这里可以看到每位主播的开播数据、用户运营数据、互动运营数据、成交转化数据等。还可以选择时间周期，并且还可以点击"下载"，下载一份 Excel 数据表格。

10.4　热浪引擎

什么是热浪引擎？就是原来的阿里 V 任务，简单来说就是商家（商品供应端）与达人/主播（内容输出端）进行合作对接时使用的一个平台。

10.4.1　热浪引擎的操作入口

商家可以在主播中控台，点击左侧菜单"货品—货品合作"，系统会自动跳转至热浪引擎。平台后续可能会升级改变，若后续无法从该入口进入热浪引擎，则建议商家牢记链接地址：hot.taobao.com，由此进入，如图 10.47、图 10.48 所示。

图 10.47　主播中控台—货品—货品合作

图 10.48　热浪引擎

10.4.2　热浪引擎功能介绍

为了帮助各位商家理解，我们特意做了一张图，这是整个热浪引擎的功能介绍，如图 10.49 所示。

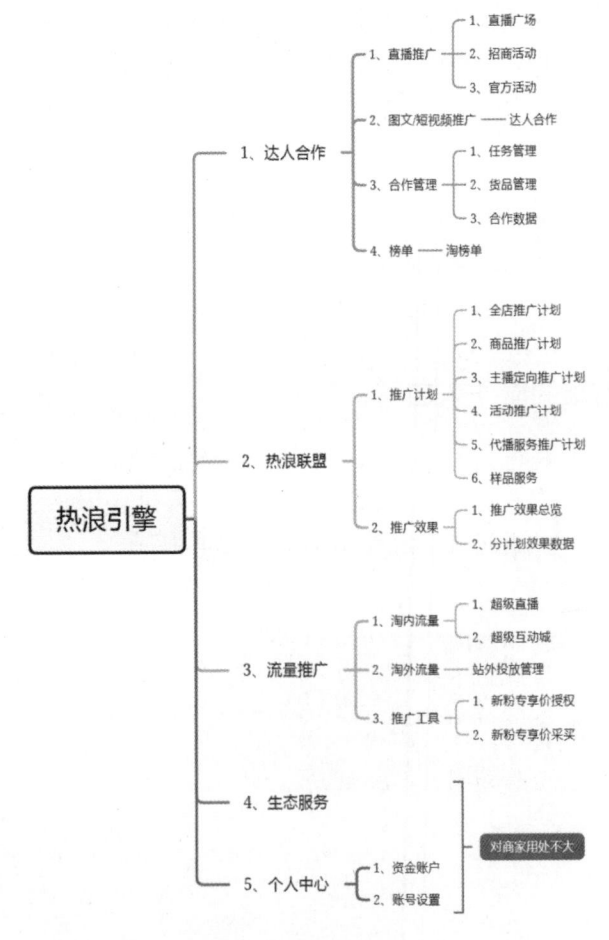

热浪引擎
- 1、达人合作
  - 1、直播推广
    - 1、直播广场
    - 2、招商活动
    - 3、官方活动
  - 2、图文/短视频推广——达人合作
  - 3、合作管理
    - 1、任务管理
    - 2、货品管理
    - 3、合作数据
  - 4、榜单——淘榜单
- 2、热浪联盟
  - 1、推广计划
    - 1、全店推广计划
    - 2、商品推广计划
    - 3、主播定向推广计划
    - 4、活动推广计划
    - 5、代播服务推广计划
    - 6、样品服务
  - 2、推广效果
    - 1、推广效果总览
    - 2、分计划效果数据
- 3、流量推广
  - 1、淘内流量
    - 1、超级直播
    - 2、超级互动城
  - 2、淘外流量——站外投放管理
  - 3、推广工具
    - 1、新粉专享价授权
    - 2、新粉专享价采买
- 4、生态服务　对商家用处不大
- 5、个人中心
  - 1、资金账户
  - 2、账号设置

图 10.49　热浪引擎功能介绍

其中比较重要的功能模块是"达人合作"和"热浪联盟"。从平台本质上来说，热浪引擎就是个对接达人与商家的平台，商家主动联系主播或者主播机构，洽谈带货事宜，比如什么商品、直播间售价、直播间数量、有什么福利、可以给到多少佣金等。同时也可以参与推广计划，商家主动设置好TCP佣金等，主播会自行查看筛选，减少沟通成本。

10.4.3 什么是TCP佣金

之前的主播带货佣金，是在淘宝联盟中设置，佣金率与淘宝客是一样的。而现在平台进行了升级，佣金变成了"淘宝内容服务费（佣金）（TCP）"，原先在淘宝联盟中设置的佣金将逐渐失效，商家需要重新在热浪联盟中设置。

这个佣金与淘宝客的佣金非常相似。佣金的收取原则为，只要消费者通过直播间进入商品宝贝页，在15日内下单并且交易成功（确认收货），且在次月结算前没有产生售后退款，主播都可以获得推广服务费。

服务费=商品实际成交价格 × 服务费率。

平台会向机构主播收取推广服务费的30%作为软件使用费。

平台会向个人主播收取推广服务费的40%作为软件使用费。

平台将在每月20~25日，结算上一个自然月交易成功订单所对应的服务费。

对于这些内容商家大致了解就好，这是与主播机构或主播有关的规则，商家要做的是管理好供应链，确保商品品质，以及服务费率的设置等。

10.5 达人·合作

淘宝官方搭建了一个商家与主播沟通对接的平台，即达人·合作平台。商家可通过该平台主动筛选并联系主播。

10.5.1 主播广场

商家可在主播广场筛选查找主播，系统会根据人气来推荐主播，或者可以输入商品宝贝链接，系统自动匹配主播。经过测试，这个智能匹配主播功能，匹配得并不是很精准，展示出来的都是头部大主播，当然也可能与类目商品有关，各位商家可以用自己的商品宝贝链接亲自测试一下，如图10.50所示。

另外，还可以根据行业、粉丝、场均观看指标等来筛选主播，如图10.51所示。

该页面有点类似宝贝详情页，通过该页面可以查看主播服务详情，如品牌契合度分析数据、历史作品与数据、粉丝分析数据、主播服务累计评价等，如图10.52、图10.53、图10.54和图10.55所示。

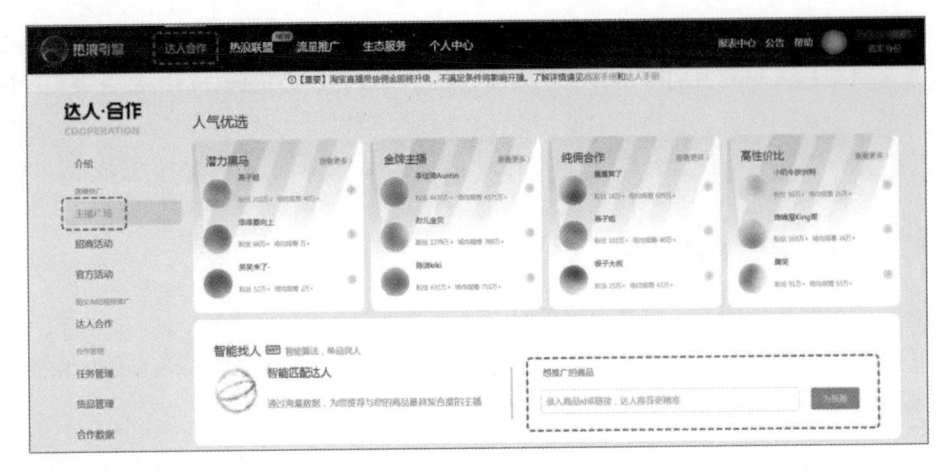

图 10.50　主播广场

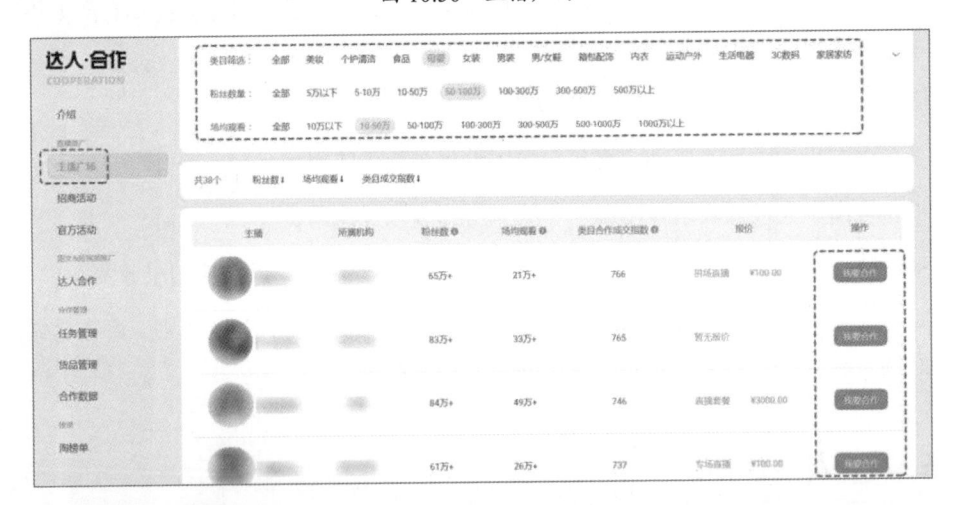

图 10.51　筛选主播

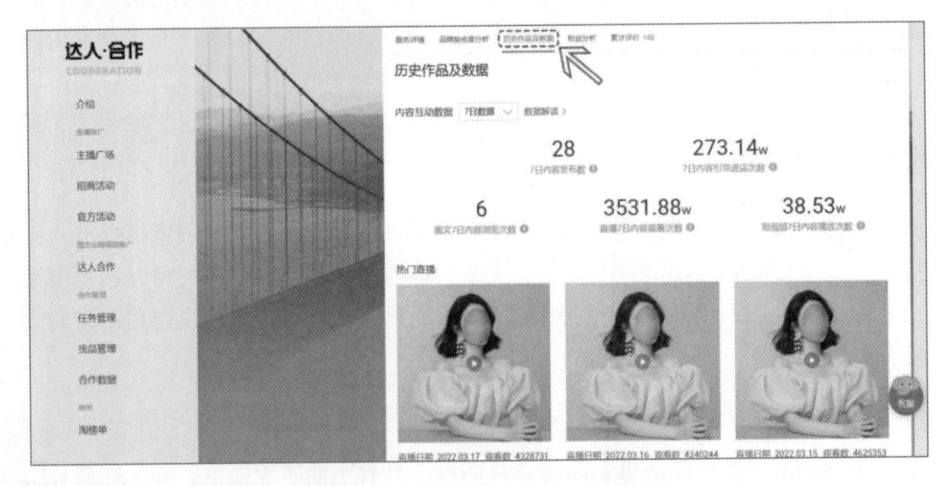

图 10.52　主播历史作品及数据

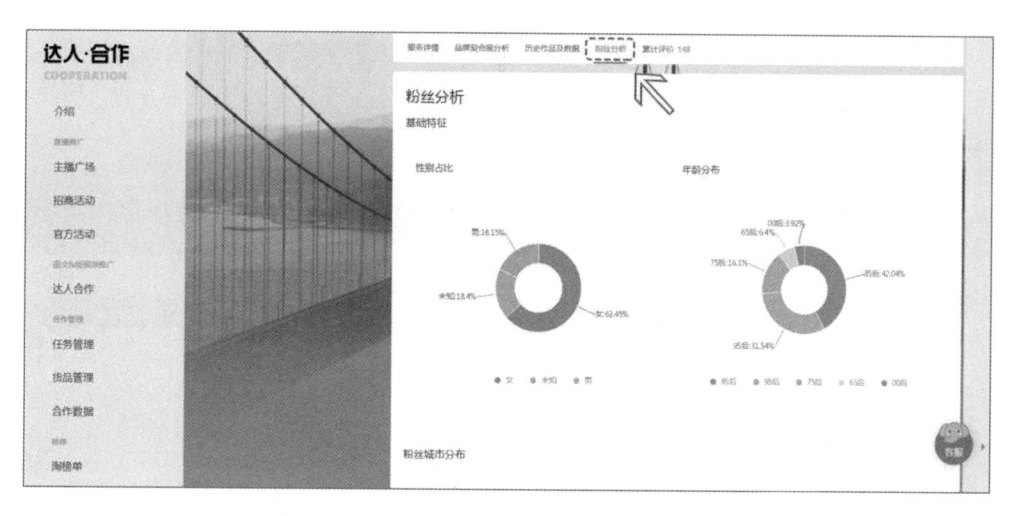

图 10.53　粉丝基础特征

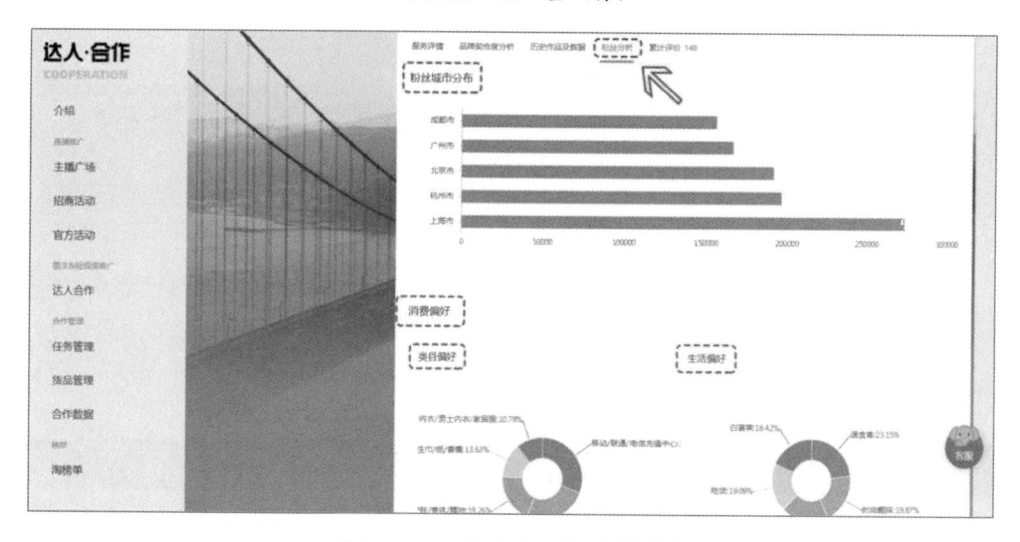

图 10.54　粉丝城市分布与消费偏好

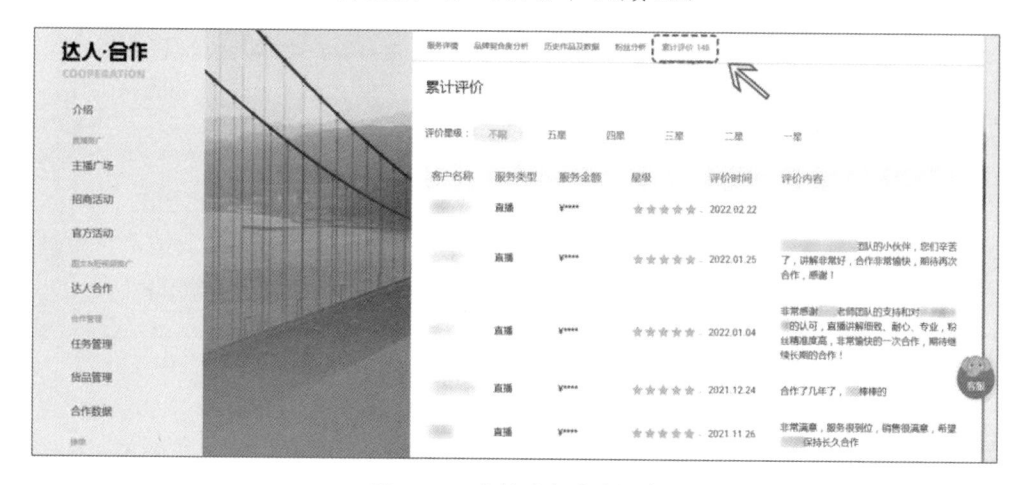

图 10.55　主播服务累计评价

商家在查看主播服务详情后,如果决定合作,则可以直接联系主播,页面上留有不同品类负责人的联系方式,如图 10.56 所示。当然也有一些主播没有留下联系方式,商家只能多筛选多对比。

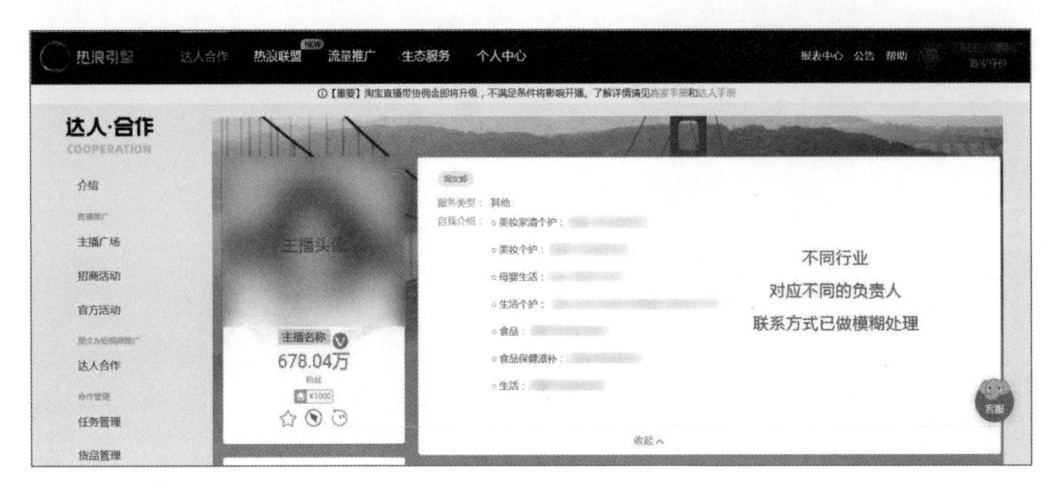

图 10.56 查看联系方式

10.5.2 招商活动

招商活动是主播或主播机构发起的,商家可定向报名参与,然后主播筛选商品进行直播。商家大致有两种参与方式:一是纯佣金的形式参与;二是固定坑位费+佣金的形式参与。在招商活动列表下,商家可查看筛选活动,如图 10.57 和图 10.58 所示。

图 10.57 查看筛选招商活动

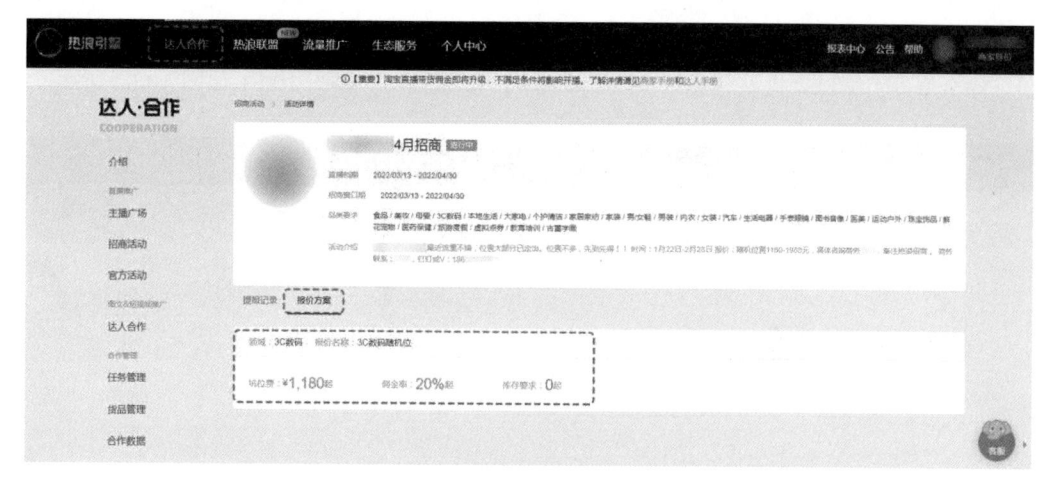

图 10.58　查看招商活动报价方案

然后在"提报记录"这里进行商品提报。选择"添加商品",一次性最多可以选择 50 个商品宝贝,如图 10.59、图 10.60 所示。

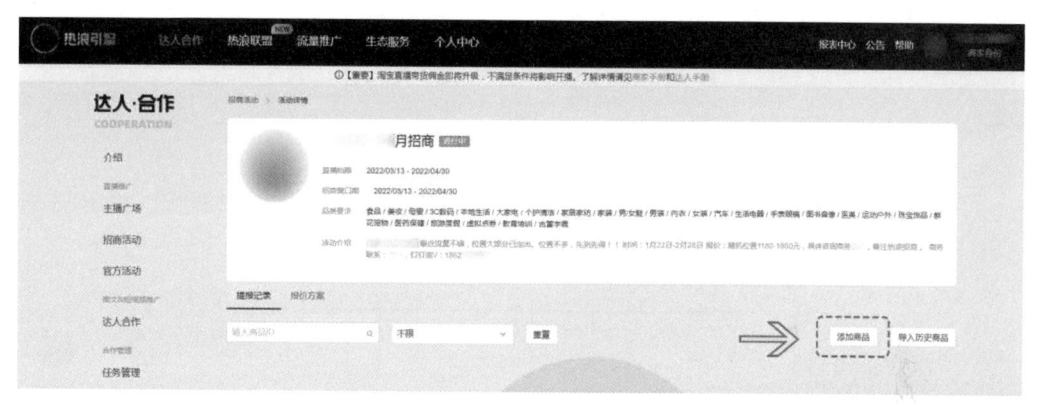

图 10.59　添加商品

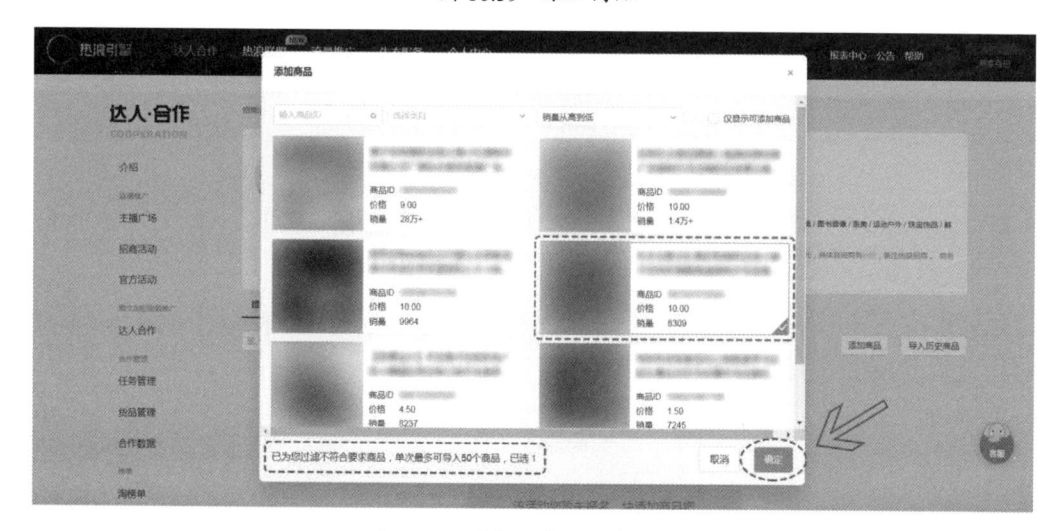

图 10.60　选择要参与的商品宝贝

在添加完商品后，点击其后的"编辑权益"，对参与推广的宝贝进行设置，比如到手价、佣金率等。编辑完这些信息后，点击"确认"按钮即可，如图10.61和图10.62所示。

图10.61　编辑权益

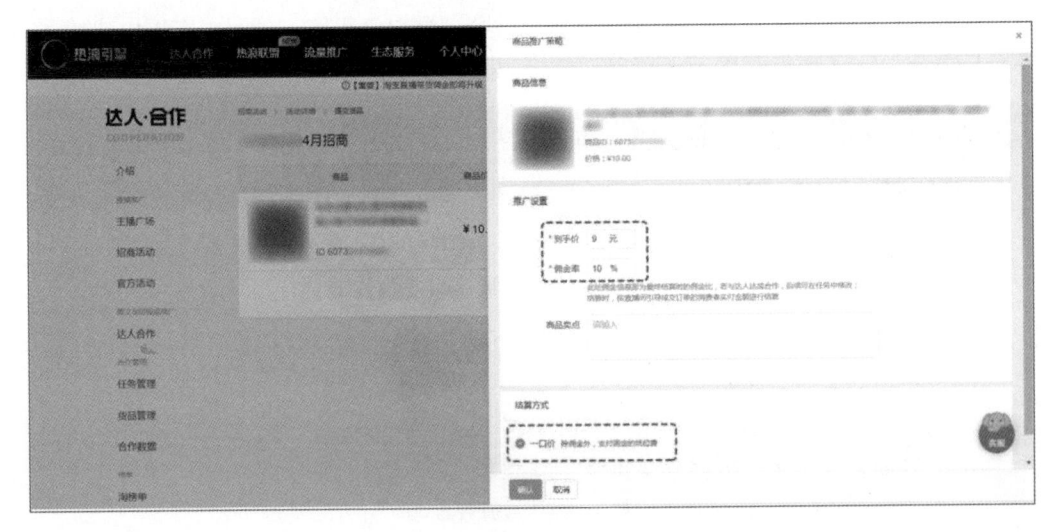

图10.62　推广设置

10.5.3　官方活动

招商活动是由主播或主播机构发起的，而官方活动是由官方牵头发起的。从内容形式来说有直播与图文短视频形式；从展示渠道来说，有淘宝直播、逛逛、有好货、ifashion、极有家、点淘等。

在图10.63中，选择渠道合作类型，然后点击"立即报名"，再根据要求填写相关信息即可，具体流程可以参考招商活动报名。

图 10.63 官方活动

10.5.4 图文/短视频达人合作

图文达人的合作，有点像在平台上购物，可以搜索或者筛选达人，查看服务报价，商家决定合作后，可以将其添加到候选中，然后下单付款，如图 10.64 所示。

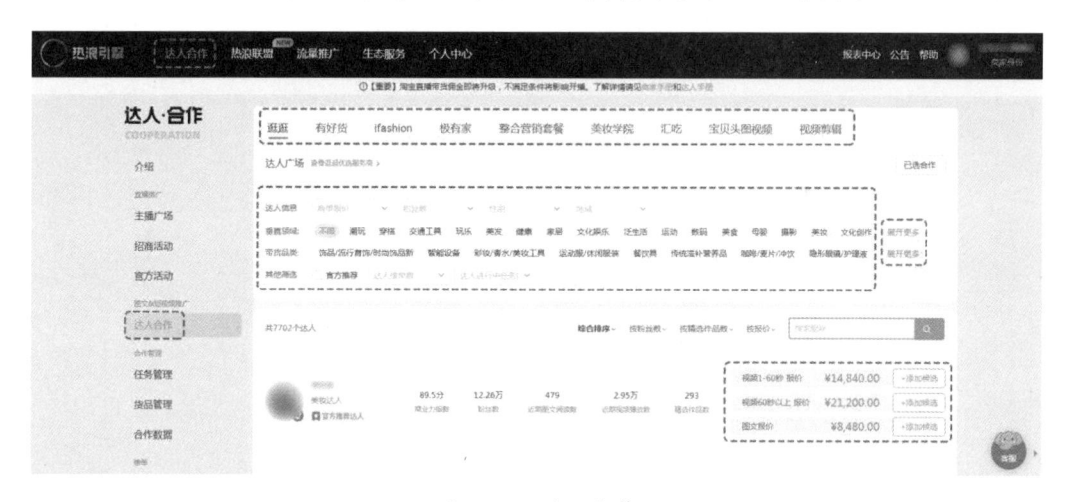

图 10.64 达人合作

在图 10.64 中，可以选择不同渠道，比如逛逛、有好货、极有家等。然后在下方筛选达人，可以选择垂直领域的也可以选择带货品类的。点击"展开更多"可以查看更多筛选条件。再下边就是达人针对不同服务给出的报价。

当经过筛选对比决定选择某位达人合作时，直接选择相应的服务规格，然后点击"添加候选"，就可以在页面右上方看到"已选合作"图标，非常像购物车，如图 10.65 所示。

商家可以直接点击"已选合作"进行查看，勾选相应的服务规格以"确认合作"，如图 10.66 所示。然后商家填写合作需求，如图 10.67 所示。

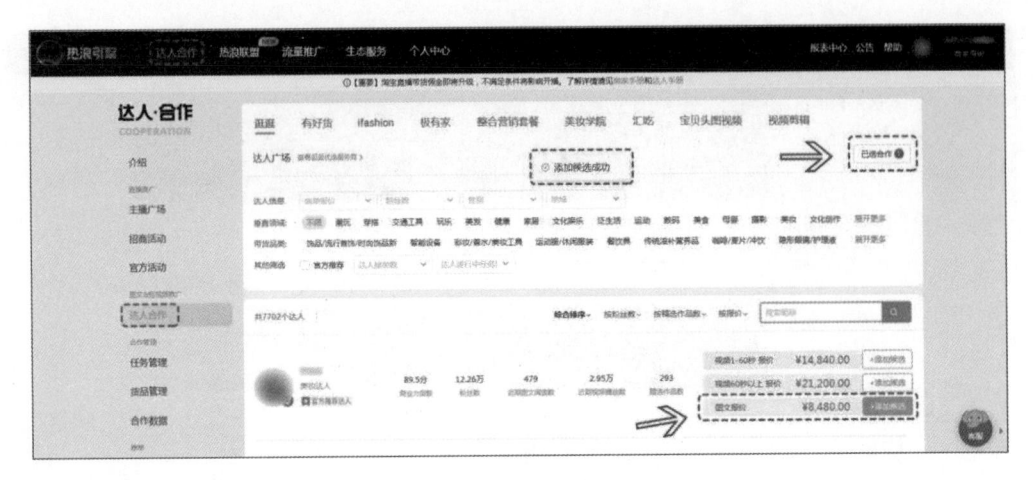

图 10.65　选择服务规格

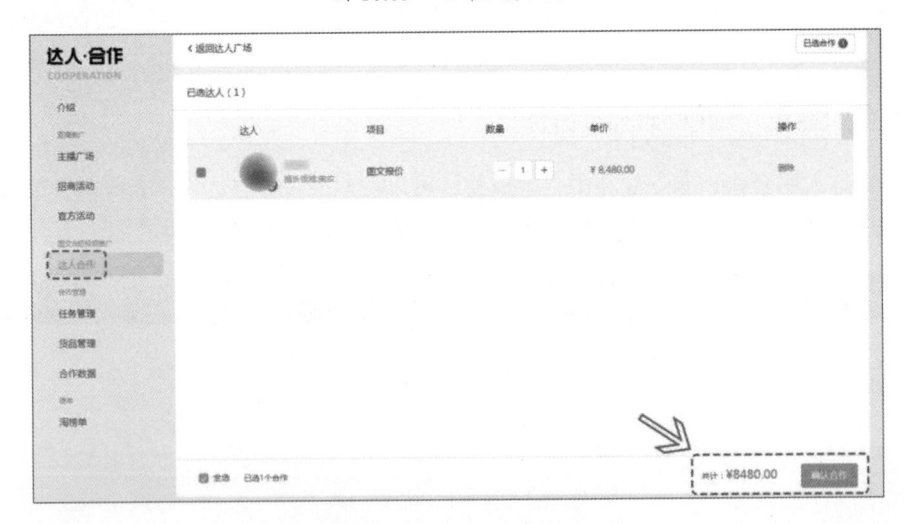

图 10.66　勾选合作项—确认合作

图 10.67　填写合作需求

商家在编写合作需求的时候，按照页面提示如实填写即可，尽可能填写详细，以便达人更好地理解商家的需求。这里要注意的是，"营销目标"有商品推广、品牌推广、店铺推广三种，商家要明确需要达人帮忙创作的图文或视频，是针对单品，还是品牌，还是店铺。

如果是中小商家，则多以商品推广为主，而 TOP 级别的大商家根据营销需求可能会选择品牌推广或店铺推广。商家填写完需求后，可以下单，注意页面提示，平台会额外收取服务费，如图 10.68 所示。

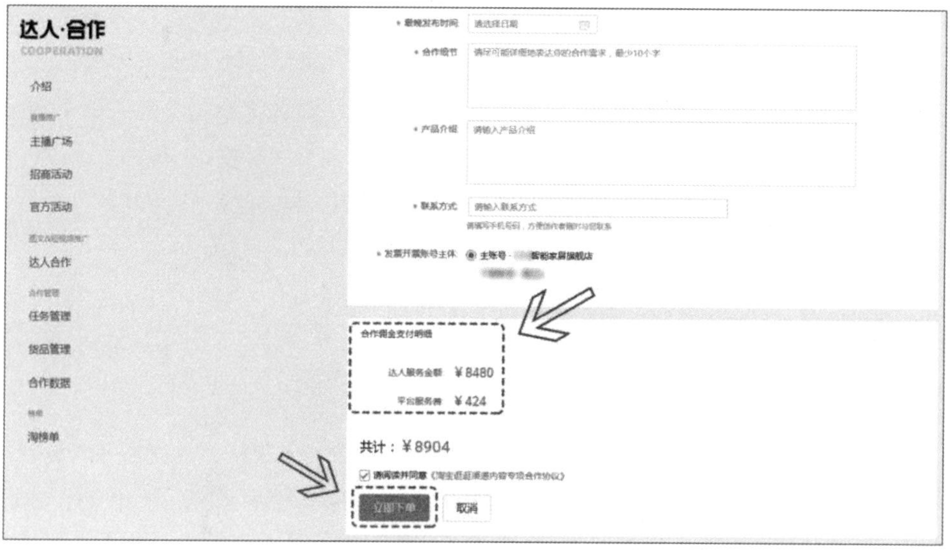

图 10.68　下单

10.5.5　任务管理与货品管理

任务管理指的是商家在热浪引擎找到达人或主播后，对合作进度的管理，比如合作处于待支付、待交付、交付待确认等不同状态，如图 10.69 所示。

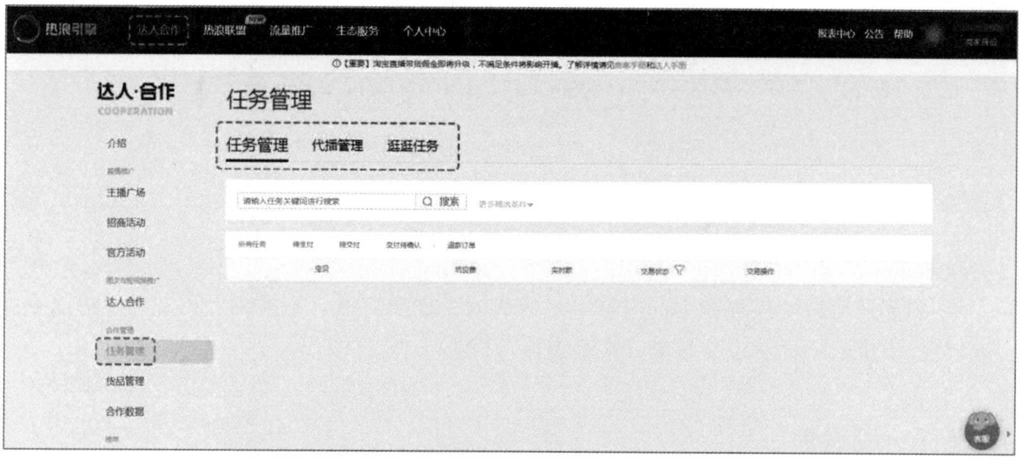

图 10.69　任务管理

货品管理主要是对参与直播的商品宝贝进行管理，比如有已经报名的货品、正在合作的货品及等待直播的货品等，如图 10.70 所示。

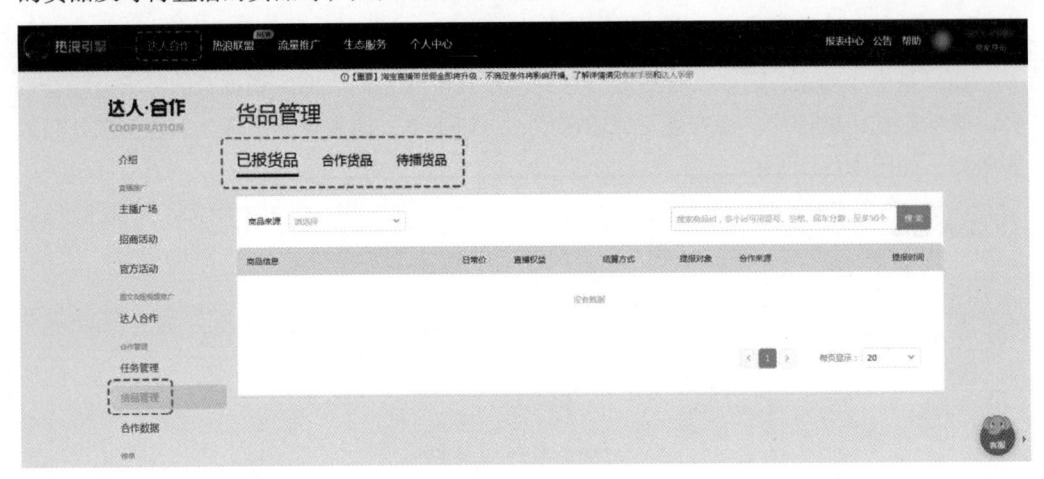

图 10.70　货品管理

10.5.6　合作数据

如果商家确定与某位主播达人合作，那如何去评估合作效果呢？这就需要查看合作的相关数据。可以在左侧菜单"合作数据"中直接查看，如图 10.71 所示。

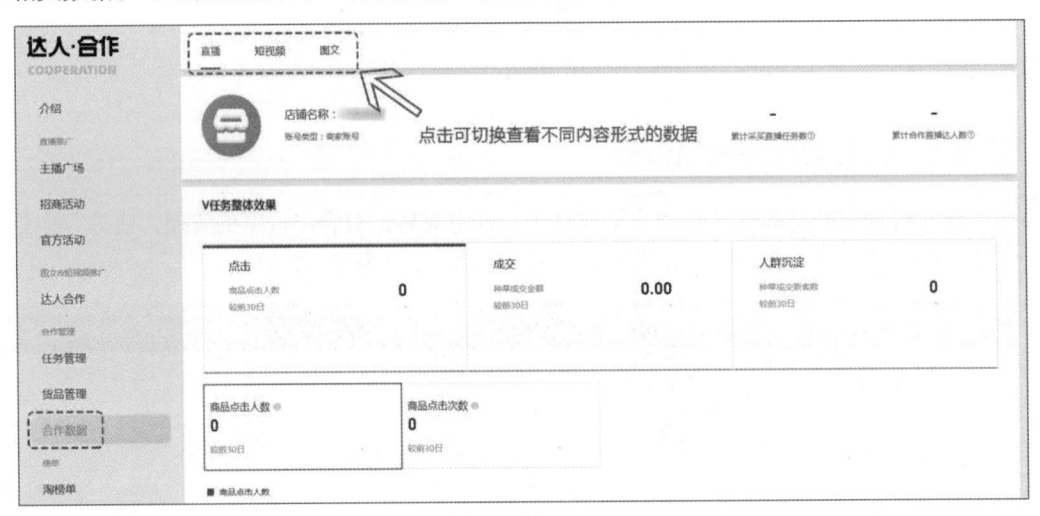

图 10.71　查看合作数据

在顶部还可以切换查看不同内容形式的数据，比如直播、短视频、图文等。可以查看商品总的点击数、种草成交金额、人群沉淀等数据。

10.5.7　淘榜单

淘榜单是官方推出的主播达人或者机构的排名。商家若想找某位达人合作，则可以查看相关介绍，然后找到联系方式以沟通洽谈合作事宜，如图 10.72、图 10.73、图 10.74 和图 10.75 所示。

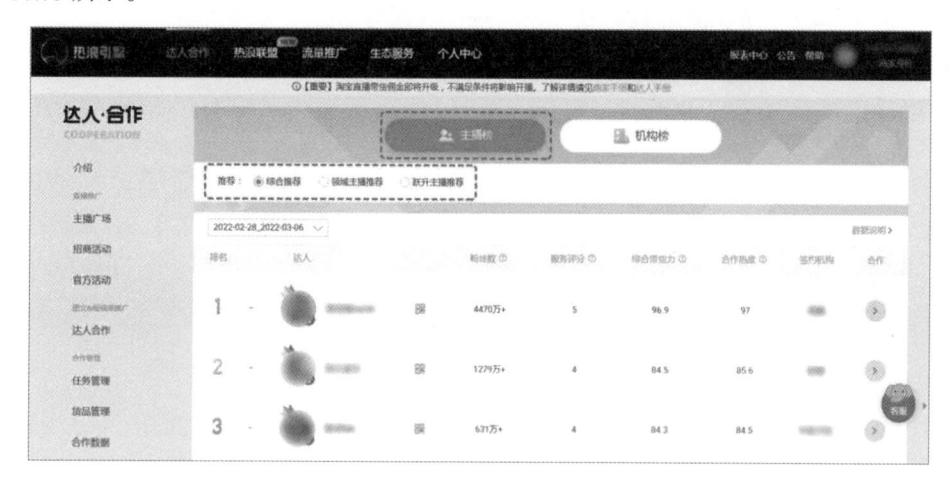

图 10.72　淘榜单—主播榜

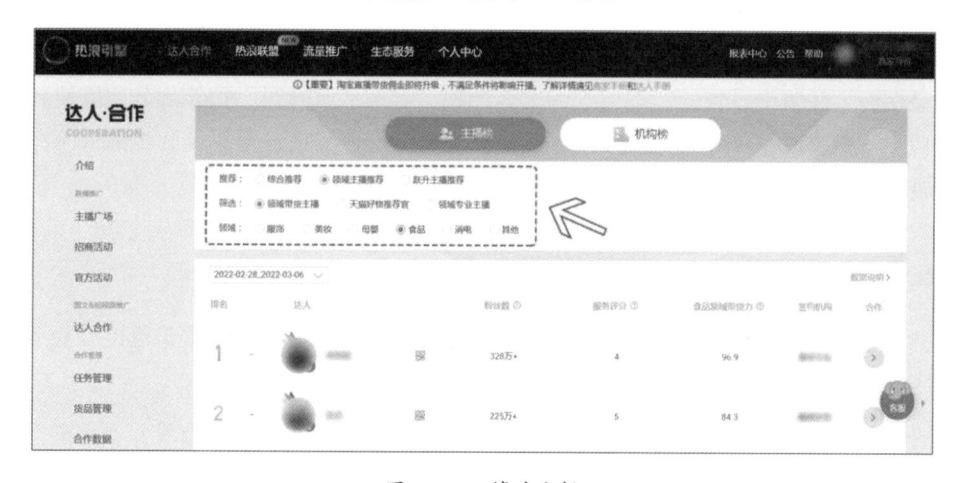

图 10.73　筛选主播

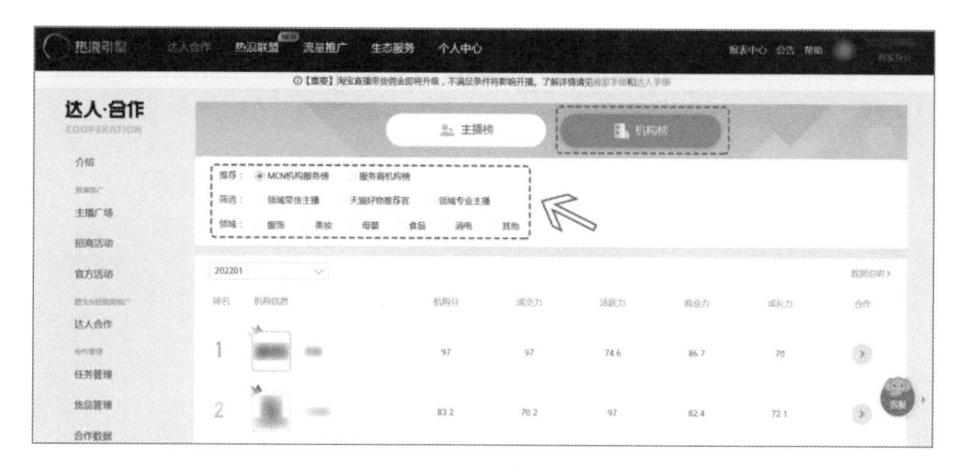

图 10.74　淘榜单—机构榜

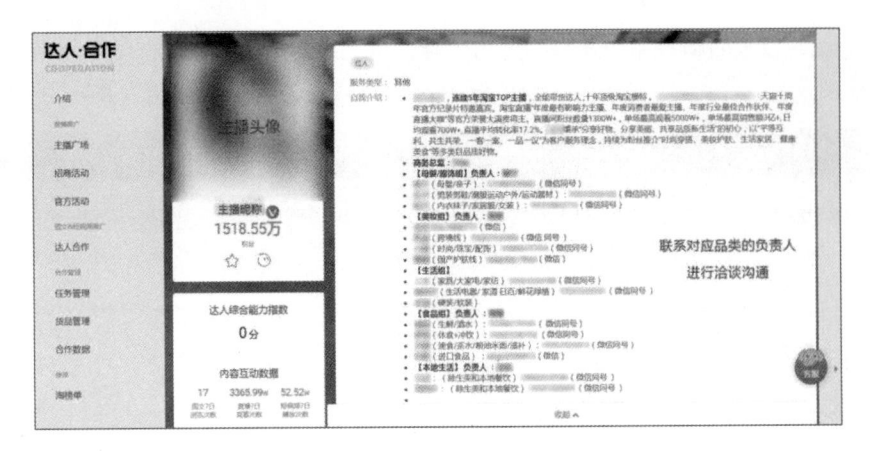

图 10.75　查看主播介绍

10.6　热浪联盟

在前边的章节中提到了 TCP 佣金的问题，以前主播与商家合作，采用分佣模式，佣金率都是在淘宝联盟中设置的，都属于淘宝客计划，后来平台升级，把该部分功能放到了热浪联盟中。如果商家仔细对比会发现，热浪联盟中的操作界面甚至思路和步骤，与淘宝联盟非常相似。

10.6.1　全店推广计划

热浪联盟与淘宝联盟非常相似，推广主体也分为店铺与单品，推广渠道也分为全部渠道和定向渠道。佣金也分为类目佣金与单品佣金。

什么是全店推广计划？该推广计划属于通用计划，所有主播均可查看并参与推广。商家设置的类目佣金，适用于所有店内在售商品宝贝，如图 10.76 所示。

图 10.76　热浪联盟—全店推广计划

设置时的相关问题：

（1）该计划对全店所有在售商品都适用，并且对全部主播开放。

（2）该推广计划的开启、编辑、关闭等操作，于次日凌晨3点生效。

（3）如果设置了定向推广计划，则与平台达人合作开启的定向计划中的宝贝的设置优先生效。其他计划比如商品推广、主播定向等，佣金最高的计划优先生效，如果佣金相同则优惠券额度最高的计划优先生效。

（4）开通全店推广计划后，主播与商家的合作只适用于 TCP 佣金，淘宝联盟中的佣金设置将失效。

10.6.2　商品推广计划

对于商品推广计划，需要选择并添加商品然后设置佣金，多个商品宝贝的佣金单独设置，可以设置为不同的佣金。该计划下的商品的佣金，不能比全店推广计划下的商品的佣金低，所以商家在设置时要注意。

点击左侧菜单"商品推广计划"，进入页面后，点击左下方的"添加主推商品"，如图 10.77 和图 10.78 所示。

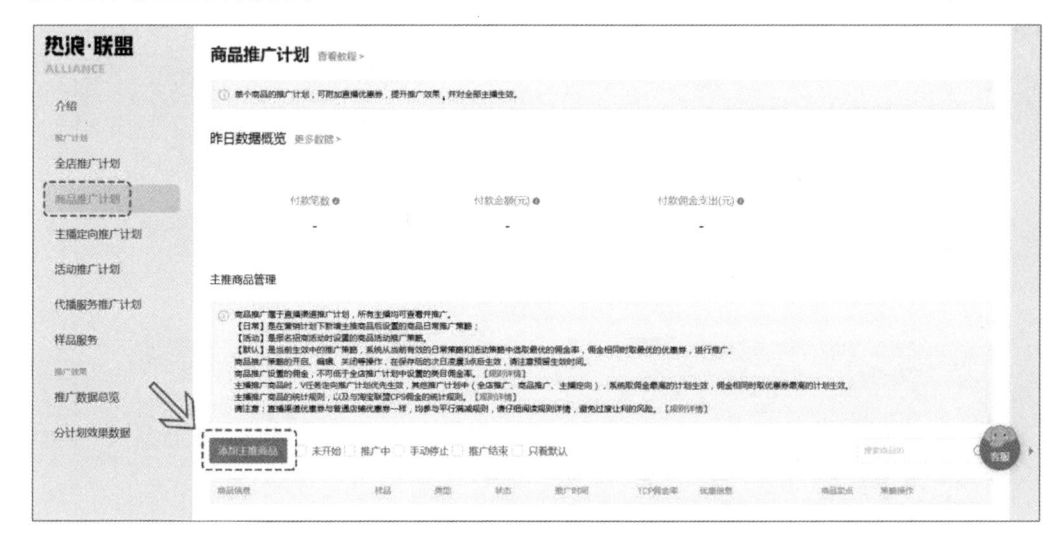

图 10.77　商品推广计划

在图 10.78 中，商家在选择商品的时候，一次最多可选择 50 个商品。添加后对商品进行设置，包括"添加服务"与"添加策略"。

- **添加服务**：设置样品是否需要寄回等。
- **添加策略**：设置推广开始/结束时间，以及佣金率等，如图 10.79、图 10.80、图 10.81 和图 10.82 所示。

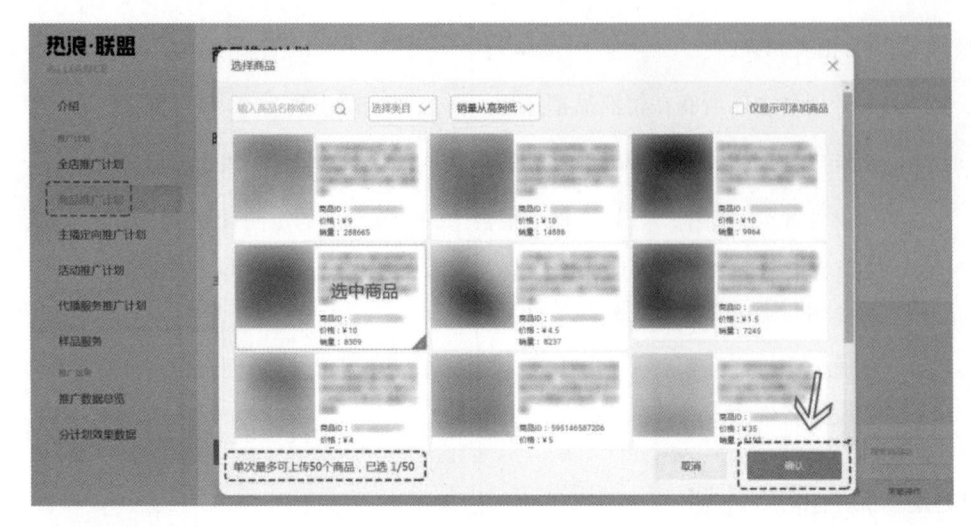

图 10.78　选择添加商品

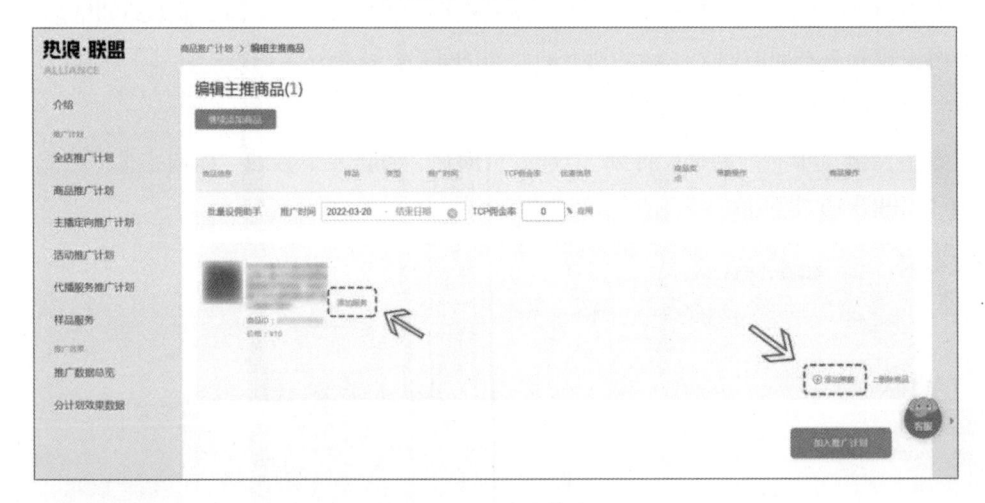

图 10.79　设置主推商品

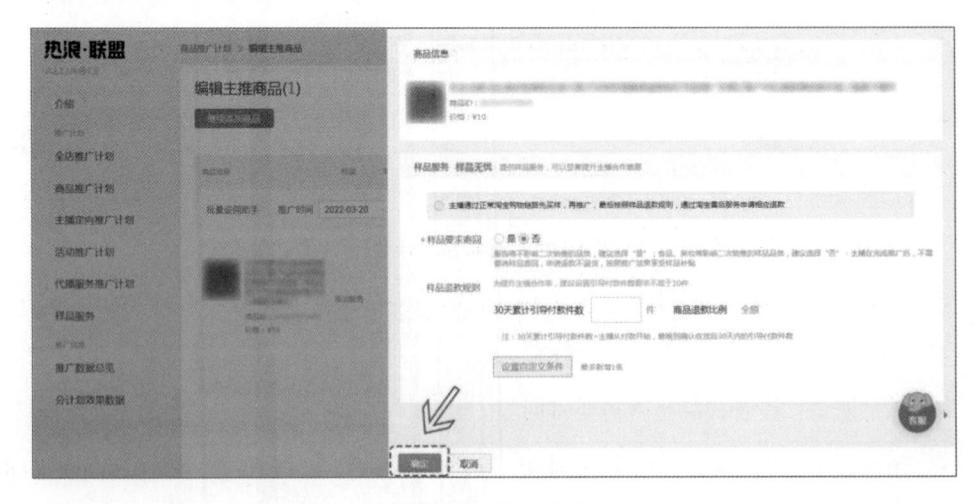

图 10.80　添加服务

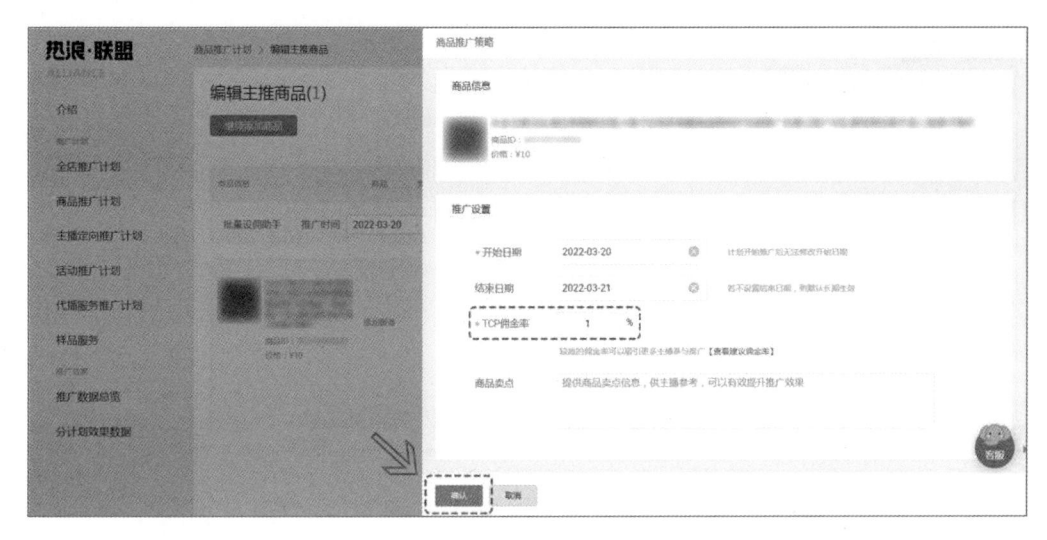

图 10.81　添加推广策略

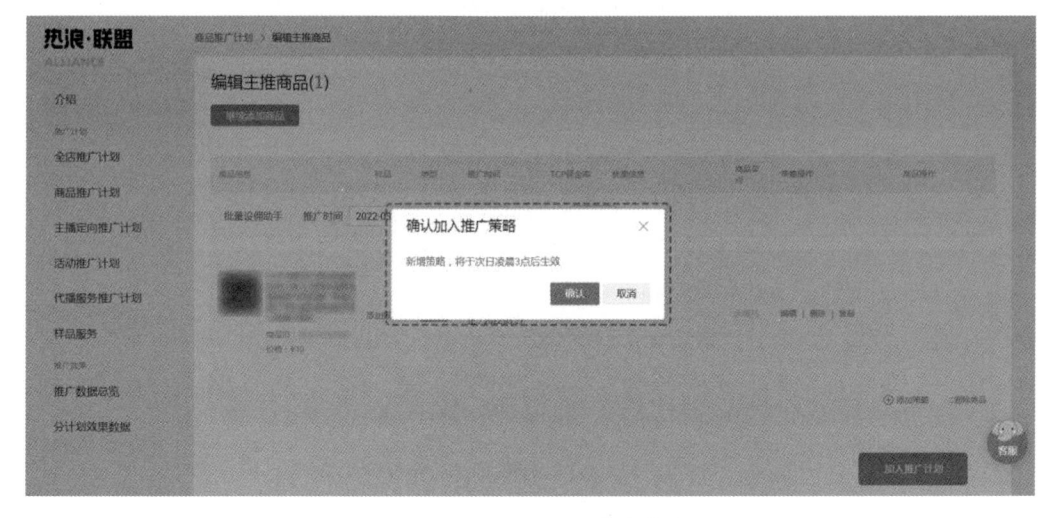

图 10.82　确认加入的推广策略

10.6.3　主播定向推广计划

主播定向推广计划只针对特定的主播开放，可以设置推广佣金与优惠券等。商家在设置的时候，只需把特定主播的 UID 输入即可，如图 10.83 所示。

在新建计划时，按照页面提示，填写计划名称与计划描述，合作主播能够看到计划名称与描述，如图 10.84 所示。

在页面下方指定合作主播，也就是录入主播的 UID，如果有多个 UID，则需要用逗号隔开且不能有空格，最多可以录入 100 个 UID。

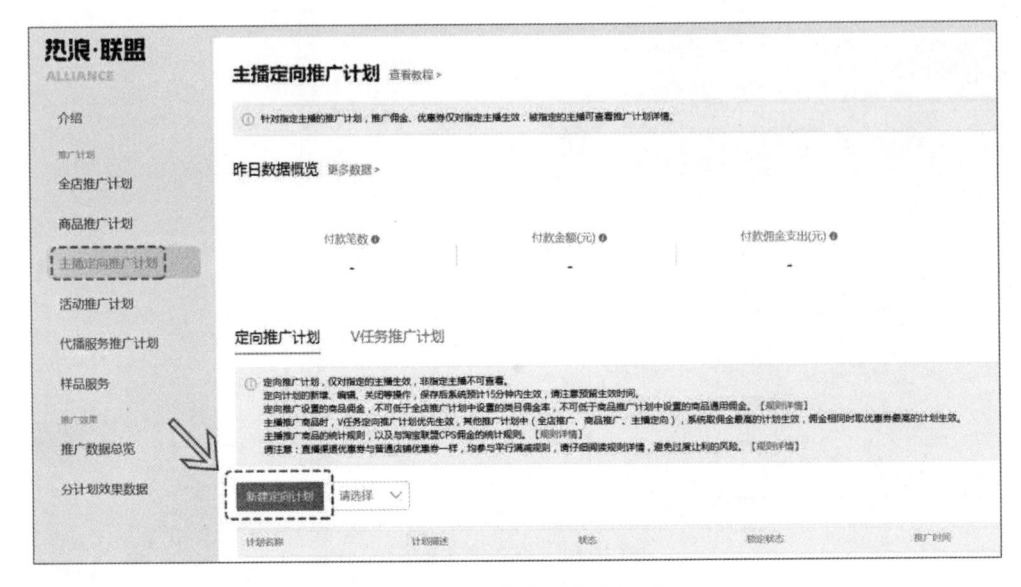

图 10.83　主播定向推广计划

图 10.84　新建计划

商家可能会想，怎样才能知道主播的 UID？这需要事先与意向合作主播洽谈，然后索要对方的 UID。继续编辑计划，设置商品，如图 10.85 和图 10.86 所示。

图 10.85　设置商品

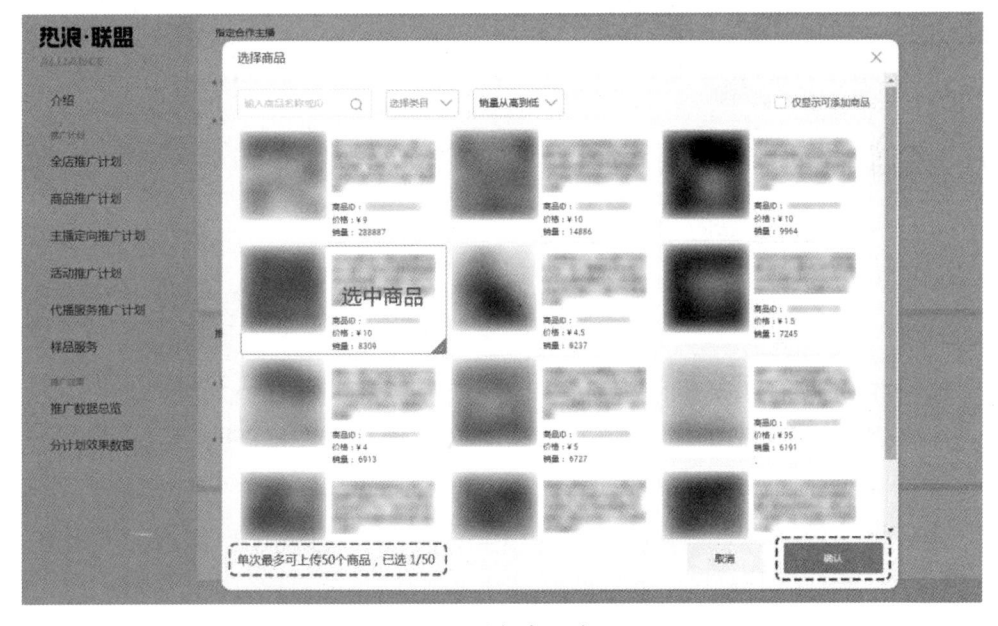

图 10.86　选择商品并确认

选择商品时，一次最多选择 50 个。选择商品并确认后，要为参与计划的商品宝贝添加服务，主要是关于样品的邮寄问题，如图 10.87 和图 10.88 所示。

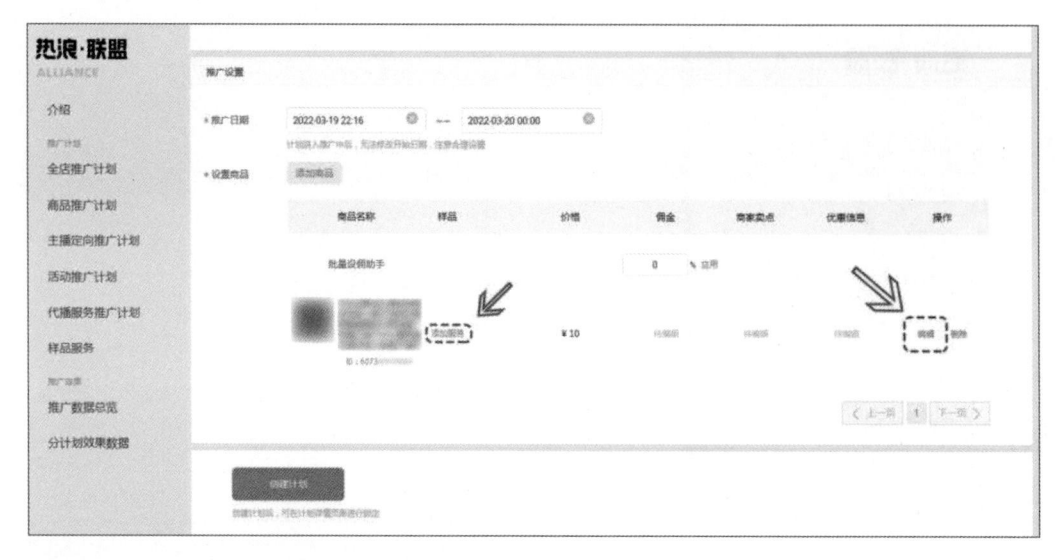

图 10.87　编辑设置商品

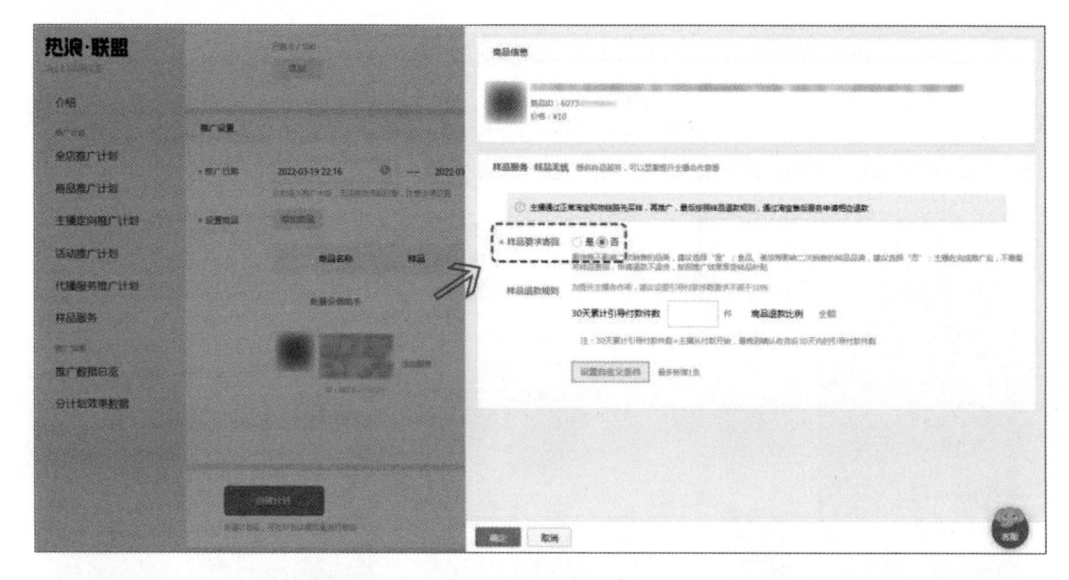

图 10.88　添加服务

商品推广时间与计划推广时间相同,所以无须设置。接着设置 TCP 佣金,还可以设置优惠券等,篇幅有限未截图,商家可自己查看。然后点击"确认"按钮并点击"创建计划",即可完成设置,如图 10.89 所示。

另外,需要注意的是,新建、编辑、关闭主播定向推广计划等操作,在保存后 15 分钟生效。主播定向推广计划的佣金率不可低于全店推广计划的类目佣金率。

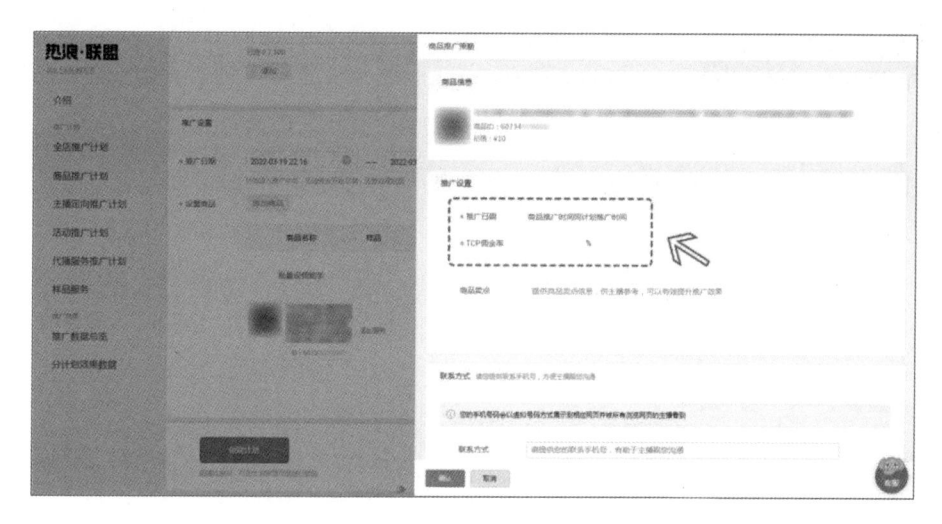

图 10.89 编辑商品推广策略

10.6.4 代播服务推广计划

什么是代播服务推广计划？即商家自主发起推广计划，经服务商确认后，该计划才会生效。服务商使用计划中授权的子账号正式开播，平台系统才会统计该服务商的代播直播，然后计算佣金，如图 10.90 所示。

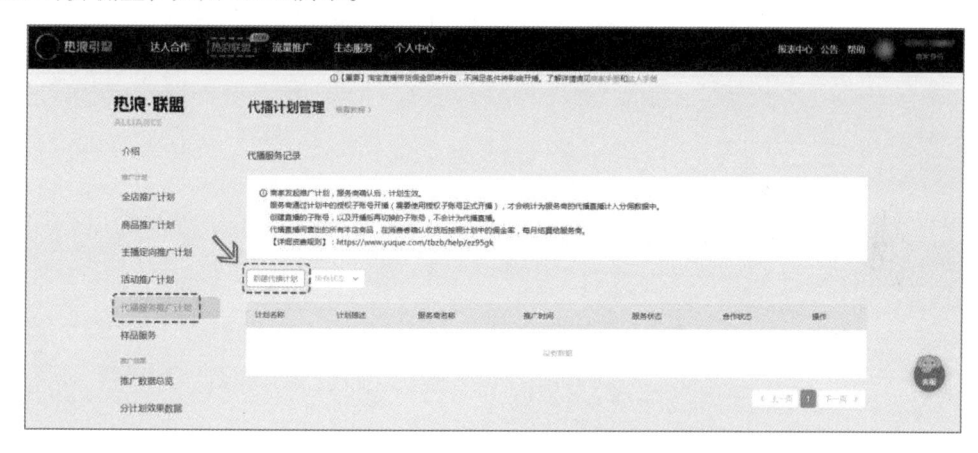

图 10.90 代播服务推广计划

商家需要填写计划名称与计划描述，录入服务商的 ID，如图 10.91 所示。另外，商家需要注意，一个计划只能与一家服务商合作。

如果商家不知道如何查看服务商的 ID，可以点击下方的"服务商 ID 查看方式"，官方给出了详细的查看步骤。

商家还需要录入合作服务商的子账号，如果有多个则需要用逗号隔开，最多可录入 10 个。服务商必须通过指定的子账号开播，平台根据直播过程中产生的成交金额，计算推广佣金。商家同样可以点击下方的"商家子账号 ID 查看方式"查看子账号 ID。

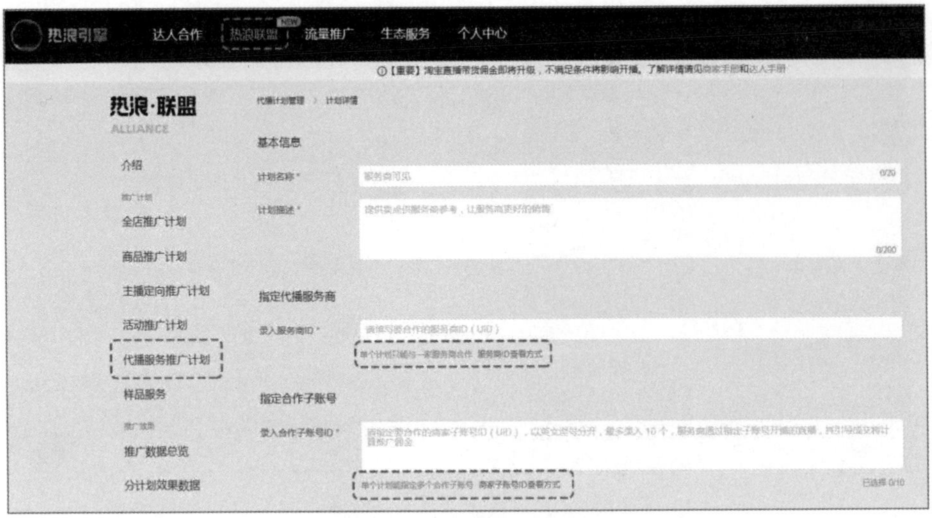

图 10.91 新建计划

同时商家还要设置计划开始日期与结束日期,以及推广计划佣金,然后点击"创建计划",如图 10.92 所示。

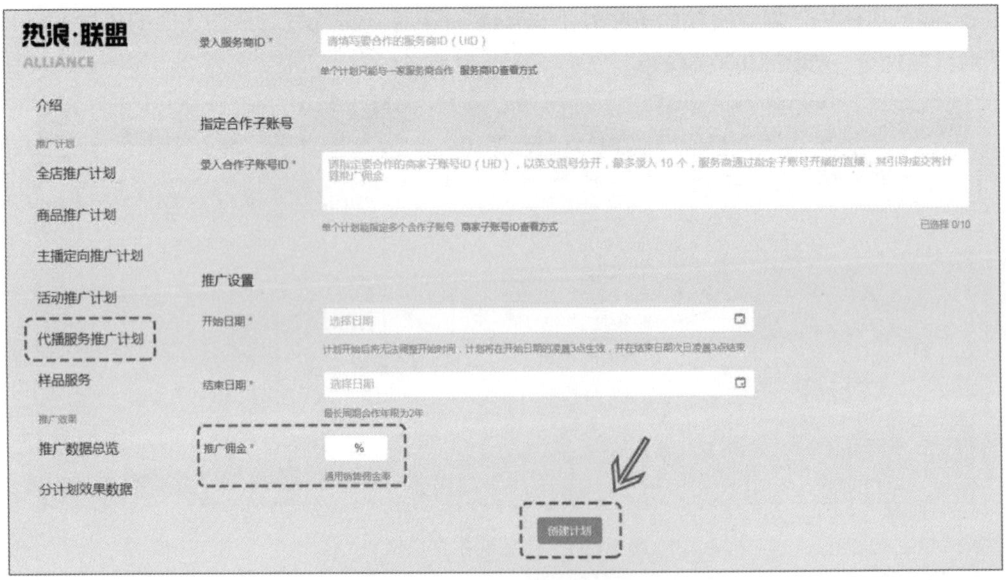

图 10.92 设置推广日期与推广佣金

10.6.5 推广效果分析

在热浪联盟中有不同类型的推广计划,不管商家选择使用哪种计划,最终都要了解推广效果,查看成交金额、支付佣金等数据。

在"热浪联盟"中,点击左侧菜单"推广效果总览"即可查看全部的订单数据,如图 10.93 所示。

图 10.93　推广数据总览

如果商家还想看其他数据，则可以点击右侧"选择数据项"添加其他数据项。同时还可以对比不同推广计划的数据，如图 10.94 所示。

图 10.94　不同推广计划的数据对比

还可以分别单独查看"热浪联盟"中不同计划的数据，如图 10.95 所示。

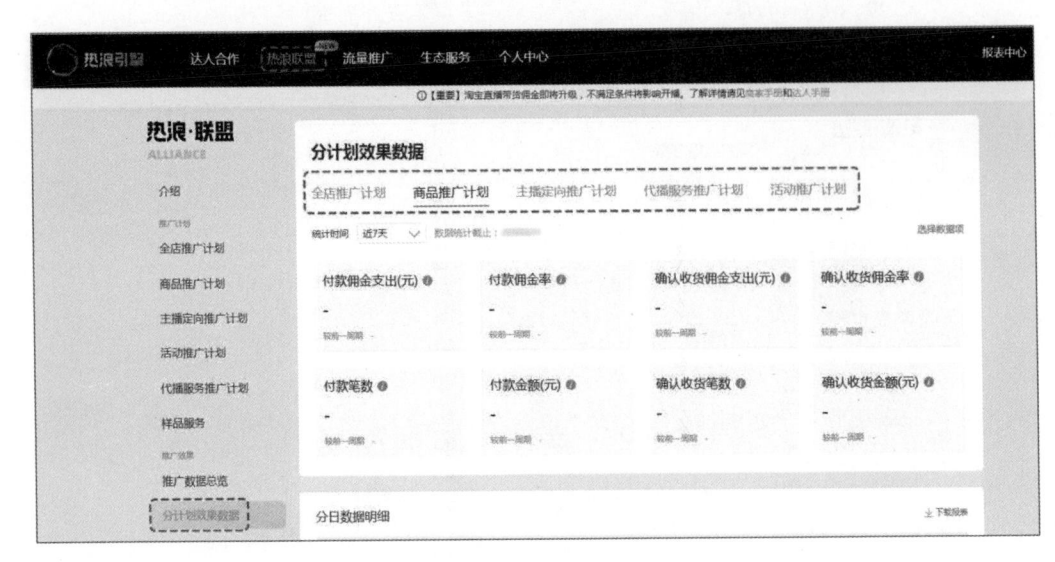

图 10.95 不同计划的数据

很多读者可能会问,为什么截图中的数据全是 0,难道是效果不好吗?这是因为演示店铺的类目(定制品类目)不太适合采用达人直播合作的形式,所以该店铺就没有做相关的推广。

10.6.6 商家自播与达人代播如何选

随着直播行业的发展,形成了两种主流的模式:商家自播和达人代播。在过去的一段时间,如果读者关注直播领域,会看到一些"负面报道",比如某明星带货,一场直播坑位费几十万元,带货额却只有几万元,商家亏损严重。同时直播带货的退货率也是极高的。当直播行业趋于稳定发展,服务好粉丝用户,才是长久之计。那么请思考一下,谁才会好好服务粉丝?达人与商家,我觉得商家会更珍惜粉丝用户。所以我个人建议,目前采取商家自播和达人合作双线推进的模式,后期可能还是商家自播自我运营。

【读者互动交流】:

服务号　　　　　订阅号

- 扫码关注服务号,会定期收到刘老师关于电商的视频课程!

- 扫码关注订阅号，会定期收到电商行业资讯解读！

    （1）关注公众号后，回复"老刘"可以添加作者刘老师个人微信，进行店铺问题沟通。

    （2）联系作者，可以领取全书思维导图一份。

    （3）联系作者，可以领取电商运营常用表格一份。

    （4）联系作者，可以领取20节店铺后台操作视频一份。

    （5）联系作者，可以领取神秘干货大礼包一份。

其他电商福利，会定期在公众号发布，欢迎关注！

后　　记

　　转眼间我已在电商领域从业 12 年之久，虽不敢说成绩斐然，却也经历丰富。淘系电商发展至今，用户增长数见顶，竞争加大，不再是风口项目，但也有其独特魅力。成熟的规则，完善的服务体系，合理的纠纷判罚，小有起色后的稳定性，是其他平台暂时无法比拟的。

　　说到竞争，十几年来无数想进入这个领域的创业者，都在询问："淘宝还好做吗？"我们常常得到这样的回复："今年确实不好做！"我们也常听到："要是抓住前两年的好机会就好了！"放眼未来，当下就是最好的机会。

　　不知你发现没有，现在很多优秀的商家，并非从业很久，大都只经历四五年的时间就成长起来了。希望你积累三五年后，也成长为一个成功的商家。

　　电商似大海，我们都是这片蔚蓝水域的一艘船，只是大小不同，有的似庞然大物，如同游轮，有的似一片树叶，浪拍即翻。这本书可能无法保证你最终上岸，但它就如这茫茫大海里的一份地图给你指引，愿你即使独木成舟，心中也异常坚定，勇往直前。

　　读至此，相信你已踌躇满志。皆为缘，再致谢！

　　无论你是从中寻找方向，还是苦寻某个问题的解决方法，我都希望这次"对话"能让你有所收获。哪怕其中一个小点对你有所启发，我都倍感欣慰！希望本书带给你价值，也带给你好运。

　　因图书出版周期略长，当你阅读本书时，可能会发现某个操作界面已经升级更新。读者切勿苦恼，界面更新是常有的事，但核心玩法变得很慢，或者说平台的更新，是沿着原有的方向，变得更加细化，而非对核心功能进行颠覆式的改变，放心阅读即可。

　　如有困惑，可以联系我，帮你排忧解难。

　　鸣谢！